行业学院产教融合规划教材

INTRODUCTION TO THE
OPERATION AND MANAGEMENT OF
COMMERCIAL BANKS

商业银行
经营管理概论

陈　英　范亦萍◎主编

ZHEJIANG UNIVERSITY PRESS
浙江大学出版社

前　言

　　金融是经济的核心,商业银行作为现代金融体系的主体,对国民经济活动的影响日益深刻。随着金融业全球化进程的加快,商业银行的经营模式、管理理论和管理方法等发生了巨大的变化,商业银行经营管理过程中面临的风险激增,各国对商业银行的监管也不断加码。虽说商业银行经营管理的教材已有不少,但是编写一本能够适应当前中国商业银行发展现状的教材仍然显得十分必要。

　　2015 年 10 月 21 日,教育部、国家发展改革委和财政部联合颁发《关于引导部分地方普通本科高校向应用型转变的指导意见》(以下简称《指导意见》),要求高校把办学思路真正转到服务地方经济社会发展上来,转到产教融合校企合作上来,转到培养应用型技术技能型人才上来,转到增强学生就业创业能力上来,全面提高学校服务区域经济社会发展和创新驱动发展的能力。浙江树人大学一直致力于高级应用型人才培养,通过与行业、企业的紧密合作,大力提高学生的学习能力、应用能力和发展能力,于 2016 年 1 月入围浙江省首批应用型建设试点示范学校。

　　本教材是根据《指导意见》的要求,结合我校产教融合平台——金融信息服务学院的实践,针对应用型本科院校的人才培养目标而编写的金融学专业本科核心课程教材,也可作为经济类、管理类专业和高职、高专相关专业的商业银行经营管理教材。本教材是浙江树人大学金融信息服务学院产教融合系列教材之一。在知识点的设计上,注重学术、技术和职业技能三者的结合,有助于学生社会适应能力和工作能力的提高;在教学内容的安排上,注重学科基础、应用能力和基本素质三者的结合,使学生既具备必要的学科基础,又具有较强的适应实际工作的能力;在教材结构设计上,注重接轨国际且贴近商业银行经营管理的现状。由于编写者有意突出了教材的实用性和通俗性,所以,本教材也可作为广大金融工作者、企业管理者的培训教材或业务参考书。

　　本教材由浙江树人大学金融系主任陈英副教授和具有 30 多年商业银行工作经验的范亦萍女士(曾任职于中国银行绍兴支行,已退休,现为浙江树人大学外聘教师,讲授课程为商业银行经营管理)共同编著,以商业银行资产负债业务为主线,依次介绍了资金来源各类业务和资金运用各类业务及商业银行资产负债管理理论和监管,每章开篇均有与实践紧密相关的知识导入,力求在商业银行经营管理的内容上有所创新,更接近中国商业银行经营管理的现状。全书共分为四部分 12 章:第一部分即第一章导论;第二部分是商业银行资金来源的经营与管理,共 2 章即资本管理和负债管理;第三部分是商业银行资金运用与管理,共 6 章,依次是现金资产、信贷资产、证券投资、中间业务、国际业务和营销管理;第四部分是商业银行经营管理理论发展及监管共 3 章,即商业银行资产负债管理理论、风险管理与金融监管及内部控制和合规管理。

本教材在编著过程中,浙江树人大学金融系的张亚珍教授、董自光副教授、郑素利博士、吴卫芬讲师和杭州工商银行高新支行的客户经理金晨曦参与写作提纲和初稿的讨论,并提出了不少宝贵的意见和建议。同时,编者借鉴了许多优秀金融学者和银行专家的思想,参阅了大量的教材、读本及相关资料,在本书后统一列出参考文献,对他们表示衷心的感谢。尽管编写过程中付出了许多努力,但由于水平有限,难免会出现纰漏,敬请读者批评指正。

陈 英

2020 年 3 月

目　录

第一章 导　　论

本章学习目的

1. 了解商业银行业务的起源与商业银行的起源之间的关系。

2. 掌握现代商业银行的性质、特点和职能要求。

3. 知悉商业银行的经营原则,评价商业银行的经营环境对商业银行盈利能力的影响。

4. 在充分了解现代商业银行的经营环境的情况下,分析现代商业银行发展的影响因素及其发展趋势。

本章知识导入

"外来和尚"的海洋基因

历史总要转几个世纪的弯之后才可能证明一个简单的道理:一件事物的起源,决定了它的本质。银行这种做货币生意的机构也是如此。

公元 1171 年,在意大利的威尼斯诞生了世界上第一家近代银行,在随后的几百年里,热那亚银行、荷兰阿姆斯特丹银行以及著名的英格兰银行等,上百家私人或公立的银行在欧洲最早的商业海岸上兴起,那正是一个海外贸易和重商主义主宰全球的"大航海时代"的开始。

早期,意大利带有家族性质的小银行,依托于兴旺的海外贸易和建立在这种基础上的批发商业,将旧式的高利贷扫进了历史的角落,这种以国家未来的税收作为担保取得贷款的方式,使银行拥有了稳定的财源,也令国家可以从容地应对战争和公债。

到了 16 世纪,故事仍在发展,只不过主角变成了荷兰,战争变成了掠夺。从当时的南非到日本,荷兰的东印度公司像一个国家一样运作着,每年向海外派出 50 支商船队所掠夺回来的金银货币任何时刻都迫切地需要一个储存和流转的场所。1609 年,阿姆斯特丹银行建立,它支持着出海的商人们日益膨胀的野心,也充实着荷兰这个国家称霸一时的经济命脉。这是世界上第一个取消金银兑换业务而发行纸币的银行。

近一个世纪后出现的英格兰银行,很好地继承了阿姆斯特丹银行的血统,并依靠着英国工业革命这个强大的商业机器将其发扬光大。作为世界上第一个中央银行,它开创了现代银行制度:"一方面把一切闲置的货币资金集中起来,并把它投入货币市场,从而剥夺了高利贷资本的垄断;另一方面又建立了信用货币,从而限制了贵金属本身的垄断。"

"好的银行都是一个体系出来的,就像澳大利亚、英国和美国。"这句话虽然武断却不无道理,我们所熟悉的渣打银行、汇丰银行、花旗银行,都无一例外是带着海洋基因的"外来和尚"。

这些深受海洋法系影响的国家和地区,较早地接受了银行是一个关于信用的商业契约的本质,也习惯了拥有真实海外贸易背景的商人和企业前来融资的传统,因为其整个国家机器,都是为这一庞大的工商业系统提供服务的。

他们时刻准备着向外扩张,150 多年前,英国渣打银行终于以"麦加利银行"的名字登陆中国。一个多世纪过去了,渣打银行从未间断在中国营业的历史,成为和中国最早建立业务关系、合作时间最长的外资银行,并与其他后来者一同影响着中国银行业的发展进程。

摘自:胡宗源.银行大时代.南风窗,2007-5-30

第一节　商业银行的产生与发展

一、商业银行的产生

(一)商业银行的概念

银行是由货币经营业演变而来的,历史上的货币经营业是在货币兑换业的基础上逐渐形成的,货币经营业是银行的先驱。货币经营业务与银行经营业务的主要区别在于有无信用活动,银行是专门经营货币信用业务的金融机构。

商业银行的定义应包括以下要点:商业银行是一个信用授受的中介机构;商业银行是以获取利润为目的的企业;商业银行是唯一能接受活期存款的金

融组织。因此,我们把商业银行定义为以获取利润为经营目标,以多种金融资产和金融负债为主要经营对象,为客户提供多样化、综合性服务,具有多功能的金融企业。

(二)商业银行的产生

商业银行的产生大概可分为三个阶段:原始状态时期、萌芽时期、现代商业银行时期,三个阶段并不具有完整的连贯性和继承性。总的来说,商业银行是随着商品经济的产生而产生的,商品经济是商业银行产生的土壤。商品经济是需要等价交换的,必然产生对货币的各种需求,因而对经营货币的商业银行也产生需求。

1. 原始状态时期

银行起源于商品经济发达的国家和地区。西方银行业的原始状态可追溯及古巴比伦时期。据《大英百科全书》记载,早在公元前 6 世纪,在古巴比伦就有一家"里吉比"银行。考古学家在阿拉伯大沙漠发现的石碑证明,在公元前2000 年以前巴比伦的寺庙已经对外放款,而且放款时采用由债务人开具类似本票的文书,交由寺院收执,且此项文书可以转让。公元前 4 世纪希腊的寺院、公共团体、私人商号也从事各种金融活动。但这种活动只限于货币交换,还没有办理放款业务。公元前 200 年罗马也有类似希腊银行业的机构出现,但较希腊银行业又有所进步,它不但经营货币兑换业务,还经营贷放、信托等业务,同时对银行的管理和监督也有明确的法律条文。罗马银行业所经营的业务虽不属于信用放贷,但已具有近代银行业务的雏形。

2. 萌芽时期

汇兑和存贷等业务相继产生的时期。人们公认的早期银行业萌芽于文艺复兴时期的意大利,是由货币经营业逐步发展起来的。银行一词,源于意大利语,其原意是长凳、椅子,是市场上最早的货币兑换商的营业用具。英语转化意为存钱的柜子。在我国,"银行"之称,源于白银一直是主要的货币材料之一,"银"往往代表的是货币,而"行"则是对大商业机构的称谓。

在商业银行萌芽初期,意大利当时的主要银行有:1171 年设立的威尼斯银行,1272 年意大利的佛罗伦萨巴尔迪银行,1310 年的佩鲁齐银行,1397 年的麦迪喜银行,1407 年的热那亚圣乔治银行等。16 世纪开始,银行普及到欧洲其他国家,著名的银行有:1609 年成立的阿姆斯特丹银行,1619 年成立的汉堡银行,1621 年成立的纽伦堡银行等。

文艺复兴时期,欧洲贸易以地中海为范围,以意大利为中心,意大利的威尼斯、热那亚是国际贸易的中心,商贾云集。由于各国商人所携带的铸币形状、成色、重量各不相同,必须实行货币兑换,于是经营货币兑换的商人便应运而生。随着商品经济的发展,货币收付的规模日益扩大,各国贸易商为避免随身携带导致的损失与危险,货币存放在货币兑换商的事情发生越来越频繁,并委托他们办理汇兑与支付业务。这样货币兑换商手中便积聚了大量的货币。而他们发现这些长期大量积存的货币余额相当稳定,于是将暂时闲置的资金贷放给社会上的资金需求者,信贷业务就产生了。货币兑换商从原来的被动接受转变为积极主动争揽货币保管业务。保管费降低、取消甚至给委托保管货币的客户一些好处,保管业务演变为存款业务。此时,货币兑换商也就演变成了集存、贷款和汇兑支付、结算业务于一身的早期银行了。

但是,早期银行业的生存基础还不是社会化大生产方式,服务对象还主要是政府、封建贵族,银行业的放款带有明显的高利贷性质,风险较大,其提供的信用不利于社会再生产过程。

3. 现代商业银行时期

现代商业银行形成的最初形式是资本主义商业银行,它是资本主义生产方式的产物。随着生产力的发展、生产技术的进步、社会劳动分工的扩大,资本主义生产关系开始萌芽。一些手工场主同城市富商、银行家共同形成新的阶级——资产阶级。

由于封建银行贷款具有高利贷性质,年利率平均高达20%～30%,严重阻碍了社会闲置资本向产业资本的转化。另外,早期的贷款对象是政府等一批权贵特权阶层而非工商业,新兴的资产阶级工商业无法得到足够的信用支持,而资本主义生产方式产生与发展的一个重要前提是要有大量的为组织资本主义生产所必需的货币资本,因此新兴的资产阶级迫切需要建立和发展资本主义银行。

在政府的帮助下,英国于1694年建立了历史上第一家资本主义股份制的商业银行——英格兰银行。它的出现,宣告了高利贷性质的银行业在社会信用领域垄断地位的结束,标志着资本主义现代银行制度开始形成,以及商业银行的产生。随后西方各国相继成立商业银行,现代商业银行体系在世界范围内开始普及。

二、商业银行的发展

(一)商业银行形成的途径

西方国家商业银行产生的条件各不相同,但归纳起来主要有两条途径:一是从旧式高利贷银行转变而来。早期的银行是在资本主义生产关系还未建立时成立的,当时贷款的利率非常高,属于高利贷性质。随着资本主义生产关系的建立,高利贷因利息过高影响资本家的利润,制约了资本主义的发展。此时的高利贷银行面临着贷款需求锐减的困境和关闭的威胁。为了自身的利益,高利贷银行顺应时代的变化,降低贷款利率,并主要为工商业主提供流动性贷款,即转变成商业银行,不少高利贷银行选择了后者,这种转变是早期商业银行形成的主要途径。二是以股份公司形式组成现代商业银行。英格兰银行是最早建立的资本主义股份制银行,以较低的利率向工商企业提供贷款。由于新成立的英格兰银行实力雄厚,很快地动摇了高利贷银行在信用领域的地位,并被很快地推广到欧洲其他国家。商业银行开始在世界范围内得到普及。大多数商业银行是按这一方式产生的。

(二)商业银行发展的模式

经过几个世纪的发展,商业银行经营业务和服务领域发生了巨大变化。纵观世界商业银行发展过程,归纳起来大致可以分为两种模式:

1. 以英国为代表的传统模式的商业银行

这一模式深受"实质票据论"的影响和支配,业务主要集中于短期的自偿性贷款。银行通过贴现票据发放短期、周期性贷款,一旦票据到期或承销完成,贷款就可以自动收回。这种贷款由于与商业活动、企业产销相结合,所以期限短、流动性高,商业银行的安全性就能得到一定的保证,并获得稳定的利润。但是这种传统的模式会使银行业务发展受到一定的限制,即资金来源主要是活期存款,银行本身信用创造有限,为保证银行资金的安全性而不愿提供长期贷款。

2. 以德国为代表的综合模式的商业银行

这一模式的商业银行除了提供短期商业贷款以外,还提供长期贷款,甚至可以直接投资股票和债券,帮助公司包销证券,参与企业的决策与发展,并为企业提供必要的财务支持和咨询服务。至今,德国、瑞士、奥地利等少数国家仍采用这种模式,而且美国、日本等国的商业银行也在向综合模式商业银行转化。它有利于银行展开全方位的业务经营活动,充分发挥商业银行的经济核心作用。但存在的不足是加大了银行的经营风险,对银行的经营管理提出了更高的要求。

(三)西方商业银行的最新发展动向

21世纪是知识经济与新金融时代,商业银行的业务逐步向全能化、规模化、国际化、新技术化方向发展。

1. 商业银行发展的全能化

商业银行以各种形式的金融创新冲破制度的束缚,逐步全方位、全能化地发展银行业务,于是经济发展过程中有了"金融百货公司"的概念。"无所不能为,无所不去为。"西方商业银行不仅有传统的存款、贷款、汇款结算和货币兑换等业务,还有证券包销、证券经纪、资产管理、财务顾问、企业并购策划等典型的投资银行业务及各种基金、信托、租赁、保险代理等各种非银行的金融业务,甚至有为普通工商企业提供的各种类似采购、销售乃至计算机系统建设之类的经济业务,也有一些诸如社会保障、助残等社会工作。

银行全能化的好处是分散银行风险,增强了其抗风险能力,同时增加银行盈利,也可以为客户服务,为社会提供全方位、多功能的金融服务,既节省客户同银行打交道的成本,又提高了金融业的服务效率。

2. 商业银行业发展的规模化

商业银行业将跨行业合并作为规模扩张、提高竞争能力和盈利能力的重要手段。通过并购实现区域和业务范围的扩展,整合传统银行业务和现代银行业务的运作模式,将商业银行、投资银行、网上银行融为一体,通过规模经济、协同效应大大提高了其对风险的防范和化解能力。过去20多年间,美国超过100亿美元的金融机构的合并案例达到20余次,日本3家大银行掌握了50%以上的国内存款,法国的巴黎国民银行、里昂信贷银行和兴业银行总资产占法国商业银行总资产的50%。三菱东京、花旗集团、摩根大通等为了维持和增强全球竞争力,都进行了一系列重大并购行动,超级银行不断产生,大大地改变了世界银行业的整体格局。发达国家中,少数大银行在市场中占主导地位的现象越来越明显。银行业正走向集中和垄断,出现了强者越强、弱者越弱的现象。

3. 商业银行业发展的国际化

随着生产与销售国际化的迅速发展,无论是生产者、销售者还是消费者都希望获得全球化的服务,这在客观上促使金融市场国际化和银行业务全球化的进程日益加快。摩根大通发布《2019年全球并购展望》报告称,2018年全球并购市场交易量4.1万亿美元。金融危机后,全球投资者倾向于选择规避风险的投资,出于分散经营风险和获取最大收益等考虑,近年来,各大银行纷纷到海外设立分支机构,并与国际企业的跨国经济、国际资本流动相辅相成。西方商业银行的国际化程度逐步提高,银行业务超越国界走向全球,银行机构国际化、经营地域全球化趋势十分明显。

商业银行股东全球化、机构全球化、客户全球化、业务全球化、雇员全球化、管理模式全球化的模式在带来可观收入的同时,还伴随着资本市场的巨大增值。

4. 商业银行业发展的新技术化

很多新技术都是抢先在银行系统运用的,其中有不少新技术本身就是银行发明的。特别是近10年中,计算机和信息技术的迅猛发展,使金融业成为技术应用最多、效率最高、速度最快、技术最密集、最先实现信息化的行业,传统业务的处理速度大大提高,同时也使银行能够提供范围更广泛的服务。

计算机与通信技术,尤其是网络技术的发展与应用,促使商业银行的经营环境和经营方式发生根本变化,经营方向由传统的粗放经营转向集约经营。以前,支票的支付与结算完全由银行垄断,现在情况改变了,在美国等西方国家的银行与其他机构组成了支付结算服务协会,结算变得更加自动化,各种银行卡的使用越来越普遍,技术性能大大提高,通过个人计算机或手机银行及其他终端设备与银行计算机联网,客户可以直接在家或办公室任何一个场地接受银行服务,技术创新也导致了大量的金融产品的出现,全球网上银行、手机银行用户在跳跃式增长。

(四)我国商业银行的发展历程

20世纪80年代以来,从重建金融体系、实现金融宏观调控到全面展开金融部门的市场化改革,中国的金融改革使商业银行业从无到有,不断壮大和规范。商业银行开始形成较完善的组织体系,兴起市场化竞争,经营管理方式和竞争格局发生演变。

1. 组建专业银行,标志着中国商业银行体系雏形的出现

20世纪80年代初期,我国打破中国人民银行"一统天下"的格局,形成了由中国银行、中国建设银行、中国工商银行、中国农业银行四大银行组成的专业银行体系,这是中国商业银行体系的最初形态。

2. 商业银行诞生,四大专业银行逐步被改造成国有独资商业银行

20世纪90年代初期,中国银行业体系弱化了"专业银行"这一概念,在银行体系中起绝对支撑作用的工、农、中、建被改造为国有独资商业银行。

3. 设立一批新型商业银行,丰富和完善了商业银行体系

1987年,国家重新恢复了交通银行、招商银行等一批新兴商业银行。到目前为止,已先后设立了14家新型的全国性商业银行,包括交通银行、招商银行、中信银行、中国光大银行、华夏银行、中国民生银行、广东发展银行、平安银

行、兴业银行、上海浦东发展银行、恒丰银行、浙商银行、渤海银行、中国邮政储蓄银行。这些股份制商业银行迅速发展壮大,现在这 14 家银行的总资产已占全国商业银行总资产的 1/10 以上。

4. 组建政策性银行,分离商业性和政策性两大银行职能

从 1993 年开始,我国先后组建了国家开发银行、中国进出口银行和中国农业发展银行三家政策性银行,实现了金融体系内商业性金融与政策性金融职能的分离,扫除了工、农、中、建四大专业银行向商业银行方向改革的最大障碍。

5. 组建地方商业银行,突破了地方不能办银行的限制,全国各地的大中城市分两步组建了近百家地方性商业银行

从 1995 年开始,我国将分散的城市信用社改组、合并成城市商业银行,这些银行基本上是地方政府(通过财政渠道)掌握一部分股权加以控制;21 世纪初,这些城市商业银行改组为股份制商业银行,部分银行开始向全国发展。

6. 发展村镇银行

21 世纪初,我国政府为推动农村经济发展,服务"三农",积极推动村镇银行的发展。村镇银行属于一级法人机构。村镇银行可经营吸收公众存款,发放短期、中期和长期贷款,办理国内结算,办理票据承兑与贴现,从事同业拆借,从事银行卡业务,代理发行、兑付、承销政府债券,代理收付款项,代理保险业务以及经银行业监督管理机构批准的其他业务。按照国家的有关规定,村镇银行还可代理政策性银行、商业银行、保险公司和证券公司等金融机构的业务。

7. 成立外资银行

加入 WTO 之后,我国加快发展外资银行,其机构数量和业务发展迅速。到目前为止,在华外资银行机构总数达到 1000 家,来自 47 个国家和地区。

8. 成立民营银行

2014 年,我国开展民营银行试点工作,首批 5 家民营银行完成批筹,即深圳前海微众银行、温州民商银行、天津金城银行、浙江网商银行、上海华瑞银行。此外已有 100 余家中小商业银行的民间资本占比超过 50%,其中部分为 100%民间资本;全国农村合作金融机构民间资本占比超过 90%,村镇银行民间资本占比超过 72%;已开业民营控股非银行业金融机构 43 家。

第二节　商业银行的性质与职能

从商业银行的起源和发展历史看,商业银行的性质可以归纳为:以追求利润为目标,以金融资产和负债为对象,综合性、多功能的金融企业。

一、商业银行的性质

(一)商业银行具有现代企业的基本特征

商业银行具有一般企业特征:是依法设立的法人单位;有从事经营所需的自有资本;依法自主经营、自负盈亏、自我约束、自担风险、自我发展;以追求利润最大化、为股东创造最大财富为最终目标;依法纳税。商业银行正是因为具有一般工商企业的上述 6 个特征,因此我们可以认为商业银行是属于企业范畴的一种经济组织,但它又有其特殊的性质。

(二)商业银行是一种特殊的企业

商业银行的特殊性主要表现在以下几方面:

1. 商业银行的经营对象和内容具有特殊性

一般工商企业经营的是物质产品和劳务,从事商品生产和流通;而商业银行是以金融资产和负债为经营对象,经营的是一种特殊的商品——货币和货币资本,经营内容包括货币收付、存款、借贷以及各种与货币运动有关的或者与之联系的金融服务。

2. 商业银行对整个社会经济影响的特殊性

商业银行的经营状况直接关系到整个社会经济生活的安全和稳定。由于商业银行对社会经济的特殊影响,国家对商业银行的管理要比对一般的工商企业的管理更严格,管理范围更广泛,这可以从金融监管相关内容中体现出来。

(三)商业银行是一种特殊的金融企业

1. 商业银行不同于中央银行

中央银行是面对政府和金融机构开展活动的具有银行特征的政府机构,创造的是基础货币,并在整个金融体系中具有超然的领导地位,承担着国家金融管理的职责,中央银行只向政府、金融机构提供服务,不以营利为目的;商业银行经营业务则具有很强的广泛性和综合性,它是面对工商企业、公众、政府、个人而经营的,经营的触角已延伸至社会经济生活的各个角落。

2. 商业银行也不同于其他金融机构

其他金融机构包括专业银行只限于办理某一方面或几种特定的金融业务,业务经营具有明显的局限性。

二、商业银行的职能

商业银行的性质决定职能,商业银行在现代经济活动中有信用中介、支付中介、信用创造、金融服务等职能,并通过这些职能在国民经济活动中发挥重要作用。

（一）信用中介

信用中介是商业银行最基本、最能反映其经济活动特征的职能。这一职能的实质是通过银行的负债业务,将社会上的各种闲散资金集中到银行,再通过资产业务把它投到各经济部门,从而成为资金盈余者与资金短缺者之间的桥梁。

商业银行通过信用中介的职能,在不改变货币资本所有权的前提下,实现资本盈余和短缺之间的融通,使闲置资源得到最大限度的利用。这种使用权的改变,对经济活动可以起到多层面的调节转化作用,具体包括以下几个方面:

1. 可以把暂时从再生产过程中游离出来的闲置资金转化为可用资金,从而在不改变社会资本总量的条件下,通过改变资本的使用量,提供了扩大再生产手段的机会。

2. 可将用于消费的资金转化为能带来货币收入的投资,扩大了社会资本总量,从而加速经济增长。

3. 可以把短期货币资金转化为长期货币资金,在利润原则的支配下,还可以把货币资本从效益低的部门引向效益高的部门,形成对经济结构的调节。

（二）支付中介

支付中介职能是建立在信用中介职能基础上的,是商业银行代替客户对商品和劳务进行支付,代理客户支付货款和费用、签发和清算汇票和支票、兑付资金和分配货币等。支付中介职能决定了商业银行成为一国支付清算体系中枢,是最传统的业务活动。以商业银行为中心,经济运行过程中形成了无始无终的支付链条和债权债务关系。

支付中介职能从逻辑上先于信用中介职能,它最早产生于货币经营时期。货币经营者在货币保管和办理支付过程中积聚了大量的货币,为使货币增值而发放贷款,于是产生了信用中介职能。但支付职能的发展,也有赖于信用中介职能,因为只有在客户确有存款的前提下,商业银行才能为客户办理支付。可见,支付中介职能和信用中介职能是相互联系、相互促进的,两者互动构成了银行借贷资本的整体运动。

支付中介的作用在于:一方面使商业银行持续拥有比较稳定的资金来源;另一方面可以节约现金流通费用,增加社会生产资金投入。

(三)信用创造

商业银行在信用中介职能和支付中介职能的基础上,产生了信用创造职能。一是商业银行能够吸收各种存款并在此基础上发放贷款;二是在支票流通和转账结算的基础上,贷款又可以转化为存款;三是在这种存款不完全提现的基础上,就增加了商业银行的资金来源,最后在整个银行体系,形成数倍于原来存款的派生存款,这就是银行的信用创造功能。

商业银行进行货币创造的必备条件是:可以经营存款业务和贷款业务,在这两种业务的不断循环进行下才能够进行货币创造。商业银行信用创造功能的发挥:取决于非现金结算制度的发达程度。

商业银行信用创造功能的作用:通过创造信用流通和支付工具,进一步促进社会闲置资金的充分利用,节约现金使用,满足社会经济发展对信用工具的需要。同时,中央银行可以采取存款准备金政策来控制银行体系的派生存款货币,进而推动国民经济的发展。

(四)金融服务

金融服务是指商业银行利用自己在金融服务业中的特殊地位,并运用先进的技术和服务手段为客户提供金融服务。现代化的社会生活,从多方面给商业银行提出了金融服务业务的要求。一是随着经济的发展,工商企业的业务经营环境日益复杂化,银行由于联系面广、信息比较灵通,特别是随着电子计算机在银行业务中的广泛应用,使其具备了为客户提供信息服务的条件,咨询服务、对企业的"决策支援"等服务应运而生;二是工商企业生产和流通专业化的发展又要求把许多原来属于企业自身的货币业务转交给银行代为办理,如代发工资、代理支付其他费用等;三是个人消费也由原来的钱物交易,发展为代扣代缴、网络化结算;四是在激烈的业务竞争环境中,各商业银行也不断开拓服务领域,通过金融服务业务的发展,进一步促进资产负债业务的扩大,并把资产负债业务与金融服务结合起来,开拓新的服务领域;五是商业银行逐步减少甚至摆脱了现场柜台交易模式,其业务向着"手机银行"和"网上银行"的方向发展。从实践中证实利用现代化电子技术,使银行在履行支付结算职能中风险差错大大降低、速度迅速加快、成本大大降低。在现代经济生活中,金融服务已成为商业银行的重要职能,使商业银行充分发挥了国民经济发展的推进器和稳定器的作用。随着现代化生活的迅速发展,从多方面给商业银行提出了创新金融服务的要求。如何保持竞争优势,借鉴和吸收国际经验,不断开发新的业务领域和业务品种,是各国商业银行面临的一个新的艰巨任务。在现代经济生活中,金融服务已成为商业银行的重要职能。

三、商业银行在国民经济中的地位作用

商业银行业务内容的广泛性,使得它能对整个社会经济活动产生显著影响,并在国民经济中居于重要地位。

(一)商业银行已成为整个国民经济活动的中枢

商业银行与工商企业、家庭个人和政府有着密切的资金借贷关系,并且通过办理各种形式的结算业务,为社会经济活动实现绝大部分货币周转提供相应的服务。它的存款和贷款业务活动直接影响并在相当大程度上制约着工商企业、家庭个人的经济活动和经营范围,影响着经济结构的变化。它的结算业务又为加速社会资金流转,提高资金使用效益,并为企业的经济活动和居民日常生活带来了极大的便利。在提供这些业务的过程中,商业银行逐渐成为整个国民经济活动的中枢。

(二)商业银行的业务活动对全社会的货币供给具有重要影响

由于商业银行是各种金融机构中唯一能够接受活期存款的机构,它一方面大量吸收活期存款,并提供转账结算服务;另一方面通过贷款、投资业务和支票转账结算等中间业务服务而派生出存款。商业银行通过这种派生存款的创造与削减来影响社会货币供给,从而影响社会货币供给的规模。

(三)商业银行已成为社会经济活动的信息中心

商业银行通过其日常业务活动,掌握各行业、部门、企业及家庭个人等全面而准确的经济信息,并在此基础上为各部门、企业和个人提供投资咨询和财务咨询服务,从而成为社会经济活动的信息中心,为社会经济的发展提供积极的引导作用,为调整产业结构、产品结构及国民经济中其他各项重要的比例关系,实现经济稳定持续的发展,作出重要贡献。

(四)商业银行已成为国家实施宏观经济政策的重要途径和基础

由于市场经济存在信息不对称、未来不确定等不足,政府有必要根据不同时期经济发展的状况,制定并实施财政政策、货币政策和产业政策等宏观经济政策,对经济实行宏观调控。这些宏观经济政策的实施都和商业银行有着密切的关系。

当政府要利用财政信用调节经济时,它所发行的政策性债券,有很大一部分销售给商业银行。

当政府要实行产业政策,对经济结构进行调整时,商业银行就要配合政府的产业政策,调整其贷款投向,以支持政府的产业政策实施。

中央银行代表政府制定和执行货币政策,调节信贷规模,调节社会货币供给量,主要是通过商业银行的业务活动来进行的。当中央银行实行紧缩性货币政策,提高法定存款准备金率或在公开市场上卖出有价证券时,商业银行就应当增加其准备金或在公开市场买进有价证券,配合中央银行,实现货币政策目标。

自 2002 年以来,中国人民银行每年发行大量的票据,其销售对象也是我国的商业银行。这时商业银行就成了中央银行货币政策实施的微观基础。

(五)商业银行已成为社会资本运动的中心

各种宏观经济政策的实施之所以要通过商业银行才能更好地实现,皆因为商业银行和借贷资本运行、工商企业的资本运动等都有着密切的联系。工商企业在经营过程中出现的流动资本和固定资本缺口都需要通过商业银行来解决。

当个人投资者在投资于有价证券或不动产时,也常会因资金短缺而向银行告贷。如此便出现这样一种信用关系,即商业银行拥有的借贷资本来自工商企业再生产过程中暂时闲置的货币资本和社会各阶层的货币储蓄,然后通过贷款又转化为企业和个人的介入资本,加入社会资本的循环与周转。

商业银行利用这种关系,无论贷与不贷,都将直接影响社会资本运动的速度与规模,影响整个社会再生产进程,对扩大社会再生产规模起着制约作用,对产业结构调整起着引导作用。商业银行也因此成为社会资本运动的中心,成为社会资本的集散地。

四、商业银行的经营特点

商业银行经营最突出的特点是高负债率、高风险性和监督管制的严格性。

(一)高负债率

商业银行经营的是货币商品,主要从事信用的授受。一方面,商业银行借入资金的 80%～90%来源于社会公众和工商企业的存款;另一方面,它把大部分借入资金贷给公众和工商企业,从而使自己成为全社会最大的债务人和最大的债权人。因此,高负债率是商业银行的一个突出的经营特点。商业银行高负债率经营是建立在社会公众对商业银行具有充分信心的基础之上的,如果公众对商业银行的信心发生动摇,就可能发生存款挤兑的现象,危及商业银行的生存和发展。

(二)高风险性

商业银行业负债经营的特点决定了商业银行本身就是一种具有内在风险的特殊企业,而银行风险所带来的损失超过一般企业的风险损失,它具有涉及金额大、涉及面广等特点。

商业银行业是一个高风险性行业,除了前面所述商业银行因出现信用危机而可能发生的挤兑风险,它还面临着发放出去的贷款收不回来的信贷风险,由于市场动荡带来的利率、汇率变化而带来的市场风险,以及商业银行从业人员水平不高、业务操作不当带来的操作风险、内外勾结造成的道德风险等。一旦银行遭受损失,就会波及众多的经济实体并产生连锁反应,使企业生产难以为继,债权债务关系难以清偿,进而引起整个社会经济关系的混乱。

(三)监督管制的严格性

由于商业银行经营具有高负债率、高风险性的特点,商业银行的业务活动与社会公众的利益息息相关,它在社会经济活动中具有特殊重要地位,因此各国政府对商业银行业都实施严格的管制,如规定商业银行的开业资格、限制商业银行的业务活动领域、限制商业银行高管准入条件等。

随着金融自由化程度的加深,美英等发达国家已逐步取消了一些对商业银行经营的限制条款,但这并不意味着这些国家放松了对商业银行业的限制,而只是转移监管重心,商业银行业仍然是受政府管制最严格的行业之一。

五、商业银行的经营原则

商业银行经营具有高负债率、高风险性以及监管严格的特点,决定了其经营原则不能是单一的,而是几个方面的统一。通常认为,商业银行经营的原则就是在保证资金安全、保持资产流动性的前提下,争取最大的盈利。这又称为"三性"的目标,"三性"即安全性、流动性、盈利性。2003年最新修订的《中华人民共和国商业银行法》中第四条规定"商业银行以安全性、流动性、效益性为经营原则,实行自主经营、自担风险、自负盈亏、自我约束"。这一原则与国际通行的商业银行经营原则相一致,但略有差异。我国强调银行的效益性而非盈利性,主要表现为我国商业银行在经营中不仅要考虑自身的盈利能力,还要考虑到银行业对整个经济体系的宏观经济效益,要求银行应将自身的盈利与社会效益结合起来考虑。

（一）安全性原则

安全性原则是商业银行生存的前提。安全性是指商业银行的资产、收益、信誉以及所有生存发展的条件免遭损失的可靠程度。安全性的反面就是风险性，商业银行经营的安全性原则就是尽可能地避免和减少风险。影响商业银行安全性原则的因素主要有客户的平均贷款规模、贷款的平均期限、贷款方式、贷款对象的行业和地区分布以及贷款管理体制，以及所有金融服务业务中的风险管理能力和范围。

1. 衡量商业银行安全性指标

（1）贷款对存款的比率：这个比率越大风险就越高。由于贷款的平均周期往往长于存款的平均周期，所以贷款的比重越大，说明通过贷款收回满足存款变现的余地越小，因而风险也就越大。因此一般要求贷款小于存款，留出足够的准备金以应付流动性的要求。

（2）资产对资本的比率：这个比率也叫杠杆乘数，它既反映盈利能力，又表现风险程度。比率越大风险越大。因为相对来说资本较少，一旦资产出现损失，资本是保障债权人利益的最后一道屏障。

（3）负债对流动资产的比率：这个比率越高，能作为清偿准备的流动资产越显得不足。

（4）有问题贷款占全部贷款的比率：有问题贷款一般指预测可能逾期的贷款、长期难以收回的贷款，此类贷款占全部贷款的比率越大，说明问题贷款越多，因而商业银行的风险也就越大，安全性就越低。

以上这些指标，只是提供大致判别风险程度的依据。除此以外，针对特定政策动向和市场局势，商业银行资产负债的流动性状况、受险部分程度也是衡量风险的重要因素。

2. 为实现安全性目标，商业银行必须做到以下几点

（1）持续筹措足够的自有资本，以提高自有资本在全部负债中的比重。

商业银行资金的主要来源是吸收存款和借入款项，这种负债经营本身就是包含着很大的风险，而商业银行主要是靠保持清偿力来抵御和防范这种风险的，保持清偿力的基础就是商业银行的自有资本。自有资本在全部负债中比重的高低既是人们判断一个商业银行实力的主要依据，也是商业银行赢得客户信任的基础。一家商业银行如果能够赢得客户坚定的信任，那么即使发生暂时的资金周转困难，也不会发生挤兑。所以商业银行要根据实际情况，不断补充自有资本总额，不断提高自有资本在全部负债中的比重。

（2）合理安排资产规模和结构，提高资产质量

商业银行通常按照贷款和存款的比率、资本净值和资产的比率、有问题贷款占全部贷款的比率等指标要求来控制其资产规模。如果贷款与存款比率过大，或者资本净值与资产总额的比率过低，则说明该商业银行资产的风险系数过大，会影响商业银行经营的安全性。如果问题贷款占贷款总额的比率过高，也反映该商业银行资产质量不高，会危及商业银行的安全。此外，商业银行还应通过保持一定比例的现金资产和持有一定比例的优质有价证券来改善商业银行的资产结构，提高商业银行的安全性。

（3）遵纪守法，合法经营

熟悉国家的法律法规，坚持依法经营，不仅能够保持商业银行在社会上的良好形象，还可以得到国家法律的保护和中央银行支持。一旦发生经营风险，商业银行可以得到中央银行及时的援助，避免商业银行遭受更大的风险打击。

（二）流动性原则

流动性原则是商业银行发展的关键。流动性是指商业银行随时应付客户提现和满足客户借贷的能力。流动性在这里有两层含义，即资产的流动性和负债的流动性。资产的流动性是指商业银行资产在不受损失的前提下随时变现的能力，负债的流动性是指商业银行能经常以合理的成本吸收各种存款和其他所需资金。一般情况下，我们所说流动性是指前者，即资产的变现能力。为满足客户提取存款等方面要求，银行在安排资金运用时，一方面要使资产具有较高的流动性，一方面必须力求负债业务结构合理，并保持较强的融资能力。

1. 影响商业银行流动性的主要因素

客户的平均存款规模、资金自给率水平、清算资金的变化规律、贷款经营方针、商业银行资产质量、资金管理体制等。

2. 保持流动性的意义

作为金融企业，流动性是商业银行实现安全性和盈利性的重要保证。

（1）作为资金来源的客户存款和商业银行的其他借入资金要求商业银行能够保证随时提取和按期归还，这主要靠流动性资产的变现能力来保证；

（2）企业、家庭和政府在不同时期产生的多种贷款需求，也需要及时组织资金来源加以满足；

（3）商业银行资金运动的不规则性和不确定性，需要资产流动性和负债流动性来保证；

（4）在银行业激烈的竞争中，投资风险难以预料，经营目标并非能完全实

现,需要一定的流动性作为预防。

3. **流动性应保持相对适度**

在商业银行的业务经营过程中,并不是流动性愈高愈好。事实上,过高的资产流动性会使商业银行失去盈利机会甚至出现亏损;过低的流动性则可能使商业银行出现信用危机、客户流失、丧失资金来源,甚至会因为挤兑导致商业银行倒闭。因此,商业银行必须保持适度的流动性。这种度是商业银行业务经营的生命线,是商业银行业务经营成败的关键。但这种度既没有绝对的数量界限,又需要在动态管理中保持,商业银行经营管理者应及时果断地把握时机和做出决策。当流动性不足时,及时补充和提高;当流动性过高时,尽快安排资金运用,提高资金的盈利能力。

4. **衡量流动性的主要指标**

(1)现金资产率

计算公式:

$$现金资产率=(现金资产/流动资产)\times100\%$$

这一指标是指现金资产在流动资产中所占比率。现金资产包括现金资产和短期有价证券。其中现金包括库存现金、同业存款和中央银行的存款等,这部分资产流动性强,能随时满足流动性的需要,是商业银行预防流动性风险的一级储备;短期有价证券是指期限为一年以内的债券,其流动性仅次于现金资产,变现速度快。现金资产率越高,说明商业银行的流动性越高,对债权人的保障程度越高,因为现金具有最后清偿债务的特征。

(2)贷款对存款的比率(简称贷存比)

计算公式:

$$贷存比=(贷款/存款)\times100\%$$

贷款对存款的比率是指存款资金被贷款资产占用的程度。这一比率高,说明商业银行存款资金被贷款占用比率高,商业银行存在流动性风险。这一指标的缺点是没有考虑存款和贷款的期限、质量和收付方式,因此,该指标衡量流动性的可靠性需要得到其他指标的印证。

(3)流动性资产对全部负债的比率

计算公式:

$$流动性资产对全部负债的比率=(流动性资产/全部负债)\times100\%$$

这一比率反映负债的保障程度,比率越高,说明流动性越充分;比率越高,说明商业银行还本付息的期限越短,既可满足客户提现的要求,又可用于新的资产上。这一指标存在一定的操作难度,也忽略了负债方面流动性的因素。

（4）超额存款准备金。超额存款准备金是相当于法定存款准备金而言的。法定存款准备金是按中央银行规定的比例上交部分，法定存款准备金比率是指法定存款准备金占总存款准备金的比率。商业银行总存款准备金减去法定存款准备金就是超额存款准备金。因为超额存款准备金的现实保障感极强，可以随时使用，它的绝对值越高，表示流动性越强。这一指标的缺陷在于体现商业银行的流动性范围比较狭窄，往往不能全面正确地说明商业银行的流动性水平。

（5）流动性资产减易变性负债：所谓易变性负债是指季节性存款、波动性存款和其他短期负债。其差大于零，表明有一定的流动性，其数值越大，表明流动性越高；其差值小于或等于零，表明了流动性短缺的程度，说明有信用风险。该指标最大的优点是同时考虑资产和负债，是理论上比较准确、现实感很强的指标。

（6）资产结构比率
计算公式为：

$$资产结构比率＝（流动性资产/非流动性资产）×100\%$$

这一指标反映流动性资产和非流动性资产在数量上的比例关系，说明商业银行整体性流动水平。

（7）存款增长率减贷款增长率。这一数值大于零，表示商业银行流动性在上升；该数值小于零，表明流动性下降。这一指标只能大体上反映商业银行的流动性趋势，管理者可以根据一定时期的数值策划下一阶段的业务重点。由于该指标没有考虑到具体的存款和贷款在性能上、结构上的差别，因此，这一指标仍然有些粗略。

上述指标体系能综合反映商业银行的流动性状况，其中个别指标难以准确、全面地反映商业银行整体流动性状况并说明其流动性高低的原因，只有对各种指标加以综合分析并相互印证，才能正确地判断流动性状况，并进行相应的调整。

5. 为满足流动性要求，商业银行要做到以下几点
（1）调整资产结构，维持流动性较好资产的适度比例。
商业银行流动性最高的资产主要是库存现金、在中央银行的超额准备金存款以及在其他银行的活期存款。它们可以随时用于清偿支付，但没有盈利或盈利很低，所以商业银行应将此类准备降到最低程度。流动性次之的商业银行资产包括短期同业拆借、短期政府债券及商业票据。此类资产既能够迅速收回或在市场上变现，又具有一定的盈利性，因此调整这类资产的比例是满

足银行流动性要求的主要途径之一。

(2)加强负债管理,注重从负债方面来满足商业银行经营的流动性要求。

近几十年来,西方商业银行在激烈的竞争中,贷款在总资产中的比重不断提高,尤其是长期贷款的比重上升很快,导致西方商业银行资产流动性不断下降。为了保持足够的流动性,商业银行越来越注重从负债方面来满足商业银行经营的流动性要求,即保持足够的资金来源,以应付提存和支付需要。这些资金来源主要包括:向中央银行借款、向中央银行再贴现、发行可转让存单、向其他银行借款、利用回购协议等。它们的成本相对较低,收益一般低于商业银行贷款和投资,不会造成商业银行为增加流动性而减少贷款和投资,是满足商业银行经营流动性要求的另一主要途径。

(3)加强流动性管理,实现流动性管理目标。

为实现流动性管理目标,商业银行通常要制定一些量化的流动性指标,以此衡量商业银行的流动性状况。这些指标主要有三类:一是资产类流动性指标,如现金资产比例、流动性资产的比率和贷款占总资产的比率等;二是负债类流动性指标,如股权占总资产的比率、存款占总负债的比率以及预期存款变动率等;三是资产负债综合类流动性指标,如贷款占存款的比率、存款增长率与贷款增长率之比等。

商业银行可根据以上指标要求编制流动性计划(可分年、季、月和隔日几种),其主要内容是合理安排资产与负债的对应结构,使资产的期限结构和负债的期限结构相匹配。商业银行还可以根据流动性计划实施情况和资金来源与运用情况的变化,及时进行头寸调剂,保持商业银行业务经营具备足够的流动性。

(三)盈利性原则

盈利性原则是指商业银行在经营过程中要以追求利润最大化为其经营目标,盈利能力的好坏直接标志着商业银行经营绩效水平的高低。盈利性越强代表商业银行获取利润的能力越强,越有助于提高银行的整体实力,进而提高其抗风险能力和信誉水平。

1. 盈利性原则的意义

(1)盈利水平是银行经营好坏的重要标志

盈利性目标,这是商业银行一切经营活动的中心和源动力所在。商业银行的最终目标是追求盈利,并使利润最大化。这是由商业银行的企业性质所决定的,也是商业银行的股东利益所在。商业银行盈利水平的高低和发展趋势是其内部经营管理状况的综合反映,由此可以看出银行决策者的管理水平及银行经营是否良好、稳健等各方面状况。

（2）盈利能力决定了银行的长期发展状况

盈利水平的逐年增长为银行参与竞争和发展打下了坚实的基础。因为有较高利润水平的银行，通常其留存盈余也比较多，银行发展也就有了物质基础。较多的税后利润给银行的股东回报就比较多，这样银行股票的市值就会上升，从而有利于商业银行资本的筹集。盈利性高的银行往往受到社会公众的普遍信任，客户市场占有率就高，资金来源充足。此外，具有高盈利性的商业银行，职工的工资水平相对较高，容易吸引高端人才集聚。

（3）商业银行盈利来源的特殊性

目前商业银行的主要利润来源于存贷利差。商业银行实现盈利的主要途径是尽量扩大存贷利差和增加手续费、服务费，其盈利途径比较特殊。商业银行要努力增加优质贷款，减少不良资产。不良贷款和投资损失不仅降低了银行的利润，而且还会危及银行的安全，所以为了实现银行的盈利性目标，就必须特别注重信贷资产的管理，尤其是贷款的贷前调查工作和贷后的检查跟踪。

此外，商业银行的盈利水平很大程度上取决于其内部管理规章执行的情况，因此严格操作规章，完善经营监管体制，才能减少无谓的损失。

西方现代商业银行的盈利能力在不断地向中间业务转移，并已经成为影响银行利润的关键因素，如何提高金融服务水平和衍生产品创新能力，是未来银行盈利能力竞争的焦点。

2. 衡量盈利性的主要指标

商业银行的盈利是指业务收入减去业务支出的净额。业务收入是指资产收益和服务性收入的总和。资产收益是商业银行最主要的收入来源。此外，商业银行还提供多样化的金融服务，这些服务收入通常被列入"中间业务"收入。业务支出包括各项存款的利息支出和费用支出、营业外损失和上交的税收等。

（1）商业银行利润的总体计算公式：

银行利润＝（利息收入＋其他收入）－（利息支出＋其他支出＋税收）

分析商业银行的盈利水平，通用以下衡量标准：

①利差收益率

利差收益率＝[（利息收入－利息支出）/盈利资产]×100%

这一指标是反映商业银行盈利能力的重要指标。因为商业银行的收入主要来自盈利资产，所以利差收益率越大，商业银行盈利水平越高。

②利润率

$$利润率＝（净利润／总收入）×100\%$$

这一指标反映商业银行的全部收入中有多少作为利润留在银行,它是反映商业银行经营环境和管理能力的指标,用以考察商业银行的全部支出水平。

③资产收益率

$$资产收益率＝（净收益／资产总额）×100\%$$

这一指标是反映商业银行资产总体盈利水平或资产结构状态的主要指标,即反映资产的获利能力,它代表一家商业银行的经营水准。

④资本盈利率

$$资本盈利率＝（净收益／资本总额）×100\%$$

这一指标反映了商业银行资本经营活动中的效率,说明商业银行资本对利润增加的贡献能力。由于用它可以测算出股本盈利率,因而也是银行股东们最关心的指标。

(2)商业银行追求盈利水平应做到以下几点:

①减少非盈利性资产,提高盈利性资产的比重

盈利性资产是商业银行利润的主要来源,商业银行追求较高的利润,必然将资金更多地应用于盈利性资产。但是,长期贷款、长期投资等盈利性高的资产流动性却较差。为了保持商业银行的流动性,保证商业银行有足够的清偿力,商业银行必须保有一定数量的现金资产,但由于现金资产盈利性很差,所以商业银行的经营管理者总是将这种非盈利性资产压缩到最低水平,相应扩大盈利性资产的比重,为商业银行获取更多的利润来源。

②降低资金水平,扩大资金来源

商业银行只有扩大资金来源,才能够更多地发放贷款和进行投资以增加盈利。但吸收资金要支付成本,对于不同的资金来源,商业银行需要支付的成本费用也不同。对于作为商业银行最主要资金来源的存款来说,活期存款的资金成本要低于定期存款。很多西方国家还规定不给活期存款支付利息,而是由商业银行通过提供其他优质服务予以补偿。因此,商业银行要扩大低成本资金来源,很重要的一条途径是通过提供优质的结算以及其他金融服务来吸引更多的客户来办理存贷款业务和其他结算类业务。一方面新增存款,另一方面新增贷款,为商业银行创造更多利润。

③建立全面风险内部控制机制,提高资金安全性

商业银行是一个高风险行业,在金融开放的大时代,竞争的加剧,经济的不确定时时威胁着金融行业。所以要建立全面风险内部控制机制。一是建立

风险管理机制,通过授信发起、调查、申请发起、审批、贷后检查等建立有效的制约制度;二是强化人员培训和培养,提高业务素质和从业操守;三是强化风险督查机制;四是建立责任追究机制。

④加强经济核算,提高内部管理能力

商业银行经营的费用支出除了资金成本,经营管理费用是主要的支出项目,商业银行必须努力加强内部经济核算,减少各项管理费用的支出,以实现商业银行净利润的最大化。此外,事故、差错、贪污挪用等造成的经济损失也会冲减商业银行利润,商业银行应当通过严格操作规程,完善监督机制,降低事故和差错的发生率,杜绝商业银行内部人员违法犯罪行为给商业银行带来重大损失,确保商业银行盈利目标的实现。

(四)安全性、流动性和盈利性权衡的原则

商业银行安全性、流动性和盈利性原则,既有相互统一,又相互矛盾。作为经营管理者,协调商业银行的"三性"原则关系,既达到利润最大化,又照顾到商业银行的流动性和安全性,是极为重要的。

一般来说,商业银行的安全性与流动性呈正相关关系。流动性较大的资产,风险较小,安全性较高。而盈利性较高的资产,由于时间一般较长,风险相对较高,因此流动性和安全性就比较差。因此,盈利性与安全性和流动性之间的关系,往往呈反方向变动。

1. 三性原则之间的矛盾

(1)盈利性原则要求银行尽量提高资金的运用率,而流动性、安全性则要求银行降低资金运用率。

(2)在选择贷款和证券的期限时,通常是期限越长、利率越高,从盈利性角度考虑,当然选择期限长的组合,但资产期限越长,流动性越低,这与资产的流动性要求相矛盾。资产期限越长,不确定因素就越多,资产风险自然就越大,与安全性原则要求也有矛盾。

(3)从银行存款结构来看,资金盈利性、流动性、安全性的要求也存在矛盾。

从资金盈利性角度考虑,活期存款作为低成本资金来源,比重高,存款平均利率越低,存贷利差也越大,银行盈利性也就越高。

但是,活期存款随时都有可能被提取,稳定性不足,较多的活期与较长的贷款之间会产生资金缺口。

2. 三性原则的一致性

(1)盈利性、流动性、安全性也有一致的一面。

流动性是盈利性的基础,盈利性的提高并不一定会降低流动性。一些增加资金流动性的措施不一定会减少资金的盈利性(拆借资金弥补)。

(2)盈利性和安全性也有一致的地方。

资金的盈利要以安全为前提,资金的安全也离不开盈利。资金的安全是相对的,风险是绝对的,在风险损失不可避免的情况下,用盈利来弥补风险损失。盈利资产并不一定是高风险资产,风险的下降也并不意味着盈利的减少。

3.盈利性、流动性和安全性三原则之间的关系

流动性是商业银行正常经营的前提条件,是商业银行资产安全性的重要保证。在亚洲金融危机中,东南亚一些国家的商业银行由于缺乏适当的流动性,最终导致商业银行倒闭。安全性是商业银行稳健经营的重要原则,离开安全性,商业银行的盈利性也就无从谈起。盈利性原则是商业银行的最终目标,保持盈利是维持商业银行流动性和保证银行安全的重要基础。作为商业银行的经营者,要依据商业银行自身条件,从实际出发,统筹兼顾,通过多种金融资产的组合,寻求"三性"的最优化。

第三节　商业银行的设立

一、商业银行设立的因素

商业银行是一种经营货币资金的特殊金融企业,是商品货币经济发展的产物,商业银行的设立将受社会经济条件、金融业发展状况等各方面因素的影响。

(一)宏观经济环境

1.生产力发展水平

生产力发展水平较高、商品经济发达的地区,一方面企业的经营效益和居民收入水平较高;另一方面,经济的货币化程度较高,企业和个人的金融意识较强。这使得该地区既为商业银行提供了大量的资金来源,同时又有较多的资金需求,为商业银行扩大存款和贷款规模奠定了良好的基础。此外,大量的经济贸易往来和商品劳务支出也为商业银行支付清算和金融服务提供了广阔的市场需求。

2.人口状况

商业银行应当建立在人口众多且人口变动合理的地区。人口密集的地区

可以使商业银行以较低的成本吸收足够的资金；人口稀少的地区不仅资金来源少，资金需求也少，在这种地区设立商业银行，会使商业银行陷入经营困境。合理的人口变动是指高收入者所占人口比重较大，收入上升较快，有利于商业银行业务的开展。一般来说，人口状况优良的地区多是商业发达、生产力发展水平较高的地区。

3. 区域经济状况

商业银行的设立受到不同区域的经济状况影响，具体包含区域的经济水平、人口、地理位置和交通等方面。一个地区的经济水平、人口数量、收入结构、年龄结构对该地区商业银行的发展起着重要的影响作用。当一个地区经济水平较高、劳动力人数和中高收入人群所占比重较高时，商业银行也就更容易筹集到足够的资金进行经营，相应的贷款需求也较旺盛，为商业银行业务的开展奠定了基础。商业银行的发展也与所处的地理位置有关，很难想象一个处于交通落后、信息闭塞地区的银行能够取得良好的经营业绩。但是，随着网上银行业务的开展和虚拟银行的出现，地理位置对银行业务的重要性正在逐渐减弱。

4. 产业结构和政策

商业银行的发展是与其主要服务的产业特点息息相关的。当商业银行主要服务于资本密集型产业时，行业的资金需求相对比较旺盛，使得商业银行有更大的发展潜力。同时，商业银行的发展还与国家的产业政策有关，当国家大力促进某些产业发展时，就会带动这些产业旺盛的资金需求，从而为商业银行的快速发展提供契机。

5. 当地的有关政策

在一个地区设立商业银行，还必须了解该地区管理当局的有关政策，包括对商业银行机构设置及业务活动的鼓励和限制政策、对工商企业投资的政策、对外投融资的政策以及对商业银行违法经营的惩罚政策等。商业银行机构应设立在相关政策有利于商业银行业务开展的地区。一般来说，对工商企业采取鼓励发展的地区，对商业银行业务经营范围限制较松，对本地区所有金融机构一视同仁，对违法的金融机构一律严惩，金融机构较为规范，这样的地区为商业银行的设立和发展提供了良好的政策环境。

(二) 微观经济环境

1. 企业经营状况

企业发展与商业银行业务的开展有着密切的联系。工商企业是商业银行重要的资金来源和各种金融服务的需求方，企业的贷款不仅满足了自身经营时资金的短缺,还为商业银行的资金提供了良好的投资渠道,企业的众多风险规避要求,以及不断提出的新的金融服务需求,为商业银行扩大了利润来源渠道。因此,工商企业的健康发展也会促进银行业的健康发展。

2. 信用意识及消费储蓄习惯

银行的基本业务是信用借贷,因此业务开展很大程度上取决于居民的信用意识。当一个地区居民更多地依靠信用借贷来满足大额长期资金需求时,该地区商业银行发展的潜力也就比较大。在中国,传统的"量入而出"观点深入民心,多数居民不习惯借钱消费,同时社会信用意识较弱,缺乏完善的信用评估系统,因此透支消费和信贷消费等方式在我国近几年才刚刚开始兴起。

(三)金融发展状况

1. 金融市场的发达状况

商业银行业务活动的开展必须以发达的金融市场为依据。完善的金融市场机制为商业银行的经营提供了良好的市场环境。一方面,较大的融资规模及灵活多样的融资工具、融资手段和较多的经济主体,都是商业银行拓展业务的必要条件;另一方面,市场资金充足且流动顺畅,有利于市场利率的形成,合理的市场利率会促使商业银行改进业务经营与管理,促进社会资源的有效配置。

2. 金融业的竞争状况

由于商业银行能够吸收活期存款,因此,在20世纪60年代以前它在同其他金融机构进行竞争时,有着绝对的优势。但随着金融创新浪潮的兴起和日益普遍,许多原来在业务领域上受到限制的传统金融机构通过金融创新,利用新型的金融工具,打破传统业务的限制,同商业银行展开了越来越激烈的竞争。同时,一些新的金融机构和各种基金,也加入了与商业银行竞争的行列,商业银行原有的地位开始发生动摇,商业银行业务的开展受到了很大的挑战。因此,在一个地区设立商业银行之前,必须对该地区金融业的发展与竞争状况进行充分的调查研究,并预测商业银行未来的发展前景,扬长避短,确保商业银行业务有较大的发展空间。

3. 监管当局的相关政策

商业银行的发展在很大程度上也与监管当局的政策有关。相关的政策主要包括对商业银行经营范围的限定、对银行具体经营活动的规定和对金融创新的政策等。当这些政策发生调整后,对商业银行的日常经营、发展也会有着相当大的影响。例如,2003年4月,巴塞尔银行监督委员会通过了《巴塞尔协议Ⅱ》,提出风险加权资本比率不得低于8%,核心资本充足率不得低于4%。

而在 2010 年 9 月 12 日,巴塞尔银行监督委员会又宣布各方代表就《巴塞尔协议Ⅲ》的内容达成一致。根据这项协议,商业银行的核心资本充足率将由目前的 4％上调到 6％,同时计提 2.5％的防护缓冲资本和不高于 2.5％的反周期准备资本,这样核心资本充足率的要求可达到 8.5％～11％。总资本充足率要求仍维持 8％不变。当监管当局按照此规定进行监管时,银行必须将更多的资本用于满足资本充足率和流动性的要求,从而对银行的经营进行了进一步的限制,也对银行风险管理和流动性管理上提出了更高的要求。

二、商业银行设立的原则

由于商业银行是一个特殊的法人机构,有信用中介、支付中介、信用创造和金融服务四大重要职能,对一国经济的健康稳定发展起着至关重要的作用,因此商业银行的设立要遵循审慎安全原则、适度竞争原则及多元化原则。

（一）审慎安全原则

审慎安全原则是商业银行设立原则中最为重要的一条原则,这也是与商业银行在国民经济中的重要地位相一致的。商业银行作为信用中介,通过负债业务将社会上的闲散资金集中到商业银行的手中,再通过资产业务将资金贷放出去,一旦商业银行资金安全性受到威胁,必然会通过收回资产来保障自身资金的稳定性,也就影响到了资金需求方的经营。而在实体经济中,资金需求方通常又是商品供给方,一旦商业银行要求提前偿还贷款,企业就可能面临降低产出、甚至倒闭的风险,从而严重影响一国经济的总供给。同时,如果资金需求方由于周转原因无法提前偿还债务,那么资金盈余者存入银行的资金安全性也就难以保证,进而就会引发社会总需求的下滑。

商业银行作为货币创造的重要机构,一旦其资产业务受到影响,货币创造能力也就大幅度下降,就很可能进一步导致一国经济的紧缩。不仅如此,商业银行的安全性一旦受到质疑就会引发挤兑风波,导致其信用水平的大幅下降,进一步影响经济体回归正常的步伐。由此可见,在设立商业银行时坚持审慎原则、设立严格的行业准入标准,对一国的经济稳定有着重要的作用。

由于审慎安全原则,各国对商业银行的设立都进行了严格的审查和设定了较高的准入标准。依照 1997 年 9 月巴塞尔银行监督委员会《有效银行监管的核心原则》的规定,在主管机关对申请人进行审查时,至少应包括审查银行组织的所有权结构、董事和高级管理层、经营计划和内部控制,以及包括对资本金在内的预计财务状况等,当报批的所有者是外国银行时,首先应当获得其母国监管当局的批准。

依照审慎安全原则,商业银行在设立时要注意以下几个方面:

1.充分做好设立前期的市场调查,以及人力资源的保障工作

商业银行的监管机构和商业银行自身应采取一切合理有效的措施,对将所面临的风险有一个充分的认识,包括对区域经济环境、金融市场状况、金融政策法规的认识,以及优秀管理者的选聘,总而言之要将风险降低到较低的程度,以保证商业银行运行的安全性。

2.商业银行要建立健全内部控制组织体系,完善商业银行的公司治理机制和结构

日常经营活动中要不断完善内部控制体系,才能及时发现潜在的损失风险,保证银行的稳健经营。同时,要注意对于银行从业人员的管理。2008年7月,中国银监会起草了《银行业金融机构董事和高级管理人员任职资格监管办法》,对现任和拟任董事或高管的声誉、知识、能力、经验、财务状况、独立性等问题提出了进一步的要求。

3.商业银行的设立要满足资本充足率的要求

按照巴塞尔协议的规定,资本充足率指的就是商业银行所持有的资本与风险加权平均资本的比率。该比率反映了商业银行能够用自有资本承担风险的程度。这一指标是衡量银行抵御风险能力的一个重要指标,因此被各国金融监管当局普遍采纳。

(二)适度竞争原则

在设立商业银行的时候,还应该考虑适度竞争原则。当一个地区商业银行只有一家的时候,就会造成商业银行的垄断,会对该地区的经济产生重要的影响。银行可以根据自己的垄断地位,通过提高利率来增加收益,从而增加了贷款的显性成本。同时,银行还可以利用自己的垄断地位进行信用配给,选择银行认为收回概率高或者与银行关系密切的企业进行贷款,增加了企业贷款的隐形成本,造成了效率的损失。另一方面,过度竞争也会导致效率损失。当一个地区商业银行数量众多时,彼此就会产生激烈的竞争,银行纷纷压低利率保证贷款的发放,首先降低了银行的收益,增加了无法偿付储户本息的风险,同时由于可贷资金需求相对较少,银行为了确保利益有可能对信用等级较差、盈利水平偏低的项目进行贷款,从而增加了银行的风险。不仅如此,当一个地区商业银行规模普遍较小时,资产无法在地域上、行业上、企业上做到充分分散,这样就会加剧银行的经营风险。同时,由于资产规模有限,单个银行承担风险的能力也相对较低,一旦某一个银行经营不善而破产,很可能会导致该地区银行出现信用危机而引发挤兑现象,增加了该地区金融业的不稳定性。因

此,适度竞争原则也是保证一国银行业健康发展的重要因素。

此外,规模适度也是保证银行业适度竞争的重要条件之一,监管者要对银行的经营规模进行管理和控制,防止其规模过大。在金融学领域里,学者们一直在探讨解决金融机构"大而不倒"的问题,即如何解决"大而不倒"金融机构的系统性风险和政府救助带来的道德风险问题。当金融机构的规模太大时,这类机构倒闭会给社会稳定和发展造成巨大的不利影响,因此政府和监管当局在它们陷入困境时,常常要被迫救助这类机构,防止其倒闭。这就容易造成大机构在经营过程中为了追求利益最大化而不注重风险控制和管理。

(三)多元化原则

随着人们生活水平的提高,对于金融产品的需求也逐渐变得多样化。同时,金融服务也变得更加专业,需要有专门的金融机构来满足。因此,单一的银行体系已无法满足人们的多样化消费需求,这就要求在商业银行设立时要兼顾多元化原则。

首先,在规模上,要实现大中小型银行并存的银行体系。大型银行有资本充足、经营稳健、信用良好的特点,但是随着管理层级的扩大,管理成本也开始变大,信息传递的效率也逐渐降低,最终导致了规模不经济。中小型银行相对大型银行而言,虽然资本较为缺乏、信用偏低,但是具有非常强的业务灵活性,而且可以开发出更适合当地金融环境的产品,从而能够更好地为当地经济发展服务。因此,要兼顾大中小型银行的全面发展。

其次,在业务类型上,应当鼓励商业银行差别化经营,鼓励设立针对特定行业或特定需求的金融机构。随着银行业的不断发展,简单同质化的金融服务越来越不适应人们对金融业的需求,同时差别化经营也逐渐成为商业银行业务营销的一个重要方面。随着业务专业化的提高,传统银行的业务逐渐不能满足其需要,针对特定需求的金融机构也就应运而生。例如,专门的汽车银行,对汽车产业的生产厂商、销售代理和消费者提供有针对性的金融服务,还包括有房地产信贷银行、消费者信贷银行、村镇银行等。这些多元化的银行机构提高了自身的盈利能力和发展潜力,同时也有利于提高整个社会的经济效益和福利水平。

三、商业银行设立的一般程序

商业银行的设立,一般需要经过两道程序,即申请设立、募集资本及验资。

(一)申请设立

要设立商业银行,创办人要依照相关法律的要求,向银行监督部门提出审批申请,才能有机会获得银行的合法主体资格。由于商业银行在国民经济中的特殊重要地位,其经营活动对一个国家国民经济的健康稳健发展都有着重要的作用,因此大多数国家在申请设立商业银行的审查方面都比设立一般公司要严格得多。对于商业银行的设立,大多数国家都采用"审批制"的方式,即未经相关主管部门的审批不得设立。

(二)募集资本及验资

在现代商业银行的所有制结构下,商业银行运营的资本主要包括两个方面,第一是发起人申请设立时的出资;第二是在银行成立时向社会募集的资本。在申请获得相关主管部门批准后,发起人就可以按照公司的相关章程进行筹资。发起人可以制定招股章程,写明发行规模、股份种类等内容,报送主管机构审批。待批准后就可以进行股份募集。募集资本完毕后,发起人应当向依法设立的验资机构提出申请进行验资。当验资完毕后,即可由发起人召集各认股人召开创立大会,审议发起人关于银行筹备的报告和银行有关章程,选举董事会、监事会成员。待创立大会召开完毕,即可进行银行的日常经营活动。具体设立流程简单归纳如下。

1. 申请登记

应具备下列条件:符合公司法的章程、最低注册资本、具备专业知识和业务经验的董事和高级管理人员、健全的组织机构和管理制度、符合要求的营业场所以及其他审慎性条件。金融主管部门在规定时间内进行审核、批准登记。

2. 招募股份

经中央银行、监管机构批准后,按照公司法规定,进行发行股票、招募股份。

3. 验资开业

各国各自规定了商业银行的注册资本最低标准。中国商业银行法规定,设置全国性商业银行的注册资本最低限额是10亿元人民币,区域性商业银行最低注册资本5亿元人民币,城市合作商业银行注册资本最低限额为1亿元人民币,农村合作商业银行注册资本最低限额为500万元人民币。

四、我国商业银行设立的条件

在我国商业银行设立过程中,主要依照《中华人民共和国商业银行法》和《中华人民共和国公司法》办理。根据《商业银行法》第十二条规定,设立商业银行,应当具备下列条件。

（一）制定符合本法和《公司法》规定的章程

作为一个独立的法人机构，商业银行应按照中华人民共和国《公司法》和《商业银行法》的规定对商业银行的日常经营、管理制度制定规范性的规章制度，以保证商业银行的运营正常、有序、高效，同时也为员工的日常工作提供可参考的合理章程。银行章程是关于银行组织和行为的基本准则，主要包括：银行的名称、场所、注册资本、经营范围、法人代表、内部管理制度、利润分配等，是体现银行性质、地位、权利能力、行为能力、责任能力及银行对内对外关系的规范性文件。银行章程一经有关部门批准，即产生法律效力。银行按照其章程从事经营活动，受法律保护，违反章程将会受到法律制裁。

（二）注册资本符合本法规定的最低限额

注册资本是商业银行日常运营所需要的资本，也是商业银行吸纳存款、提供担保、应对风险的基础。按照我国《商业银行法》第十三条的规定，注册资本应当是实缴资本。国务院银行业监督管理机构根据审慎监管的要求可以调整注册资本最低限额，但不得少于前款规定的限额。

（三）具有完整的组织机构和管理制度

健全的组织机构是商业银行进行日常经营的坚实基础，完善的管理制度是商业银行正常运营的重要保障。因此健全的组织机构和管理制度，是商业银行进行日常经营和健康发展的必要因素。

（四）聘用具有任职专业知识和业务工作经验的董事、高级管理人员

2000年中国人民银行发布的《金融机构高级管理人员任职资格管理办法》中就规定，担任金融机构高级管理职务的人员，应接受和通过中国人民银行任职资格审核。金融机构高级管理人员应满足以下条件：能正确贯彻执行国家的经济、金融方针政策；熟悉并遵守有关经济、金融法律法规；具有与担任职务相适应的专业知识和工作经验；具备与担任职务相称的组织管理能力和业务能力；具有公正、诚实、廉洁的品质，工作作风正派。

（五）拥有符合要求的营业场所、安全防范措施和与业务有关的其他设施

银行的营业场所是商业银行日常经营的基础，没有适当的营业场所，商业银行业务开展也就无所谈起。鉴于商业银行在经济中的特殊重要性，其安全防范措施也就尤为重要。应具备相应的防盗、报警、消防等安全防范设施。同时，还应该加强安全防范规章制度的建设，确保商业银行经营环境的安全性。

第四节　商业银行的组织类型及结构体系

一、商业银行的组织类型

受国内外政治、经济、法律等诸多方面因素的影响,世界各国商业银行的组织形式可以分为单一银行制、分支银行制、集团银行制和连锁银行制。

1.单一银行制

单一银行制是指不设立分行,全部业务由各个相对独立的商业银行独自进行的一种银行组织形式。这一体制主要集中在美国。美国实行单一银行制是由其特殊的历史背景和政治制度决定的。美国实行联邦制,各州在政治、经济和立法上具有相当大的独立性,早期东部和中西部经济发展存在较大差距,为了保护地方利益,限制金融垄断,各州都通过了银行法,禁止或限制其他地区的商业银行在本州设立分支机构。在随后的几十年中,美国对开设分支行的限制逐渐放宽,直到 20 世纪 80 年代,美国仍有 1/3 的州实行严格的单一银行制。

(1)单一银行制的优点:一是可以限制商业银行的兼并和垄断,有利于自由竞争;二是有利于协调商业银行与地方政府的关系,使商业银行更好地为地区经济发展服务;三是由于单一银行制富于独立性和自主性,内部层次较少,因而其业务经营的灵活性较大,管理起来也较容易。

(2)单一银行制的缺点:一是实行单一银行制的商业银行规模较小,经营成本较高,难以取得规模效益;二是单一银行制与经济的外向发展存在矛盾,人为地造成资本的迂回流动,削弱了商业银行的竞争力;三是实行单一银行制的商业银行业务相对集中,风险较大;四是随着信息技术飞速发展,单一银行制限制商业银行业务发展和金融创新。

2.分支银行制

分支银行制又称总分行制。实行这一制度的商业银行可以在总行以外普遍设立分支机构,分支银行的各项业务统一遵照总行的指示办理。世界上大多数国家的商业银行采取分支银行制,尤以英国最为典型。到目前为止,英国的 6 家清算银行仅在其国内就有 1 万多家分支机构。

分支银行制按管理方式的不同又可进一步划分为总行制和总管理处制。总行制即总行除了领导和管理分支行以外,本身也对外营业;总管理处制的总行只负责管理和控制分支行,本身不对外营业,而在总行所在地另设立分支行或营业部开展业务活动。

分支银行制的主要优点:实行这一制度的商业银行规模巨大,分支机构众多,便于商业银行拓展业务范围,降低经营风险;在总行与分行之间,可以实行专业化分工,大幅度提高商业银行工作效率,分支行之间的资金调拨也十分方便。还可以采取先进的计算机设备,广泛开展金融服务,取得规模效益。

分支银行制的主要缺点:容易加速垄断的形成,而且由于实行这一制度的银行规模大,内部层次多,从而增加了商业银行管理的难度,对管理能力提出了很高的要求。

但就总体而言,分支银行制更能适应现代化经济发展的需要,因而受到各国商业银行界的普遍认可,已成为当代商业银行的主要组织形式。

3. 集团银行制

集团银行制又称银行持股公司制,是指由少数大企业或大财团设立控股公司,再由控股公司控制或收购若干家商业银行。实行这种组织形式的商业银行成为银行控股公司。

从表面上看,这些商业银行是独立的,而实际上控股公司已直接或间接地拥有了这些商业银行的主要股份,控制了董事会的选举,对商业银行的经营管理决策具有决定性的影响。

(1)银行控股公司分为两种类型:一是非银行型控股公司,它是通过企业集团控制某一商业银行的主要股份组织起来的,该种类型的控股公司在持有一家商业银行股票的同时还可以持有多家非银行型企业的股票。二是银行型控股公司,是指大商业银行直接控制一个控股公司,并持有若干小商业银行的股份,美国的花旗银行就是银行型控股公司,它控制了300多家商业银行。

集团银行制在美国发展很快,其原因是商业银行试图借此规避法律对设立银行分支机构的限制。到目前为止,美国的集团银行制已成为美国商业银行最基本的组织形式,控制了美国商业银行的94%的银行存款。

(2)集团银行制的优缺点:优点是能有效地扩大资本总量,增加商业银行实力,提高商业银行抵御风险的能力,弥补单一银行制的不足。缺点是容易引起金融权力过度集中,并在一定程度上影响了商业银行的经营活力。

4. 连锁银行制

连锁银行制是指两家或两家以上独立的、以公司形式组织起来的商业银行(或是实行单一银行制的商业银行,或是有分支机构的商业银行),通过相互持有股份,而由同一个自然人或自然人集团所控制。

它与集团银行制一样,都是为了弥补单一银行制的不足、规避对设立分支行的限制而实行的。

但连锁银行制与集团银行制相比,由于受个人或某一集团的控制,因而不易获得商业银行需要的大量资本。因此,许多连锁商业银行相继转为商业银行分支机构或组成持股公司。

二、商业银行的结构体系与职责

商业银行按照决策权、执行权和监督权三权分立的原则,内部组织结构体系一般由决策系统、监督系统、管理系统和执行系统四部分组成。

(一)决策系统的职责

商业银行的决策机构包括股东大会和董事会。股东大会是商业银行的最高权力和决策机构,由全体普通股东组成。商业银行的任何重大决策都需要股东大会通过才有效,其权力是通过法定的投票表决程序选择和任免董事、赞成或否决决策事项,从而间接地影响商业银行的经营管理来实现的。商业银行的董事长由董事会选举产生,通常由经验丰富、专业基础扎实、具有较强的领导沟通协调能力的优秀管理型人才担任,商业银行董事会肩负以下重要责任:

1. 确定银行的经营目标和经营策略

商业银行的经营目标是其经营活动的依据,只有确定了经营目标,才能在安全性、流动性、盈利性之间进行取舍,进行日常经营活动。同时,经营策略则是实现经营目标的具体措施,同时还要针对当前的宏观经济情况、行业总体发展趋势、微观个体经营情况中的变化进行动态调整,以实现既定的经营目标。

2. 选择银行的高级管理人员

银行董事的来源比较复杂,背景不尽相同,董事们各擅专长,不一定熟悉银行的具体业务。银行的具体管理工作是一个有机动态的整体,涉及金融、经济、管理和营销等诸多方面。因此需要聘请合格的专门人才来管理银行,以保证银行的健康稳健发展。

3. 设立各种专业委员会或者附属机构来贯彻董事会的决议,监督银行的日常经营活动

依照中国人民银行2002年6月发布的《股份制商业银行公司治理指引》的规定,董事会应该下设以下专业委员会:

关联交易控制委员会,主要负责审批商业银行中的关联交易,如果有些关联交易特别重大,还应该提交董事会批准方可实施,同时在关联交易发生时还

应该报监事会备案,在关联交易表决时,关联股东也应该回避,不能参与表决;风险控制委员会,负责对信贷、市场、操作等风险进行评估,并对管理层的具体交易行为进行监督,防止承担过度风险,同时该委员会还应该密切关注与风险控制有关的内部管理和控制结构,当发现问题时提出相应的整改意见;薪酬委员会,负责制定银行董事、监事、高管的薪酬方案,并监督方案的实施;提名委员会,负责拟定董事、监事和高管的任用标准和选拔程序,定期对董事、监事和高管的任职情况进行审查,在必要时向董事会汇报任免建议。

除上述以外,该指引还规定,可以依据实际需要,设立其他的专门委员会,如执行委员会,负责制定商业银行的中长期发展战略,对重大投资决策和经营管理中遇到的问题进行研究分析,并提出相关的对策建议。

值得额外关注的是,作为董事会的重要组成部分,独立董事近年来在完善商业银行公司治理结构中扮演着越来越重要的角色。独立董事,顾名思义,是指独立于公司股东,除独立董事一职外不担任公司内部其他职务,且与公司经营者和主要股东没有重要的业务联系或者专业联系,能够在公司日常经营和重要决策中做出独立判断的董事。

独立董事的设立,首先可以降低代理成本,防止内部人控制的问题。随着商业银行规模的不断扩大,其经营权和所有权的分离已经不可避免。由于信息不对称的问题,就带来了委托代理问题,比如管理层会基于自身利益扩大银行规模以增加自身价值投资与净现值为零甚至为负的项目,但过度投资不一定会给股东带来足够的收益;管理层为了满足自身利益扩建办公场所、增加开支以满足个人价值,这些往往是与股东利益相违背的。通过设立独立董事,赋予独立董事相应的权力,就可以对管理层起到限制作用,从而降低了代理成本,提高了银行运营的效率。另外,公司聘请的独立董事一般都是经济、法律、金融和财务等专业方面的专家。聘请这类专家型的独立董事,银行还可以在相关问题上得到意见和建议。

（二）监督系统的职责

监督系统是机构内部的监督主体,负责在股东利益最大化的基础上,执行对董事会、行长及整个商业银行管理的监督权。监事会的职责是检查执行机构的业务经营和内部管理,并对董事会制定的经营方针和决策、制度及其执行情况进行监督检查,对不符合规定的督促其限期改正,并对相关责任人进行处罚。

为了保证监事会能够更好地实现监督管理的职能,我国 2002 年颁布的《股份制商业银行公司治理指引》中规定,监事会应当由职工代表出任的监事、股东大会选举的外部监事和其他监事组成,其中外部监事的人数不得少于两名。职工代表出任监事,能够从职工的角度审视相关事项的利害关系,从而避免了管理层忽视职工利益的行为,同时也增加了职工对于公司的归属感,能够更好地为公司的发展出谋划策。外部监事与银行的管理层和主要股东之间没有影响其独立性的关系,从而能够更好地从客观角度对相关事宜做出判断。一般来讲,外部监事一般都是由经济、金融、财务、法律等领域的专家或资深业界人士担任,他们可以在自己所擅长的领域,对于银行的日常经营管理进行监督,对出现的问题提出相应的改进要求,从而更好地保证股东利益不受侵犯。

（三）管理系统的职责

管理系统是商业银行内部的管理主体,负责制定经营目标、业务计划和主要政策,并配合执行系统对具体的业务进行管理。商业银行的管理系统主要由以下几个方面组成。

1. 全面管理

由董事长和行长等高管负责,主要职责是确定银行的经营目标,制定业务计划和主要政策,并指导、控制、管理银行内部整体的运营状况。

2. 业务管理

由具体负责业务部门的高级管理人员和相应业务部门主管负责。主要职责是制定具体的执行策略和运营方式,分析具体操作中遇到的问题并给出解决方案。

3. 后台管理

主要包括财务管理、人事管理、运营保障管理等几个方面,由相关职能部门具体解决该部门负责的问题。

（四）执行系统的职责

执行系统是决策的具体执行主体,其主要职责是对决策的执行进行具体的规划,并按照规划严格执行相应的决策,对执行过程中出现的问题及时反馈给决策、管理、监督部门进行审核。商业银行的执行系统由行长、副行长、财务负责人等组成的高级管理层和下属的相关业务部门组成。

在高级管理层中,行长(总经理)是银行的行政主管,其职责是执行董事会的决议,组织银行的日常经营活动。作为银行的第一行政主管,行长负有以下责任:

1. 合理制定银行的发展战略与目标

高级管理团队能帮助行长制定银行的战略,投资者能帮助行长审批战略计划可行与否。但是银行的发展方向最终还是由行长来确定,尤其是股份制银行,因为他要为全体股东负责。

2. 组织有合作、协调能力团队,积极培养优秀人才

行长负责银行高级管理团队的人员招聘、解雇和领导工作。高层管理团队的成员又担负着组织内其他团队的人员招聘、解雇和领导工作。

3. 设立高效运转的行政部门和业务部门

采用适合本行业务开展的组织结构体系,具体要考虑到银行规模、主要主营方向、经营历史等方面的因素。一般将商业银行中存贷款、信托和投资、营业、会计等部门称为业务部门,专门办理各项具体的银行业务,而把商业银行的人事、公共关系、运营保障、法律法规等部门称为职能部门,主要负责内部管理与协调,协助业务部门开展经营活动。

4. 树立良好的企业文化理念

通过在银行内形成乐观向上、积极进取的文化理念,可以有效鼓舞员工斗志和加强员工的凝聚力。同时,加强对银行员工的道德素质培训,银行是同货币打交道的金融机构,员工如果没有良好的道德素养,很容易发生违反规章制度,甚至违反法律的行为,损害股东利益和社会效益。

三、西方商业银行的组织体系

(一)美国商业银行的组织体系

1. 组织体系构成

美国商业银行的组织体系从宏观上讲,包括监管部门、商业银行体系和其他部门,具体内容如下。

(1)监管部门。美国商业银行的监管体系具有"两级多元化"的模式。"两级"是指在监管方面从联邦政府和州政府两个层面进行。"多元化"是指由多个监管主体对商业银行进行监管。在联邦政府层面上,监管职能主要由美国联邦储备体系、美国货币监理署和储蓄机构监管局负责;在州一级的层面上主要由各州设立的银行业监督管理机构负责。根据2007年9月美国财政部向国会提交的议案,建议合并美国货币监理署和储蓄机构监管局,以提高监管效率,并减少因两者业务交叉而产生的监管真空,防止贷款人利用监管漏洞进行牟利。

(2)商业银行体系。美国的商业银行体系比较复杂,具有众多的主要在所在州开展业务的单一制银行;有覆盖全美国的、业务广泛的许多总分行制银行;还有资金实力雄厚的大型银行集团,而银行的类型也多种多样,包括商业银行、储蓄银行、抵押银行、投资银行、零售银行、社区银行、国民银行、州立银

行等,这使得美国拥有高度发达的多层次商业银行体系。

(3)其他部门。其他部门主要指为商业银行体系提供支持的部门,在美国,最重要的当属联邦存款保险公司。该机构设立于 1934 年。由于在大萧条中大量商业银行破产倒闭,为了提高商业银行应对风险的能力、恢复人们对银行业的信心,联邦政府根据《1933 年银行法》(即"格拉斯—斯蒂格尔法")中的要求建立了联邦存款保险公司。美国法律要求,国民银行和联邦储备体系会员银行必须参加联邦存款保险,而州立银行和其他金融机构则自愿参加该保险。而且,目前新设立的商业银行必须参加。联邦存款保险公司根据商业银行资本充足率等风险指标确定应收取的保费比例,对银行的每个存款账户提供 25 万美元的保险。一旦商业银行陷入资本短缺的困境,无法应付客户的取款要求,则由联邦存款保险公司负责偿付。

2. 从微观层面上看美国单一银行制结构与其他类型银行结构比较

美国商业银行的组织体系也与银行采取的组织形式密切相关。采取单一银行制组织形式的商业银行,其组织结构相对简单,通常只有一个营业场所。在日常运营过程中,除了依照传统模式在营业场所内进行经营,还可以依靠自动化设备,包括自动出纳机、销售业务终端和方便窗口进行经营,不仅扩大了业务范围,而且在很大程度上减少了成本。而与之相比,总分行制和银行控股公司制下,商业银行的组织结构就相对复杂。

3. 美国商业银行内部涉及具体管理上有自己的特色

美国商业银行按照业务经营的种类实行从上而下的纵向管理。分行行长并不系统管理本行内的所有业务,而是仅以一个地区负责人的身份开展协调工作。它将其不同业务按照业务类型划分不同层次,然后,与之相对应不同层次的专家负责不同层次的业务类型。每一层次的专家均有不同的授权。如果客户对某项业务发生兴趣,则银行的客户经理会将信息传达到相关层次的专家,如果可以解决,则由该层次的专家负责向客户提供相应的服务;如果不能解决,则需向其上级主管报告,而不必向分行行长汇报。这种管理体系可以使负责开展每个业务的都是相应领域的专家,比在每个业务领域都懂一点皮毛的行长做决定更为准确有效。

4. 采取事业部组织框架

在业务经营过程中突出业务部门独立性的同时,美国商业银行还采取了事业部的组织框架。事业部的组织框架是将各业务环节以产品、地区或客户为中心重新组合,每个事业部都有独立的生产、研发、销售等职能,在事业部内部,跨职能的协调增强了;而且因为每个单元变得更小,因此事业部结构更能适应环境的变化。各事业部享有相应的人财物等资源的分配决策权,并可以在符合全行政策要求的前提下制定本部门的政策。由于采取事业部的组织框架,业务经营的目标性更强,一切经营活动按照业务经营为中心,也就彻底改变了按地区和分支机构设立的利润为中心的弊端。

5. 强调内部制衡机制

在保持各部门独立性的同时,美国商业银行还通过制度设定的方式加强了商业银行内部制衡机制,在实际业务运行中实行了前后中台的分离。对于关键性的后台监督管理部门,如财务部门、风险管理部门,采取了相对独立设置的模式。特别是风险管理部门,独立于前台业务拓展部门,通过构造团体内部矛盾和冲突的方式实现了关键监督管理部门的相对独立,有效地控制了各事业部的本位主义和追求眼前利益而牺牲企业长远利益的做法,保证了企业的稳健经营和持续发展。

6. 在管理层级上的新尝试

美国商业银行在内部管理中采取一对一的单线管理汇报模式,即每个管理层级上仅设一名具体负责人,原则上不设置副职。这样一来,汇报关系明确,岗位设置也非常精简。在这种明确分级授权的管理体制下,上级管理人员可以对下级具体操作人员实施精细化管理,具有信息传导速度快、管理成本低等优势。

(二)德国商业银行的组织体系

德国商业银行作为欧洲银行业的代表,也有着自己独特的模式。德国商业银行是全能型银行的一个重要代表,即在银行经营过程中没有业务范围的限制,既可以从事商业银行业务,也可以从事投资银行、财产保险等业务。

1. 混业经营下的德国商业银行体系

在混业经营模式下,德国商业银行体系是由全能型银行、专业性银行和特殊信贷机构组成。全能型银行主要负责提供包括商业银行、证券投资等业务在内的综合型银行,具有代表性的银行就是德意志银行、德国商业银行和德累斯顿银行等。作为全能型银行的补充,大量专业型银行也填补了一部分全能型银行的业务空白,如抵押按揭银行、投资公司、出口信贷公司等。此外,德国商业银行体系中还有相当一部分由特殊信贷机构组成。主要包括一些保险公司、租赁公司、投资咨询公司等准银行机构和汽车银行等提供融资服务的非银行机构,还有邮政储蓄机构等。

2. 德国银行业监管的特点

德国银行业的监管最突出的特点就是内部监管与外部监管相结合。在内部监管方面,以建立良好的商业银行治理结构为主要手段,通过董事会、监事会、管理层之间的相互制约,从而保证商业银行审慎经营。在外部监管方面,采取了政府监管和社会监管相结合的方式。在政府监管中,主要由联邦金融监管局和德国联邦银行负责。在德国《信用制度法》中规定,主管权属于联邦金融监管局,在制定有关重大决策和相关制度时要与德国联邦银行协商并取得一致;联邦银行负责对商业银行进行定期的监督,并对其提交的年报和其他报告进行分析;联邦金融监管局和联邦银行之间协调合作,信息互通。在外部监督方面,还有一个很重要的角色是经济审计师协会。该协会负责大多数的现场监管,是银行监管的重要执行人。

3. 独特的组织管理体系

在微观组织体系方面,由于德国采取了全能型银行制,其在经营活动中具有独特的管理体系。以德意志银行的组织体系为例,其集团执行委员会下分三个业务部门,企业和投资银行负责机构客户的资本市场业务,包括交易资本市场产品,债券、股权和其他证券,同时还包括公司咨询、公司借贷等业务;个人客户和资产管理又归属资产管理和个人财富管理两个部门,其中资产管理部门负责为全球客户提供共同基金产品,也为机构客户提供养老金基金管理、保险等服务;个人财富管理部门提供传统的银行服务,为个人和中小规模机构客户提供贷款和养老金基金产品;公司投资部门则负责全球范围内的自营业务。

4. 健全的内控机制体系

为了防范经营风险,德国各商业银行都建立健全了内部控制体系,包括内部审计机构、风险管理机构和证券监察机构。除了设立内部控制机构,德国商业银行还建立了有效的内部控制约束机制。德国在内部控制上最为突出的特点是"四眼原则",就是所有业务必须双人交叉核对,资产双重控制和双人签字。各项日常交易活动必须有明确的职能分工,包括以下四个层次:一是一线交易,二是后台结算,三是会计审计,四是监督管理。一线交易与其他职能部门必须分开,即使是交易管理人员也必须遵守这个原则。

(三)西方各国商业银行的组织经营模式

虽然各国国情不同,具体的制度安排也千差万别,但是其组织体系还是有其相同之处的。现代商业银行的组织经营模式是一个典型的层级系统。整个商业银行是由相互联系的若干分支机构组成,同时在每一个分支机构的层面上,其结构又是层级式的。这种结构一直延伸到商业银行的最底层。这种一层层的组织结构就构成了复杂多样的银行经营体系。这种体系的优点就是整个银行的组织体系具有相对较强的稳定性;信息在传输过程中均匀地分布在每个层次上;在体系内部从上到下的管理控制关系明确,可以实现传统组织设计中所要求的指挥明确、命令统一、控制幅度适中、授权完全明确等原则。

但是,随着金融产品更新的不断频繁、客户服务要求的逐步升级、同业竞争的日益激烈、金融法规的日益完善,商业银行若要更好地适应这种环境的变化,其经营组织体系必须采用适当的更赋予弹性的分权化组织结构,从而使成员可以更好地了解外在环境的变化,从而在出现新机会时能够迅速地转移组织重心以获取利润。

四、我国商业银行组织体系存在的问题及改革建议

(一)组织体系存在的问题

1. 内部组织体系

在内部组织体系方面,我国国有商业银行的现行组织机构虽然经历了多年的改革,相关部门的设置也开始按照市场化原则进行改革,但仍然存在以下问题。

(1)在内部组织结构方面存在的问题。首先,就董事会而言,相应的规章制度并不健全,银行董事及独立董事的选举和任用机制不够完善,其激励约束机制也相对简单,难以确保其充分发挥职能;董事会下设的专业委员会的目标和责任不明确,无法最大程度地发挥其在决策中的作用。其次,就监事会而言,其监督作用的发挥受到很多限制,主要原因是监事会权力有限,即使发现了问题也无法对其行为进行制止,因此,监事会的监事活动通常流于形式,而且以事后监督为主,无法充分发挥监事会的重要作用。最后,有的商业银行部门设定有交叉,从而削弱了相应职能的发挥。比如,有的商业银行在董事会、监事会、行长上均设立了风险管理委员会,一定程度上造成了资源的浪费和效率的降低。

(2)内部监管与外部监管的问题。在我国商业银行内部监管强度相对较弱的背景下,国家为了防范潜在的风险,加强银行业的外部监管。在这种情况下,通常会出现外部监管过度的问题,即监管机构过度介入商业银行的内部管理,在一定程度上阻碍了商业银行日常经营业务的正常开展。

(3)在激励机制方面,我国商业银行的激励机制相对比较简单。就国有商业银行来讲,虽然经过了多年的改革,国有商业银行还是有很强的行政级别,国有商业银行的激励机制更多的与行政等级、经营规模、资产总额相联系,而不是与资产运作效率挂钩。而且,在薪酬形式上,以现金薪酬为主。在实现股东利益最大化、解决委托代理问题方面,这种短期激励机制对高管产生的激励

远逊于以股份和期权为主的长期激励机制。

(4)在风险控制方面,在我国国有商业银行中,其风险控制体系相对较弱。贷款的发放更多的是基于银企关系,而不是资金的利用效率,这样就会产生相应的潜在的风险。

2. 外部组织体系

在外部组织体系方面,我国商业银行的管理层系较多,效率较低。在我国商业银行的设立过程中,一般按照行政区域划分设立分支机构,而并不是按照金融服务的需求设立分支机构,在一定程度上造成了金融资源的分散化和低效率,管理层次多,成本高。分支机构层次过多,并且采取从上而下的层层分级的授权管理模式,形成了"总行——一级分行—二级分行—支行—分理处"的管理链条,这种过长的管理链条不可避免地带来了管理信息的逐层漏损,并导致管理效率的相对低下、管理成本的提高和资源的浪费。

(二)我国商业银行组织体系改革建议

针对我国商业银行存在的上述问题,应该采取以下措施,以提高我国商业银行的效率和竞争力。

1. 完善商业银行内部治理结构

内部治理结构的重要目的就是要充分协调不同部门之间的关系,使各部门在协调的基础上最大程度地发挥本部门的作用,为提高商业银行的盈利水平作出贡献。具体而言,首先,要在银行内部制定相应的规章制度,明确各职能部门的目标责任制,不仅要保证商业银行内部各实体有法可依,也要对相应的程序做出明确规定;其次,对商业银行内部的各职能部门进行精简,合并重叠部门、裁撤效率低下部门,提高商业银行的整体运作效率;最后,赋予监事会更大的权力,提高监事会在决策中的重要作用,同时加强监事会建设,提高监事会信息处理和预测判断的能力,以保证监事会能够及时发现问题,防止潜在风险的发生。

2. 促进激励机制的改革

激励机制首先要以绩效为主要着眼点,在考虑市场竞争的条件下,调整现有薪酬制度的考核目标,从而提高商业银行资本的运作效率。同时要注意对薪酬结构进行调整,高级管理层以股权或者期权等长期激励为主,从而保证商业银行的长期发展与高级管理人员的薪酬相适应。

3. 促进商业银行的产品创新,注重商业银行特色经营,克服银行网点同质性的弊端

金融产品作为商业银行经营的客体,其质量优劣、品种多寡直接影响商业

银行的竞争力。同时,在激烈的商业银行竞争中,各银行服务功能都比较健全,在这种情况下,客户更关注的是服务的专业化水平、管理的精细化程度和产品的特色化经营。注重银行的特色经营也是防止简单、粗放、低层次竞争的一个重要手段。

4. 压缩商业银行的分支机构,提高管理效率,营造可持续竞争力的良好外部环境

首先,要坚持和完善总分行制度,在我国现阶段,总分行制是最适应我国现阶段发展状况的银行组织形式。但是,我国设立的过多的分支机构,也严重影响了银行的经营效益。因此,应借鉴国外商业银行运营经验,坚持量本利分析的原则,对现有的分支机构进行战略调整,逐步削减盈利能力差的分支机构,集中优势资源,向大中城市和效益好的地区集中。盈利能力差的分支机构及其基层经营机构可以按照市场原则进行兼并收购、资产转让和重组。对整合后保留下来的网点,要加快推进其升级,逐步改建成功能齐全、具有较强盈利能力的核心业务网点。其次,要按照分类授权的原则,整合总行和各一级分行的管理职能和管理资源,由总行承担起对二级分行的主要监管职能,解脱一级分行管理人员,从而加大一级分行的经营作用,提高其盈利能力。

第五节　商业银行制度

商业银行制度是一个国家用法律形式所确定的该国商业银行体系、结构及组成这一体系的原则的总和。

一、建立商业银行制度的基本原则

(一)公平竞争原则

竞争是商品经济和市场经济活动的一个基本原则。现代经济学认为,竞争机制可以使资源得到充分利用。商业银行是一种特殊的金融企业,各家银行无论其规模大小,它们所经营的产品具有同质性,即都是货币和信用。公平竞争有利于促进银行改善服务,提高经营效率,也有利于降低经营成本,加快资金周转,从而有利于整个社会经济的发展。这就是许多国家建立本国商业银行制度时要考虑的第一个原则。

(二)安全稳健原则

一个国家在建立商业银行制度时要考虑的第二个原则,就是使其商业银

行制度有利于保护该国银行体系的安全。商业银行业务具有广泛的社会性和外部性,一家银行倒闭会引起各方面的连锁反应,甚至有可能触发金融危机,最终影响整个国家的经济发展。各国的银行法中规定银行开业的最低资本额和银行业务范围,以及银行所必须保持的流动性比率等,都是旨在保护银行经营及银行体系安全的具体表现。

(三)规模适度原则

"规模经济"的理论认为任何一个企业都具有一个"最合理规模",在这种规模下,企业的成本最低,利润最优,而大于或小于这一规模,都会引起成本上升或利润下降。商业银行作为一种特殊企业也受规模经济制约。当银行规模合理时,其管理费用和其他成本最低,服务质量也容易达到最优,有利于提高银行资金效率,促进经济发展。达不到这一规模要求的银行,往往导致银行管理费用和其他成本上升,服务质量下降,银行资金使用浪费,从而削弱银行的竞争力。

一般来讲,西方各国都是按上述原则来建立商业银行制度的。但由于各国商业银行产生与发展的经济条件不同,因而组织形式存在一定的差异。

二、商业银行制度的类型

(一)按资本所有权划分

根据资本所有权的不同,可将商业银行划分为私人制银行、股份制银行以及国有制银行三种类型。私人制商业银行一般指由若干出资人共同出资组建的商业银行,其规模较小,不在市场上发行任何股票。在各国银行体系中,一般处于附属地位,对大银行起拾遗补缺的作用。股份制商业银行指以股份公司形式组建的商业银行,是商业银行中最具代表性的一种。它以发行股票筹集资本,股东是法律上的所有者。国有制商业银行是由国家独资或控股兴办的商业银行,所有权归国家或股东所有。

(二)按业务覆盖地域划分

按业务覆盖地域来划分,可将商业银行分为地方性商业银行、区域性商业银行、全国性商业银行和国际性商业银行。地方性商业银行是以所在的社区客户为服务对象的商业银行。区域性商业银行是以所在区域为基本市场的商业银行。全国性商业银行是以国内市场中的工商企业和个人为主要服务对象的商业银行。国际性商业银行是指处在世界金融中心的银行,它以国际机构客户为主要业务对象,如花旗银行、东京三菱银行、巴克莱银行等。

（三）按能否从事证券业务划分

自 1933 年美国颁布《格拉斯—斯蒂格尔法》以来,主要发达国家对商业银行能否从事证券业务有不同规定,因而也可将商业银行分为德国式全能银行、英国式全能银行和美国式职能银行。但当美国于 1999 年 11 月 4 日颁布《金融服务现代化法案》,并同时废止《格拉斯—斯蒂格尔法》后,美国商业银行也步入混业经营时代,也归于全能银行行列。

德国式全能银行是指既能全面经营银行业务,又能经营证券业务和保险业务的商业银行。这些商业银行还能投资于工商企业的股票,这种类型的商业银行主要分布在欧洲大陆的德国、瑞士、荷兰等国家。英国式全能银行是指那些可以通过设立独立法人公司来从事证券承销等业务,但不能持有工商企业股票,也很少从事保险业务的商业银行,这种商业银行主要分布在英国及加拿大、澳大利亚等国家。

第六节　商业银行的经营环境

商业银行的经营环境是指对商业银行经营管理和经营状况造成影响的各种外部条件的总称。商业银行的经营管理活动是在一定的经营环境中进行的,当客观环境发生变化时,商业银行的经营活动势必受到影响。因此,客观分析商业银行所处的外在环境,对提高商业银行的生存能力和应变能力具有十分重要的意义。随着全球经济的快速发展,商业银行的经营环境也发生了巨大的变化。

一、宏观经济环境

20 世纪最后 20 年是银行业发展最迅速的时期,也是全球宏观经济环境剧烈变化的时期,经济全球化进程的展开及金融危机和银行危机的频繁爆发构成了这一时期经济环境的主要特点。银行业的脆弱性和银行业危机已经成为全球化背景下的一个大问题,成为各国监管机构的头等大事。从某种程度上可以说,宏观经济环境的变化已经成为影响银行业经营好坏的重要外在条件。

（一）经济全球一体化加剧宏观经济波动

进入 21 世纪以后,经济全球一体化与跨国公司的深入发展,既给世界贸易带来了重大的推动力,同时也给各国经济发展带来了诸多不确定因素。经济全球一体化加剧宏观经济波动幅度,使各国经济联动现象日趋明显,同时加剧了国际上局部范围的经济危机和全球性的经济动荡。经济全球一体化使得全球生产格局发生新的变化,发达国家主要发展知识密集型的高新技术产业和服务业,而把劳动和资源密集型的产业向发展中国家转移。广大发展中国家除了继续作为原材料、初级产品的供应者外,还成为越来越多的工业制成品的生产基地。发展中国家的经济发展和技术水平相对落后,不得不以消耗稀缺自然资源和污染环境为代价来参与全球化进程。长期下去,发展中国家与发达国家的贫富差距将进一步加剧,这种经济发展上的不平衡,必然加剧国际经济社会的动荡程度和全球贸易的不稳定因素。

(二)金融危机爆发频率提高

金融危机是指一个国家或几个国家与地区的全部或大部分金融指标的急剧、短暂和超周期的恶化,如货币资产、证券、房地产、土地价格、短期利率、金融机构倒闭数和企业破产数等金融指标。金融危机可以分为货币危机、银行危机、债务危机等类型。近年来发生的金融危机呈现出越来越复杂的混合趋势,通常危机爆发区内货币币值出现大幅度贬值,经济规模和经济总量急剧减小,经济增长减速,同时伴随着大量企业倒闭,失业率升高,人民普遍对经济未来预期悲观,社会呈现经济萧条,甚至有些时候伴随着社会动荡或国家政治层面的动荡。根据国际货币基金组织的统计,1980 年以来,多达 130 个国家和地区经历了银行业和金融业的严重危机。其中,既包括发达国家,也包括发展中国家及经济转轨国家。

二、金融市场环境

20 世纪 70 年代美国经济学家罗纳德·麦金农和爱德华·肖提出"金融自由化"的理论,该理论被各国纷纷接受,"金融自由化"浪潮在 20 世纪 80 年代后席卷全球,各国纷纷放松金融管制,鼓励金融业进行金融创新,这一转变使得金融市场发生了翻天覆地的变化。

金融自由化和金融创新使金融市场迅速扩张,加剧了银行业面临的激烈竞争。20 世纪 80 年代末到 90 年代初,美国商业银行由于受到金融自由化和"金融脱媒"的影响,经营业绩大面积恶化,利润大幅度下滑,全行业亏损严重,破产银行和问题银行的数量急剧增加。在经历了 20 世纪 80 年代末的经营危机以后,美国商业银行从 20 世纪 90 年代开始实行全面的改革,通过转变经营理念,采取全能化的金融服务方针,大力开展包括投资银行、基金及保险等各种业务,到 20 世纪 90 年代中后期才逐渐恢复了竞争能力,从而扭转了经营困境。这一期间除了美国之外,其他国家的银行业也因直接融资市场的快速发展和金融衍生工具的产生受到严峻的挑战。据调查显示,20世纪70年代日本的金融自由化取消了对企业直接融资的限制后,在大企业的外源融资中银行贷款的比重在70年代前期占了近8成,80年代该比重下降到45%左右,企业债券和股票的比重则分别从70年代前期的8.4%和12%上升到90年代初的17.9%和20.2%。这一现状迫使银行业重新审视自身的金融市场地位,一方面不能再单一依靠银行传统的存贷业务作为主要盈利方式,另一方面大力发展中间和表外业务,向综合型金融服务机构转变,甚至很多国际性银行纷纷涉足投资银行领域,积极拓宽盈利渠道,提高银行业在金融市场中的竞争力。在金融脱媒期间,由表外业务和中间业务创造的非银行利息收入在银行总收入中的比重呈上升趋势。在1984年,英国银行业的非利息收入与利息收入的比率为6%,而到1994年就已经上升到77%。法国则从1983年的20%上升到1994年的80%。

三、金融监管环境

由商业银行的特殊性,政府对银行业的监管以谨慎监管为原则。目前,世界上各国政府对银行业的监管主要从五个方面入手。

1. 银行业的准入

对银行业准入实行监管是各国政府对银行业进行监管的最初手段,目的是防止银行业的过度集中,限制社会资金过度流入银行业而降低经济运行效率。一般来说,对银行业的准入进行限制主要是规定最低注册资本金、合格的经理人员、合理的业务范围及规模、完备的服务设施和设备等。

2. 银行资本的充足性

目前,世界各国均按照巴塞尔协议规定的资本比率对商业银行进行资本的监管。

3. 银行的清偿能力

银行清偿能力的监管包括资产和负债两个方面。从资产方面,主要检查资产的流动性状况。负债方面,要考虑存款负债的异常变动,利率变动对负债的影响,银行筹集和调配资金的能力等。近年来,随着金融衍生产品的不断推出,由于它体现在银行资产负债表的显性和隐性问题,以及杠杆率所带来的风险,抗风险能力的弱化直接影响着银行的清偿能力。

4. 银行业务活动的范围

银行业务活动范围主要是指银行业与证券业、保险业等进行混业与分业经营的问题。目前各国商业银行在此问题上的做法大体可以划分为综合经营型和分业经营型两类。各国近几年来纷纷打破分业经营的界限,尝试着向综合型经营发展。

5. 贷款的集中度

对贷款集度的监管是商业银行分散风险的需要。从技术操作上来说,贷款的集中程度就是规定个别贷款对银行资本的最高比率。

当今世界各国的银行业正在向综合化发展,银行业、证券业和保险业的综合经营使商业银行的概念不断延伸,同时,世界经济一体化又使得银行的国际化进程加快。这些都对政府实施对银行业的监管提出了新的课题。近年来发生的全球性金融危机也恰恰证明了加强政府对银行业的监管仍然有着重要的意义,这也要求各国政府在银行业监管领域中进一步加强合作。

金融监管环境是影响银行经营的重要外在因素。金融监管环境的严格或宽松可能直接影响一国银行业的发展状况和经营实力。纵观西方发达国家政府对银行监管的历史,基本都经历了"放松—管制—再放松—再管制"的发展历程。

关键概念:商业银行　信用中介　支付中介　信用创造　金融服务　安全性　流动性　单一银行制　分支行制　集团银行制　连锁银行制　金融危机　商业银行的经营环境

复习思考题

1. 试述商业银行的定义、经营特点。

2. 试述商业银行安全性、流动性和盈利性的关系及权衡的原则。

3. 商业银行经营环境分析包括哪些方面? 具体会对商业银行造成何种影响?

4. 试论建立商业银行制度的基本原则。

5. 有一种观点认为,业务多元化能够降低企业经营过程中风险。对于银行业而言,这个观点正确吗?

6. 商业银行如果要在规模经济与专业化之间进行抉择的话,你认为应该考虑哪些因素?

7. 试述西方商业银行的主要发展趋势。

第二章　商业银行资本管理

1. 了解商业银行资本的内涵、性质及功能作用。

2. 掌握商业银行会计资本、监管资本和经济资本的定义与构成,并理解三者之间的联系及区别。

3. 了解商业银行运用经济资本的意义。

4. 充分认识不断修订过程中的巴塞尔协议在稳定世界金融体系中的积极意义。

5. 理解《巴塞尔协议》对资本充足率、流动性和杠杆率的要求。

6. 了解商业银行资本充足率管理策略。

本章知识导入一

中国人民银行　中国银行保险监督管理委员会
关于接管包商银行股份有限公司的公告

鉴于包商银行股份有限公司(以下简称包商银行)出现严重信用风险,为保护存款人和其他客户合法权益,依照《中华人民共和国中国人民银行法》《中华人民共和国银行业监督管理法》《中华人民共和国商业银行法》有关规定,中国银行保险监督管理委员会决定自 2019 年 5 月 24 日起对包商银行实行接管,接管期限一年。现将有关事项公告如下:

一、接管期限

自 2019 年 5 月 24 日起至 2020 年 5 月 23 日止。

二、接管组织

接管组由中国人民银行、中国银行保险监督管理委员会会同有关方面组建。接管组组长:周学东;接管组副组长:李国荣。

三、接管内容

自接管开始之日起,接管组全面行使包商银行的经营管理权,并委托中国建设银行股份有限公司(以下简称建设银行)托管包商银行业务。建设银行组建托管工作组,在接管组指导下,按照托管协议开展工作。

接管后,包商银行正常经营,客户业务照常办理,依法保障银行存款人和其他客户合法权益。

特此公告。

中国人民银行中国银行保险监督管理委员会
2019 年 5 月 24 日
摘自:中国人民银行网站

第一节　商业银行资本概述

一、商业银行资本的概念

(一)商业银行资本的含义

商业银行资本是指商业银行从事经营活动注入的资金,是其股东为了赚取利润而投入的货币资金或者保留在银行中的利润。它是现代商业银行经营的启动资金,是商业银行最为可靠稳定且可独立使用的资金来源。商业银行资本还起到吸收银行风险的作用,是商业银行经营的风险缓冲器,保护存款人和其他债权人不受损失。

(二)商业银行资本类型

商业银行在使用"资本"这个定义时,从不同角度出发会有不同的含义。从财务会计层面被称为会计资本,从外部监管层面称为监管资本,而从内部管理层面则被称为经济资本。

1. 会计资本

会计资本是从财务会计原则出发来衡量资本的。按照银行账面价值来计算的银行资本金为会计资本,它等于总资产减去总负债,代表了股东们对银行的要求权,也称为股东权益或净资产,一般由实收资本、资本公积、盈余公积、未分配利润等组成。

公式如下:会计资本=总资产账面价值-总负债账面价值

2. 监管资本

监管资本也称为法定资本，是一国金融监管当局为了降低银行风险、维持金融稳定，要求商业银行必须按照监管当局对资本的定义和要求计算所持有的资本。由于监管当局一般是规定银行在既定的经营规模下必须持有的最低资本量，因此监管资本又被称为最低资本。

3. 经济资本

这一概念最早起源于1978年美国信孚银行创造的风险调整后的资本收益率模型。它是由商业银行的管理层内部通过评估测算各类资产、各项业务所面临的风险程度，从而估算出用以减缓风险所需的所有资本总和。它是用于衡量和防范银行所承担的超出预期损失的那部分损失，是银行预防破产的最后防线。由此，计算经济资本的前提是必须对银行的所有非预期风险暴露进行模型化和量化，这样才能计算出各个业务部门或各个业务产品所需要的资本。因此经济资本又被称为风险资本。

2004年6月修订的《巴塞尔协议Ⅱ》，在银行原有的信用风险和市场风险资本要求基础上新增了对于银行操作风险的资本计提要求，并要求在保持计提市场风险资本方法不变的前提下，采用一系列由简单到复杂的多种方法计算信用风险和操作风险资本需要量。由此，银行经营所面临的风险可划分为三大块：信用风险、市场风险和操作风险。经济资本的基本计算公式可表示为：

经济资本＝信用风险的非预期损失＋市场风险的非预期损失＋操作风险的非预期损失

（三）会计资本、监管资本和经济资本三者之间的关系

1. 三者之间存在着一定的区别

会计资本是会计意义上的资本，对应着资产负债表上的净资产，是一种实际存在的资本，代表着股东的权益。

监管资本是法律意义上的资本。确定监管资本的标准是资本的用途，尤其是防范吸收银行未来损失的作用，主要关注主体是监管当局。从数量上来说，监管当局总是希望银行持有更多的资本，来提高银行吸收损失的能力，尽可能减少破产倒闭的风险。虽然监管资本对应着银行资产负债表上的具体项目，但在计算资本充足率时，又要扣除一些项目，因此说它具有半虚拟的性质。

经济资本则是经济意义上的资本，是银行从风险角度计算的银行应该保有的资本。其确定标准是银行实际承担的风险量，主要关注主体是银行经营管理者。由于经济资本只是一种管理工具，因此是一个完全虚拟的概念。在

数量上来看,在其他条件不变的情况下,银行管理者总是希望需要持有的经济资本越少越好,因为越少的经济资本代表着银行实际承担的风险水平越低。

三者区别见表 2-1。

表 2-1　会计资本、监管资本、经济资本三者区别

项目	会计资本	监管资本	经济资本
存在意义	会计意义	法律意义	经济意义
关注主体	银行股东	监管当局	银行管理者
确定标准	资本来源和归属	资本作用	银行风险
用途	股东权益	监管工具	管理工具
存在性质	实际存在	半虚拟状态	虚拟状态
数量倾向	越少越好	越多越好	越少越好

2. 三者之间存在一定的一致性,即充分体现在防范风险的作用上

监管资本注重的是资本吸收来自可能损失的风险的能力。经济资本决定与银行实际承担的风险。因此,两者统一于银行的风险,银行实际承担的风险越大,其需要持有的监管资本和经济资本就越多。会计资本代表着银行股东的剩余权益,从风险的角度看,这也代表着股东承担风险的能力,因为股东对银行的债务和风险损失是以其资本为限承担有限责任的。

二、商业银行资本的构成

根据我国 2012 年颁布的《商业银行资本管理办法》规定:商业银行总资本由核心一级资本、其他一级资本和二级资本三部分构成。其中核心一级资本包括:(1)实收资本或普通股;(2)资本公积;(3)盈余公积;(4)一般风险准备;(5)未分配利润;(6)少数股东资本可计入部分。其他一级资本包括:(1)其他一级资本工具及其溢价;(2)少数股东资本可计入部分;二级资本包括:(1)二级资本工具及其溢价;(2)超额贷款损失准备;(3)少数股东资本可计入部分。

三、商业银行资本的功能

传统的公司财务理论认为资本主要具有两大功能:所有权的让渡和为公司商业活动提供资金。但对银行而言,其资本所起到的作用远不止如此,因各个国家的金融制度、会计制度各有不同,各国资本的功能作用亦略有不同。

英格兰银行曾在 1980 年发表了一份"资本标准",确认资本的四个重要目

的:(1)作为损失的缓冲;(2)对潜在的存款者表明股东用自己的资金来承担风险的意愿;(3)提供无固定融资成本的资源;(4)作为对总的经营基础投入资金的重要组成部分。

美国银行家协会在一份正式报告中列出产权资本的重要职能:(1)提供一个承受偶然损失的"资本缓冲器",使存款人自始至终得到保护;(2)为购置房屋、设备与其他营业所需的非营利性资产提供资金;(3)满足银行管理当局针对可能招致的风险而备足资本的要求;(4)向公众保证,即使发生贷款损失和投资损失,银行也具有及时偿付债务的能力,并能继续为公众服务。

从上述具有代表性的国家对银行资本功能的界定表明,商业银行资本具有多种功能。

1. 资本可以吸收银行的经营亏损,保护银行的正常经营,以使银行的管理者能有一定的时间解决存在的问题,为银行避免破产提供了缓冲的余地。因此,资本金又被称为旨在保护债权人,使债权人在面对风险时免遭损失的"缓冲器"。

2. 资本为银行的注册、组织营业以及存款进入前的经营提供启动资金,诸如土地获得及建设办公楼或租用、安装设备等。

3. 银行资本有助于树立公众对银行的信心,它向银行的债权人显示了银行的实力。对于高负债经营的银行业,市场信心是决定银行经营稳定性的直接因素。充足的资本令银行即使在紧缩时期也能满足市场的信贷需求,在客户看来,这是一种有力的保证。在市场经济条件下,银行资本在维持市场信心方面发挥了关键作用。

4. 银行资本为银行的扩张,银行新业务、新计划的开拓与发展提供资金。许多银行的增长超出其开业时各项设施的承受能力,追加资本的注入允许银行增加办公设备、增设分行,以便与市场的扩大保持同步发展。

5. 银行资本作为银行增长的监测者,有助于保证单个银行增长的长期可持续性。因为监管当局与市场都要求银行的贷款及其他风险资产的增长与银行的资本保持一致,随着银行风险的暴露,银行吸收亏损的缓冲装置也必须相应扩大。相对资本而言,贷款与存款业务增长过快的银行会从市场和监管部门接到降低增长速度或增加资本的信号。监管部门的资本监管已经成为限制银行风险暴露程度的越来越重要的政策工具,这也有利于提高公众对银行的信心。

由此可见,银行资本的关键作用是吸收意外损失和消除银行的不稳定因素。

第二节　商业银行资本充足性度量

商业银行资本对于银行具有特殊的重要性,因为它不同于一般企业资本。银行资本的首要作用在于吸收金融风险,而不是为日常经营提供融资。吸收金融风险是银行经营活动中的一个有机部分,保证银行资本充足性是商业银行经营的重要部分,而依据何种指标来判断银行资本是否充足必然是经营者进行资本管理的关键。

一、商业银行资本管理要求

从不同的视角出发,对于银行资本的管理也会有所差异。

（一）财务管理者的角度

从银行财务管理者的角度而言,它一方面要考虑资本的来源和成本,另一方面也要关注资本的可用性和可行的投资渠道。同时也要对资本总量进行控制,以保证其达到最优的额度。

在资本金不足时,银行渠道有多种补充资本金渠道,而通过每种渠道进行融资的成本各有不同。融资成本的高低成为财务管理选择融资渠道的主要因素之一。如果融资成本太高,则意味着要求这部分资金的使用效率（如收益率）相对更高。国外银行更偏向于通过债务渠道满足自身的资金需求。因为相对于权益资本而言,债务渠道更为灵活,且成本更低。如果银行持有的权益资本过多,而投资项目匮乏,则其股票价格便难以提升。通过债权融资便可以灵活地对时间期限进行控制,随时根据银行自身经营状况发行不同期限的债券以应对资金不足的情况,并在债权到期时再发行权益性资本工具进行再投资。可转换债券及可回购债券的兴起则为银行和债券持有人提供了更多灵活选择的方式。

而在资本的投资方式上,财务管理者要确保资本的收益至少不能低于其融资的成本,并最终选择最优的投资项目确保其收益。因此,对于财务管理者而言,除了对资本总额的管理外,还要通过优化资本结构降低资本成本,提高股东的收益率和银行整体价值。这是其进行资本管理的重要出发点。

（二）风险管理者的角度

同样作为银行内部的经营管理者之一,风险管理者对于资本的要求则截然不同。相对于资本比率或资本结构等数据而言,风险管理者更关心的是损失风险。

　　风险管理者依靠量化风险承担的技术,依靠精密的统计模型及金融数据的最新成果,能够准确地计算出各类资产、各项业务所面临的风险和可能遭受的非预期损失。尽管银行都计提一般贷款损失准备金,但正如《巴塞尔协议Ⅰ》里所提到的那样,"建立这一准备金是为已确定的损失提供准备,它们无法自由地为不确定的损失提供准备,而这种损失可能会出现在其他的投资组合中,因此它们不具有(核心)资本的基本特征"。而风险所带来的不确定损失是目前银行经营面临的最大威胁。因此精确的模型能够为风险管理者有效地量化各类风险,明确资本配置的数额,从而将资本总量控制在一个合理的水平之上。因此能否将所有未预期的风险有效地吸收、化解,成为风险管理者对资本要求的出发点。

　　(三)外部监管者的视角

　　无论是财务管理者还是风险管理者,作为银行的内部管理人员,都希望能把资本总量控制到一个合理的水平。一方面,保证充足的资本以应对预期到的及未预期到的各类风险的发生,维持商业银行日常经营的稳定;另一方面,控制资本总量以确保所有闲置资金都能投入各类业务中以便最大化银行的经营利润,从而使得股东价值最大化。

　　但对于外部监管者而言,银行的盈利性将让渡与其安全性,商业银行资本对于风险吸收的能力将被放大。监管者最为关心的是银行必须保有足够的资本金以应对各种经营过程中的突发风险。由此,监管者可以通过立法或者其他硬性规定要求银行的资本金总量相对其资产总量而言必须达到某一最低要求。最具有代表性的,便是对于经济合作与发展组织会员国的大多数银行而言,《巴塞尔协议Ⅰ》和它随后的各个修正案便是对银行审慎监管的框架基础。

　　由此可见,对于银行而言,其资本管理的基本要求和方法,就是在基于各种有关资本充足性法规的相关要求上,在确保银行必要收益率的前提下,通过对各项业务(各类资产)所面临风险的准确度量以确定所需要的银行资本总量。

二、商业银行资本充足性度量方法

　　商业银行衡量资本充足性的方法主要是通过设定相应的指标,通过对于这些指标的计算来衡量其资本充足性。因此不同时期商业银行资本充足的指标不同,其度量方法也不尽相同。

（一）商业银行资本充足性度量的基本指标

用于衡量商业银行资本充足性使用最多的指标便是资本充足率。自20世纪80年代起,资本充足率便是巴塞尔委员会最为关心的问题之一。起初巴塞尔委员会注意到,当与债务危机有关的国际风险不断增长时,国际上主要银行的资本充足率呈现出下降趋势。因此在《巴塞尔协议Ⅱ》的制定过程中,巴塞尔委员会便指出"压倒一切的目标是促进国际金融体系的安全和稳定",而银行的资本充足率正是实现这一目标的中心因素。

根据《巴塞尔协议Ⅱ》的有关规定,商业银行资本充足率主要包括两大指标:核心资本充足率(一级资本)和总资本充足率(一级资本和二级资本之和)。其计算公式为:

核心资本充足率＝核心资本/风险加权资本总额

＝核心资本/(资产负债表内资产×风险权数

＋资产负债表外资产×转换系数×风险加权数)

总资本充足率＝总资本/风险加权资产

＝总资本/(资产负债表内资产×风险权数

＋资产负债表外资产×转换系数×风险加权数)

由此,另一常用的指标是附属资本充足率,其计算公式为:

附属资本充足率＝总资本充足率－核心资本充足率

除此之外,资本杠杆比率也被视为一种附属手段用来衡量银行的资本充足率,其计算公式为:

资本杠杆比率＝总资本/总资产

相比巴塞尔协议中所规定的各类资本充足率而言,银行资本杠杆比率的计算则要简明得多。这一指标更多地体现了银行的经营杠杆情况,体现了银行的负债风险状况。

（二）商业银行资本充足性基本指标的演变

目前各国大多数银行均采用巴塞尔委员会所制定的资本充足率指标建立相应资本充足性管理体系,但在20世纪早期,由于各国银行金融业发展水平不尽相同,因而对其银行资本的管理能力和方式也大相径庭,银行资本充足性指标亦经历了一系列的演变过程。其中较为有代表性的当属美国银行业的资本充足性管理演变过程。

1. 资本与存款比率

早期的资本主要指产权资本,包括普通股、优先股、盈余、未分配利润、意外损失准备金和其他资本准备金。它主要是着眼于对存款者利益的保护。因此早期的资本管理指标被设定为资本对存款总额的比率。其计算公式为：

$$资本存款比＝总资本/存款总额≥10\%$$

2. 资本与总资产比率

由于监管当局考虑到银行所面临的潜在风险不仅和存款挤兑有关,还与贷款、有价证券投资等其他资产活动的风险有关,故而又设立了资本资产比率这一指标来衡量银行资本充足水平。该指标计算公式为：

$$资本资产比＝总资本/总资产≥7\%$$

3. 资本与风险资产比率

在"二战"后期,美国商业银行资产组合中政府债券的比例显著增加。由于在当时这些政府债券几乎没有违约的可能,即风险基本为零,因此对于资本充足性的管理便着重于资本对风险资产的比率。需要注意的是,这里的风险资产与日后巴塞尔协议的风险加权资产意义并不相同,这里的风险资产是指现金、银行拆借款及政府债券以外的其他银行资产。在20世纪50年代初期,这一比率要求不低于16.7%。其计算公式为：

$$资本风险资产比＝总资本/总风险资产≥16.7\%$$

以上用于衡量银行资本充足性的三类指标都属于总量指标,其优点在于简单易于操作,但各有不足之处:资本存款比只考虑到存款挤兑的风险,而未考虑银行其他资产运作所带来的风险;资本资产比虽考虑到资产运用的风险,但未考虑不同资产种类之间的风险差异;资本风险资产比虽考虑到了不同资产种类的风险差异,但是只将风险划分为具有风险和不具有风险的两类资产,对于资产风险的划分过于粗略,风险测算精确度不高。

4. 纽约公式

在20世纪50年代初,纽约联邦储备银行对于不同种类的资产赋予了不同级别的风险权重。各类资产按照风险级别的不同被划分为六类,对应的资本比率分别是0%、5%、12%、20%、50%和100%(见表2-2)。每类资产按各自的资本比率计提资本金,加总后便为银行的法定资本。而银行的实际资本总额要求保持在法定资本的115%～125%。1956年,联邦储备委员会提出资本充足性还应当与银行流动性水平相结合,流动性较差的银行应当保有更多的资本额度。

表 2-2　纽约公式中的风险权重规定

各类资产	资本比率
实际无风险资产	0%
稍有风险资产	5%
普通风险资产	12%
风险较高资产	20%
有问题资产	50%
亏损资产	100%

5. 综合性管理

20 世纪 60 年代,除了以上两类资本充足性指标外,联邦存款保险公司又提出了另一资本充足性指标,即"调整后的资本/调整后的资产"。根据这一比例,联邦存款保险公司将监管的银行分为健康的银行与有问题的银行两大类,其中有问题的银行又按照其问题的严重程度被分为三类。

当一家银行的资本规模没有达到国际银行业的最低标准,或银行的资本规模远远高于最低标准时,是否就一定意味着其经营不稳健或非常稳健呢?这是一个难以简单回答的问题,巴塞尔银行监督委员会在不断完善和修改制订的巴塞尔协议中努力对这一个问题做出客观公正的回答,最终对于资本充足与银行稳健的关系问题,基于以下几个方面分析:

(1)资本充足与银行倒闭风险

银行资本具有保护存款人和其他债权人不受损失、维护公众信心的作用,但这并不意味着资本越多越好,因为资本规模与股东利益存在着矛盾。资本的多少实际上应取决于银行倒闭的风险大小,即银行负债总值超过银行资产总值的可能性。

银行在日常经营中通常会发生以下三种情况,可以用一个简化的资产负债表加以说明:A. 银行的资产没有发生损失,资本也将完好无缺,银行经营安全;B. 银行发生了资产损失,由于损失规模小于银行资本量,银行还可以继续经营,但已出现了风险;C. 银行的资产损失已超过银行的资本总量,此时,如果不采取紧急挽救措施,银行经营将难以进行下去。

(2)资本充足与银行稳健

应该明确的是,所谓资本充足只是相对于银行的资产负债状况而言,资本充足并不意味着银行没有倒闭的风险。举例说明(见表 2-3、2-4):

表 2-3　A 银行的资产负债　　　　　　　　单位:亿元

资产	金额	负债和资本	金额
现金和应付款	40	活期存款	70
短期政府债券	60	储蓄存款	40
长期政府债券	60	定期存款	90
贷款	80	可转让存单	20
		资本	20
合计	240	合计	240

表 2-4　B 银行的资产负债　　　　　　　　单位:亿元

资产	金额	负债和资本	金额
现金和应付款	30	活期存款	170
短期政府债券	15	储蓄存款	6
长期政府债券	40	定期存款	6
贷款	155	可转让存单	28
		资本	30
合计	240	合计	240

从表 2-3、2-4 可以看出,A、B 两家银行资产规模是相同的,均为 240 亿元,但存在诸多不同。

1. 资本的状况不同

A 银行为 20 亿元,资本与资产的比例 8.3%;B 银行为 30 亿元,资本与资产的比例 12.5%。由此可以看出 B 银行的资本要比 A 银行的资本更充分。

2. 资产和负债结构不同

A 银行的流动性资产规模 100 亿元,负债方活期存款的规模为 70 亿元;B 银行的流动性资产规模 45 亿元,贷款却达到 155 亿元,负债方活期存款 170 亿元。由此可以看出 A 银行的资产流动性强,负债稳定;B 银行的资产流动性弱,负债的稳定性差。

综上所述,公众对银行是否经营稳健性加以准确判断是很困难的。

为此在 1962 年,美国监管当局向社会公众建议通过其他辅助性指标和工具来全面评价银行的稳健程度。这些指标包括八个方面的因素:银行管理质量、银行资产流动性、银行历史收益及收益留存额度、银行股东持股状况、银行营业费用数额、银行经营活动效率、银行各类存款变化情况、银行所在地的市场行情。

银行的资本规模再加上以上因素,会帮助社会公众对银行经营做出较为准确的判断。

监管当局建议公众通过综合银行资本规模、各类资本充足率指标与以上因素相结合,对银行的日常经营做出全面综合判断。同时银行也可以此作为判定资本是否充足的重要依据。

3.《巴塞尔协议Ⅰ》方法

基于 1988 年《巴塞尔协议Ⅰ》,巴塞尔委员会对于资本充足率指标做出了详细的界定和解释。巴塞尔协议提出的两类资本充足率指标(核心资本充足率和总资本充足率)其基本思想在于资本的数量应当与各类资产的风险加权程度相对应,银行通过持有适量的资本,以保证该资本额度能够吸收银行从事表内和表外业务时所产生的损失。

由此,巴塞尔协议规定商业银行资本标准化比率的目标为资本与加权风险资产比即资本充足率。巴塞尔协议规定,到 1992 年底,签约国中具有一定规模的商业银行,全部资本与加权风险资产的比率应大于 8%,而核心资本与加权风险资产的比率应大于 4%,其对应的计算公式为:

$$核心资本充足率＝[核心资本/\textstyle\sum(表内风险资产$$
$$＋表外项目风险转换额度)]×100\%≥4\%$$
$$总资本充足率＝[总资本/\textstyle\sum(表内风险资产$$
$$＋表外项目风险转换额度)]×100\%≥8\%$$

由此可见,计算两类资本充足率的关键在于确定表内风险资产和表外项目对应的风险额度。表内风险资产的总额通过确定不同资产的风险权重加权得出,而表外业务的风险额度则通过风险转化系数计算得出。

(1)资产负债表内项目的风险权重。巴塞尔委员会要求将资产负债表上不同资产根据其可能面临的风险确定其风险权重,以此得到风险加权资产的额度,计算出资本充足率。表内项目的资产按风险划分为四个等级,从"无风险"到"完全风险",对应的权重分别为 0%、20%、50%、100%,具体如下。

无风险资产:现金;以一国货币计价并以此货币融资的债权;对 OECD(经济合作与发展组织)国家的中央政府和中央银行进行融资的债权;以 OECD 国家中央政府债券作担保,或由 OECD 国家中央政府提供担保的债权。

风险权重为 20% 的资产:对多边开发银行的债权及由这类银行提供担保,或以这类银行发行的债券做抵押品的债权;对在 OECD 国家内注册的受到监管(特别是风险资本要求)的证券公司的债权,以及由这类机构担保的债券;对在 OECD 以外国家注册的银行,逾期在一年内的贷款;对在非本国 OECD 的公共部门机构(不包括中央政府)的债权,以及由这些机构提供担保的或以其所发行的证券作抵押的贷款;托收的现金。

风险权重为 50% 的资产:完全以居住用途的房产为抵押的贷款。

风险权重为 100% 的资产:对私人机构的债权;对在 OECD 以外国家的法人银行逾期在一年以上的公共债权;对 OECD 以外国家的中央政府的债权(以本国货币机制和以此融资的除外);对公共部门所属的商业公司的债权;办公楼、厂房等固定资产投资;不动产和其他投资(包括未并表的对其他公司的投资)。

其中,对于国内公共部门(不含中央政府)的债权和由此类机构担保或以此类机构所发行证券为抵押的贷款,各国监管当局可自行选择 0%、10%、20%、50% 的四等权重。

(2)资产负债表外项目的转换系数。表外业务的信用转换系数也分为四类:0%、20%、50%、100%。各类转换系数对应的资产项目如下:

原始期限为一年以内的类似承诺,或者可以在任何时候无条件取消的承诺,转换系数 0%。

短期的有自行清偿能力的与贸易相关的或有项目,转换系数 20%。

与特定交易相关的或有项目(如履约保函、投标保函、某些特别交易而开出的备用信用证);票据发行便利和循环承购包销便利;期限为一年以上的承诺(如证实的备用安排和信贷额度),转换系数 50%。

直接信用替代工具,如一般债务担保(包括为贷款和证券提供财务担保的备用信用证)、承兑(包括具有承兑性质的背书);信用风险仍在银行的销售和回购协议及在有追索权情况下出售的资产;远期资产购买、远期对远期存款和部分交付款项的股票证券,转换系数 100%。

7.《巴塞尔协议Ⅱ》方法

2006 年年底在各成员国开始实施的《巴塞尔协议Ⅱ》,不仅包含了原有巴塞尔协议中关于资本充足率的相关要求和定义,同时重新修订了计算风险加权资产的各种方法,从而使得计算出的资本比率更加合理有效。

相比《巴塞尔协议Ⅰ》,《巴塞尔协议Ⅱ》对风险加权资产的修改主要表现在两方面:一是大幅度修改了对旧协议信用风险的处理方法;二是明确提出将操作风险纳入资本监管,将其作为银行资本比率分母的一部分。因此,银行资本比率分母部分包含三个方面:信用风险加权资产、市场风险和操作风险。其对应的资本比率计算公式如下。

核心资本与风险加权资产的比率不低于 4%：

核心资本比率＝［核心资本/（信用风险加权资产＋12.5×市场风险＋12.5×操作风险）］×100%≥4%

总资本与风险加权资产的比率不低于 4%。此外，附属资本最高不得超过核心资本的 100%。

总资本比率＝［总资本/（信用风险加权资产＋12.5×市场风险＋12.5×操作风险）］≥8%

在计算信用风险和操作风险上，巴塞尔委员会规定了三种不同方法，以便提高风险敏感度，并允许银行和监管当局选择他们认为最符合本国银行业务发展水平及金融市场状况的一种或几种方法。

8.《巴塞尔协议Ⅲ》方法

2008 年发生的次贷危机引起了全球性的金融海啸，大批的商业银行、投资银行倒闭，尤其以美国为代表。这使得巴塞尔委员会不得不重新思考现有规则是否存在缺陷和不足，并于 2010 年颁布了《巴塞尔协议Ⅲ》。协议中规定，全球各商业银行 5 年内必须将一级资本充足率下限从现行要求的 4% 上调至 6%，而由普通股构成的一级资本充足率则从现行的 2% 提高到 4.5%。同时，协议还规定各家商业银行应该设立"资本保护缓冲资金"，总额不得低于银行风险资产的 2.5%。资本充足率保持 8% 不变，但事实上，资本充足率加上资本保护缓冲资金将达到 10.5%。这些措施充分表明巴塞尔委员会进一步强化银行提高抵御风险能力和资本准备的决心，试图通过让银行准备更多的风险资本的方式来更好地化解和缓冲风险的冲击，防止恶性的连锁性银行危机再次发生。

三、我国《巴塞尔协议Ⅲ》的实施状况

2012 年 6 月 8 日，中国银监会发布《商业银行资本管理办法（试行）》，并于 2013 年 1 月 1 日起实施。中国银监会 2012 年 12 月 7 日发布《关于实施〈商业银行资本管理办法〉过渡期安排相关事项的通知》来推动《资本管理办法》平稳实施。

中国银监会颁布的《资本管理办法》主要体现了以下几个方面：

（一）建立了统一配套的资本充足率监管体系

《资本管理办法》参考《巴塞尔协议Ⅲ》的规定，将资本监管要求分为四个层次：第一层次为最低资本要求，对国内非系统重要性银行和系统重要性银行分别不同的核心一级资本充足率、一级资本充足率和资本充足率的最低要求。

第二层次分别核定了储备资本要求和逆周期资本要求。第三层次为系统重要性银行附加资本要求。第四层次为第二支柱资本要求(根据风险判断,针对部分资产组合提出的特定资本要求;根据监督检查结果,针对单家银行提出的特定资本要求)。

多层次的资本监管要求既体现了国际标准的新要求,又与我国商业银行现行的资本充足率监管要求基本保持一致。

(二)严格明确了资本定义

《资本管理办法》根据国际的统一规则,明确了各类资本工具的合格标准,提高了资本工具的损失吸收能力。

(三)扩大了资本覆盖风险范围

《资本管理办法》确定了资本覆盖风险范围包括信用风险、市场风险和操作风险,并明确了资产证券化、场外衍生品等复杂交易型业务的资本监管规则,引导商业银行审慎开展金融创新。

(四)强调科学分类,差异监管

《资本管理办法》根据资本充足率水平将商业银行分为四类,对满足最低资本监管要求但未达到其他层次资本要求的商业银行进行细分,明确了对各类银行的相应监管措施,提升了资本约束的有效性。同时按照审慎性原则重新设计各类资产的风险权重,下调小微企业贷款和个人贷款的风险权重,引导商业银行扩大小微企业和个人贷款投放,更有效地服务实体经济。下调公共部门实体债权的风险权重,适度上调商业银行同业债权的风险权重。

(五)合理安排资本充足率达标过渡期

从 2013 年实施的进度来看,中国资本监管的要求标准高于《巴塞尔协议Ⅲ》,中国银行业基本达到新的监管准则的要求,但给银行业特别是中小银行带来了很大的融资压力。同时,当前监管工具和银行自身存在的诸多问题仍然会影响《巴塞尔协议Ⅲ》的实施进程和效果。

四、我国资本监管工具

目前,我国资本监管的工具主要有资本充足率、杠杆率、拨备覆盖率。

(一)资本充足率

1. 定义

是指各类资本风险加权资产的比率,反映商业银行在存款人和债权人的资产遭受损失后,银行以自有资本承担损失的程度。各国金融监管当局一般都对商业银行的资本充足率进行管制,目的就是尽量保证银行的稳健经营。

2. 资本充足率的计算公式

根据中国银监会 2012 年 6 月颁布的《商业银行资本管理办法》，商业银行应当按照以下公式计算资本充足率：

资本充足率＝［（总资本－对应资本扣减项）/风险加权资产］×100％

一级资本充足率＝［（一级资本－对应资本扣减项）/风险加权资产］×100％

核心一级资本充足率＝［（核心一级资本

－对应资本扣减项）/风险加权资产］×100％

其中，总资本包括：核心一级资本、其他一级资本和二级资本。

风险加权资产包括：信用风险加权资产、市场风险加权资产、操作风险加权资产。

资本充足率的计算也可以细化表示为：

资本充足率＝［（总资本－对应资本扣减项）/（信用风险加权资产

＋12.5 倍市场风险加权资产＋12.5 倍操作风险加权资产）］×100％

一级资本充足率＝［（一级资本－对应资本扣减项）/（信用风险加权资产

＋12.5 倍市场风险加权资产＋12.5 倍操作风险加权资产）］×100％

核心一级资本充足率＝［（核心一级资本－对应资本扣减项）

/（信用风险加权资产＋12.5 倍市场风险加权资产

＋12.5 倍操作风险加权资产）］×100％

3. 分母计算与对策

资本充足率计算中的分母，是计算资本充足率的关键，反映银行实际面临的风险程度。分母计算分三部分：

(1)信用风险加权资产的计算：

商业银行可以采取权重法或内部评级法来计算信用风险加权资产。

(2)市场风险加权资本的计算：

市场风险是指因市场价格（利率、汇率、股票价格和商品价格）的不利变动而使商业银行表内和表外业务发生损失的风险。

市场风险加权资产为市场风险资本要求的 12.5 倍，即市场风险加权资产＝市场风险资本要求×12.5

(3)操作风险加权资本的计算：

操作风险是指由不完善或者有问题的内部程序、员工、信息科技系统以及外部事件所造成损失的风险，包括法律风险，但不包括策略风险和声誉风险。

（二）杠杆率

1. 定义

杠杆率是指金融机构放大头寸或者投资的收益率超过了自有资金直接投资于货币市场可获得的收益率。

对于金融机构来说，其杠杆有三种形式：资产负债杠杆、经济杠杆、内嵌杠杆。

资产负债杠杆是最明显的一种杠杆形式，它基于金融机构的资产负债表，指金融机构资产负债表中资产超过权益资本；

经济杠杆基于市场的未来现金流，指金融机构所持头寸的价值发生变化，超过了所支付的数额；

内嵌杠杆基于其特殊性质，是指结构性金融工具本身所具有的杠杆，即银行所持有的结构性金融工具风险暴露超过其基础资产的风险暴露，如信用衍生品。

2. 引入杠杆率监管的必要性

（1）杠杆率风险独立，其计算简单，不需要复杂的风险计量模型。同时，它对银行和监管者的专业要求低，实施成本也低。

（2）杠杆率监管可以减少银行的监管套利。在《巴塞尔协议Ⅱ》资本监管下，当表外资产风险计提不足时，银行会通过转移表内资产到表外或者扩大表外资产规模进行监管套利，引入覆盖表外资产的杠杆率监管则减少了这一可能。

（3）杠杆率监管作为微观审慎监管工具，有助于防止银行过度扩张资产负债规模，消除流动性风险。同时，它可确保银行用最低的资本缓冲来吸收损失，降低危机冲击带来的负面影响。

（4）杠杆率可以作为逆周期的宏观审慎监管工具，防止金融体系在经济繁荣时期过度扩张资产负债，建立过高的杠杆。

（三）拨备覆盖率

1. 定义

拨备覆盖率实际上是银行贷款可能发生的呆账、坏账准备金的使用比例，是衡量商业银行贷款损失准备金计提是否充足的一个重要指标。

2. 拨备覆盖率的计算公式

依据中国银行业监督管理委员会颁布的《股份制商业银行风险评级体系》，其计算公式如下：

$$拨备覆盖率 = [(一般准备 + 专项准备 + 特种准备)/(次级类贷款 + 可疑类贷款 + 损失类贷款)] \times 100\%$$

（1）分子的计算：商业银行应当按照谨慎会计原则，合理估计贷款可能发生的损失，及时计提贷款损失准备。包括：一般准备、特种准备和专项准备。

①一般准备：根据全部贷款余额的一定比例计提，用于弥补尚未识别的可能性损失的准备。属于银行的附属资本。

②专项准备：根据《贷款风险分类指导原则》对贷款进行风险分类后，按每笔贷款损失的程度计提的用于弥补专项损失的拨备。

③特种准备：是指针对某一国家、地区、行业或某一类贷款风险计提的拨备，由银行根据不同类别贷款的特殊风险情况、风险损失概率及历史经验自行确定。

（2）分母的计算：根据中国人民银行颁布的《贷款风险分类指导原则》，按风险程度将贷款划分为：正常、关注、次级、可疑和损失五级分类制，后三种为不良贷款。不良贷款总量即为该公式的分母。

3. 拨备覆盖率的必要性

商业银行作为提供金融服务，经营风险的企业，其生存发展与稳健经营的前提和关键就是它所承担的全部风险损失能够被补偿和消化。其中预期损失必须以审慎的拨备计提形式计入银行经营成本，并在金融产品价格或贷款定价中得到补偿，而非预期损失需要银行资本金加以覆盖。正因为这样，对贷款以及非信贷资产损失是否足额拨备，就成了衡量银行抵御金融风险能力的重要指标。

拨备的作用在于真实反映资产的公允价值。拨备是银行用来平缓各年度收益水平的蓄水层，经营效益上升时提高拨备的计提水平，经营效益下降时通过释放拨备来维持盈利水平。

第三节　商业银行资本充足性管理策略

商业银行资本充足性管理策略主要有增加资本的分子策略和优化资产结构、提高资产质量的分母策略。通过分子策略和分母策略最终实现提高商业银行资本充足性的目标。

一、分子策略

分子策略是针对巴塞尔协议中的资本计算方法，尽量提高商业银行的资本总量，改善和优化资本结构。银行的资本计划建立在其管理目标所需的银行资本金数额以及金融管理当局所规定的银行最低资本限额要求的基础之上。当银行的内源资本来源不能满足其资本需求时,银行将寻求外部资本来源。而银行选择哪种资本来源则取决于该资本来源的优点和代价。

分子策略主要是通过增加资本的方式完成。资本总额包括核心资本和附属资本两个部分。一般来说,商业银行增加资本的途径有两种:一是扩大内部资本来源,提高商业银行的盈利性,增加内部资金的积累,称内源融资策略;二是开辟外部资本来源,包括增发普通股或优先股、发行附属票据和公司债、出售资产和租赁设备、债券和票据的互换等方式,称外源融资策略。

(一)内源融资策略

在银行增加利润留存而不影响其股价的前提下,这种内源资本来源是银行充实资本金的第一选择。内源融资有一定的优点:它是一种低成本补充银行核心资本的方式,银行不用担心未来像债券等工具的还本付息问题,而且发行债券也只能补充附属资本;其次,内源融资方式有利于促进银行提高盈利能力,促使其创造更多的利润,有助于银行转变经营方式,大力发展创新业务。

然而,从另一方面来看,内源融资方式存在一定的局限性。第一,通过内源资本补充资本金的做法必然减少股利分配。在成熟的资本市场上,股利政策具有黏性的特点,减少股利分配有可能造成股价下跌,导致银行实际资本价值受损。第二,适度资本金数额是内源资本支持银行资产增大的限制。如果以资本资产比率来描述银行资本充足性,那么,内源资本支持资产增大的力度完全视该比率的高低而定,即银行资本要求越低,则内源资本可支持的资产增长越大。反之,内源资本的支持力随着银行资本要求的上升而下降。第三,银行盈利能力有限。在银行股利政策不变的情况下,银行盈余留存的数额完全取决于银行的营利性,由此影响其对资产增大的支持程度。第四,内源融资会受到经济周期、经济景气状况的影响,通过内部积累的方式来提高银行的资本充足率是比较缓慢的。

此外,增提准备金也是增加商业银行附属资本的手段之一。目前我国建立了以贷款五级分类为基础的贷款损失准备金制度,要求商业银行定期分析各项贷款的可收回性,预计可能产生的贷款损失,对预计可能产生的贷款损失提取一般准备、专项准备和特种准备三种准备金。一般准备根据全部贷款余额的一定比例提取,用于弥补尚未识别的可能性损失的准备,提取的一般准备作为利润分配处理,并作为所有者权益的一个项目,可计入附属资本。

但要注意的是,在提取一般准备金以增加附属资本的同时,还要考虑到关于附属资本总额不能超过核心资本的100%的限制。

（二）外源融资策略

外源融资策略主要包括股票融资和债券融资两类。发行普通股可以满足商业银行补充核心资本的需要，但这种方式会稀释银行原有股东权益和每股利润。债券融资方式主要用于补充商业银行的附属资本，债权融资有税收递减效应，所以银行更倾向于采用这种方法增加资本总量，同时还可发挥债务融资的杠杆效应。但是，多数国家的监管当局都会对债务融资的额度有所限制，以降低银行的风险。所以，商业银行在进行外源融资选择时需要同时考虑自身情况和外在监管的具体要求。

随着巴塞尔委员会对核心资本充足率的要求越来越高，通过发行普通股的外援融资方式补充资本金将成为商业银行经营的重点策略。在成熟的市场经济国家，上市融资是商业银行提高资本充足率、建立持续补充资本机制的有效途径和便捷手段，通过资本市场直接融资，可以筹到较多股本资金，资本金不足的问题就会迎刃而解。与此同时，在经营管理资本方面，必然会受到出资人的监督，这促使其不断提高经济效益。

二、分母策略

分母策略主要是通过缩小分母来实现，一方面可以通过适度缩小资产规模来提高资本充足率；另一方面，要调整优化资本结构，改善资产风险分布结构，降低不良资产规模，提高商业银行的经营管理水平。分母策略要求商业银行在体制创新和机制转换的基础上建立健全和完善一系列行之有效的资产管理制度。适度控制资产规模、调整资产组合、优化资产结构，降低高风险资产在资产总额中的比重，从而实现提高资本充足率的目标。

（一）适度控制银行的资产规模

商业银行资产规模越大则对银行资本的需求越强。事实上，资产是传统商业银行重要的利润来源，如果过度地压缩资产规模，势必会影响银行的盈利情况、行业地位和声誉等；另外，规模太大对商业银行的管理能力有很高的要求，否则非但不能实现规模经济，还有可能带来负效应。因此，商业银行应该适度控制银行的资产规模，适度规模有利于银行保证安全性、流动性和盈利性目标的实现。

商业银行还可以通过销售一部分高风险或市价水平较高或有问题的金融资产以减少资产规模，来实现提高资本充足率的目的。由于高风险资产在巴塞尔协议中被赋予的风险权重较高，所以如果想提高资本充足率，降低风险资产比重是一个很好的调控方法。例如，我国为了提高四大国有商业银行的资本充足率就采取了如下方法：一是剥离商业银行的不良贷款，成立四家国有金融资产管理公司来专门管理不良贷款，商业银行把不良贷款出售给这四家公司，调整了资产规模；二是进行股份制改造，通过改制成股份制公司上市发行股票筹资，补充资本金。此外，商业银行在调节资产规模时，也要考虑到宏观经济状况的影响，经济不景气时，则可通过缩小贷款规模以降低经营风险。

（二）优化资产结构

商业银行可以通过调整资产结构，在总资产和总资本额不变的情况下，提高资本充足率。贷款和证券投资是商业银行资产中可调节程度较大的部分。对于贷款来说，它是商业银行最为重要的资产收益来源，也是商业银行经营风险的主要所在，因此，商业银行在进行贷款管理时要本着积极调整贷款组合、降低高风险贷款以减少风险资产总量的原则。具体包括：

一是坚持市场效益取向，调整信贷策略。由注重贷款数量规模变为注重贷款市场效益，有效降低贷款风险。贷款要向市场效益好的区域、企业、项目和产品转换；由贷款的规模指标供给变为按市场取向，选择客户，择优扶持；由单纯资金投入变为增加贷款的科技含量，支持企业技术进步，杜绝低水平项目的重复建设。

二是在重点开拓优质信贷市场的同时，坚决退出劣势信贷市场，努力防范和化解贷款隐性风险。商业银行要结合国家的宏观经济政策、产业政策，按照市场政策需要分层次对客户进行分类管理，主动进行信贷结构的战略性调整。同时，对风险大的和资金规模较大的贷款可组织银团贷款，避免信贷风险过度集中于一家商业银行。商业银行要主动抓住新的市场机遇，积极运用有效的市场营销手段，拓展优质客户，严格把握新增贷款投向。寻求提高经营效益的新的增长点，在进退有度中实现信贷资产区域、行业、品种和客户结构的合理调整，实现新增贷款的进一步优化。

对于证券投资，商业银行可以考虑进一步丰富投资产品、优化投资策略。证券投资既可以满足商业银行的盈利性需求，还可以为商业银行提供流动性，具有较为广阔的发展空间。商业银行可以通过调节投资期限、投资种类、投资数量等方面进行投资组合，有效降低投资风险，减少风险资产的数量和权重，从而实现流动性和盈利性的均衡。

投资期限可以分为短期（1年及1年以内）和长期（1年以上）两类，可根据商业银行流动性需求的大小、贷款期限和规模等因素进行适度调整。投资种类可分为货币市场工具、资产市场工具和金融衍生市场工具，不同市场的工具有不同的特征，商业银行要有效提高证券组合搭配的能力，改善对金融衍生产品的管理能力。投资数量则要根据商业银行的经营需求进行具体规划,过度投资会挤占商业银行从事其他资产业务的资金,因此要根据历史和同业经验进行合理安排。

总之,要通过优化商业银行资产业务的结构,调节风险资产构成,减少风险资产总量,使分母策略发挥有效作用,提高商业银行的资本充足率水平。

第四节　商业银行经济资本管理

自 20 世纪 90 年代以来,始自美国信孚银行及一些大型国际银行的信贷部门,经济资本这一理论在近三十年内,由理论到实践不断发展与成熟,已逐步成为现代国际商业银行普遍使用的先进管理参数。

一、经济资本的内涵

（一）经济资本的概念

由于经济资本的理念首先来自许多国际先进商业银行的管理实践,并且是在实践中不断完善与提高的,因此,对它的定义目前并不统一,通常有以下几种认识。

1. 有效资本说

有效资本说认为,经济资本是指维持企业运转最为合理的资本存量,既不造成资本的不足,也不造成资本的闲置,达到充分必要的最优数量界限,所以也可将经济资本理解为有效资本。

2. 管理资本说

管理资本说认为,经济资本是指在内部管理中按照一定的规定比例配置到各个部门或产品的资本金,它能使管理层清晰地了解到各部门或各产品占用的资本量及给银行所带来的收益或风险情况。由于这种资本分配是虚拟的而不需要实际拨付,所以也可将经济资本理解为管理资本。

3. 风险资本说

风险资本说认为,经济资本是指为抵御各项资产业务的风险所需要的资本支持,或者说是各项业务的风险所产生的资本需求。所以也可将经济资本理解为风险资本。

4. 非预期损失说

非预期损失说认为,经济资本是指用于弥补非预期损失的资本,非预期损失要用资本来弥补,需要多少资本,要通过计量非预期损失来求得。所以,非预期损失的数额就等于经济资本的数额,也可以将非预期损失称为经济资本。

以上几种观点从不同的侧面反映经济资本的内涵,都具有其合理性。本书采纳非预期损失说的概念界定。中国银监会也于2005年将其定义为"银行决定持有用来支持其业务发展和抵御风险并为债权人提供目标清偿能力的资本,在数量上与银行承担的非预期损失相对应"。简单地说,经济资本是一个"算出来的"数字,即在对未来可能损失的一个概率评估基础上,计算出来配置至单项业务、资产或分支机构,用于衡量和弥补银行实际承担的损失超出预计损失的那部分资本,是防止银行倒闭风险的最后防线。在数额上,经济资本实际上就是信用风险的非预期损失、市场风险的非预期损失和操作风险的非预期损失三者的加总。用公式表示:

$$经济资本=信用风险非预期损失+市场风险非预期损失$$
$$+操作风险费预期损失$$

需要注意的是,上式是根据《巴塞尔协议Ⅱ》所强调的这三类风险进行度量,但在《巴塞尔协议Ⅲ》中已经提出要加强流动性风险的度量,所以未来的经济资本公式就很有可能会包含更多非预期损失之和。

总之,银行的经济资本是基于银行全部风险的资本,也被称为风险资本。它是一种虚拟的、与银行风险的非预期损失相当的资本。经济资本不是真正的银行资本,它是一个估计出来的数字,以抵御银行的非预期损失。经济资本是商业银行为防范非预期损失而应该有的资本,是银行业务风险所产生的资本需求。

(二)经济资本及其分配在银行风险控制中的作用

经济资本能够吸收未预期到的损失,是与银行风险水平相匹配的资本。对于商业银行和存款人来说,经济资本才是真正重要的,因为它才是银行现有风险实际需要的资本水平。引入经济资本的目的就在于衡量银行经营活动中的实际资本要求,因为相对于传统财务上计算的资本来说,经济资本计量更具有前瞻性。

通过对经济资本进行分配,可以清楚地显示各部门、管辖行和各项业务的资本利润率评价,不仅能够考察其盈利能力,更能充分考虑到该盈利能力背后承担的风险。经济资本作为一种虚拟资本,当它在数量上超过银行的实际资本或监管资本时,说明银行的风险水平已超过了其实际承受能力,这时银行就应该通过一些途径增加实际资本或是缩减其风险承受行为,经济资本就成为了银行确定其风险控制边界的基础。经济资本大大提高了风险的敏感度,能够比较准确地反映出资产的风险特性，并通过差异化的定价吸收资产的各种风险损失，从而使资产收益可以抵补所有分配的成本、获得不同资产或业务单元对股东价值贡献的具体信息，继而调整资产或业务发展结构，帮助银行达到股东价值增值和根据风险调整绩效的目的。

二、经济资本的计量与评价

经济资本管理的根本目标是控制经济资本增长，提高经济资本回报率水平，以实现股东价值最大化目标。

（一）经济资本的计量

经济资本的计量是具体计算覆盖风险所要求的经济资本额度。由于银行在经营管理过程中面临的主要风险是信用风险、市场风险和操作风险，因此经济资本计量的核心实际上是对信用风险、市场风险和操作风险三类风险的量化。具体步骤基本包括：

第一，对商业银行的风险进行分类，按照信用风险、市场风险和操作风险等划分出相应的类别；

第二，将分类好的风险采取不同的计量方法进行计算，分别得出各类风险所需的经济资本；

第三，将全部风险的经济资本加总，最终得出商业银行所需要的全部经济资本。

（二）经济资本的分配

经济资本的分配是根据银行风险偏好和发展战略，通过年度计划、限额管理、参数设置等方式将经济资本科学地分解到分支机构、业务部门和产品中去，通过资本约束风险、资本要求回报的协调管理机制提高各分支机构、业务部门和产品等维度的风险管理水平。

经济资本分配是银行实施经济资本管理的重要内容，是银行主动运用经济资本进行指导战略和业务决策的体现。经济资本分配，事先计算支持一项业务所需要的经济资本额，再对银行经济资本的总体水平进行评估，综合考虑信用评级、监管当局规定、股东收益和经营中承担的风险等因素，在资本管理的总体规划下，制定经济资本目标，然后将经济资本在各个机构、各项业务中进行合理分配，使业务发展与银行的资本充足水平相适应。

这里主要包括两个方面内容：

一是根据银行资本实力、股东目标与偏好、监管要求，确定整个机构的总体风险水平及相应的抵御风险损失的经济资本限额；

二是根据银行内各业务部门的经营绩效测量,在各部门间进行风险资本限额分配,并根据经营绩效评估对经济资本分配进行动态调整。

总体来说,经济资本分配的目的在于构建一个与银行的总体风险战略和股东目标相一致的业务风险组合。资本分配并非完全等同于资本的实际投入。由于经济资本量表现的是风险量,因此在银行内部各部门及各业务之间的资本分配实质上是风险限额的分配,是确定与风险限额相当的业务或资产总量。

(三)经济资本的评价

经济资本的评价是建立以风险调整后资本回报率为核心的指标体系,对各分支机构、业务部门和产品维度的经营绩效进行考核评价,属于银行绩效考核范畴。

商业银行实施经济资本管理的最终落脚点,是将经济资本管理的思想融入内部绩效考核,通过建立以经济增加值(EVA)为中心的绩效考核体系,从而促进银行经营管理水平的提升。经济资本的应用,使银行的绩效考核也随之发生了革命性的变化,即从传统的以会计资本为核心的考核,转向以经济资本为核心的考核。以经济资本为核心的绩效考核体系,是考虑到银行获得利润时所承担相应风险的绩效考核指标,称为经风险调整的业绩衡量指标(RAPM)。RAPM是在会计利润指标的基础上,根据银行在经营过程中所承担的风险进行调整而得到的指标。

1. 经济资本评价的绝对额指标:EVA

在经济资本为核心的绩效考核体系中,反映银行及其各业务部门经营绩效的绝对额指标是经济增加值(即 EVA)。相对于会计利润来说,EVA 最突出的特征是,它充分考虑了银行的权益资本成本,而且是经风险调整后的成本。由于权益资本的成本反映了资本市场对银行未来获利能力和风险水平的预期,从而衡量了银行投入资本的预期净收益。

EVA=税后经营净利润—经济资本成本

=税后经营净利润—经济资本×加权平均经济资本成本

作为银行绩效考核指标来说,EVA 有很多优势。首先,计算 EVA 时,要对会计利润进行多项调整,经过这些调整,比会计利润更加准确,更能反映银行所创造的价值;其次,作为衡量绩效的指标,EVA 的概念比较简单,只要根据其正负,就可以判断银行是否为股东创造了财富,更容易理解和接受;再次,EVA 不仅仅是一个绩效评价指标,还同时具有提供激励机制、统一思想理念、完善管理体系的功能。

正是基于以上优势，EVA一度成为许多银行采用的以经济资本为核心的绩效考核方法。

2. 经济资本评价的相对指标：RAROC

(1)概念：风险调整后资本回报率（RAROC）是将回报与经济资本进行比较，核心观点是将未来可预计的风险损失量化为当期成本，对当期进行收益调整，衡量经过风险调整后的收益大小。

(2)基本公式：RAROC就是利用预期损失来对分子中的收益加以风险调整。其公式如下：

$$RAROC=\frac{风险调整收益}{经济资本（非预期损失）}=\frac{收益-预期损失}{经济资本（非预期损失）}$$

公式中经济资本是指银行用于防范非预期损失所需要持有的资本金。

(3)效用：在单笔业务层面，RAROC可用于衡量一笔业务的风险与经营收益是否匹配，为银行决定是否开展此笔业务及如何进行定价提供理论依据；在风险资产组合层面，银行在考虑单笔业务的风险和资产相关性后，可依据RAROC衡量风险资产组合的收益是否能够弥补风险损失，及时对使得RAROC指标出现明显不利变化趋势的风险资产组合进行内部处理，为效益更高的部门、产品线等配置更多资源；在银行层面，RAROC指标可用于战略制定、资本配置、业务决策和绩效考核等。

RAROC是真实风险的利润率，其将报酬和业绩挂钩，可以给各业务单位最大的制约力，约束其只为增加收入而不顾及风险地扩大资产和业务的行为，同时给予业务单位动力去设法采用对冲、转移、出售等方式消除或减少风险，以减少经济资本占用，提高RAROC。

(4)应用：应用RAROC衡量商业银行产品或部门的绩效，需要各部门的配合。风险管理部门运用模型获取有关预期损失和非预期损失的风险信息；财务部门提供这些经济资本的成本及确定经济资本的费用成本，并通过资金转移定价系统和作业成本核算系统计算出其他的直接和间接成本费用，最终得出所配置的经济资本的风险调整收益率，如果风险调整资本收益率高于银行股权资本的机会成本，那么商业银行的业务活动就创造了经济利润，实现了银行股东价值最大化目标。

(5)缺陷：商业银行在应用RAROC进行考核绩效时，存在一定的局限性：一是RAROC是一种新型技术，对于其计算公式并没有统一的、公认的标准；二是RAROC需要大约十年甚至更长时间的历史数据，对商业银行的数据管理、科技水平等提出了挑战；三是RAROC评价商业银行的绩效，只能揭示业务的盈利能力,无法衡量业务创造的价值数量或损失的价值数量,所以管理者可能不愿意投资于一些正处于价值上升阶段的项目,因为这些项目会降低 RAROC。

所以商业银行在使用该评价方法时,应增加一些定性指标来完善绩效考核体系。

三、经济资本管理

(一)经济资本管理的一般内涵

经济资本管理是指在明确经济资本计量范围和方法的基础上,以资本制约风险资本的增长,将经济资本控制在既定的范围内,并确保获得必要的回报,使业务发展的速度、效益与风险承担能力相协调。经济资本管理主要包括经济资本的计量、经济资本的预算分配制度,以及以经济增加值(EVA)和风险调整后资本回报率(RAROC)为核心的绩效考核制度。

1. 经济资本的计量是具体计算覆盖风险所要求的经济资本额度,即对信用风险、市场风险和操作风险三类风险的量化,它是有效实施经济资本管理的前提。

2. 经济资本的分配是根据银行风险偏好和发展战略,通过年度计划、限额管理、参数设置等方式将经济资本科学地分解到分支机构、各业务部门和产品,通过资本约束风险,其中通过对不同的产品、部门和区域设定不同的经济资本系数来传导商业银行的经营发展战略,是经济资本配置的重点。

3. 经济资本的评价属于银行绩效考核的范畴,它是建立以 RAROC 为核心的指标体系,对各维度的经营绩效进行考核。以 EVA 和 RAROC 为核心的绩效考核引入了资本的成本概念,能够更加真实地反映商业银行的利润,克服商业银行传统的绩效考核以会计利润的绝对额为指标的缺陷。

总而言之,经济资本管理就是以商业银行账面资本实际水平和筹集计划为基础,确定银行总体的经济资本总量控制目标,并据此确定风险资产总量控制目标和各项资产业务的增长计划。按照资本充足率的要求,业务计划应服从于经济资本计划,保证经济资本总量控制在计划目标内。根据业务发展战略和风险程度的不同,确定不同业务的经济资本修正系数、分配系数,以及资本回报率要求,实行不同的管理。

通过这种战略性经济资本的安排,引导商业银行对银行进行资产结构、业务结构和收支结构的调整,支持经营发展战略的实现。对于不同类别的经济资本,应当实行不同的计量方法和预算管理方式。在执行过程中,要及时了解和监测经济资本管理的执行情况，对出现的偏差和问题及时进行调整，以保证经济资本管理的总目标的实现。

（二）经济资本管理的目标

商业银行进行经济资本管理的总体目标是通过经济资本管理，使银行业务风险的增长与资本承受能力相适应，风险增长与收益增长相协调，最终实现风险管理、资本管理和绩效管理三者的统一。这个总目标又可进一步细化为两个具体目标：第一，保证银行的资本能够达到监管要求和自身需要，它涉及银行经济资本的计量、监测，最终用于解决经济资本的数量约束问题；第二，充分提高资本的使用效率，创造更高的业绩价值，它涉及对现有经济资本的配置及业绩考核，用于解决经济资本的质量约束问题。根据巴塞尔新资本协议，银行承担的风险应当严格限定在自身资本能够承受的范围之内。通过经济资本管理连接财务语言和风险语言，借助 RAROC 等绩效指标统一衡量和评价各维度、各业务条线对股东价值的贡献度，并将资本管理决策转化为业务语言，体现为可实施的经营计划和业务方案。

（三）经济资本管理的意义

资本管理是以利润最大化和资本增值为目的，以价值管理为特征，将企业的各类资本投入某一经营领域之中或投入多个经营领域之中，通过与其他生产要素的相互组合、优化配置，以达到企业自有资本不断增加这一最终目的的运作行为。资本管理是以资本最大限度增值为目的，对资本及其运动所进行的运筹和经营活动。资本管理强调对资本的运筹、谋求和治理。

对银行来讲，内在的资本约束主要强调的是自主拨备经济资本以应对非预期损失。随着监管当局对资本充足率监管力度的不断加强，使得银行在制定经营决策时既要考虑资产扩张的速度、业务发展的规模及所带来的收益，还要充分考虑由此带来的风险和占用资本，将收益与风险和成本相统一以实现"资本约束下的盈利能力最大化"的目标。因此，银行管理者必须对经济资本进行有效的管理，使其既能保证有充足的经济资本覆盖风险，又能保证经济资本的使用是经济且有效的。

经济成本的大小直接决定了银行是否具有持续的竞争能力。作为银行资本的一种形态，同样需要对其进行运筹和治理，以优化经济资本的配置，达到资本最大限度的增值。银行的经济资本管理，既是对银行内部管理与外部监管的一种有效运用，更是建立和培育银行核心竞争能力的根本途径。经济资本管理可以优化银行的资源配置效率、降低业务风险、提高经营效益，它是评价、考核银行经营绩效的重要基础。只有通过有效的经济资本管理，银行才能够提高风险管理水平,增加资本积累,优化业务结构,稳健持续经营。

关键概念:会计资本　监管资本　经济资本　资本充足率　杠杆率　拨备覆盖率　分子策略　分母策略

复习思考题

1. 试述商业银行资本的主要功能。

2. 说明会计资本、监管资本和经济资本的概念和内容,分析三者之间的联系与区别。

3. 简述分子策略、分母策略。

4. 如何理解经济资本管理的现实意义?

5. 如何理解经济资本是商业银行防范风险的最后一道防线?

6.《巴塞尔协议Ⅲ》的出台对我国商业银行提出了哪些挑战?

第三章 商业银行负债管理

本章学习目的

1. 了解商业银行负债业务的基本特征、特殊性、重要性及作用。
2. 理解吸收存款对商业银行的重要性和创新存款产品的目的。
3. 理解商业银行如何把握存款结构问题的意义所在。
4. 理解商业银行负债成本管理。
5. 充分认识银行负债业务风险及如何控制。
6. 理解商业银行存款准备金制度和存款保险制度的意义。

本章知识导入

伊利诺伊大陆银行挤兑风潮

1984年5月,拥有420亿美元资产的伊利诺伊大陆银行出现了大规模的挤兑风潮,令人惊讶的是,等待取款的队伍长达几个街区。伊利诺伊大陆银行是美国中西部最大,全美第八大银行,它与花旗银行、大通曼哈顿银行一样都是货币中心银行。它的金融基础由大公司的存款、货币市场互助基金和大额账户构成,这些资金可以由计算机在很短的时间内划拨走。

是什么引起了该银行的这次挤兑风潮呢?20世纪70年代,该银行确定了很高的增长率目标,从1977年到1981年,其借款每年以22%的速度扩张,然而,伊利诺伊州法律禁止银行开设三家以上的分支机构,因此,伊利诺伊大陆银行缺乏连续大规模扩张的消费贷款基础。为了实现迅速的贷款增长,该银行运用积极的负债管理来获得资金,先后发行了大量的可转让存单并吸收其他形式的"游资",包括从外国客户手中借到的120多亿美元。

另外,该银行资产流动性很低,其贷款与存款的比率79%,与此形成鲜明对照的是,同一时期,其他货币中心银行的这一比率为67%,而所有美国银行的比率为 56%。伊利诺伊大陆银行的资金来源很不稳定,资产结构缺乏流动性并且风险性很高,该银行面临着巨大的经营风险。伊利诺伊大陆银行投向能源业、农业和拉丁美洲国家的贷款也出现了问题。由于从破产的俄克拉荷马城的某银行购入的与能源有关的贷款发生了问题,该银行被迫消化了这些损失。这时,大额的挤兑风潮开始了。

因为该银行大部分存款是大额存单,所以该银行 290 亿美元的存款中只有 40 亿美元得到联邦存款保险公司的保险(占 13%)。当伊利诺伊大陆银行存在大量呆账的谣言传出后,大储户极度恐慌,人们争先恐后地提取存款。当大额存单到期后,美国公司、货币市场互助基金及国外客户立即撤出其资金,在短短的几个星期内,该银行存款减少了 100 亿美元,大约占其存款总额的 1/3。

如果没有大规模的援助,伊利诺伊大陆银行会马上倒闭,可能会引起对其他银行的挤兑风潮。此时,管理当局丝毫没有迟疑,立即出台了前所未有的援助计划,包括从联邦银行机构注入 20 亿美元资本,由美国 24 家主要银行组成的财团提供的 55 亿美元的信用限额和美联储发放的 50 亿美元贷款。联邦存款保险公司也放弃了 10 万美元保险限额的规定,从而使该银行的所有存款者得到了足额保险。尽管如此,由于一些储户对联邦存款保险公司的能力存在怀疑,这一行动并没有完全阻止住这次挤兑风潮。

管理当局试图找到一个合并伙伴,但是没有一家银行愿意以与联邦存款保险公司一样的条件来接收这家银行。最后,联邦存款保险公司被迫以全价购买下了该银行存在问题的大约 50 亿美元的贷款,从而获得了该银行 8% 的所有权。后来联邦存款保险公司抛光了该银行的所有的股票,现在该银行的股票的价值大大低于原来的价格。

众所周知,商业银行和商业企业一样都是从事买进卖出并从中获取收益的,只不过商业银行经营的是一种特殊商品——货币,它是依靠资金的运动获取收益。商业银行如何运用资金获取最大的收益与其资产和负债结构有着密切的关系。

摘自:Martin Mayer. The inside story of how the world's most powerful financial institution drives the market. THE FED,2001:121-139.

第一节　商业银行负债业务概述

一、商业银行负债业务的含义

商业银行负债是指商业银行的资金来源。商业银行的资金来源渠道越丰富,资金成本越低,就越有利于商业银行提高盈利能力。负债业务是指商业银行融通资金的各种业务,它的数量、规模和结构直接影响到银行的资产业务和其他业务。负债业务有广义和狭义之分,广义负债是指除银行自有资本外的一切资金来源,狭义负债是指除资本性资金来源以外的一切负债,包括存款、借入资金等。本书主要以后者为研究对象。

由于历史产生的原因,无论哪个国家哪家银行,存款业务一直是商业银行最为重要的负债业务。但是随着金融市场的快速发展,证券公司、保险公司、基金公司等其他金融机构逐渐成为银行资金来源的重要竞争对手,为了更好地经营和发展,商业银行开始寻求资金来源的多元化,包括同业拆借、发行债券和再贴现等业务。对于我国商业银行来说,随着我国资本市场的不断壮大,为了防止"脱媒"现象的发生,如何留住存款、拓宽筹资渠道将是各家商业银行未来必须面对的严峻挑战。

(一)商业银行负债的基本特征

第一,商业银行负债是银行承担的现时义务。现时义务是指银行在现行条件下已承担的义务,未来发生的交易或者事项形成的义务不属于现时义务,不应当确认为负债。

第二,负债的清偿预期会导致经济利益流出银行。只有在履行义务时会导致经济利益流出的,才符合负债的定义;如果不会导致经济利益的流出,就不符合负债的定义。在履行现时义务清偿负债时,导致经济利益流出银行的形式多种多样,如用现金偿还或以实物资产形式偿还,以提供劳务形式偿还,以部分转移资产、部分提供劳务形式偿还,将负债转为资本等。

第三,负债是由过去的交易或事项形成的。只有过去的交易或事项才形成负债。银行将在未来发生的承诺、签订的合同等交易或者事项,不形成负债。

第四,负债以法律、有关制度和条例或合同契约的承诺作为依据。负债实质上是银行在一定时期之后必须偿还的经济债务,其偿还期或具体金额在它们发生或成立之时就已有合同、法规所规定与制约,是银行必须履行的义务。

(二)商业银行负债的作用

1. 负债是商业银行的主要资金来源

由于商业银行自身的资本难以支持其庞大的信贷业务等经营活动而产生的资金需求。负债业务为商业银行提供了主要资金来源,它通过信用中介的功能将社会中的闲散资金和待用资金聚集起来,形成了商业银行的重要的资金池。

2. 负债是商业银行经营的起点

商业银行充分发挥"集"的功能,通过负债业务为社会各界提供广泛的金融工具,如存款、金融债券,将这些待用闲钱有效地利用起来,从而扩大了商业银行信贷资金的总量。银行的负债规模结构包括期限结构、利率结构等,它制约着银行经营的规模,资产业务也会反过来促进负债业务的扩大。

3. 负债是保持银行流动性的手段

银行在经营过程中遇到问题时,为了防止挤兑及其带给社会的严重后果,银行可主动通过负债业务来聚集大量的可用资金,以确保正常合理的贷款需求和存款提取的资金需求,保证银行的流动性。

4. 负债是社会经济发展的强大推动力

随着中国经济的改革和发展,居民个人收入也随之迅速上升,这带来了国内储蓄的稳步提高,因此使居民个人的资产负债管理的重要性凸显出来,导致个人金融资产需求多元化;而商业银行也加大了创新的力度,提供多样化的金融工具,满足社会各界的资金需求,推动社会经济的发展。

5. 负债是银行同社会各界联系的主要渠道

作为国民经济的综合部门和资金运动的枢纽,银行是社会资金活动的集散地。一方面,银行为社会各界提供了金融投资的场所和工具;另一方面,由于银行与客户的紧密联系,其货币收支随时反映在银行的账面上,银行对其资金的规模、资金的流向及经营活动了如指掌,有利于向客户提供咨询、信息服务等。

二、商业银行负债管理的基本原则

(一)依法筹资原则

商业银行在筹资过程中,不论采取何种方式或渠道,都必须严格遵守国家的相关法律法规,不得进行违法筹资和违规筹资活动。

筹资范围和渠道必须合法,不得违反利率政策筹集资金,不能以不正当竞争手段筹集资金。

（二）成本控制原则

商业银行在筹集资金活动中，要通过各种方法、手段来力求降低筹资成本，为取得合理的利差创造条件，努力提高盈利水平。商业银行盈利水平的高低取决于收入和成本的配比关系，其中筹资成本又是经营成本的重要内容，所以在其他条件相同的情况下，筹资成本的高低是直接影响商业银行盈利水平的关键因素。

（三）规模适度的原则

商业银行在筹资活动中要根据业务发展需要，特别是资产规模扩张的要求，避免因过度负债引起支付困难。由于商业银行具有高负债、高风险的特点，客观上要求商业银行只有严格遵守各项风险监管指标的规定，才能提高经营信誉，保证经营的安全性，避免经营亏损甚至破产。规模适度是商业银行在筹资方面稳健经营的具体表现。

（四）结构合理原则

商业银行在筹资过程中，要通过保持合理的筹资结构，降低筹资成本和风险，提高负债的相对稳定性，维持商业银行资金流动性的需要。从两个方面来把握：一是负债筹资的综合平均成本。负债综合平均成本低，负债结构就合理。二是保持稳定的筹资来源，实行多样化的筹资方式和筹资渠道，避免单一的筹资方式和筹资渠道，减少筹资来源不稳定因素。

第二节　商业银行存款业务的管理

一、存款的含义和特点

（一）存款的含义

存款是指存款人在保留所有权的条件下把资金或货币暂时转让或存储于银行或其他金融机构，是银行最基本的也是最重要的资金来源。商业银行一般将存款分为活期存款、定期存款、储蓄存款。

（二）存款种类及特点

1. 活期存款

活期存款是指可以由客户随时存取而不需事先通知银行的一种存款。活期存款具有货币支付手段和流通手段职能，还具有较强的派生能力，从而成为商业银行的一项重要资金来源。

活期存款具有以下特点：

(1)活期存款具有很强的派生能力。由于活期存款存取频繁，流动性大，在非现金结算情况下，银行将吸收的原始存款中扣除必要的准备(现金准备、法定准备、超额准备)外的资金用于发放贷款，客户在取得贷款后，若不是马上提现或转出资金使用，而是转入一部分资金至活期存款账户，银行就一方面增加了贷款，另一方面增加了活期存款，由此创造出派生存款。

(2)活期存款流动性高、存取频繁、手续简单，对银行来说存款稳定性较差，资金利用率较差，因此银行支付的活期存款利息较少或者没有利息。

(3)活期存款的相对稳定部分可以用于发放贷款。尽管活期存款流动性较高，但在银行的诸多存款账户中，总有一部分余额留存，所以这些活期存款的留存余额就成为银行发放贷款获取收益的资金来源。

(4)银行活期存款是密切联系银行与客户关系的桥梁。商业银行通过与客户频繁的活期存款存取业务，建立比较密切的业务往来关系，借此可以争取更多的客户资源，以不断壮大业务规模。

2. 定期存款

定期存款是指由客户与银行双方在存款时事先约定期限、利率，到期时才能支取本息的存款。定期存款的期限较长而且存期固定，所以该类型存款对银行来说是比较稳定的资金来源，所承担的流动性风险较低，对商业银行的长期放款和投资具有重要的意义。

定期存款具有以下特点：

(1)定期存款带有投资性。由于定期存款利率高，并且风险小，因而是一种风险较低的投资方式。对于银行来说，由于期限相对较长，资金存储比较稳定，是银行最稳定最基础的资金来源。

(2)定期存款手续简单，风险相对较小。由于定期存款的存取是一次性办理的，在存款期间不必有其他服务，因此除了利息以外没有其他的费用。同时，定期存款较高的稳定性使银行可以避免流动性风险。

3. 储蓄存款

储蓄存款是客户为积累货币和获取利息而办理的一种存款，客户仅限于个人。储蓄存款通常由银行给存款人开立一张存折、存单、借记卡等形式，以此作为存取凭证，不能流通转让。

储蓄存款具有以下特点：

(1)储蓄存款多数是个人为了积蓄购买力而进行的存款。

(2)金融监管层对经营储蓄业务的商业银行有严格的规定。因为储蓄存款属于个人,分散于社会上的各家各户,为了保障储户的利益,各国对经营储蓄存款业务的商业银行有严格的管理规定。

二、我国商业银行对存款人保护的管理原则

(一)储蓄存款管理原则

商业银行办理个人储蓄存款业务,应当遵循存款自愿、取款自由、存款有息、为存款人保密的原则。对于个人储蓄存款,商业银行有权拒绝任何单位或者个人查询、冻结、扣划,但法律另有规定的除外。

(二)对单位存款的管理

对于单位存款,商业银行有权拒绝任何单位或者个人查询,但法律、行政法规另有规定的除外;有权拒绝任何单位或者个人冻结、扣划,但法律另有规定的除外。

三、我国商业银行的存款种类

我国商业银行的存款包括人民币存款和外币存款两大类。其中人民币存款又分为个人存款、单位存款和同业存款。

1. 个人存款(又称储蓄存款)

个人存款是指居民个人将闲置不用的货币资金存入银行,并可以随时或按约定时间支取款项的一种信用行为,是银行对存款人的负债。我国《商业银行法》规定,办理储蓄业务遵循"存款自愿、取款自由、存款自由、为存款人保密"的原则。

(1)活期存款是指不规定存款期限,客户可以随时存取的存款。客户凭存折或银行卡及预留密码可在银行营业时间内通过银行柜面或通过银行自助设备、网上银行、手机银行等随时存取资金。

(2)定期存款是指个人事先约定偿还期的存款,其利率视期限长短而定。定期存款主要有整存整取、零存整取、整存零取和存本取息四种,其中整存整取最为常见,是定期存款的典型代表。

(3)定活两便储蓄存款是指存款时不确定存期,一次存入本金,随时可以支取,利率随存期长短而变动的介于活期和定期之间的一种储蓄存款。我国目前规定,存期在一年以内的,整个存期按支取日整存整取定期储蓄同档次利率的六折计息;存期在一年以上的,无论存期多长,整个存期一律按支取日整

存整取定期储蓄一年期存款利率的六折计息。定活两便储蓄存款存取灵活，流动性较好，既有定期之利，又有活期之便。

(4)个人通知存款是一种不约定存期，支取时需提前通知银行，约定支取日期和金额方能支取的存款。个人通知存款不论实际存期多长，按存款人提前通知的期限长短划分为一天通知存款和七天通知存款两个品种。一天通知存款必须提前一天通知约定支取存款，七天通知存款则必须提前七天通知约定支取存款。通知存款起点金额为 5 万元；七天通知存款在通知期不支付利息。通知存款可以部分支取本金。

(5)教育储蓄存款是指为了鼓励城乡居民以储蓄存款方式，为其子女接受非义务教育(指九年制义务教育之外的全日制高中、大中专、大学本科、硕士和博士研究生)积蓄资金，促进教育事业发展而开办的储蓄存款。开户对象为在校小学四年级以上学生，参加教育储蓄的储户，如申请助学贷款，在同等条件下，金融机构应优先解决。

教育储蓄存款属于零存整取定期储蓄存款，存期分为 1 年、3 年和 6 年三个档次，最低起存金额为 50 元，每一账户本金合计最高限额为 2 万元。利率优惠，1~3 年按同档次整存整取定期储蓄利率计算，6 年期按 5 年期整存整取定期储蓄利率计算。

2. 单位存款

单位存款又叫对公存款，是机关、团体、部队、企业、事业单位和其他组织以及个体工商户将货币资金存入银行，并可以随时或按约定时间支取款项的一种信用行为。

按存款的支取方式不同，单位存款一般分为单位活期存款、单位定期存款、单位通知存款、单位协定存款等。

(1)单位活期存款是指单位类客户在商业银行开立的结算账户，办理不规定存期、可随时转账、存取的存款类型。

单位活期存款账户又称为单位结算账户，包括基本存款账户、一般存款账户、专用存款账户和临时存款账户。

①基本存款账户简称基本户，是指存款人因办理日常转账结算和现金收付需要开立的银行结算账户。基本存款账户是存款人的主办账户，存款人日常经营活动的资金收付及其工资、奖金和现金的支取，应通过该账户办理。企业、事业单位等可以自主选择一家商业银行的营业场所开立一个办理日常转账结算和现金收付的基本账户，同一存款客户只能在商业银行开立一个基本存款账户。

②一般存款账户简称一般户，是指存款人因借款或其他结算需要，在基本存款账户以外在任何银行营业机构开立的银行结算账户。一般存款账户可以办理现金缴存，但不得办理现金支取以及工资、奖金、津贴等费用的支付。

③专用存款账户是指存款人对其特定用途的资金进行专项管理和使用而开立的银行结算账户。如住房基金、社会保障基金、更新改造资金等。

④临时存款账户是指存款人因临时需要并在规定期限内使用而开立的银行结算账户。如设立临时机构、异地临时经营活动、注册验资等。该种账户的有效期最长不得超过两年。

（2）单位定期存款是指单位类客户在商业银行办理的约定期限、整笔存入，到期一次性支取本息的存款类型。

（3）单位通知存款是指客户在存入款项时不约定存期，支取时需要提前通知商业银行，并约定支取存款日期和金额方能支取的存款类型。不论实际存期多长，按存款人提前通知的期限长短，可再分为一天通知存款和七天通知存款两个品种。

（4）单位协定存款是指一种单位类客户通过与商业银行签订合同的形式约定合同期限、确定结算账户需要保留的基本存款额度，对基本存款额度内的存款按结算日或支取日活期存款利率计息，超过基本存款额度的部分按结息日或支取日人民银行公布的高于活期存款利率的协定存款利率给付利息的一种存款。

（5）保证金存款是指商业银行为保证客户在银行为客户对外出具具有结算功能的信用工具，或提供资金融通后按约履行相关义务，而与其约定将一定数量的资金存入特定账户所形成的存款类别。在客户违约后，商业银行有权直接扣划该账户中的存款，以最大限度地减少银行损失。

3．同业存款（也称同业存放）

同业存款是指因支付清算和业务合作等的需要，由其他金融机构存放于商业银行的款项。同业存放属于商业银行的负债业务，与此相对应的概念是存放同业，即存放在其他商业银行的款项，属于商业银行的资产业务。

四、存款业务的特殊性和重要性

在商业银行的负债构成中，存款是最主要的负债。存款是商业银行最基本的资金来源，是银行生存和发展的基础。银行存款的资金来源一般是个人、企业、社会团体和其他组织以及金融同业。只有银行的资产负债表上才有存款这一项，这是银行与其他金融类型企业的最大区别。

我国《商业银行法》中明确规定：未经国务院、银行业监督管理机构批准，任何单位和个人不得从事吸收公众存款，任何单位不得在名称中使用"银行"字样。吸收公众存款是商业银行的特权。

我国刑法及有关惩治破坏金融秩序犯罪的决定中第一次明确界定了非法吸收公众存款或者变相吸收公众存款。规定：非法吸收公众存款是指未经中国人民银行批准，向社会不特定对象吸收资金，出具凭证，承诺在一定期限内还本付息的活动；变相吸收公众存款是指未经中国人民银行批准，不以吸收公众存款的名义，向社会不特定对象吸收资金，但承诺履行的义务与吸收公众存款性质相同的活动。

存款对于整个社会、经济具有非常重要的意义，这主要表现在以下几个方面：

对于社会而言，一方面，存款是社会储蓄的基本形式，而储蓄是投资的基础，投资是经济增长的引擎。因此，存款在某种程度上决定着经济的增长。我国自改革开放以来，经济之所以能够获得持续的高速增长，其中最主要的原因之一在于我国的银行体系获得了社会公众的信任，从而动员了大量储蓄，为经济增长奠定了坚实的资金基础；另一方面，存款是支付体系的基础，而支付体系在现代市场经济中处于核心的地位。因此，存款又对整个经济体系的正常运行有着巨大的影响。

对于银行而言，存款不仅仅是银行正常经营的重要基础，而且也是银行脆弱性的重要影响因素。前者主要表现在：第一，存款是银行信贷资金和利润的主要来源，其为银行提供成本低廉的资金来源。相对于贷款而言，存款的利率要低得多。第二，存款为银行的有效管理贷款而丰富了信息是银行交叉销售其他产品的基础。银行通过借款人开立的存款账户，可获得客户资金往来和业务状况以及其他一些信息，并且存款是银行的核心产品，是银行与客户建立密切业务关系的基础。第三，由于存款对于整个社会、经济的发展和稳定的重要性，政府对银行实施了非常严格的监管，并且通过多种方式来保护银行，如最后贷款人机制、存款保险制度等。后者表现在：相对于其他金融机构而言，存款最重要、最显著的特征是存款人可以随时支取所存款项，即使存款人在存款时与银行约定取款期限，但存款人依然有权在到期前支取存款，银行也必须在存款人需要时予以支付。存款的这种随时支取特性，使存款人知道"如果很多人去支取存款的话，这家银行就会倒闭"；由于存款支取的"先来后到"原则，使存款人深信"如果我去迟了，就会取不到存款"；由于存款支取的低成本，是存款人深信"宁可信其有"的观念，会很容易做出支取存款的决定。因此，存款的这三个特征使存款人极易出现挤兑现象,从而使银行陷入流动性危机。

五、存款的管理策略

对于银行来说,存款实际上是一种被动负债,如何吸收更多的存款及将被动负债转化成主动负债在很大程度上决定了银行经营的盈利情况。所以银行必须十分重视存款业务的管理。

（一）银行存款的积极管理策略

1. 存款新工具的开发

在新工具开发创新的过程中,银行往往面临着巨大的压力,因为创新需要花费大量的开发成本且承担着推销失败的压力,所以创新前必须进行广泛的市场调研、收益与风险分析以及成本与利润分析。银行通过新工具开发拓展存款来源有两种做法:一是银行创造出单一的新产品;二是银行推出配套的新产品,不仅包括了产品本身,而且包括产品的售后服务、网点设置等。此外,银行还应该开展存款的宣传推广工作,提高存款人对产品品牌的认知度,促进银行吸收存款。

2. 加强已有产品的吸引力

银行新产品开发过程比较长,且充满不确定的要素,还面临着失败的可能性,所以银行应注重加强已有产品的吸引力。银行应仔细分析现有金融产品的特征与质量,根据不同市场及不同客户的要求,对产品的质量和功能加以改善。由于金融产品是在经济大环境下产生和发展的,外部经济环境的变化需要银行时刻对此做出动态的预测。此外,银行在进行产品创新时也应充分考虑竞争对手的行为及产品价格。

（二）银行存款稳定性的管理策略

1. 优先扩大核心存款

存款的稳定性来自那些形成银行中长期和高盈利资产的主要资金。银行一般喜好争取稳定性较强的核心存款,核心存款是指对市场利率、市场变动和外部经济因素变化反应不敏感的存款,银行的交易账户和定期存款账户属于核心存款。核心存款能提高银行存款的稳定性,核心存款的比重越大,银行经营的市场风险就越小,所以银行应当优先扩大核心存款的比例。

2. 提高易变性存款的稳定性

在扩大核心存款比重的同时,银行也应该注意提高易变性存款的稳定性。尽管易变性存款的稳定性不如核心存款,但是商业银行一方面可以通过提高服务质量来保持和老客户密切联系;另一方面为了吸引更多新客户,银行需要根据金融市场的变化对一些投资性存款的利率做出适当调整,还需要加强"银行存款比其他金融资产更可靠、风险更小"的宣传。

(三)商业银行存款偏离度管理

为了贯彻落实国务院办公厅《关于多措并举着力缓解企业融资成本高的问题的指导意见》的有关要求,指导我国商业银行积极改进绩效考评制度,设立存款偏离度指标,约束存款"冲时点"行为,有效防范和控制风险,促进相关业务规范健康发展,2014年9月11日,中国银监会联合财政部与中国人民银行发布《关于加强商业银行存款偏离度管理有关事项的通知》,主要涉及如下内容:

1. 要求商业银行不得采取以下手段违规吸收存款

(1)高息揽储吸存。违反规定擅自提高存款利率或高套利率档次;另设专门账户支付存款户高息。(2)非法返利吸存。通过返还现金或有价证券、赠送实物等不正当手段吸收存款。(3)通过第三方中介吸存。通过个人或机构等第三方资金中介吸收存款。(4)延迟支付吸存。通过设定不合理的取款用款限制、关闭网上银行、压票退票等方式拖延、拒绝支付存款本金和利息。(5)以贷转存吸存。强制设定条款或协商约定将贷款资金转为存款;向"空户"虚假放贷、虚假增存。(6)以贷开票吸存。将贷款资金作为保证金循环开立银行承兑汇票并贴现,虚增存贷款。(7)通过理财产品倒存。理财产品期限结构设计不合理,发行和到期时间集中于每月下旬,于月末、季末等关键时点将理财资金转为存款。(8)通过同业业务倒存。将同业存款纳入一般性存款科目核算;将财务公司等同业存放资金于月末、季末等关键时点临时调作一般对公存款,虚假增加存款。

2. 要求商业银行加强存款稳定性管理

商业银行应加强存款稳定性管理,约束月末存款"冲时点",月末存款偏离度不得超过3%。

$$月末存款偏离度=[(月末最后一日各项存款$$
$$-本月日均存款)/本月日均存款]\times100\%$$

计算每季最后一月的月末存款偏离度时,"本月日均存款"可计入金额不得超过上月日均存款×(1+最近四个季度最后一月日均存款增长率的均值)。

$$月日均存款增长率=[(本月日均存款$$
$$-上月日均存款)/上月日均存款]\times100\%$$

(四)银行存款成本管理

商业银行应当在平均成本最低的基础上获得最为稳定的负债。从整体而言,短期负债的比重越大,整体稳定性就越差,但成本也越低;而定期存款、金融债券的比重越大,整体稳定性越高,成本也越高。加强存款成本管理、最大限度地降低存款成本,是防范存款风险的重要一环。存款成本主要由利息支出和费用支出两部分构成,因此,加强存款成本管理主要是加强利息和各项费用的管理。

1. 利息支出管理

利息支出是存款成本最主要的构成部分,影响利息成本的主要因素是存款利息率的高低和存款的结构。从各国的存款利率来看,主要有三种利率类型。

严格管制的利率:即商业银行必须严格执行中央银行或其他金融管理部门制定的各项存款利率。在这种情况下,商业银行利息支出管理中的机动性和灵活性较小。

浮动利率:即在不突破金融管理当局制定的存款利率最高限的条件下,商业银行的存款利率可以自行浮动。

自由利率:即商业银行可以自行制定存款利率,利率的高低由市场因素决定。

在浮动利率和自由利率情况下,商业银行的存款利息支出管理则具有较大的余地。

在存款利率确定和利息支出管理上,商业银行既要考虑是否有利于吸引客户和是否有利于进行存款竞争,更要考虑自身的利息成本负担,如何安排合理的存款结构很重要。

2. 各项费用管理

各项费用是指银行花费在吸收存款上的除利息以外的一切开支。银行的存款费用多种多样,其中有的有实际受益者(如为存户提供的转账结算、代收代付以及电子计算机自动化服务等所需的开支),有的则没有实际受益者(如广告、宣传、外勤费用等)。

为了降低存款成本,商业银行必须加强存款费用管理,最大限度地节约费用支出。一般来说,在存款业务中,每笔存款的金额越大,存款的费用率相应就越低,这种规模效应要求银行应将发展、巩固存款大户作为存款经营的重点。另外,存款种类对存款费用也有不同的影响,活期存款存取频繁,银行支付的服务和成本费用比定期存款要多,因此,银行对不同种类的存款在管理上要有所区别。

六、影响存款规模的主要因素

影响商业银行存款变动的因素很多,大体上分为宏观和微观两类因素,前者影响整个社会的存款总量,而后者则对单个银行产生影响。

1. 影响存款水平的宏观因素

(1)一国经济发展水平。从长期来看,一个国家经济发展水平对社会存款总量有决定性影响。一国经济发展程度可用国内生产总值来衡量,国内生产总值的增长一般也就意味着居民可支配收入的增加,居民增加的收入有三个主要的去向:消费、储蓄和投资。一般来说消费的增长速度会低于收入的增长速度,这就意味着储蓄和投资增长会更快些,而居民储蓄增长绝大部分会体现在银行存款总量的增加。

(2)中央银行的货币政策。中央银行的货币政策在短期内会对社会上的存款总量产生非常重要的影响,中央银行作为一个调节社会货币供给量的机构,会经常性地对货币总量供应进行调控,中央银行执行扩张性还是紧缩性货币政策,直接影响商业银行存款总量的大小,制约商业银行的存款派生能力。

(3)金融市场的相互竞争。金融市场主要由两大市场构成:以依靠商业银行为主的间接融资市场和以依靠证券机构为主的直接融资市场,这两个市场争夺社会上的闲散资金。以股票、债券等证券为主的市场有一定的主动性,当人们预期证券资产价格会上升时,就会将存款取出转移到证券市场,这时银行的存款总量会减少;当人们预期证券资产价格会下降时,就会卖出证券存回银行,这时银行的存款总量会增加。

(4)社会保障程度。一般来说社会保障程度与商业银行存款是反向变动的。社会保障程度越高,人们会预期将来支出下降,居民收入大部分会选择消费和投资,银行存款总量将会减少;社会保障程度越低,人们对未来的不确定性增加,就会增加货币持有量以备不时之需,银行存款总量将会增加。

除以上因素以外,金融监管机构的行为、物价水平、历史文化传统及居民偏好等也会对存款总量产生影响。

2. 影响存款水平的微观因素

(1)银行的经营管理水平。银行的经营管理水平越高,就越能为客户提供更方便快捷、个性化更强的金融服务,并以高效优质的服务带动银行存款的增长,反之亦然。

(2)银行的资产规模、信誉。资产规模体现出银行的硬实力,而信誉则是银行软实力的重要体现。银行的资产规模越大,抵御风险的能力越强,存款人就会觉得更安全,所以一般客户会选择规模较大的银行去存款,同时银行作为一个信用机构,信誉是它生存的根本,信誉和形象优劣直接影响客户的心理和预期选择。

(3)服务项目和服务质量。商业银行是一个服务性机构,服务项目的广泛程度、能否满足客户的消费偏好等会影响客户的选择,服务的快捷方便程度和服务环境的优劣也会对客户产生心理影响。银行应努力采取多种措施来解决客户的各种需求,如在一定的环境区域内设置较多的存取设施、网点要设在交通便利处、ATM 存取两用功能的铺设地点的合理性、优化网上银行和手机银行功能的多能化等。

(4)存款的种类与方式。银行应根据不同的客户的金融需求,针对市场准确定位,开发出一些适销对路的存款品种,在存款的盈利性和便利性方面多下功夫,设计出新型的存款品种并依市场变化不断改进。

综合以上影响存款的因素,宏观因素属于不可控因素,只能通过预测来采取防范措施。而微观因素属于可控或部分可控因素,银行可以采取一定措施使之朝着对自己有利的方向发展。

第三节 商业银行借款的管理

银行主要的资金来源是存款。企业和公众的存款为银行贷款和投资提供了大部分的资金,最终形成银行利润的主要来源,当存款数量和增长不能满足银行的贷款和投资活动需求时,商业银行该怎么办?

20 世纪 60 年代至 70 年代,由客户关系原则孕育出一种更为广泛的管理战略是负债管理,即从其他金融机构筹资以满足高品质贷款和满足存款准备金及其他法律或规章所要求的借入资金。

一、借款的特殊性

在 20 世纪 60 年代以前,银行的资金来源主要是个人、企业和政府的存款。随着科学技术的进步和金融市场的发展,进入 20 世纪 60 年代以后,商业银行的存款出现了大量的流失,在负债方面遇到了越来越激烈的竞争。尤其是发放期限较长的工商业贷款和房地产贷款的银行,由于存款被支取而出现了严重的流动性问题。在这种情况下,银行被迫采取创新措施,从根本上改变传统的"负债决定资产"的原则,主动从金融市场借入资金,以弥补存款被支取所出现的资金缺口。

商业银行传统的经营模式是"负债决定资产",即"量入为出",银行先有资金来源,再去寻找资金用途,这就使得资金往往得不到充分利用。随着借款占银行负债的比例上升,商业银行逐渐变成"资产决定负债"的经营模式,即"量出为人",先找到资金用途,再去寻找来源,这样使资金得到更充分的运用,从而更好地实现银行的经营目标。

（一）借款相对存款的优势

1. 主动性强

在存款业务中,存的时间、金额、期限均取决于存款人,银行只能被动地接受,而在借款业务中,银行能够根据自己的实际情况来确定借款的时间、期限和金额,从而能够更好地满足借款客户的需要,而不会受到已有资金来源的限制,这样就能够建立起与客户良好的合作伙伴关系,从而有利于银行的长远发展。

2. 利用率高

由于银行在借入资金之前已经找到资金需求者,因而不存在因无法将资金运用出去而出现闲置的问题。同时,银行借入的资金不需要缴纳存款准备金,因此可以将资金全部运用出去,这样就大幅度提高了借入资金的利用率。

3. 流动性风险低

由于借入资金一般都是先确定了偿还期限,不存在需要提前支付的问题,因此降低了银行的流动性风险。

4. 非利息成本低

借入资金不需要像吸收存款那样建立大量的分支机构,也不需要支付清点、保管和运输现钞等相关费用,所以,借入资金的非利息成本通常要低于存款资金的非利息成本。

（二）借款相对存款的风险

1. 受条件限制

借款需要以发达的金融市场为基础,银行的借款能力在很大程度上受制于金融市场的状况,只有在金融市场非常发达的情况下,"资产决定负债"的经营模式才有可能成功。

2. 利息成本高

由于在银行破产清算时,偿还借款的顺序次于存款,因此,银行借款的债权人所承担的风险要高于存款人所承担的风险,因而借款的利率一般高于存款的利率,这对银行资产的盈利能力提出了更高的要求。

3. 流动性大

借款的利率敏感性比存款高，这使得借款的波动性远大于存款，金融市场的变化或者银行偶发事件的影响，都可能会引起借款的大幅波动，并有可能导致银行的借款的来源完全被关闭，从而将银行拖入危机或破产倒闭的境地。

商业银行在进行负债管理的借款管理时，必须充分考虑以上特征，权衡借款相对于存款的优势和成本，充分发挥借款的主动性优势，促使银行更好地实现其经营目标。

二、借款的种类

按照期限长短，商业银行的借款分为长期借款和短期借款

（一）短期借款

1. 短期借款的定义

短期借款是指商业银行向中央银行、其他银行或金融机构借入的期限在1年及1年以下的各种借款。

2. 短期借款的特征

（1）主动性强。短期借款无论在时间上还是在金额上都具有充分的主动性，银行可以有计划地选择和控制，有利于对负债的管理。

（2）集中度高。短期借款在时间上和金额上都相对集中，每一笔借款的平均金额要高于每一笔存款的平均金额。这也使得短期借款的归还时间和金额也相对集中，对商业银行资产流动性管理提出较高的要求，一旦无法偿还到期借款，就会影响商业银行信誉，加大经营风险。

（3）利率风险高。一般情况下，短期借款利率高于同期存款的利率，而且与市场资金供求关系密切相关，极易受到市场利率变动的影响，这也导致银行资金成本管理难度加大。

（4）用于弥补头寸短缺。短期借款主要是为了解决头寸不足和银行临时性资金不足及周转困难的问题。尽管短期借款的稳定余额也可以长期占用，但是绝不能用短期借款来满足长期获利资产的资金需要。

3. 短期借款的作用

（1）为银行提供了绝大多数非存款资金的来源。近年来，随着商业银行经营管理的需要，各种形式的短期借款成为商业银行重要的资金来源。

（2）满足了银行周转资金的需要。周转资金是银行经营的一种保护性资金，商业银行必须经常持有足够的资金以满足可能出现的支付需求。短期借款既能降低存款波动的不良影响，也能在一定程度上兼顾盈利性要求。

（3）提高了银行的资金管理效率。短期借款是银行的主动负债，对流动性的需要在时间上和金额上都十分明确，银行可以依据安全性、流动性、盈利性的需要，对短期借款的时间和金额进行有效组合，提高资金管理效率。

（4）扩大了银行的经营规模，加强银行与外部的往来和联系。短期借款的增加意味着银行资金来源的增加，为资产的扩大创造了条件，经营规模也会扩大。短期资产是商业银行与同业及央行加强联系的重要渠道，商业银行在国际市场借入短期借款，能加强商业银行与同业的国际业务往来，便于其进入国际金融市场。

4. **短期借款的主要渠道**

（1）同业借款是指金融机构之间的短期资金融通活动，主要有同业拆借、转贴现和转抵押。

①同业拆借，是指商业银行从其他金融机构借入短期资金行为，主要用于支付资金的临时周转。最初的交易动机是调剂商业银行的准备金，即法定准备金不足的银行向有超额准备金的银行借入资金补足准备金，避免中央银行的惩罚；而拆出行也可以使盈余资金得到运用，提高资金的使用效率。

同业拆借的利率一般是由拆入行和拆出行共同协商而确定的，它的利率一般高于存款利率，低于短期贷款利率。同时，拆借利率应略低于中央银行的再贴现利率，这样就能迫使商业银行更多地向市场借款，有利于中央银行控制基础货币的供求。在同业拆借市场上，拆借方式主要有隔夜拆借和定期拆借两种，前者是指拆借资金必须在次日偿还，一般不需要抵押；后者指拆借时间较长，可以十几天、几个星期，甚至几个月，一般有书面协议。

同业拆借具有期限短、金额大、风险低、手续简便等特点，能够反映金融市场上的资金供求状况。同业拆借市场上的利率是货币市场最重要的基准利率之一。

②转贴现，是指商业银行在资金紧张、周转不畅的情况下，将已经贴现但仍未到期的票据，交给其他商业银行或贴现机构进行转贴现以取得借款的方式。转贴现的期限一般从贴现日起到票据到期日止，按照实际天数计算。转贴现利率可由双方议定，也可以贴现率为基础参照。

③转抵押贷款，是指商业银行在资金紧张、周转不畅、中央银行调控严格时，可以通过抵押的方式向其他银行进行借款。所抵押的资产大部分是银行客户的抵押资产（包括动产和不动产），银行将其转抵押给其他银行取得资金。转抵押的手续较为复杂且严格，技术性也很强。此外，银行也可将持有的票据、债券、股票等金融资产作为抵押品向其他银行取得借款。

(2)向中央银行借款。商业银行必要时还可以向中央银行申请借款。中央银行通过调整再贴现利率来调节商业银行准备金,以达到实施宏观货币政策的目的。一般情况下,商业银行向中央银行借款只能用于调节头寸,补充准备不足和资产的应急调整,而不能用于贷款和证券投资。

商业银行向中央银行借款主要有两种方式:再贷款、再贴现。

①再贷款,是中央银行向商业银行的信用放款,也称直接贷款;贷款期限较短,最长不超过一年。中央银行通过调整再贷款利率,影响商业银行从中央银行取得信贷资金的成本和额度,使货币供应量和市场利率发生变化。

②再贴现,是中央银行通过买进商业银行持有的已贴现但尚未到期的商业汇票,向商业银行提供资金的行为,也称间接贷款。再贴现不仅具有影响商业银行信用扩张并借以调控货币供应总量的作用,而且具有按照国家产业政策的要求,有选择地对不同种类的票据进行融资,促进经济结构调整的作用。

(3)债券回购,包括质押式回购和买断式回购两种。债券回购的风险相对较低,对信用等级相同的金融机构来说,债券回购利率一般低于同业拆借利率。因此,债券回购的交易量远大于同业拆借的交易量,是商业银行短期借款的重要方式。

质押式回购:是交易双方进行的以债券为权利质押的一种短期资金融通业务。在质押式回购中,资金融入方(正回购方)在将债券出质给资金融出方(逆回购方)融入资金的同时,约定在将来某一日期按约定回购利率计算的资金本息赎回债券返还资金。债券质押式回购的期限最长365天。

买断式回购:是指债券持有人将债券卖给债券购买方的同时,交易双方约定在未来某一时期,正回购方再以约定的价格从逆回购方买回相等数量同种债券的交易行为。买断式回购的期限由交易双方确定,最长不超过91天。

买断式回购与质押式回购的主要区别在于标的券种的所有权归属不同。在质押式回购中,融券方(逆回购方)不拥有标的券种的所有权,在回购期内,融资方无权对标的债券进行处置;买断式回购中,标的债券的所有权发生转移,融券方在回购期内拥有标的券种的所有权,可以对标的债券进行处置,只要到期时有足够的同种债券反售给正回购方即可。

因此,买断式回购能够降低对现券的占用,更加充分地发挥债券的流动性和融资功能。但买断式回购的风险比质押式回购高。所以交易双方按照交易对手的信用状况协商设定保证金或保证券。设定保证券时,回购期间保证券应在交易双方中的提供方托管账户冻结。

(4)其他短期借款

①欧洲货币市场借款又称欧洲美元市场。在欧洲货币市场上,商业银行可以不受利率管制,在税收及存款方面的要求也较宽松,还可以逃避一些国家金融法规的管制,因此对银行的吸引力很大。西方国家的商业银行在欧洲货币市场上主要是通过吸收固定利率的定期存款的方式来借入短期资金,一般期限在一周到六个月。另外,商业银行还可以在欧洲货币市场出售商业银行承兑汇票、银行承兑汇票等来筹集短期资金。欧洲货币市场借贷业务主要依靠信誉,无需担保。

欧洲货币市场的业务有以下四个特点:一是期限短,一般在3个月内;二是属于批发业务性质,一般借贷额比较大,有1亿美元甚至更大的交易;三是灵活方便,即在借款期限、借款货币种类和借款地点等方面都有较大的选择余地,这是欧洲货币市场对借款人的最大吸引力之一;四是利率由双方商定,一般不低于各国商业银行国内大客户的优惠放款利率,但比伦敦银行同业拆放利率高,由经营欧洲货币业务的大银行于每个营业日按伦敦银行同业拆放利率商定公布。

由于我国实行外汇管制,涉外金融监管较严格,因此除中国银行以外,国内其他商业银行在欧洲货币市场的短期借款渠道尚未真正开通。

②大额可转让定期存单,是一种固定面额、固定期限、可以转让的大额存款凭证。从法律上来说,发行大额可转让定期存单筹集的资金属于存款而不是借款。但是,由于大额可转让定期存单提前支取的可能性极小,而且银行可以根据自己的实际需要,通过调整发行这种存单的数量、期限、利率来决定所吸收的资金量的多少,具有与其他形式的借入款类似的特点和优势,因此,从本质上来说,这种存单更接近于借款。

5. 短期借款的经营策略

(1)选择恰当时机。商业银行如何有效利用短期借款,有一个时机选择问题。首先,商业银行应根据自身的资产结构及其变动趋势,来确定是否利用和在利用多少短期借款;其次,根据一定时期金融市场的状况来选择借款时机;最后,要根据中央银行货币政策的变化控制短期借款的大小。

(2)确定合理结构。商业银行的短期借款渠道很多,如何安排各种借款在短期借款总额中的比重是重要的经营策略。从资金来源的成本结构看,应尽可能多地利用一些低息借款。在资产预期收益较高、低息借款又难以取得时,也可适当借入一些利息较高的资金。

(3)适当控制规模。商业银行借入短期借款有时会付出较高的代价,如果利用短期借款付出的成本超过因扩大资产规模而获取的利润,则不宜急需增加借款规模,而应通过调整资产结构等办法来保持流动性。商业银行在资产负债管理中,必须全面权衡流动性、安全性和盈利性三者之间的关系,测算出适度的短期借款规模。

（二）长期借款

1. 长期借款

长期借款一般是指银行借入的期限在 1 年以上（不含 1 年）的各项借款。商业银行的长期借款一般采用发行金融债券的形式。

2. 金融债券

金融债券是银行等金融机构作为筹措资金面向公众发行的一种有价证券,是表明债权、债务关系的一种凭证。金融债券按法定发行手续,承诺按约定利率定期支付利息并到期偿还本金。它属于银行等金融机构主动负债。

金融债券信用等级较高,投资风险小,不但收益率一般高于同期存款利率,而且有一定的流动性,故而对投资者颇具吸引力。银行发行的金融债券可以分为资本性金融债券和一般性金融债券。金融债券的利率根据债券市场资金松紧、借款银行的信誉、债券发行总额、币别以及期限而定,一般低于同类企业债券利率。鉴于这种资金来源的长期特性,金融债券的利率也成为体现发行银行风险状况的指示器,陷入困境的银行不得不以高利率或以较大折扣发行债券。

（1）金融债券的一般特征

与存款相比,金融债券具有以下特征:

①专用性。发行金融债券筹集的资金一般情况下是专款专用,用于定向的特别贷款;而通过吸收存款所得的资金,通常用于一般性贷款。

②集中性。发行金融债券是集中的,它具有阶段性,而且有一定的规模限额;而吸收存款对于金融机构来说,是经常的、连续的业务,而且无限额。

③流动性。在流通转让方面,金融债券不能提前兑取,但它作为一种债券,一般不记名、不挂失,可以抵押,可以在证券市场上流通转让。

（2）我国金融债券的特点

我国金融债券主要是由银行等金融机构发行,是债券的一种特殊类型,具有以下特点:金融债券表示银行等金融机构与金融债券的持有者之间的债权债务关系;金融债券一般不记名、不挂失,可以抵押和转让;我国金融债券的发行对象主要为个人,利息收入免征个人所得税和个人收入调节税;金融债券的利息不计复利,也不计逾期利息;金融债券的利率固定,一般利率都高于同期储蓄存款利率;在我国发行金融债券筹集的资金专款专用,作为对企事业单位的特种贷款,主要用于解决部分企业流动资金的不足和国家计划内的、经济效益好的项目建成所急需的流动资金。

3. 金融债券的种类

金融债券具体可分为资本性金融债券和一般性金融债券和国际金融债券。

(1)资本性金融债券是为补充银行资本金而发行的债券,介于银行存款负债和股本之间的债务。它对银行收益与资产分配的要求权优先于普通股和优先股,仅次于银行存款客户和其他债权人,在《巴塞尔协议Ⅱ》中统称为二级资本(附属资本)。资本性金融债券主要包括次级债券、混合资本债券和可转换债券。

(2)一般性金融债券,是指商业银行为筹集长期贷款、长期投资等资金而发行的债券,一般性金融债券是银行所发行的金融债券的主要组成部分,它可以做如下分类:

一是按债券是否有担保,可划分为担保债券和信用债券。担保债券包括由第三方担保的债券和以发行者本身的财产作抵押的抵押担保债券。信用债券也称无担保债券,是完全由发行者本身信用来保证发行的债券。商业银行特别是大银行发行的金融债券,由于其有着较高的信用和可靠性,因此一般都发行信用债券。

二是按利率是否浮动,可划分为固定利率债券和浮动利率债券。固定利率债券是在债券期限内利率固定不变,持券人到期收回本金,定期取得固定利息的一种债券。浮动利率债券则是在期限内,根据事先约定的时间间隔,按某种选定的市场利率进行利率调整的债券。自 20 世纪 80 年代以来,市场利率波动频繁,浮动利率债券逐渐成为主流。

三是按债券发行条件,可划分为普通金融债券、累进利率金融债券和贴现金融债券。普通金融债券是定期存单式的到期一次还本付息的债券。这种债券的期限通常在 3 年以上,利率固定、平价发行、不计复利。普通金融债券类似于定期存单,但它具有金融债券的全部特征。

累进利率金融债券是浮动期限式的,利率和期限挂钩的债券。其期限通常为 1～5 年,持有人可以在期满 1 年后到发行银行得到兑付。利率采用累进制的方法计算,即按债券持有期分为几个不同的等级,每一个时间段按不同的利率计付利息,投资期限越长,利率越高,从而既有利于鼓励民众投资,也使银行所筹的资金相对稳定。

贴现金融债券也称贴现债券,是指银行在一定的时间和期限内按一定的贴现率以低于债券面额的价格折价发行的债券。这种债券的券面上不附有息票,到期按面额还本,其利息就是债券发行价格与票面价格的差额。对贴现债券收益率的计算,应使用复利到期收益率公式,按实际天数计算利息。

四是按债券付息方式,可划分为一次性还本付息金融债券和附息金融债券。一次性还本付息金融债券是期限在5年以内、利率固定、发行银行到期一次性偿付本息的金融债券。附息金融债券是指在债券期限内每隔一定时间支付一次利息的金融债券。附息金融债券可以有较长的期限,并能有效减轻银行在债务到期时一次集中付息的利息负担,已成为国际商业银行筹措长期资金的主要形式。

(3)国际金融债券是指在国际金融市场上发行的,面额以外币表示的金融债券。国际金融债券包括了上述所有的债券品种,且内容更为广泛。通行的国际金融债券有如下几种。

一是外国金融债券是债券发行银行通过外国金融市场所在国的银行或金融机构,组织发行的以该国货币为面值的金融债券。其基本特点是:债券发行银行在一个国家,债券面值所使用的货币和发行市场则属于另一个国家。如我国银行通过日本的银行或金融机构在日本东京市场上发行日元债券,即为外国金融债券。

二是欧洲金融债券是债券发行银行通过其他银行或金融机构,在债券面值货币以外的国家发行并推销债券。其主要特点是:债券发行银行属于一个国家,债券在另一个国家的金融市场上发行,而债券面值所使用的货币又属于第三国。如我国银行在伦敦市场上发行美元债券或法兰克福市场发行日元债券,前者称为欧洲美元金融债券,后者称为欧洲日元金融债券。

三是平行金融债券是发行银行为筹措一笔资金,在几个国家同时发行债券,债券分别以各投资国的货币标价,各国债券的筹资条件和利息基本相同。实际上这是一家银行同时在几个国家发行的几笔外国金融债券。

4．金融债券的经营管理

(1)金融债券发行的管理

金融债券的发行一般都需经过信用评级,由专门的评级机构对发行者的清偿能力做出评价,为债券投资者提供参考。银行国际债券的信誉评级不是对发行者的资信评级,而只是对该笔债券还本付息能力的评估,因此同一发行者发行的每笔债券的等级不一定相同。主要发行环节:发行申报、发行机构和信用评定、发行数额和运用范围、发行价格和发行费用。

债券发行银行除向投资者支付利息外,还要承担一定的发行费用,利息和发行费用构成债券的发行成本。

(2)金融债券经营管理的重点

①明确债券发行和资金使用之间的关系。在发行债券时,要使债券发行和用款项目在资金数量上基本相等,避免发生边发行边闲置的现象。同时,要做好项目的可行性研究,进行成本收益比较,力求使项目效益高于债券成本。

②掌握债券发行时机。商业银行发行金融债券要掌握好时间,一般应在金融市场资金供应大于需求、利率较低时发行。我国发行国内债券由于利率相对稳定,实际的选择主要取决于资金供给的充裕程度。

③注重利率和货币的选择。发行债券前应准确预测利率的未来变动趋势,据此来确定利率方式。国际债券的发行原则上采用汇价具有下浮趋势的软货币作为票面货币。但在金融市场上,汇价趋势看涨的硬货币债券比较好销,而以软货币计价的债券销售困难,要打开销路,势必提高利率,这又会增加成本。因此,发行银行必须对汇率和利率的变化进行全面权衡做出决策。

④研究投资者心理。商业银行应充分了解投资者对购买金融债券的收益性、安全性、流动性、方便性的心理要求,并针对这些要求设计和创新债券品种,满足投资者需求。

(三)借款资金需求缺口

借款对银行的意义重大,银行通过货币市场等渠道"购买"资金支持资产业务的发展,摆脱了依靠存款来发展存贷业务的固有模式。要真正发挥借款的作用,关键在于"量出",即必须准确预测商业银行对借款的需求,并选择不同的借款形式。

1. 借款需求的预测

借款需求的预测包括两个层面:一是预测银行的总体资金需求,二是预测以存款方式能够吸收的资金。

(1)银行总体资金需求的预测。它包括四个方面:一是发展性资金需求即用于实现银行总体计划所确定的资产增长目标、预期利润目标所需要的资金。如满足新增贷款、新增投资的资金需求,或者提高资本充足率。二是利率敏感组合资金需求即为了达到最佳筹资组合、降低利率风险的目标,在调整不同负债的到期期限、利率等过程中形成的对某一类型负债的特别需求。三是流动性资金需求即满足客户支取存款,临时申请新贷款的需要而出现的资金需求。四是再筹资资金需求即当某一项资金来源到期后,必须重新筹集该类资金以满足所形成的需求,也就是保证现有资金来源满足资金需求。

（2）存款资金的预测。要准确预测存款吸收到的资金，必须对目前存款客户的行为进行仔细分析。确定现有存款的稳定性，尤其是要密切关注大客户的动向，确定他们可能做出的会对银行产生较大影响的存款决策；分析潜在客户变成现实客户的可能性，分析目前和未来一段时间内的经济状况和利率变化走势，分析竞争对手的竞争战略以及存款替代品的特征，分析确定其对银行存款可能产生的影响。

2．资金需求缺口的计算

商业银行通过对总体资金需求和能吸收到的存款进行预测，即能得出商业银行的资金需求缺口，即总资金需求与存款之间的差额，用公式表示：

资金需求缺口＝当前和预期未来的总资金需求－当前和预期的存款量

商业银行要满足当前客户的信贷需求固然重要，但对未来好的客户的信贷需求也不能忽视。因此，银行应在客户分析中估算出适当的资金需求缺口，通过预先借入资金的办法，满足客户的信贷需求。同时银行也会为估算的资金需求缺口留有余地，以备贷款不时之需和防止存款量的突然下降。

第四节　商业银行负债成本管理

一、商业银行负债成本的构成

商业银行的成本主要有利息成本、营业成本、资金成本、可用资金成本、相关成本、加权平均成本、边际存款成本等。

（一）利息成本

利息成本是指商业银行以货币的形式直接支付给存款者或债券持有人、信贷中介人的报酬。利息成本的计息方式有两种：一是以不变利率计息，二是按可变利率计息。若以不变利率计息，在市场利率下降时，银行负债成本过高，会遭受损失；在市场利率上升时，银行则会受益。以可变利率计息的负债则可降低银行负债的利率风险，但又给银行的成本预测和管理带来困难。

（二）营业成本

营业成本是指吸收负债时除利息之外的一切开支。包括广告宣传费、银行职员的工资和薪金、设备折旧应摊提额、办公费用及其他为存款客户提供服务所需的开支等。

（三）资金成本

资金成本是指包括利息在内的花费在吸收负债上的一切开支，即利息成本和营业成本之和。它反映银行为取得负债而付出的代价。用资金成本除以吸收的资金数额，可得计算公式：

$$资金成本率＝（利息成本＋营业成本）/吸收的资金总额$$
$$存款资金的成本率＝存款资金成本/存款资金总额$$

（四）可用资金成本

可用资金成本是指银行可以实际用于贷款和投资的资金，它是银行总的资金来源中扣除应缴存的法定存款准备金和必要的储备金后的余额，即扣除库存现金、在中央银行的存款、在关联行或往来行的存款及其他现金项目之后的资金。它是确定银行盈利性资产价格的基础，是银行经营中资金成本分析的重点。

（五）相关成本

相关成本是指与增加负债有关的而未包括在上述成本之中的成本。主要有两种：一是风险成本，指因负债增加引起银行风险增大而必须付出的代价。例如，存款总额的增长会增加银行的资本风险，利率敏感性存款增加会增大利率风险，可变利率存款取决于市场利率变动的风险，保值储蓄贴补率取决于物价指数上涨的风险等。二是连锁反应成本。银行为了争夺更多存款，往往以增加利息和提供服务的方式来吸引客户，这会使原有客户产生"攀比"心理，他们会要求有同样高的利息和同样多的服务，这就会加大银行的成本开支。

（六）加权平均成本

加权平均成本是指存款资金的每单位平均借入成本。其计算公式：

$$银行全部存款资金的加权平均成本$$
$$＝\sum 每种存款资金来源的数量 \times \frac{每种存款的单位平均成本}{各类存款资金来源的总量}$$

（七）边际存款成本

边际存款成本是指银行增加最后一个单位存款所支付的成本。其计算公式：

$$边际存款成本＝\frac{新增利息＋新增营业成本}{新增存款资金}$$

二、商业银行负债成本的分析

（一）历史加权平均成本分析

主要用于不同银行各种负债成本的对比分析和同一银行历年负债成本的

变动分析等。每项资金来源的历史平均成本等于利息费用与该项来源平均余额的乘积,一般情况下,银行加权平均成本的变化主要取决于四个因素:负债利息率、其他成本率、负债结构和可用资金比率。

（二）边际成本分析

银行在确定资产价格时,只有使新增资产的边际收益大于新增负债的边际成本,才能获得适当的利润。每项负债都有不同的边际成本,其成本随着市场利率、管理费用和该负债用于补充现金资产的比例变化而变化。这些独立的成本加在一起就可以得出新增资金的加权边际成本。如果已知边际成本,银行可以使资产收益率的目标略高于边际成本,从而保证适当的资产收益率与边际成本之差以弥补违约风险损失和支付股东应得报酬。边际成本也可反映各种负债的相对成本,以确定新增负债的最低费用目标。

各种成本分析方法适用范围的比较如下:历史加权平均成本法能够准确评价一个银行的历史经营状况;单一资金的边际成本分析法可以帮助银行决定选择哪一个资金来源更合适;加权平均边际成本分析法则能够为银行提供盈利资产定价的有用信息。因此,银行资金成本分析过程不应该是单一的,而是多种成本分析法的综合。

三、商业银行负债成本的管理

负债成本的管理包含利息支出和非利息支出的管理,具体包括以下几个方面。

（一）负债结构与成本控制

商业银行的经营实践表明,对存款结构的成本选择需要把握好以下关系:第一,尽量扩大低息存款的吸收,降低利息成本的相对数。第二,处理好不同存款的利息成本和营业成本的关系,力求不断降低营业成本的支出。第三,活期存款的发展战略必须以不减弱银行的信贷能力为条件。第四,定期存款的发展应与存款的派生能力相适应。

（二）存款总量与成本控制

商业银行的存款总量和成本间的关系可以概括为以下四种不同组合:第一,逆向组合模式,即存款总量增加,成本反而下降,这是最佳组合模式。第二,总量单项变化模式,即存款总量增加,成本不变,这是次佳组合模式。第三,同向组合模式,即存款总量增加,成本也随之上升,这是一般组合模式。第四,成本单向变化模式,即存款总量不变,成本却增加,这是最差组合模式。

（三）加权平均成本控制

加权平均成本控制法主要用于对同业各种存款成本的对比分析，或历年各种资金来源成本的变动分析。银行存款加权平均成本的变化与存款利率、其他成本比率、存款结构和可用资金比率等因素有着内在的联系，但这些因素的变化是否最终影响存款成本，要看存款结构。

（四）边际成本控制

存款边际成本是指银行新增一定存款所增加的资金成本。对银行的经营管理来说，只有当银行资产收益率大于其资金的边际成本时，银行才能获得利润，所以确定边际存款成本有其特殊的重要性。但银行的资金边际成本难以精确计算，它要求预测整个计划期内的资金相关利率，而市场利率处于不断变动状态，因此，银行需要对利率预测的结果进行经常性调整，使资金边际成本预测趋于准确。

以上四种负债成本控制表明，负债成本不但与存款总量有关，而且与负债结构、固定成本和变动成本的比例以及利息成本和营业成本占总成本的比重都有密切的关系。因此，从负债成本的角度分析，存款规模应保持适度，不应太大或太小，要努力寻求边际成本和实际收益的交点，从而使商业银行以最少的投入获得最大的收益。

四、商业银行负债业务的风险分析

商业银行通过负债筹集资金会面临各种风险，而银行承担风险的回报就是收益。因此，银行经营其实就是要在风险与收益之间达到平衡。商业银行面临的负债风险主要有流动性风险、利率风险、清偿性风险。

（一）流动性风险

流动性风险是指银行满足存款者提现、支付到期债务和借款者的正当贷款要求的能力。狭义的流动性风险主要是指银行没有足够的现金来清偿债务和保证客户提取存款的需要，从而发生支付危机。广义的流动性风险还包括商业银行由于资金来源不能满足客户正常合理的贷款需要，既影响银行的形象和信誉，又影响了银行的盈利水平。银行流动性风险主要是由期限错配和利率敏感性两方面原因引发的。

防范负债的流动性风险一方面是建立分层次的准备金，通过资产的变现来解决头寸不足，既可以持有一部分流动性很强的证券，也可以出售其有稳定现金流的资产，实行资产证券化；另一方面，根据银行经营环境的变化，拓宽商业银行资金来源渠道，从多途径、多种形式筹措资金，协调各种不同资产在利率、期限、风险和流动性等方面的搭配,在确保资金安全性、流动性的基础上追求并实现利润最大化。

（二）利率风险

利率风险是指资金市场利率的变动对商业银行资金成本的影响,即利率的不确定性而导致负债成本的增加。利率风险的大小取决于利率变动引起的银行收益或市场价值变动幅度的大小。

银行不同的资产负债结构、存贷款类型、数量和期限,所面临的利率风险都会存在很大的差别。如浮动利率的大额定期存单、货币市场存款、短期储蓄存款、基金借款利率敏感性较强,而固定利率的大额可转让存单、定期存款、长期储蓄存款的利率敏感性相对较弱。银行在筹集资金的过程中应考虑资金运用情况,筹集不同利率敏感性的资金,避免利率风险给银行带来的损失。

自 20 世纪 80 年代以来,无论是发达国家还是发展中国家在利率管制上都出现了自由化趋势。利率的自由化使利率的变动主要以金融市场的供求状况为依据,从而加大了商业银行负债成本的不确定性。在这种情况下,商业银行应以积极的态度采取各种措施,将利率风险降到最低。

防范利率风险可采取的具体措施有:

1. 对未来市场利率的变动进行科学的预测

利率的变动,既与经济发展的周期有关,又与一定时期的物价水平紧密相连;既要考虑中央银行的货币政策,又要了解一定时期社会投资总规模。商业银行应在综合各种因素的基础上,准备预测未来市场利率的变动趋势。

2. 运用远期利率协议避免风险

远期利率协议是指交易双方以某一市场利率为参照利率,事先商定一段时间后的某一期限的利率,在将来清算日按规定的期限和本金金额计算。当市场利率高于商定利率时,由卖方付给买方经过折现的利差;当市场利率低于商定利率时,由买方付给卖方经过折现的利差。这样,商业银行可以事先确定将来的负债成本,消除由于利率变动带来的利息支出增加的风险。

3. 购买利率期权

利率期权是一种选择的权利,商业银行可以通过买入一个利率上限期权来避免今后利率上升带来负债成本增加的风险。在一个标准的利率上限期权交易中,商业银行作为买方,预先支付一定金额的期权费,得到一定金额、一定期限的某种浮动的市场利率,得到负债成本不超过预定利率水平的保障。

4. 进行利率掉期

利率掉期是商业银行以合约的形式将固定利率利息和浮动利率利息进行

互换的交易。在初始和到期日都没有本金的交易,金额都是名义金额,浮动利率一般使用同业拆借利率。如果银行不想承担利率不确定的风险,可以做一笔利率掉期,就不用承担利率上升或下降带来利息支出增加或减少的风险。

（三）清偿性风险

清偿性风险是指商业银行因负债规模过大,自有资金比重过小及经营过于扩张、不够稳健引起的总体风险。当存款人、借款人等债权人提出清偿债务的要求时,商业银行不能按时满足其债务清偿会导致的风险。清偿性风险有相对清偿性风险和绝对清偿性风险两种。相对清偿性风险是指商业银行资产总值足够偿还所有债务,但不能按时偿还目前要求清偿的债务,即由流动性引致的清偿性风险,它的管理对策与前面流动性风险的管理相同;绝对清偿性风险是指商业银行的资产总值低于负债总值,不能立即清偿,而且在未来也不能全部偿还所有债务。对绝对清偿风险的防范,一是要建立存款保险制度,提高整个社会对商业银行的信心;二是要增加商业银行的资本金,确定适度的负债规模。

五、商业银行负债业务风险的控制

目前商业银行负债业务的风险控制,基本由两个制度来保障:一是存款准备金制度,二是存款保险制度。

（一）存款准备金制度

存款准备金制度和资本充足率要求是多数国家中央银行和金融监管当局对金融机构普遍实施的金融制度。法定存款准备金是指商业银行按照法定比率向中央银行缴存的存款准备金,是中央银行宏观调控的工具之一。商业银行需要根据其存款余额,按照法定比例向中央银行上缴存款准备金,并且根据存款的变化状况进行调整。存款准备金的存在,在一定程度上降低了银行的经营风险,但由于存款准备金通常不会给银行带来利息收益,所以较多的准备金也会增加银行的资金成本。

（二）存款保险制度

1. 存款保险的产生与发展

存款保险制度是为了保护存款人的合法利益,维护金融体系的安全与稳定而制定的。其规定经办存款的金融机构必须或自愿根据存款大小按一定比例向存款保险机构投保,当投保的金融机构出现经营危机或陷入破产境地时,由存款保险机构向其提供流动性支持或直接向其存款人支付部分或全部存款。

商业银行作为金融中介机构,资金来源主要依赖于存款业务,银行有义务按照约定期限向存款人偿还存款本金和利息。商业银行在经营过程中,需要面对多种多样的风险,而与存款有关的风险主要包括流动性风险、利率风险、信用风险和影响资本充足率的风险等。为了建立具有社会信心的银行制度,各国均采取了一系列措施来实施对银行的监管,这些监管措施实质上是对金融机构的保护,这也是间接对存款人的存款安全负责。存款保险制度则是对存款人的存款予以保险,属于一种直接保护。

存款保险制度真正发展于20世纪30年代的美国,由于1929—1933年爆发的世界性经济大危机使大批金融机构破产倒闭,民众对银行完全失去信心,频繁出现挤兑。为了挽救濒临崩溃的银行体系,美国国会通过了《格拉斯—斯蒂格尔法》,并成立了联邦存款保险公司。美国的存款保险法律制度自建立以来,便在国际上产生了示范效应,越来越多的国家和政府开始建立存款保险制度来维护银行业的发展。截至2019年年底,全球共有140多个国家和地区建立了存款保险制度,尤其是2008年金融危机发生之后,各个国家加速建立了存款保险制度。

2. **存款保险的目的**

(1)保护小额存款人的利益。这是存款保险体系在大多数情况下由政府出面组建或者得到政府资助的主要原因,也是规定最高保额的主要原因。保护小额存款人的原因在于:

①社会公正的需要。银行资产不透明性,使得银行与小额存款人之间存在着严重的信息不对称,再加上银行出于各种主观原因(如隐瞒资产减少、盈利状况恶化的真实情况)或客观原因(如银行有为客户保密的责任)不能向小额存款人披露其所需要的各种信息,而即使银行披露这方面的信息,小额存款人也可能并不具备通过这些信息评判银行实际状况的能力、时间和精力。因此,小额存款人在银行存款时处于一种不利的地位,从而需要得到某种更为可靠的保障。

②社会稳定的需要。小额存款人在银行体系存款的安全,将直接影响到他们的生活是否能够正常,他们失去这部分存款,将会带来严重的社会问题。因此,从维持整个社会稳定的角度来看,小额存款人的利益也应该受到保护。

③银行稳定的需要。小额存款人在银行的存款构成了银行存款中的主要部分,这部分存款的稳定与否直接危及银行的安全,而这部分存款在没有政府保障的情况下,往往会变得非常不稳定,这是因为小额存款人的信息来源很少,在分析银行的实际状况时不可能经过非常理智的分析,在谣言等的作用下

可能会做出提取存款以防万一的决定,从而极可能出现挤兑,引发银行危机。而存款保险体系因为规定了最高保额,从而使银行的这部分小额存款变得非常稳定,从而能够极为有效地促进整个银行体系的稳定。

(2)创造公平竞争环境。在没有存款保险体系的情况下,存款人通常喜欢选择大银行,因为存款人会觉得这些大银行的风险要小一些,主要原因在于:①大银行比小银行业务规模大、地域范围广、业务种类多,因此比较容易分散风险;②大银行比小银行实力雄厚,在出现风险损失时,对银行本身的冲击较小;③大银行因为规模很大,对于一国经济和社会的稳定具有重大影响,一般来说,政府不可能让它轻易倒闭。

存款保险制度使小银行也得到了与大银行一样的保障,从而能够增强小银行的竞争能力,使小银行自身独特的优势能够充分发挥出来,这样,就能够提高银行业的整体效率,促进投资和经济的发展。同时,存款保险制度还通过完善银行的市场退出机制而促进竞争。优胜劣汰是竞争的必然结果,是市场机制充分发挥作用的重要途径。但是,由于银行所具有的特殊性,银行的市场退出将对整个宏观经济带来巨大影响,有可能会出现两种非常不利的情况:一是在没有相应的配套措施的情况下,经营陷入困境的银行仓促退出市场,从而对整个经济、社会带来严重的负面影响;二是因为担心银行退出市场的负面影响,采取各种措施让这家银行继续对外营业,这往往又会错过处理危机的最佳时机,进一步扩大损失。存款保险制度对一家陷入困境银行有一整套的诊断、援助、退出等措施和程序,因此,建立了存款保险制度的国家就能够在极短的时间内抓住最佳时机,提高危机处理的效率,尽一切可能降低危机处理的成本,从而有效地促进竞争。

(3)促进银行加强风险管理。存款保险制度能促进商业银行提高经营管理水平,在一定程度上还有助于提高金融机构的资信,防止和减少因商业银行管理不善而出现破产倒闭的现象。存款保险机构一般都同时具有监管参保银行的权力和责任,它通过一系列措施来对参保银行密切监督,通过宣传、辅导、检查其经营行为并加以约束,不仅可以了解商业银行的经营管理情况,还可以引导商业银行建立有效的风险防范机制,提高其信誉等级和竞争能力。同时,保险机构拥有大量的专业人员,并且形成了一整套在银行出现问题后的紧急对策措施,从而能够将危机发生的损失限制在一定范围之内。

3. 存款保险制度的类型

目前国际上通行的理论是把存款保险分为隐性存款保险和显性存款保险两种。

　　(1)隐性存款保险制度。隐性存款保险制度多见于发展中国家或者国有银行占主导的银行体系中,是指国家没有对存款保险做出制度安排,但在银行倒闭时,国家会采取某种形式保护存款人的利益,因而形成了公众对存款保护的预期。

　　(2)显性存款保险制度。显性存款保险制度是指国家以法律的形式对被存款保险的机构设置以及有问题机构的处置等问题做出明确规定。显性存款保险制度的优势在于:明确银行倒闭时存款人的赔付额度,保证存款人的信心;建立专业化机构,以明确的方式迅速、有效地处置有问题银行,节约处置成本;事先进行基金积累,以用于赔付存款人和处置银行;增强银行体系的市场约束,明确银行倒闭时各方的责任。

　　4. 存款保险的组织形式和方式

　　(1)存款保险的组织形式

　　从目前已经实行该制度的国家来看,主要有三种组织形式:一是由政府出面建立,如美国、英国、加拿大;二是由政府与银行界共同建立,如日本、比利时、荷兰;三是在政府支持下由银行同业联合建立,如德国。

　　(2)存款保险的方式

　　目前,存款保险主要有三种方式,分别是强制保险、自愿保险和强制与自愿相结合保险。法国和德国采取自愿方式,英国、日本及加拿大等国采取强制保险方式,美国采取自愿与强制相结合方式。

　　5. 我国的存款保险制度

　　我国为了保护存款人的利益,维护金融稳定,从1993年开始着手研究存款保险制度的问题,2015年3月31日,国务院公布《存款保险条例》,于2015年5月1日起正式施行,我国存款保险制度酝酿22年后终于落地。自此,我国成为全球第114个建立存款保险制度的国家或地区。当前我国利率市场化进入攻坚战,将逐步全面放开存款利率。存款利率的放开加剧了银行间的竞争,银行破产风险上升,储户的利益受损的可能性增加。此时,我国建立存款保险制度是推进我国利率市场化的关键性制度保障,将有效保护储户的利益和建立起相应的问题银行解决方案。

　　存款保险制度的推出改善了整个银行体系的生态,为了维护整个金融系统的稳定性,央行需要同时兼顾系统风险控制和单个银行的内部治理两个问题。因此,当央行将系统性风险问题监管指标强加于单个银行身上时,银行没有动力去做相应的调整,也就加大了央行的监管难度。但是在存款保险制度下,银行风险越高,保费也就越高。因此,银行会选择最优的风险水平,实现其边际收益等于边际成本,形成银行的自我约束,减少了央行对银行的监管难度。

我国存款保险制度实施的主要内容:

(1)存款保险的界定。所谓存款保险是指存款银行交纳保费形成存款保险基金,当个别存款银行经营出现问题时,使用存款保险基金依照规定对存款人进行及时偿付。

(2)存款保险的性质和范围。为有效保障存款人的合法权益以及银行业金融机构公平竞争,保险条例规定的存款保险具有强制性,凡是吸收存款的银行业金融机构,包括商业银行(含外商独资银行和中外合资银行)、城镇合作银行、农村信用合作社等,都应当投保存款保险。同时,参照国际惯例,规定外国银行在中国的分支机构以及中资银行在海外分支机构的存款原则上不纳入存款保险范围,被保险的存款既包括人民币存款也包括外币存款。

(3)最高偿付限额。存款保险实行限额偿付,最高偿付限额为人民币50万元。也就是说,同一存款人在同一家银行所有存款账户的本金和利息加起来在50万元以内的,全额赔付。超过50万元的部分,从该存款银行清算财产中受偿。对50万元的最高偿付限额,中国人民银行根据2013年年底的存款情况进行了测算,可以覆盖99.63%的存款人的全部存款。这意味着,绝大多数存款人的存款能够得到全额保障,不会受到损失。而且,这个限额并不是固定不变的,中国人民银行会同国务院有关部门可以根据经济发展、存款结构变化、金融风险状况等因素调整最高偿付限额,报国务院批准后公布执行。

第五节　我国商业银行的负债构成分析

一、我国商业银行的负债构成情况

近年来我国银行业金融机构负债总额呈逐年递增趋势。我国银行业负债总额从2003年年末的26.59万亿元增至2019年年末的265.54万亿元,同比增长7.7%。

二、我国商业银行负债构成的特点

(一)负债结构比较单一

由于金融市场不够发达,融资渠道比较少,我国商业银行的负债构成相对简单,资金来源渠道较为单一。存款类资金依然是商业银行最主要的资金来源,其次是同业拆借、向中央银行借款以及发行金融债券。在这种情况下,商业银行之间的竞争很大程度上表现为存款之间的竞争,只有争取到存款,才能维持资产的运营。

(二)商业银行的存款结构以储蓄存款为主

由于社会经济的发展和人均国民收入水平的提高,储蓄存款的增长比较迅速,成为商业银行存款的主要部分。1985年我国商业银行的储蓄存款与总存款之间比为35%,到20世纪90年代该比率一直保持在50%以上。此后,虽然随着我国金融市场的快速发展,储蓄存款的增长势头有所减弱,但与其他类型的存款相比,仍占有绝对优势。

(三)负债持有的市场份额不均衡

尽管金融机构之间的竞争日益加剧,但国有商业银行仍占有较大优势。截至2016年年底,在全国银行业金融机构的负债总额中,大型商业银行的负债总额达79.92万亿元,占市场份额的37.21%。具体来说,市场份额的不均衡主要表现在存款市场上。从存款总量来看,大型商业银行控制了近50%的存款;从存款结构来看,储蓄存款中近2/3的资金是由大型商业银行吸收的,活期存款、定期存款的比重虽逐年下降,但也保持在1/3以上。

上述分析表明,我国商业银行的负债总额呈逐年上升趋势,但存款负债占资金来源的比重仍远高于非存款负债。这种单一的负债结构,造成银行的融资渠道狭窄,对存款负债的依赖性强。一旦出现宏观经济波动等情况,存款发生流失,商业银行就可能面临较大的流动性风险,因此,我国商业银行的负债管理应从传统的注重存款的吸收转向负债结构的多样化,从被动负债管理转向主动负债管理。

关键概念:商业银行负债　负债业务　现时义务　借款管理　大额可转让定存单　欧洲货币市场借款　债券回购　再贴现　同业借款　金融债券　负债成本　边际成本控制　存款保险制度　负债业务风险

复习思考题

1. 试述商业银行存款业务经营管理的意义。

2. 试述商业银行负债业务的基本特征。

3. 试述商业银行的借款相对存款有哪些利弊。

4. 试述商业银行负债管理的基本原则。

5. 试述存款创新的意义和原则。

6. 结合我国经济金融体制和金融发展现状,试述我国建立存款保险制度的必要性。

7. 对于商业银行来说是否存款越多越好?

第四章　商业银行的现金资产与流动性管理

1. 了解商业银行现金资产的管理原则。
2. 理解各类资产管理中应注意的问题。
3. 了解商业银行流动性的需求和来源,理解商业银行流动性管理策略及流动性需求的测算方法。
4. 了解商业银行流动性问题的成因以及流动性管理的影响因素。

本章知识导入

"去杠杆"背景下流动性的新变化

2017 年以来,我国经济延续了其 2016 年下半年以来企稳向好的发展态势,外需回暖企业效益回升,房地产市场依然火爆,经济增长形势好于预期。银行不良资产上升势头放缓、汇率贬值和资本外流压力缓解。与此同时,也出现了利率水平上升、债券发行减少等新变化。当前宏观调控要防止监管强化和去杠杆监管政策形成叠加效应,综合考虑实体经济的承受能力,避免去杠杆政策过紧对经济金融体系产生负面冲击。

一、"去杠杆"政策的缘起及特点

近年来,我国非金融部门杠杆率(债务与 GDP 之比)不断上升,由 2006 年 3 月末的 108.5% 提高到 2016 年三季度的 166.2%,不但显著高于新兴市场 105.9% 的平均水平,也显著高于发达经济体 88.9% 的平均水平(BIS)。过高的债务规模加大了企业利息负担,还可能导致投资需求萎靡、坏账上升和经济硬着陆风险加大。作为非金融企业部门资金的供给者,金融部门的资产规模也随之快速扩张,金融机构之间相互加杠杆现象突出,资金在金融体系内部循环。一种典型的同业加杠杆模式是:银行通过发行同业存单募集资金,用于购买同业理财,同业理财再将资金委托给券商、基金等进行委外投资,委外投资再通过加杠杆来实现获利。当前,非金融企业债务高企、金融机构过度加杠杆、资金"脱实向虚"这三大问题相互交织,已成为当前金融领域的主要风险。

2016年底的中央经济工作会议指出要"促进金融机构突出主业、下沉重心,增强服务实体经济能力,防止脱实向虚;积极稳妥去杠杆,逐步将企业负债降到合理水平"。2017年4月25日,中央政治局就维护国家金融安全进行集体学习,进一步强调要采取措施处置风险点,控制好杠杆率,凸显决策层对经济去杠杆问题的高度关注,"一行三会"也同步密集出台措施以强化金融去杠杆,这些政策的核心是遏制监管套利,减少资金体内循环,引导资金"脱虚入实",主要有以下特点。

(一)货币政策去杠杆:"MPA考核+资金净回笼+利率中枢抬升"

为推动金融体系去杠杆,2017年以来,央行主要采取了以下三方面的政策操作,以迫使金融体系有序去杠杆。一是将表外理财纳入MPA考核框架中。2017年一季度末,作为宏观审慎管理评估体系(MPA)的重要组成部分,人民银行首次将商业银行表外理财资产增速纳入广义信贷增速考核,对MPA评估不合格的金融机构实施约束性利率,下浮法定存款准备金利率。监管新规将使商业银行计提更多的资本,贷款规模扩张面临更多约束。二是公开市场操作净回笼。2016年全年央行通过公开市场操作净投放货币16672亿元。2017年前五个月,央行通过公开市场操作净回笼货币7950亿元。三是提升中期借贷便利(MLF)等利率水平。自2017年以来,央行分别于2月3日和3月16日两度上调常备借贷便利(SLF)利率。于1月24日和3月16日两度上调中期借贷便利(MLF)利率。截至5月末,SLF最新的隔夜、七天、一个月SLF利率分别为3.3%、3.45%、3.8%,相比2016年末提高550个、220个、220个bp,MLF与此类似。

(二)监管政策去杠杆,"多部门联动+力度空前+穿透式监管"

2017年3月底以来,从银监会到保监会等金融监管机构连续发文落实金融去杠杆。银监会连续下发八份文件要求开展"三违反""三套利""四不当"专项治理工作,同业业务、理财业务、投资业务成为2017年监管工作的重点。同期,保监会连续下发《关于进一步加强保险业风险防控工作的通知》等4份文件,在保险公司治理、保险资金运用、偿付能力、产品管理、中介机构、消费者权益保护等八大领域提出堵住制度漏洞的相关政策。从央行、银监会到保监会,金融监管"去杠杆、防风险、控套利"的思路和政策正在进一步明朗化,不仅多部门联动,而且力度空前,对部分同业、资管等业务实行穿透式监管,核心是厘清资金的最终投向,并由资金的投向主体承担最终的偿付责任。

二、"去杠杆"背景下流动性的新变化

受美联储加息带来的全球流动性趋紧,以及货币政策稳中趋紧、金融监管强化等影响,2017年我国金融体系流动性总体处于"紧平衡"状态,主要表现在四个方面。

(一)货币供给稳中略降,同业业务增长放缓

多个指标显示,当前货币供给出现放缓态势。从基础货币看,3月末基础货币余额为30.2万亿元,比年初减少6592亿元,同比多减9498亿元。基础货币减少主要与外汇占款下降、央行货币政策操作稳中趋紧有关。4月末,外币存款余额为21.58万亿元,较年初下降3635.7亿元。从货币总量看,5月末,M2同比增长9.6%,比上年同期回落2.2个百分点,低于年初12%的增长目标。M2增速有所回落,主要与商业银行债券投资、股权及其他投资以及同业业务增长放缓有关,这一定程度上是金融机构调整资产负债结构、逐步去杠杆的反映,也可以从金融机构资产规模增速、同业业务占比等得到验证。4月末,其他存款性金融机构资产规模同比增长13.1%,相比2016年末回落2.58个百分点,同业业务占其总资产规模占比由2016年的252%回落至4月末的24.4%。

(二)货币市场利率持续上行,商业银行负债端成本上升

2017年以来,商业银行负债端成本全面上行,从批发性的SHIBOR到同业存单,再到零售端的理财均出现了一定程度上行。SHIBOR各期限品种利率已上升至2015年下半年以来的历史高点。截至6月21日,SHIBOR隔夜拆借利率为2.889%,相比年初上升0.68个百分点,三月期SHIBOR利率为4.688%,相比年初上升1.4个百分点。截至6月21日,1月期同业存单发行利率为4.96%,相比年初提高0.52个百分点,比1年期的贷款基准利率4.35高0.61个百分点;6月末,3月期理财产品收益率收报于4.53%,相比2016年末提高0.34个百分点。受此影响,商业银行资产端和负债端利率有"倒挂"迹象,不仅加大了银行经营压力,而且部分过度依赖同业市场拆借和同业存单发行的银行等金融机构,将难以从货币市场获得融资,有可能出现流动性异常紧张事件。

(三)人民币超额备付金率下降,商业银行资金缺口有所扩大

当前,受经济回升和金融去杠杆影响,银行体系资金缺口有所扩大。一方面,实体企业贷款需求回升。2017年以来,我国经济持续了2016年下半年以来企稳向好的发展态势,外需回缓、企业效益回升、投资增速加快,这也带动企

业贷款需求明显回升。央行银行家调查问卷数据显示，2017 年一季度末，贷款需求指数为 68.8%，相比 2016 年末大幅回升 10.5 个百分点，达到 2015 年二季度以来的较高水平。另一方面，商业银行稳定资金来源下降，4 月末，人民币存款余额同比增长 9.8%，相比上年同期减少 3.1 个百分点。尤其是 4 月当月，人民币存款仅新增 2631 亿元，仅相当于 3 月份的 1/6。存款减少主要与资金面偏紧、互联网理财的存款分流、季末存款冲时点现象犹存等有关。受资金缺口不断扩大影响，商业银行人民币超额备付金率不断下降。3 月末商业银行人民币超额备付金率为 1.65%，较上季末下降 0.68 个百分点，为历史最低点。

（四）债券融资规模减少，企业融资成本略有上行

2017 年以来，债券市场延续前期震荡下行的运行态势，债券发行利率不断走高。利率上行使得越来越多的企业取消或推迟了债券发行计划。2017 年前五个月，企业债券融资规模净减少 3499 亿元，比上年同期减少近 1.79 万亿元，其中，地方债前五个月发行总规模约为 1.34 万亿元，均为上年同期的 52%。企业融资成本上升不利于增加投资和获得资金。二季度以来民间投资改变了 2016 年 8 月以来逐月回升的势头，同比增速已从 3 月份的 7.7% 下滑至 5 月的 6.8%。

受银行间市场利率攀升影响，企业资金成本也有所回升。3 月末，一般贷款加权利率 5.63%，较上年 12 月上升 19 个 BP；5 月末，1 至 2 年期贷款类信托的预期年收益率 6.59%，较上年 12 月上升 0.24%。5 月末，1 年期中票 AAA、AA＋发行利率由上年 12 月的 4.78% 和 4.06% 分别上升至 5.59% 和 4.95%，分别上升了 0.81%、0.89%，债券发行利率平均上行约 0.85%。利用债券融资、贷款和信托占社会融资规模的比重估算，2017 年上半年，实体企业融资成本上升 0.29%。

三、推动金融体系平稳去杠杆的对策建议

去杠杆的目的是防范金融的系统性风险，但实施过程也容易引发流动性风险上升。当前，宏观调控要防止监管强化和金融去杠杆形成叠加效应，综合考虑实体经济的承受能力，避免去杠杆政策过紧对经济金融体系产生负面冲击。

一是货币政策适时微调，保持流动性的基本稳定。适时适度加大流动性投放，缓解市场流动性紧张情绪。高度重视关键时点的市场流动性状况，在金融监管趋严或关键考核时点适度微调流动性投放力度，不断通过"锁短放长"的公开市场操作注入长期流动资金，引导金融机构进行长期投资安排。稳定

政策工具利率水平,为实体经济提供良好的融资环境。

二是加强政策协调,促进金融体系有序平稳去杠杆。避免短期内多重政策收紧造成各主体无序去杠杆和经济金融市场动荡。第一,积极财政政策落到实处。要加大积极财政资金的落实力度,防止货币与财政同时收紧造成经济下行幅度超过预期。用好财政存量资金,做好减税降费工作,在加强监管的同时,确保在建项目实施等。第二,监管政策要设定完成窗口期,避免金融机构短期内为实现达标,过快收紧信用和腾挪资产,造成信用风险事件发生概率加大。第三,进一步健全宏观经济政策协调机制,加强"一行二会"的信息共享,开展联合监管,消除监管真空。

三是注重政策创新,探索存款准备金管理制度改革。当前,我国货币供应机制由过去的外汇占款投放转变为由中期借贷便利(MLF)等新型政策工具投放。由于MLF需要质押国债等优质债券,客观上拉低了流动性覆盖比率(LCR)等指标,造成部分商业银行"不缺流动性,但缺指标"的情况。可考虑设立多层次存款准备金制度,既有利于缓解流动性压力,又可以避免降准带来的不利影响。具体建议:第一,将现行存款准备金分为两档,第一档为"法定存款准备金",第二档为"调控存款准备金"。允许商业银行运用第二档"调控存款准备金"作为押品向央行质押融资。第二,增设信用借贷便利,融资额度以"调控存款准备金"为上限。第三,协调银监会批准将上述资金额度纳入LCR指标的分子,视为合格优质流动性资产。

四是防止企业债务链条断裂,促进债务回归合理水平。非金融部门企业债务过快下降,也容易导致债务危机上升。要做好债务链条大面积断裂的处置预案,将债务风险可能引发的后果和危害降到最低。一是促进债务违约处置的规范化和制度化,提高债务处置的专业化和市场化程度。明确债务统计、监测职责,做好去杠杆的进度及节奏安排。二是鼓励具有债务处置经验的机构发挥更重要、更积极的作用。三是控制债务总体规模,引导市场主体有序去杠杆。无论是合法债务,还是非法集资,一旦超过合理限度,就会给经济金融稳定带来隐患。要防止各类市场主体过度举债,也要防止其债务在短期内过快下降。

摘自:李佩珈.中银研究,2017(17).

第一节 商业银行现金资产概述

一、商业银行现金资产的构成

现金资产又称现金头寸,是商业银行持有的库存现金以及与现金等同的、可以随时用于支付的银行资产,它作为银行流动性的第一道防线,是非盈利性资产。从盈利性角度出发,银行一般都尽可能将现金资产持有量降低到法律规定的最低标准。我国商业银行的现金资产主要包括库存现金、在中央银行的存款、存放同业存款和在途资金。

（一）库存现金

库存现金是指商业银行保存在金库中的现钞。库存现金的主要作用是银行应付客户提现和银行本身的日常零星开支。对于任何一家营业性的银行机构,为了保证客户的支付,都必须保存一定数量的现金。同时由于库存现金是一种非盈利性资产,而且保存还需要花费大量的保管费用,因此库存现金不宜保存太多,必须适度控制规模。

（二）在中央银行的存款

在中央银行的存款包括一般性存款和存款准备金。一般性存款是用于商业银行同业间日常支付清算、资金转账、结算资金汇划等存放于存款账户的存款,该存款也可用来调剂库存现金余缺。商业银行由于同业拆借、回购、向中央银行借款等业务而出现的资金划转以及库存现金的增减等,均通过商业银行在中央银行开立的一般性存款账户进行。存款准备金包括法定存款准备金和超额存款准备金。

1. 法定存款准备金

法定存款准备金是商业银行以其存款总额为基础,按照中央银行规定的法定比率（存款准备金率）,向中央银行缴存的存款准备金。规定缴存存款准备金的最终目的是保证银行有足够的资金来应付存款人的提存,避免因流动性不足而产生清偿力危机。法定存款准备金在正常情况下一般不得动用,并且按法定比率缴存准备金具有强制性。

2. 超额准备金有两种含义

广义的超额准备金是指商业银行吸收的存款中扣除法定存款准备金之后的余额,即商业银行的可用资金;狭义的超额准备金则是指在存款准备金账户中,超过了法定存款准备金的那部分存款。这部分存款就如企业在商业银行的活期存款一样,是商业银行在中央银行账户中保有的用于日常支付和债权债务清算的资金。我们通常所说的超额准备金是指狭义的超额准备金。

由于超额准备金是商业银行的可用资金,因此其数量的多少直接影响着商业银行的信贷扩张能力。在银行准备金总量不变的情况下,超额准备金与法定存款准备金之间存在此消彼长的关系。当法定存款准备金率提高时,法定存款准备金增加,商业银行的超额准备金减少,其信用或信贷的扩张能力下降;反之,法定准备金率下降,商业银行的信贷能力就增强。

（三）存放同业存款

存放同业存款是指商业银行存放在其他银行和金融机构的存款。存放同业存款的目的是在同业之间开展各种代理业务,如结算收付、贷款参与、投资咨询等。由于存放同业存款属于活期存款性质,可以随时支用,因而将其列为银行的现金资产。

（四）在途资金

在途资金也称托收未达款,是指本行通过对方银行向外地付款单位或个人收取的票据款项。在途资金未收妥之前,是一笔他行占用的资金。通常由于其在途时间较短,收妥后即成为存放同业存款,因此,托收中的现金是在银行之间票据支付清算过程中自然形成的,它属于非盈利性资产,银行一般将其视为现金资产。

二、商业银行现金资产的作用

商业银行持有的现金资产具有以下作用。

（一）满足客户提现的需要

商业银行的经营资金很大一部分来自客户存款,它是商业银行的被动负债,因为存款数额、期限长短、何时提取等都掌握在客户手中。因此,银行应尽量满足客户需求,持有一定数量的资金来满足客户提现,避免引发存款"挤兑"风潮而陷入清偿力危机。

（二）满足管理部门对法定存款准备金的需要

法定存款准备金是按法律规定商业银行必须将其吸收的存款按照一定比率存入中央银行的存款。实行法定存款准备金的目的是确保商业银行在遇到突然大量提取银行存款时,能有相当充足的清偿能力。

（三）满足支付结算的需要

商业银行除了满足日常营业支付,吸收的存款和借款都需要还本付息。

因此,商业银行在追求盈利的过程中,必须保有一定数量的、可直接用于清偿债务的资产,它对于保持商业银行经营过程中的债务清偿能力、防范支付风险,具有十分重要的意义。

（四）满足同业清算及同业支付的需要

银行与同业机构之间需办理委托代理或清算业务,因此商业银行需要在央行或其他金融机构保持足够的现金存款用于支付。

第二节　商业银行现金资产的管理

一、现金资产的管理原则

现金资产是商业银行流动性最强的资产,持有一定数量的现金资产主要是为了满足银行经营过程中的流动性需要。但过多地持有这种资产,将会降低银行的盈利性。因此,银行在其经营管理过程中,除了满足日常流动性需求以外,应最小化持有现金资产。具体应坚持以下三点原则。

（一）适度存量控制原则

首先,银行现金资产的总量应当保持在一个适当的规模上,即银行必须权衡好流动性与盈利性之间的关系。存量过大,银行付出的机会成本就会增加,从而影响银行的盈利能力;存量过小,客户的流动性需求无法得到满足,会引起流动性风险,威胁银行经营的安全。其次,银行应合理安排现金资产的存量结构,每类资产都有其各自的作用和特点,对其结构的合理安排有利于存量最优。因此,在保持存量规模适度的同时也应注意其结构的合理性。

（二）适时流量调节原则

适时流量调节原则指商业银行在经营业务过程中,要根据现金流量的变化及时调整资金头寸,使现金资产保持适度的规模。商业银行的营运资金总是处于动态过程之中,随着各项业务的进行,银行的营运资金也不断地流进流出。具体来说,当一时期内现金资产流出大于流入时,银行的现金资产存量就会减少,应及时筹措资金补足头寸。因此,适时灵活地调节现金资产流量是商业银行维持适度现金资产存量的必要保障。

（三）库存现金安全保障原则

库存现金是商业银行经营业务过程中必要的支付周转金,是现金资产中唯一以现钞形态存在的资产,通常分布于银行的各个营业网点。在库存现金的保管、运输等管理活动中，会面临各种各样的风险。银行应建立严格的库房管理制度，健全安全保卫制度，严格业务操作规程，以此来确保资金的安全无损。

二、商业银行现金资产的特点

商业银行的现金资产具有频繁性、波动性、强制性和矛盾性的特点。

（一）频繁性

商业银行经营的对象是货币资金，货币的特性之一就是流动性，只有在流动中才能真正发挥其作用，只有在不断的周转中才能增值。因此，银行现金资产的流动非常频繁。

（二）波动性

银行现金资产的需求和供给，受很多因素的影响，而且很多方面是银行自身难以控制的。因此，银行的现金资产存在很大的波动性。

（三）强制性

银行必须及时保证存款人以现金形式提取存款，必须按照中央银行规定的存款准备金率缴存法定准备金。因此，现金资产在很大程度上是强制性的。

（四）矛盾性

现金资产具有非常高的流动性，但其缺陷是盈利能力低，不能给银行带来任何收益，反而需要花费大量的保管运输成本。对于存放中央银行的款项，在中国具有一定的存款利息收入，但利率很低；而在美国则没有任何利息收入。因此，银行现金资产存在着高流动性与低盈利性之间的矛盾。

三、现金资产与流动性之间的关系

现金资产在很大程度上受流动性需求的影响，而流动性需求又受现金需求的影响。

（一）库存现金与流动性供求

客户存取现金的数额是有一定的规律的。通常是定时定期存入现金，在可以预测的时间内，如发薪日、周末、节假日、旅游旺季、收到付现支票时支取现金。如果出现库存现金短缺，只要商业银行在中央银行或银行同业有存款，便可以随时提现补足，不会出现流动性问题。但是，当银行交易活动减少现金头寸时，而在中央银行或银行同业的活期存款不足时，银行就会出现流动性不足。银行必须通过非存款借入资金或出售资产来增加现金资产。当然银行日常交易活动中存款的增加或贷款的收回都会增加现金资产,进而增加银行流动性供给。

（二）法定存款准备金与流动性供求

商业银行定时定额按照规定上交法定存款准备金,并及时随存款波动状况进行调整,属于强制性要求。所以,当商业银行存款发生大幅度增加或减少时,就会直接影响到该行的流动性供求。

（三）存放同业与流动性供求

存放同业存款包括商业银行在中央银行的超额存款准备金存款和在其他银行的存款两部分。

1. 超额存款准备金。其主要用途是应付支票结算、存款和债券的兑付、汇兑和其他往来引起的存款转移。

2. 在其他银行的存款。一些中小商业银行要在同业大银行有一定存款余额,主要是为了支付代理费用。因为中小商业银行由于客户资源有限,分支机构较少,对于某些较少发生的业务,如果自己承办成本风险较大,于是往往委托大银行代理完成客户委托的业务,其支付的代理成本较前者低。

以上两部分存款大小都直接影响到商业银行的流动性供求。

（四）在途资金与流动性供求

商业银行每天都有大量的支票在托收中,个人、企事业和政府部门任何时候都可以存入支票,但是由他行客户付款的支票必须通过银行的支付系统完成收付结算,对于收款银行来说,只有在资金收妥之后,才能使用这些款项。因此,托收中的款项也叫浮存,它是银行流动性供求的一条渠道。托收未达款的占用时间取决于银行结算系统的效率。

四、现金头寸的匡算方法

商业银行流动性管理的实质就是现金头寸的匡算与调度。

（一）现金头寸的构成及管理原则

在现金资产中,可供商业银行直接、自主运用的资金,我国银行业习惯称之为头寸。商业银行的现金头寸可分为基础头寸和可用头寸。

1. 基础头寸和可用头寸及其构成

头寸是指商业银行手头拥有的资金和款项,或者说是商业银行能够直接、自主运用的资金。当一家银行存入款项大于支出款项时,称为“多头”,反之称为“空头”或“缺头”。而银行平衡资金收支总额的过程叫“轧平头寸”或“平盘”。

基础头寸是指商业银行的库存现金与在中央银行的超额存款准备金之和。在基础头寸中,库存现金和超额存款准备金是可以互相转化的,商业银行从其在中央银行的存款准备金中提取现金,就会增加库存现金,同时减少超额存款准备金;反之,商业银行将库存现金存入中央银行准备金账户,就会减少库存现金而增加超额存款准备金。但在经营管理中这二者的运动状况又有所不同:库存现金是为客户提现保持的备付金,它将在银行与客户之间流动;而在中央银行的超额存款准备金是为有往来的金融机构保持的清算资金,它将在金融机构之间流通。此外,这二者运用的成本、安全性也不一样。

基础头寸的计算公式如下:

$$基础头寸＝库存现金金额＋在中央银行一般性存款余额$$

可用头寸又称可用资金,是指商业银行扣除法定准备金以后还可以运用的资金,它包括基础头寸和银行存放同业存款。法定存款准备金的减少和其他资产的增加,表明可用头寸的增加;相反,法定存款准备金增加和其他现金资产的减少则意味着可用头寸的减少。

可用头寸的计算公式如下:

$$可用头寸＝基础头寸\pm 应清入清出汇差资金\pm 到期同业往来$$
$$\pm 缴存存款调增调减额\pm 应调增减二级准备金金额$$

2. 现金头寸的匡算

正确地匡算头寸,有利于商业银行合理地进行资金调度,科学地调整资产负债结构,保证商业银行安全性、流动性和盈利性原则的协调统一。

商业银行头寸的匡算在当天营业开始或营业中间进行,具有预测性质。匡算公式:

$$当日可动用的现金头寸＝前日在中央银行的超额存款准备金$$
$$\pm 预计当日的存款增减额＋预计当日收回的贷款本息$$
$$\pm 预计当日的联行汇差－当日必须存在中央银行的存款准备金$$
$$－当日到期的贷款本息$$

营业日初始头寸由以下几项构成:

(1)在中央银行的一般性存款,这是保证日常资金清算需要而必须保留的周转金,因此,也称备付金,实际上就是超额存款准备金的部分。商业银行一般可根据清算存款的需求量,按一般存款的一定比例,计算出一个满足正常支付需要的限额。

(2)库存现金主要是为了客户支取现金所保留的周转资金,它是商业银行的非盈利性资产,因而该资产数额不是越多越好,需要核定一个限额。

（3）到期同业往来差额，主要是指商业银行在上一个营业终了时未及时办理同业清算的资金额，这部分资金是营业日一开始就要支付或收入的款项，可视同已减少或已增加的可用头寸。

（4）应清算的汇差资金，是指商业银行系统间的汇兑所产生的差额，汇差资金必须定期清算。

在当天业务终了轧头寸，用以平衡联行汇差和保持在中央银行的存款。营业日头寸的匡算，是商业银行在掌握营业日初始可用头寸的基础上，对当日营业活动中能够增减的可用资金以及需要运用的可用资金的匡算，因此，能起到统筹安排资金的作用，达到保持营业日结束时资金平衡的目的。

（二）商业银行头寸管理原则

由于银行持有的现金不能取得任何利息收入，银行现金头寸管理的基本原则就是尽量减少现金持有量以及加快现金周转，以降低机会成本。

在现金头寸管理中，银行存放在中央银行的法定存款准备金不能作为流动资金使用。银行在头寸管理中要不断地监视各种存款的变动情况，特别是大存款客户的资金动向。大银行还需要密切关注货币市场的走势，观察反映宏观经济运行的各种经济指标，因为宏观经济情况影响着现金的需求情况，从而影响银行间同业拆借的资金流量和资金成本。

五、现金头寸的调度

商业银行的现金调度也称为头寸调度，是指商业银行在科学预测的基础上，根据其现金头寸的松紧情况，按照安全性、流动性和盈利性协调统一的要求而进行的资金上缴下拨、调出调入、拆出拆入、借出借入等一系列的活动。

（一）头寸调度的意义

1. 头寸调度是银行扩大业务、增强实力的基本手段

头寸作为商业银行的一种资产，首先表现为一定的存量，存量要转化为流量，就必须进行调度。在头寸量一定的条件下，善于调度的银行就能有效加快资金周转，业务规模也相应扩大；反之就会缩小业务规模。善于调度头寸的银行不但能有效扩大商业银行的基础货币，而且能协调好掌握基础货币的时间，增强派生存款的能力，提高银行的实力。

2. 头寸调度是维护和提高银行信誉的保证

商业银行作为信用中介机构，其经营活动表现为一系列的债权债务关系。凡善于调度头寸的银行，都具有较高的清偿能力以保证债务的偿还，同时又能有足够的可调头寸来建立适当的债权债务关系，使一系列债权债务关系能正

常顺利地不断建立和消除，同时也使银行信誉得到了维护和提高，而银行信誉正是银行经营的生命线。

3．头寸调度是避免和减少银行经营风险的重要手段

商业银行在经营中必然要面临各种风险，如存款提取风险、贷款呆账和坏账风险、利率波动风险、股价涨落风险等，产生这些风险的原因大多与银行资金头寸的供给和需求有关。商业银行通过及时灵活的头寸调度，有效协调资金头寸的供给和需求关系，可以在一定程度上避免和减轻经营风险。

4．头寸调度是商业银行提高经营效益的重要途径

有效的头寸调度能扩大银行业务和增强银行实力，而业务扩大和实力增强能导致银行收益水平的提高。凡能够及时灵活调度头寸的银行都能将非盈利资产降至安全可行的最低水平，使银行总资产中盈利性资产比重上升。商业银行盈利基础的提高，则通常表示收益水平的上升。

（二）资金调度的方法及渠道

在方法上，商业银行资金调度可分为近期调度和远期调度两种。

1．近期头寸调度

在近期头寸调度的操作上，要求商业银行按以下原则进行：

（1）要保持适度的支付准备金。商业银行在中央银行的清算存款和库存现金，都是应付日常支出和清算所必需的资金，保持得过少，会导致支付准备金不足，进而影响商业银行的流动性。但由于它是低收益或无收益资产，保持过多则会影响商业银行的盈利水平。

（2）选择多种渠道多种方式调出调入资金。商业银行常用的调度资金的方式有同业拆借、短期证券回购及商业票据交易、总分机构之间资金调度、通过中央银行融通资金、出售贷款等。

任何一家经营有道的银行都必然要建立一个广泛的同业拆借网络，在头寸紧缺时可及时拆进资金，在头寸富裕时又可随时拆出资金。同业拆借既能满足银行短期流动性的需要，又能使银行的日常周转头寸始终保持在一个适当的水平。

总分机构之间资金调度的基础是实行的商业银行总行一级法人制，总行负责准备金的交付和现金头寸的调度。

短期证券回购及商业票据交易尤其是短期国库券以及商业票据是商业银行的二级储备，也是商业银行头寸调度的主要渠道。

通过中央银行融通资金也是商业银行头寸调度的主要渠道之一。在商业银行资金头寸不足时，可采取再贷款和再贴现的方式向中央银行调入头寸。

出售贷款是当银行突然遇到流动性危机时的措施。

（3）应选择最佳路线和最佳时间调度资金。资金调度存在一个在途时间，时间越长，积压的资金越多，就会影响商业银行头寸的使用和资金周转，最终影响银行的效益。资金在途时间的长短，除了受银行系统资金划拨手段和服务质量的影响外，主要取决于所选择的最佳调度时间。一般来说，商业银行调度资金的最佳路线应当"就近、直达"。"就近"是指尽量与距离较近的地区联系，力争资金在当天进账；"直达"是指在系统内调拨资金时，应尽量避免产生中间阻塞。

（4）要加强内部各个业务部门的协调行动。商业银行内部各个部门开展的各项业务活动都是紧紧围绕着资金这个中心来进行的，其结果也都要反映在库存现金和在中央银行的超额存款准备金的变动上。因此，银行计划部门的资金调度人员，应当加强与其他各部门工作人员的联系，及时了解各部门的资金出入情况，以避免商业银行头寸严重不足或过度盈余头寸情况的出现。

2. 远期头寸调度

远期头寸调度是指商业银行根据对未来一段时期资金变动趋势的预测，结合近期资金的松紧情况，做出的资金调度安排。调度的主要方法有以下四种：

（1）贷款安排。商业银行在近期资金充裕时，要考虑一段时期以后的资金供应状况，特别是要考虑到季节性因素的影响，避免出现当远期资金需求量急剧上升时，贷款却因期限安排不合理而收不回来，从而导致流动性不足的问题。

（2）资产搭配。这种方法适用于当市场上有多种金融资产可以选择时。商业银行将其可用资金分布在期限各不相同的多种资产上，通过资产的搭配来安排远期和近期资金的转换，以便让商业银行随时都有流动性资产可转换为可用资金，避免可能出现的流动性危机。

（3）意向协议。当商业银行预测到在季节性资金需求高峰，动用自身储备和利用其他筹资方式仍不足以填补资金缺口时，会采取事先与其他商业银行签订意向协议的方式，来满足流动性资金的需求。这就要求商业银行既要有良好的信用，又要有良好的公共关系和业务协作网络。

（4）回购协议。这种方法适用于商业银行近期头寸紧张，但预测未来某个时期头寸将出现比较宽松的情形。这时，商业银行可以通过回购协议暂时出售其持有的证券，等资金宽松时再将证券回购。这样做既能解决当前的流动性问题，又能获取一定的收益。

六、库存现金的管理

银行库存现金的管理必须在分析影响库存现金变动的各种因素的前提下，准确测算库存现金需要量，及时调节库存现金的存量，同时加强各项管理措施，确保库存现金的安全。

（一）影响银行库存现金的因素

1. 银行的现金收支规律

银行的现金收支在数量上和时间上都有一定的规律性。一是客户取款和存款的概率大致相等，即不会出现大量客户取款而很少客户存款的情况，除非由于社会、经济、政治等方面发生特殊事件，或遭受严重自然灾害，或银行经营情况严重恶化。二是上午取款的平均数一般大于下午，这条规律告诉我们，当天的现金收入抵用现金支出具有时差性，因此银行在每天营业开始时必须保留一定数额的备用金。一般而言，银行可以根据以往的收支状况，寻找其中所存在的规律，同时结合一些变化因素综合考虑，预测符合实际要求的库存现金需要量。

2. 银行所处区域的经济发展状况

银行所处区域的经济发展状况与库存现金的需要量是成正比的。若银行所处区域的经济发展水平较高，除了面对大量的居民客户以外，还存在许多的企业客户，则银行的营业网点数也会相对较多，因此对库存现金的需求量也就大。

3. 银行的后勤保障条件状况

银行库存现金的数量与银行的后勤保障条件也有密切关系。如果银行后勤保障条件较好，运送现金的车辆、保安充足且服务周到，则每个商业银行的营业网点就没有必要存放太多的现金。

4. 与中央银行发行库之间的关系

一般情况下，若商业银行的营业网点距离中央银行发行库较近，交通运输条件较好，则商业银行可以尽量压缩库存现金的规模。中央银行发行库的营业时间、出入库时间的规定等，也对商业银行的库存现金量有着重要影响。例如，如果中央银行发行库的营业时间较短，且规定出入库的次数少，则商业银行将会增加其库存现金持有量。

5. 商业银行内部管理的要求

商业银行的内部管理，如银行内部是否将库存现金指标作为员工工作业绩的考核指标、是否与员工的经济利益挂钩，银行内部各专业岗位的配合程度,出纳、储蓄柜组的劳动组合等,都会影响库存现金数量的变化。

（二）银行库存现金的主动调节

库存现金的主动调节是指商业银行将多余的现金存入中央银行发行库,在现金短缺时又从中央银行发行库来调入资金。在实际工作中,银行不仅要分析如何确定库存现金规模,还应采取一定措施使其保持在适度的规模上。银行库存现金的主动调节包括以下几方面。

1. 准确测算最佳送钞量和现金调拨临界点

（1）最佳送钞量的计算。为了保持适度的库存现金规模,商业银行的营业网点需要经常性地调度现金头寸,及时运送现金。银行通常会对运送成本和收益做一个比较,以决定最佳的送钞量,在计算这一数量时,占用库存现金的机会成本和运送钞票的花费之和应当是最小的。

（2）现金调拨临界点的确定。银行从提取现金调拨申请到实际收到现金需要一个过程,特别是对于那些离中心库较远的营业网点,因此进行现金调拨必须提前一定的时间。同时,为了应付一些临时性的大额现金支出,也需要有一个保险库存量。通常把确定在什么时候,在多大的库存量时调拨现金的问题称为现金调拨的临界点问题。

2. 实现对公现金出纳业务的规范化操作

对公现金出纳业务、现金收支的规范化程度也会在一定程度上影响银行库存现金量的大小,因此银行应尽可能在对公现金出纳业务中实现规范化操作。例如,银行可尽可能开展代发工资业务,将各开户单位的工资直接以转账形式存入本行,避免每月大量的工资性现金进出,并把开户单位发工资日及每天的资金支出金额均匀地排列在每一天。另外,各营业网点的出纳专柜实行"当天收现、当天清点"做法,尽可能把当天收进的现金全部用来抵用第二天的现金支出。掌握了客户发放工资和其他大额提现的时间和金额,就能够事先掌握绝大部分现金支出的规律,而其他小额支出就不会对银行的流动性产生大的冲击,同时也容易调剂。

3. 要掌握储蓄现金收支规律

储蓄业务面对的是广大的个人存款者,可控性差,也难以人为地将现金收支规范化。但根据统计资料的分析,事实上储蓄现金收支也有一定的规律性。只要掌握了这个规律,银行就可以在保证支付的前提下,压缩备用金的库存。储蓄业务的现金收支一般具有以下规律:

（1）客户取款和存款的概率在正常情况下基本相等。在正常情况下,不会出现大量客户取款而很少客户存款的情况,除非由于社会、经济、政治等特殊事件的发生,或遇严重自然灾害,或银行经营情况严重恶化,客户对银行的安全性产生怀疑,才会出现这种情况。因此,银行应当关心整个社会、经济和政治形势的发展变化,及时发现挤兑的苗头。

(2)上午取款的平均数一般大于下午。主要原因是人们提取大额现金购买大件商品一般在上午取款。这条规律告诉我们,当天的现金收入抵用现金支出具有时差性,银行在每天营业开始时必须保留一定数额的备用金。

(3)每个月出现现金净收入和净支出的日期基本固定不变。通常,每月中上旬职工工资都会自动存入银行账户里,表现为银行的净收入,而中旬到下旬,一些人需要支付各种规费及还贷款,需要从银行账户中扣除,表现为银行的净支出。

4. 解决压低库存现金的技术性问题

(1)要掌握好现金的票面结构。营业网点所处地点不同,对票面结构的要求也不同。如果票面结构不合理,也会增加现金库存量。

(2)各营业网点的出纳专柜要建立当天收现当天清点制度,尽可能把当天收进的现金全部用来抵用第二天上午的现金支出。

(3)积极创造条件,使网点当天上缴的现金当日入账。

(4)对回收的残破币及时清点上交,以减少库存现金。

5. 充分发挥中心库的调剂作用

银行在实现库存现金的主动调节的过程中,还应充分发挥中心库的调节作用。当营业网点面临库存现金不足时,可以从中心库调用一定的现金来缓解。银行的中心库应选择地处中心位置并与有大量现金投放网点的业务库相结合,同时要设专人负责全辖各业务网点的现金余缺调剂,以提高现金的抵用率。

6. 严格库房安全管理措施

银行的库存现金虽是最安全的资产,但也有其特定的风险,如被盗被抢及自然灾害造成的损失,业务人员清点、包装中的差错,银行内部不法分子的贪污、挪用等。因此,银行在加强库存现金适度性管理的同时,还应当严格库房的安全管理,在现金清点、包装、入库、安全保卫、出库、现金运送等环节,采取严密的责任制度、监测制度、保卫制度和有效的风险防范措施,以确保库存现金的无损。

七、存款准备金的管理

存款准备金是商业银行现金资产的主要构成部分。存款准备金包括两部分:一是按照中央银行规定的比例上缴的法定存款准备金;二是准备金账户中超过了法定存款准备金的超额部分准备金。因此,存款准备金的管理也包括适度的规模和控制两部分。

(一)法定存款准备金的管理

法定存款准备金的管理主要是准确计算法定存款准备金的需要量,并及时上缴存款准备金。计算方法有两种:一种是滞后准备金计算法,主要用于对非交易性账户准备金的计算,另一种是同步准备金计算法,主要用于交易性账户的准备金计算。

1. 滞后准备金计算法

这是根据前期存款负债的余额确定本期准备金需要量的方法,银行根据两周前的 7 天作为基期,以基期的实际存款余额为基础,计算准备金持有周应持有的准备金平均数。

2. 同步准备金计算法

这是指以本期的存款余额为基础计算本期的准备金需要量的方法。通常,确定两周为一个计算期。

法定存款准备金的多少取决于每家银行存款的多少及其构成,每一项负债项目乘以中央银行规定的准备金要求百分比,皆可得出各机构总的法定准备金要求。

(二)超额存款准备金的管理

超额存款准备金是商业银行最重要的可用头寸,是银行用来投资、贷款、清偿债务和提取业务周转金的资金。商业银行在中央银行的超额准备金虽然也能获得一定的利息收入,但与其他盈利资产相比,属于微利资产。因此,商业银行应在准确预测其需要量的基础上,及时进行头寸调度,以保持超额存款准备金规模的适度性。

1. 影响超额准备金需要量的因素

影响商业银行超额准备金需要量的因素主要有:

(1)存款波动。商业银行的存款包括对公存款和个人存款。一般来说,对公存款变化主要是通过转账的形式进行的,如本行客户对他行客户付款,会导致对公存款的下降,则本行超额准备金会减少;本行客户收取他行客户支付的货款,则会使本行对公存款增加,本行超额准备金也会增加。对个人的存款变动则有转账支出和现金支出两种,而转账支出(含网银和手机银行)基本与对公存款变动形式一样,会及时反映在超额准备金账户中,而现金支出都会逐步从网点现金库存、中心库,最终反映到中央银行现金库,才会引起超额准备金的变化。

　　银行在分析存款波动对超额准备金需要量的影响时,应重点分析导致存款下降的情况。因为,只有在存款下降的情况下,才会直接导致超额准备金需要量的增加。存款的下降一般取决于近期因素和历史因素,即受到临近若干旬或月的存款下降幅度和历史上同期存款下降幅度的双重影响。

　　(2)贷款的发放与收回。贷款的发放与收回对超额准备金的影响主要取决于贷款使用的范围。如贷款使用的对象是本行开户的企业,对超额准备金不会产生影响;如果贷款发放的对象使用贷款为了他行支付,那就会直接减少本行在中央银行存款,从而使本行的超额准备金下降。同理,贷款的收回对超额准备金的影响也因贷款对象使用不同而有所不同。他行开户的企业归还本行贷款,会使本行超额准备金增加,而本行开户的贷款企业归还贷款不会影响超额准备金的需要量。

　　(3)其他因素对超额准备金需要量的影响。除了存款贷款因素外,其他一些因素也影响商业银行超额准备金的需要量。这些因素主要有:一是向中央银行借款的因素,当商业银行向中央银行借款数大于归还中央银行借款数时,商业银行超额准备金会上升;反之,即下降。二是同业往来因素。当商业银行同业往来科目为应付余额,表明在这一时期内该银行要向他行归还到期拆入款大于应收回的拆出款,该行的超额准备金就会下降;反之,即会上升。三是法定存款准备金因素。当商业银行需要调增法定存款准备金时,就会从超额准备金中解缴法定存款准备金,从而减少超额准备金余额,反之,即调减法定存款准备金时超额准备金就会增加。四是信贷资金调拨因素。当商业银行处于调出信贷资金时,超额准备金就会减少,反之,即会增加超额准备金余额。五是财政性存款的因素。财政性存款的上缴,会减少商业银行超额准备金。

　　根据以上各种因素,我们就可以测算在一定时期内商业银行超额准备金的需要量。

　　2. 超额准备金的调节

　　商业银行在预测了超额准备金的基础上,就应当及时地进行头寸调节以保持超额准备金规模的适度性。当未来的头寸需要量较大、现有的超额准备金不足以应付需要时,银行就应当设法补足头寸,增加超额准备金;而当未来头寸预测需要量减少、现有超额准备金剩余时,则应及时地将多余的超额准备金运用出去,寻求更好的盈利机会。

　　商业银行头寸调度的渠道和方式主要有以下几种:

　　(1)同业拆借。任何一家经营有方的银行,都应当建立起广泛的短期资金融通网络,在本行出现资金短缺时,可以及时地拆入资金;而当本行资金暂时剩余时,则可以及时地将资金运用出去,以获得利益。

(2)短期证券回购和商业票据交易。短期证券和商业票据是商业银行的二级准备,也是商业银行头寸调度的重要渠道。当商业银行头寸不足时,可以在市场上通过出售短期证券回购协议的方式补足头寸;而当商业银行头寸多余时,则可以通过买入回购协议的方式将资金调出。另外,商业银行也可以通过短期商业票据的买卖来调节资金头寸的余缺。

(3)通过中央银行融资。中央银行是金融体系的最后贷款人。当商业银行在经营过程中出现暂时性资金头寸不足时,可以通过再贷款和再贴现的方式,向中央银行融资。但由于中央银行再贷款和再贴现是货币政策的操作手段,商业银行能否获得中央银行的贷款,在很大程度上取决于货币政策的需要和商业银行的经营状况。当中央银行的货币政策偏紧时,商业银行经营状况不是很好时,从中央银行融资就比较困难。

(4)商业银行系统内的资金调度。商业银行实行的是一级法人体制。为了加强行内资金调度能力,各商业银行都实行二级准备金制度。各级银行在日常经营活动中,如果出现头寸不足或剩余,可以在系统内通过本行内部的资金调度来调剂余缺。

(5)出售其他资产。通过出售中长期贷款和证券及固定资产等来获得资金。中长期贷款和证券是商业银行盈利的主要来源,固定资产是商业银行经营的基本条件,一般情况下,只要银行能够从其他渠道获得所需资金均不会出售这些资产。

八、存放同业存款的管理

(一)同业存款的目的

商业银行为了便于在同业之间开展各种代理业务、结算收付等,而将存款存放于代理行和相关银行。代理行(或称上游代理行)是指向其他银行提供金融服务的银行;被代理行(或称下游代理行)是指购买其他银行金融服务的银行,通常多数银行既是代理行也是被代理行。

银行开展各种代理业务,需要花费一定的成本,同时也可以从为被代理行提供服务而收取的手续费中获得收益。因此,商业银行在代理行的存款账户中需保留一定数量的活期存款,来支付代理行之间开展各项业务的手续费。同时,代理行也可以将其所收到的被代理行的存款作为一种短期投资来获得收益。

商业银行发展银行间的代理银行业务,其原因有以下两点:一是延伸其业务与服务范围。通常,一家银行由于受到人力、物力及金融监管要求的限制,无法在其业务涉及的每一个地方都建立分支机构,代理行的出现则为银行业务范围的扩大提供了条件。二是通过与其他银行建立代理行的关系,可以降低相关业务与服务的成本。如通过代理行开展跨地区的票据收取工作,以较为低廉的价格从其他地区买入银行所需的各种业务等。

(二)存放同业存款的测算

由于存放同业款项可以随时使用,其在资金的使用方面与库存现金和存放中央银行款项相似,因此被列为银行的现金资产。银行应具体掌握某一段时间内所需要的同业存款数量。首先,我们对影响银行同业存款数目的因素进行分析,主要为以下几点。

1. 所使用的代理行服务的数量

通常来说,如果商业银行使用的代理行服务与业务数量越多、类型越复杂,所需的费用则越大,同业存款的数量也越大;反之,若商业银行使用的代理行服务与业务数量较少且相对简单,则同业存款的数量就可以较少。

2. 代理行的收费标准

在商业银行确定了其使用代理行所提供的服务数量与类型的情况下,代理行的收费标准成为决定代理行存款数量的主要因素。显然,收费标准越高,银行所需存入的款项越多;反之,则越少。

3. 可投资余额的收益状况

很多情况下,代理行会将被代理的存款进行投资,并以此收益来弥补对代理行提供服务的各种成本支出。如果同业存款的投资收益较高,则同业存款的数量可以较少;如果同业存款的投资收益较低,则同业存款的数量就需要较多。

第三节　商业银行流动性管理

流动性是商业银行生存和发展的先决条件,把握好流动性是商业银行资产负债管理时所面临的最主要问题。

一、流动性及流动性风险

（一）流动性

流动性是指商业银行满足存款人提取现金、支付到期债务和借款人正常贷款需求的能力。流动性是银行的生命线，它不仅直接关系着银行自身的存亡，甚至对整个金融体系以及国家的稳定都有重要影响。在1997年爆发的亚洲金融危机中，许多国家都发生了流动性危机，大量的存款客户到银行挤兑，导致大批商业银行倒闭。2008年，美国房地产市场泡沫破灭引发了全球金融危机，并迅速通过国际投资工具在世界范围内传播开来，使得全球金融机构尤其是商业银行的流动性面临前所未有的困境，金融机构在陷入困境时所经历的现金短缺给了我们一个重要的启示：流动性需求不可轻视。

如果一家银行能够及时、迅速地在需要时以合理的成本获得可支配资金，那么我们就可认为它是具有流动性的。也就是说，具有流动性的银行具备两个条件：一是手中有足够数量的现金以便在需要时使用；二是在需要时能够及时借入资金或者卖出资产筹集现金。

流动管理的主要难题在于：一是如何准确预测商业银行的流动性需求；二是如何满足商业银行流动性需求；三是如何在流动性和效益性之间取得最佳平衡。

（二）流动性风险

流动性风险是指商业银行虽然有清偿能力，但无法及时获得充足资金或无法以合理成本及时获得充足资金以应对资产增长需求或支付到期债务的风险。

流动性风险可以分为融资流动性风险和市场流动性风险。融资流动性风险是指商业银行在不影响日常经营或财务状况的情况下，无法及时有效满足资金需求的风险。市场流动性风险是指由于市场动荡，商业银行无法以合理的市场价格出售资产以获得资金的风险。

保持充足的流动性有以下几方面的意义：一是增强市场信心，向市场表明商业银行是安全的，并且有能力偿还债务；二是确保银行有能力实现贷款承诺，稳定客户关系；三是改善融资成本，降低商业银行借入资金所需支付的风险溢价。

二、商业银行流动性的需求与供给

（一）流动性需求与供给来源

对于商业银行而言，流动性最迫切的需求来自两个方面：一是客户的提现要求，二是合格客户的信贷需求，其表现形式有新贷款要求、重续到期贷款协议或是对剩余贷款额度的提取等。其他流动性需求还包括偿还非存款负债，如从其他金融机构或中央银行得到的贷款。另外，定期向股东支付股利或各种营业费用、税收等也需要可用现金。

为满足上述的流动性需求，银行需要开拓各类具有流动性的供给来源。最重要的流动性来源是新的客户存款，包括新开账户和已开立账户存款。另一个重要的流动性供给来源就是非存款服务收入和客户偿还贷款。资产出售和货币市场借款也会增加流动性供给。

当银行的流动性供给大于流动性需求时，存在流动性盈余，即银行出现正的流动性缺口。此时，银行必须为安排流动性盈余做好准备，决定在何时以何种方式把多余的流动性资金转变为有利可图的投资。

当银行的流动性供给小于流动性需求时，存在流动性赤字，也即银行出现负的流动性缺口。此时，银行应及时进行资金的调剂，从多种渠道筹集资金，来满足流动性需求。

（二）商业银行流动性问题的成因

1. 资产负债业务的错配

（1）资产负债业务期限的错配。资产负债业务的期限错配是指在未来特定的时期内，银行到期资产的数量（现金流入）与到期负债的数量（现金流出）的不对称。长贷短存是银行期限错配的主要特征，即商业银行将大量短期存款（负债）用于长期贷款（资产）。在其他因素不变的情况下，若出现大量短期存款同时被提取，银行无法提前回收长期贷款，那么银行将会面临流动性紧张的局面。

（2）资产负债业务分布的错配。资产负债业务的分布错配是指商业银行资产的运用对象与负债的运用对象不对称。资产的分布结构决定了银行现金流入的稳定性和多样性，负债的分布结构决定了现金流出的稳定性和多样性。就我国目前的金融市场来看，银行的资产结构相对单一，银行业普遍偏重贷款。自 2006 年以来，我国银行业金融机构的贷款占总资产比例，大多保持在 50％以上。这意味着，如果市场中出现流动性危机，受贷款本身特点及分业经营的限制，商业银行的资产结构中有 50％左右的资产很难立即变现，而其他资产所占的比重小且没有畅通的变现渠道,因此容易诱发潜在的危机。

(3)资产负债业务币种的错配。资产负债业务币种的错配是指在未来特定时期内,银行到期资产的币种与到期负债的币种不对称。在这种情况下,一旦本国或国际市场上出现异常波动,外币债权方通常因为对债务方缺乏深入了解,可能要求债务方提前偿付债务。此时,国内商业银行如果不能迅速满足外币债务的偿付需求,将不可避免地陷入外币流动性危机,并严重影响其在国际市场上的声誉。

2. 银行风险的集聚

商业银行的流动性问题,是其信用风险、市场风险、操作风险、法律风险、声誉风险及战略风险等长期积聚的结果,是银行经营稳健程度的综合反映。商业银行的流动性归根结底是一种信心游戏,只要商业银行能获得存款人、债权人、股东的信心,存款人就会将存款继续留在银行,并有新的存款人增加在该银行的存款,债权人会乐意将钱借给银行,股东会对银行不断提供支持,银行也就不会存在流动性的问题。

纵观世界各国主要商业银行倒闭的实际案例,一家银行陷入流动性危机甚至最终破产倒闭,一般会呈现如下规律性的发展路线:

(1)银行高速增长,银行的资产负债业务在期限结构上严重错配,并向高风险的借款人发放大量贷款,从而承担了大量的风险。

(2)由于宏观环境或内部经营的急剧变化,银行出现巨额亏损。

(3)新闻媒体集中报道银行所遇的困难,引起金融市场的强烈反应。

(4)银行出现流动性困难,为了筹集资金,一方面不得不提高资金利率,以留住老的存款、吸收新的存款,或者高成本借入大量资金;另一方面,不得不大量抛售手中持有的固定资产并出现巨大损失。

(5)银行利率的提升和资产的抛售,一方面,向市场传递了银行陷入困境的信息,会引发存款人继续提取其存款,其他债权人拒绝对到期债务展期;另一方面,利率提高提升了银行的成本,缩减了其盈利空间。另外,银行抛售资产,还可能引发资产市场的价格下跌,进一步扩大银行抛售资产的损失。

上述第二到第五环节循环往复不断加强,最终将银行拖入危机和破产的深渊。

(三)商业银行流动性管理的影响因素

在探讨流动性管理策略之前,我们有必要对影响流动性管理策略的各种因素进行分析,以下几个因素是值得特别注意的。

1. 流动性需求的性质

流动性具有很强的时间性,有些流动性需求是即刻的。例如,几个大额存单明天到期,且客户已经表示计划将这些存款取出,不再续存,这时银行就必须及时筹集现金。

有些流动性需求受季节性、周期性和趋势性等因素的影响。例如,在春节等特定假日,人们可能会有各种大额的支出计划,导致短期流动性需求较大。另外,储户的流动性需求也受到个人理财计划、消费观念、收入水平、家庭生活开支等因素的影响。

2. 参与货币市场的难易程度

银行参与货币市场的难易程度决定了银行在面临流动性短缺时是否可以从市场上借入资金,而银行在货币市场中的参与程度主要取决于银行在市场上的声誉。例如,大多数的小银行根本无法从货币市场获取资金,甚至向中央银行借款也很困难。因此,对于小银行来说,把握流动性最好的办法就是持有一定数量的现金资产,并且在需要时能及时将资产转化为现金。大银行的借入资金渠道是多样化的,它们可以很容易从货币市场上借入所需资金,另外也可通过国际金融市场来融资。

3. 利率未来变动的风险

银行的流动性管理也易遭受利率变动的风险,从而无法按所需数量获得流动性资金。如果利率上升,银行为筹集流动性资金而出售的资产的价值将下降,一些资产必将亏本出售。此外,利率上升时通过借款筹集资金的成本也比较高,从而导致某些形式的借款无法再获得。一般来说,如果未来利率预期将要上升,则银行应该选择长期资金;而如果未来利率预期将要下降,则银行更偏好于短期资金。例如,某银行预期未来利率将要上涨,则银行使用大额定期存单融资的成本会低于银行使用回购协议融资的成本。因为大额定期存单的利率是事先约定且相对固定的,而回购协议的利率会随着市场利率的上升而上升。

4. 各种流动性来源的成本及特征

银行对于各种流动性来源的成本及基本特征的比较也是影响流动性管理的重要因素。在满足流动性需求的过程中,具有选择权的银行会评估各种资金来源的特征,选择成本最低的方案(见表4-1)。

例如,假设银行暂时需要6个月的资金,管理人员决定从银行的资产组合中卖出100万美元的国债,需要抉择的是出售还有1年到期的还是5年到期的国债。两种债券都以面值交易,每年收益率均为5.5%。如果银行预期短期债券市场的利率会降至 5.5% 以下,则会选择卖出 1 年期的债券;如果银行预期短期债券市场利率会高于 5.5%,银行会选择卖出 5 年期的债券。

表 4-1　资产出售或借款中应考虑的因素

资产出售	借款
经纪费用	经纪费用
证券收益或损失	法定存款准备金
利息收入的增加或减少	利息费用
纳税额的增加或减少	营销成本

5. 银行外部环境的变化

外部环境的变化也会影响银行的流动性管理。例如,金融监管当局采用了更为实际的准备金标准,使得银行在流动性的法律要求方面比较宽松;或者由于金融市场上的变化,如金融工具的创新、金融市场的国际化,银行能够更容易筹集低成本、数量充足的资金。所有这些外部因素都会促使银行改变之前的流动性管理策略。

(四)商业银行流动性管理策略

商业银行可以根据上述影响因素的分析,并根据自身特定时期的具体情况,采取不同的流动性管理策略。

1. 资产流动性管理策略

资产流动性管理策略即持有流动性资产主要是以现金和有价证券的形式来保持流动性资金。由于是通过把非现金资产转成现金来筹集流动性资金,因此该策略通常又被称为资产转化策略。这是商业银行最古老的流动性管理策略。

(1)流动性资产必须具备以下三个特点:第一,必须拥有可即刻变现的市场,保证变现不会拖延;第二,必须拥有合理稳定的价格,无论所出售的资产的变现要求多么迫切,无论所售资产数目多么庞大,市场都能够迅速吸收且不会造成价格大幅下降;第三,必须是可逆的,即卖方可以在几乎不承受任何损失的情况下,恢复其初始投资。

(2)最常见的流动性资产有短期国库券、大额定期可转让存单、向其他银行或存款机构的同业存放以及银行承兑汇票等。

(3)资产流动性管理策略主要为规模较少的银行所采用,因为与借款相比,资产流动性管理策略的风险相对较小。商业银行只需持有流动性强的资产,在需要时,将资产出售转换为现金就能够应付流动性需要。

(4)资产流动性管理策略的缺陷：首先，出售资产意味着这些资产的未来收益将无法实现，因而若以资产保持流动性，就会产生一定的机会成本，而且出售资产时还需支付交易成本（佣金）；其次，如果资产需要在市场行情看跌的情况下出售，将加大资本损失的风险，故管理层应仔细斟酌，首先考虑出售获利潜力较小的资产，从而使未来的盈利损失最小化；再次，出售资产以增加流动性将会损害资产负债表的账面状况，因为所出售的资产一般都是低风险、经营状况较好的资产；最后，流动性资产通常是收益率最低的金融资产，大量投资于流动性资产意味着放弃其他资产可能带来的更高收益。

2．借入流动性管理策略

(1)所谓借入流动性管理策略是指商业银行在需要流动性的时候，通过从市场上借入足够的及时的资金来满足其流动性需求。世界上的大银行大都通过这种方式来筹集流动性资金。

(2)借入流动性资金的主要来源：大额可转让定期存单、同业拆借、回购协议、欧洲货币市场借款和向中央银行再贴现票据。借入流动性策略主要是为大型商业银行所采用，这些银行将近 100% 的流动性需求需要以借入方式满足。

(3)借入流动性管理策略的优势：首先，这种策略可以在不改变原有资产构成的情况下满足流动性需求，即银行只要在确定需要资金时去借款，而不需要保留较多的盈利性较差的流动性资产，从而可以提高银行的潜在收益；其次，如果银行对其现期持有的资产感到满意，利用借入资金可以使银行保持其资产规模和资产构成的稳定性，为银行获得预期利润甚至扩大经营规模提供一定的条件；再次，银行以借入资金方式满足其流动性需求属于主动负债，因此可将借入资金的出价利率作为调控杠杆，如果银行需要更多的资金，只需提高其借入资金利率直到所需资金流入；如果所需资金较少，则可以适当调低借入利率。

(4)借入流动性管理策略的缺陷：由于货币市场利率易变以及信贷可得性变化极快，故借入流动性策略的最大缺陷就是风险较大。利率波动、资金规模的变化等会给银行带来各种不稳定因素，从而加大银行的流动性风险。例如，陷入财务困境的银行往往最需要借入流动性资金，因为银行陷入财务困境的消息传出以后，储户就会开始提取存款，同时考虑到贷款风险，其他金融机构也不愿意对其提供贷款。

3．平衡流动性管理策略

鉴于借入流动性存在的内在风险以及储存资产流动性的较高成本，因此大多数金融机构在选择流动性策略时采取中庸之道,既使用资产管理也使用负债管理,即平衡流动性管理策略。

主要做法是通过区分不同性质的流动性需求,并采用不同的流动性来源和渠道来满足需要。例如,一部分预期的流动性需要以资产方式保持(主要是有价证券);另一部分预期的流动性需要则通过其他资金供应商预先安排信贷额度而获得支持;对于不可预测的现金需要主要由短期借款来满足;长期流动性需求可以预先计划,所需资金来自中短期贷款和证券,流动性需求增加时,可以将其转换成现金。

以上三种流动性管理策略需要在银行对自身流动性状况做过认真、详细的分析后适时采用。同时,银行的管理者应密切关注银行所有的资金运用和资金筹集活动,明确流动性管理的目标和任务,并对各种可能影响流动性需求状况的要素制定相应的应急措施,以保证银行具有较强的应对流动性风险的能力。

(五)商业银行流动性需要的测算

银行管理者要有效地控制流动性风险,就需要对未来的资金流量做合理的预测,近年来,西方商业银行已经开发出多种评估银行流动性需求的方法,主要有流动性指标法和资金来源与运用法。

1. 流动性指标法

流动性指标法是银行根据资产负债表的数据,计算流动性指标来衡量银行流动性状况的测算方法。这是一种静态测算的指标。

2010年12月出台的《巴塞尔协议Ⅲ》将流动性风险计量、标准和检测的国际框架引入了两个国际上统一的、独立但互补的定量指标即流动性覆盖比率和净稳定融资比率来监管银行的流动性风险。

(1)流动性覆盖比率(LCR)是建立在传统的流动性"偿债能力比率"方法基础上来评估流动性事件暴露的,主要是从短期的角度来衡量机构应对流动性风险的能力,通过严格定义流动性资产、细分现金流量情况,旨在保证银行在未来30天内有足够数量、无变现障碍的优质流动性资产来满足潜在的资金错配带来的资金缺口。

$$LCR=优质流动性资产/未来30天内的资金净流出量$$

根据《巴塞尔协议Ⅲ》的要求,该比率应该是100%,也就是说优质流动性资产储备至少应该和估计的资金净流出量相等。优质流动性资产指的是在正常或压力情景下无变现障碍的优质资产。该资产的特点是低信用风险和低市场风险,易于估值且价值稳定,与风险资产的相关性低,在广泛认可的发达交易所市场挂牌。净现金流出量是在特定压力情景下,未来 30 天内预期累计现金流出与预期累计现金流入的差额,表明压力情景下累计流动性错配的情况。预期现金流出总量是各类负债项目和表外承诺的余额与其预计流失比例或被提取率的乘积。预期现金流入总量是各类契约性应收款项的余额与其在压力情景下预计流入比例的乘积。为防止净流出量出现负数,规定可计入的预期现金流出总量最多不得超过预期现金流入总量的 75%。

(2)净稳定资金比率(NSFR)是指通过对银行资产负债项目的细分并赋予相应的折扣因子,要求银行在持续的压力情景下,仍然有稳定的资金来源用来持续经营和生存 1 年以上,旨在让银行采用更加稳定、持久的融资渠道,在长期内提高应对流动性风险的能力,优化融资结构。

$$NSFR＝可用的稳定资金/业务所需的稳定资金$$

根据《巴塞尔协议Ⅲ》的要求,该比率应该大于 100%。其中,稳定资金是指持续存在的压力情境下,在 1 年内能够保证的稳定资金来源的权益类和负债类资金。可用的稳定性资金包括:机构的资本、有效期限大于等于 1 年的优先股、有效期限大于等于 1 年的负债以及压力情景下有效期小于 1 年、预期将留在机构内的非到期存款和批发资金。所需的稳定资金数量是监管者基于该机构的表内外资产和其他相关活动下的整体流动性风险情况进行假设而测量得出的。净稳定资金比例实际上是对传统的资金缺口法的改进。

2. 资金来源与运用法

资金来源与运用法是指银行通过预测资金来源与占用数量来测算流动性需要量,进而组织资金来源,满足流动性需求的一种方法。这是一个动态测算的指标。对银行而言,存款增加以及贷款减少将导致流动性上升;相反,资金将导致流动性下降。一旦流动性资金来源与运用不相匹配就会产生流动性缺口,缺口大小以资金来源和运用之间的总差额来衡量。

用这种方法预测流动性需要应考虑三大因素:基本趋势(含存款趋势和贷款趋势)、季节性存款和周期性存款。分析需要每月估算流动性缺口,即资金的潜在使用量与预期资金来源之间的差额。目前,银行大多每周都在进行分析。

实际上,任何银行未经过市场考验,都不能说自己是否具有充足的流动性。银行的流动性管理者还必须密切关注以下来自公众和市场的信号:(1)公众的信心。如果个人和机构储户认为该机构有现金不足而无法偿债的危险,则很有可能导致该银行的存款流失。(2)股价表现。股价通常因为投资者认为该机构有疑似的流动性危机而下降。(3)对存单及其他借款的风险溢价。

银行有时可能会陷入流动性危机,而不得不以较高的借贷成本来支付风险溢价。(4)资产出售损失。如果银行为满足流动性需求而被迫匆忙出售资产,则可能会承受损失。(5)履行对信贷客户的承诺。银行的管理层有时迫于流动性压力,而不得不拒绝其优质客户合理的且存在潜在盈利贷款需求,以及原本可以接受的新贷款申请。(6)央行借款。若银行在某一段时间内频繁地从央行大量借款,则其可能已经面临流动性危机的风险。

关键概念:法定存款准备金 库存现金 同业存款 现金头寸 基础头寸 可用头寸 流动性管理 资产流动性管理 借入款流动性管理

复习思考题

1. 试述商业银行现金资产主要作用及管理原则。
2. 试述商业银行流动性的需求与来源,以及商业银行流动性问题的成因。
3. 概括商业银行流动性管理策略的主要内容。
4. 什么是商业银行的流动性及流动性风险?
5. 试述商业银行流动性管理的主要难点。
6. 试述商业银行资产流动性管理策略、借入流动性管理策略。
7. 试述商业银行流动性问题的成因及保持流动性充足的意义。

第五章　商业银行信贷资产管理

本章学习目的

1. 充分认识信贷的基本特征、信贷资金运动的特殊性。
2. 了解商业银行贷款的种类及特殊性。
3. 理解商业银行贷款的发展政策和基本管理制度。
4. 熟悉贷款程序，特别是贷款调查的 5C 原则，以及贷款调查的 5C 原则要求。
5. 掌握商业银行贷款质量评价和贷款五级分类。
6. 掌握商业银行不良贷款的产生原因及管理原则。
7. 简述商业银行信贷资产的贷后管理与风险预警制度的意义。

本章知识导入

2018 年不良贷款清收案例分析

某公司是以经营制造、销售纺织品，出口自产的棉纱、面涤纶纱、棉坯布、棉涤纶坯布等系列纺织品及服装的企业。2008 年以来，公司生产用原材料价格、用工成本上涨幅较大，而产成品价格基本维持以往水平，作为主营业务纺织盈利较低，仅靠牛仔布维持经营，加上受国家纺织行业出口退税政策影响，公司利润空间被严重压缩。2008 年 8 月开始，企业经营困难；由于招行撤资1000 万元等原因，2008 年 11 月起，整个企业资金链濒于断裂，导致企业停产。

该企业在工行桓台支行贷款总额为 5127.64 万元，其中，3760.14 万元为房地产和机器设备抵押贷款，1367.5 万元为另一企业担保贷款。自 2009 年 1月开始逾期欠息，至 2009 年 6 月底，全部进入不良，五级分类为次级类；当前为可疑类。

贷款行于 2010 年元月对其起诉，并诉前保全查封该行抵押的房产、土地、设备,该行胜诉后立即申请强制执行。通过多方努力,几经周折,法院委托于 2011 年 6 月 21 日公开拍卖涉案资产高于评估价 25％成交,目前已全部清收该行贷款本金 5127.64 万元及诉讼费用。

摘自:吴健,郭峰.一起成功全额清收企业不良贷款本金的案例启示.金融界网 http://www.zgjrjw.com,2011.7.

第一节　信贷的内涵和外延

一、信贷的基本概念

(一)信贷的含义和本质

信贷是指债权人有偿让渡资金使用权、债务人按期偿还本金并支付一定利息的信用活动。

信贷业务是指银行发放的各种贷款所形成的资产业务。信贷资产是商业银行资产业务中最主要的项目。信贷资产收益较高,但风险也较大。

(二)信贷业务的构成要素

(1)借款用途:是否合法、合理。(2)还款来源:借款人必须具有可靠的还款来源。(3)借款币种:本币、外币或加配人民币。(4)借款金额:在借款人的承贷能力之内。(5)借款期限:经借贷双方确认的期限。经贷款人同意后可以适当延长,即进行贷款展期,但原则上只有一次。(6)贷款利率:期限越长,风险越大,利率水平也越高。(7)担保方式:抵押、质押或保证。(8)发放方式:一次发放、多次发放或循环发放。(9)还款方式:是利随本清、定期还息到期还本,还是分次还本付息。其中,分次还本付息又分为等额还款法、递减还款法和等比递增还款法等多种形式。(10)支付方式:是用现金、支票,还是委托扣款。(11)违约责任:借款人不能按合同约定归还贷款本息,贷款人有权终止发放贷款,提前收回已发放的贷款本息。无力清偿债务的,贷款人有权处置抵押、质押物或要求保证人履行担保义务。

二、信贷的基本特征

增值性。信贷是银行以资金按期收回使用权为前提,以获取利息收益为目的。银行一方面对所有债务(存款、借款)必须支付利息,一方面对所有债权

（贷款）必须收回本息，而贷款利息就是贷款资金增值性的体现。

偿还性。商业银行是信用中介，集资金的受授于一身，一方面银行需要偿还客户存款和支付各类借款，另一方面银行有收回贷款本金和利息的权利。

风险性。银行把资金贷出去就会面临按期收回本金利息的风险，银行必须分散配置资金和严格风险控制，以最大限度地降低风险。

三、信贷资金的来源与运用

商业银行的信贷资金包括资金来源和资金运用两个部分。信贷资金的主要来源有资本金、各类存款、银行发行的债券、银行的各类借款和代理性存款。信贷资金的主要运用就是各类贷款。信贷资金的运用具有一定特殊性，主要表现在：

1. 信用主体的特殊性

银行吸收存款时是债务人，发放贷款时是债权人。银行集债权、债务于一身，既承担偿还债务义务，又享有发放债权的权利。

2. 资金来源的特殊性

商业银行是典型的负债经营型企业，信贷资金的 90％以上都是吸收来的存款资金。银行用吸收存款的钱放债，用收回的钱偿债。对存款人本息支取的保证取决于借款人的还本付息。

3. 信用创造的特殊性

贷款资金在转账支付机制作用下可以转化为派生性存款，从而成为新的信贷资金来源。

4. 交易工具的特殊性

银行的信用工具是虚拟性、法定性和公共性相统一的转移支付工具，如各类账户、票据、支付凭证，具有代替现金流通的功能。

第二节　贷款的基本类别

商业银行的贷款按照不同的标准有不同的分类方式。

一、按贷款期限分类

（一）活期贷款

活期贷款是指在贷款时不确定偿还期限，可以随时由银行发出通知收回，客户也可以随时归还的一种贷款方式。活期贷款流动性好,银行可视银根松紧随意发放或收回,是银行运营资金的良好途径之一。这种贷款的特点是:对银行来讲,这种贷款较定期贷款灵活性强,商业银行调配资金比较主动,只要银行资金紧张,则可随时通知借款人收回贷款。对借款人来讲,由于偿还期的不确定性,一旦项目资金投入生产,银行突然通知收回,就很被动,影响企业的业务运营。不过,这种贷款利率较低。

(二)定期贷款

定期贷款是指具有固定偿还期限的贷款。我国的贷款通则按照偿还期限的长短,分为短期贷款、中期贷款、长期贷款。短期贷款指期限在 1 年以内(含 1 年)的贷款。用以季节性、临时性资金需求。中期贷款指贷款期限在 1 年以上(不含 1 年)5 年以下(含 5 年)的贷款。这类贷款不具有自动清偿性质,一般是项目贷款,用于企业技术改造、收购、兼并企业,以及部分消费者贷款。长期贷款指贷款期限在 5 年(不含 5 年)以上的贷款。主要用于大型工程、固定资产投资和重大设备改造等,消费贷款中的住房抵押贷款通常是长期贷款。

(三)透支贷款

透支是指存款人或信用卡人因急需资金而在银行授予的限额内支用超过存款一定数量货币的信用活动。透支实质上就是银行的一种贷款,有善意透支和恶意透支之分。凡在规定的时间内补足透支款项的透支,叫善意透支;凡在规定的时间以内没有补足透支款项,而且对银行催促和警告置之不理,叫恶意透支。对恶意透支者,银行将依法追究。

二、按贷款保障分类

(一)信用贷款

信用贷款是指银行凭借款人信誉而发放的贷款。其风险较大,银行会收取较高的利息并附加一定的条件,贷款发放从严把关。一般仅向实力雄厚、资信良好、业务往来时间较长的借款人发放,且期限较短。

(二)担保贷款

担保贷款是指依据借款人或第三方提供的担保而发放的贷款。担保贷款包括保证贷款、抵押贷款和质押贷款。保证贷款是指由第三方承诺在借款人不能偿还贷款时,按照约定承担一般保证责任或连带保证责任而发放的贷款。担保贷款是指以借款人或者第三方的不动产作为抵押物而发放的贷款。若抵押人破产,贷款银行享有物权优先的保障权利。质押贷款是指以借款人或第三方的动产或权利作为抵押物而发放的贷款。若出质人破产,贷款银行作为质权人与抵押人一样享有物权优先保障权利。

（三）贴现

贴现是票据持有者用未到期的票据向银行融资，银行按票面金额扣除自贴现日至到期日利息后付款给票据持有人的经济行为。贴现的本质就是质押贷款。

三、按贷款偿还方式分类

（一）一次性偿还贷款

一次性偿还贷款是指借款人在贷款到期日一次性还清本金的贷款。其本金需要一次性还清，但利息可以分期支付，也可在归还本金时一次性付清。短期的、临时周转的一般都采取这种还款方式。

（二）分期偿还贷款

分期偿还是指借款人在与银行约定的贷款期限内，分期偿还贷款本金和利息的贷款。中长期贷款通常采取这种方式。

四、按贷款对象分类

个人贷款是指银行按照一定利率和期限发放给自然人的贷款，包括住房贷款、消费贷款、经营贷款和信用卡贷款。

企业贷款指银行按照一定利率和期限发放给企业的贷款，包括经营性贷款、固定资产贷款等。

第三节 贷款政策、制度与贷款程序

一、贷款政策

贷款政策是商业银行为实现各自的经营目标而制定的指导贷款业务的各项方针和措施的总称。它直接体现商业银行的经营目标和经营战略，有利于信贷管理部门遵守各项法规，维持适当的授信标准，确保贷款质量，防范信贷风险。

（一）贷款业务发展政策

贷款业务是商业银行的核心业务，商业银行开展贷款业务需遵循"安全性、流动性、盈利性"的经营方针。我国商业银行法明确指出:银行贷款应在遵循经营方针的基础上,根据需要和可能确定商业银行贷款发展的范围、速度和规模,既要考虑国家宏观经济政策的要求、经济发展的客观需要,又要考虑本行的实际能力。

(二)贷款规模政策

商业银行一般根据负债资金来源情况、资金的稳定性状况,以及中央银行规定的存款准备金比率、资本金状况、银行自身流动性准备金率、银行经营环境状况、贷款需求情况和银行经营管理水平等因素,来确定计划可以发放的贷款规模。贷款规模既要符合银行稳健经营的原则,又要最大限度地满足客户的贷款需求。

1. 贷存比反映银行的资金运用与贷款的比重以及贷款能力的大小

我国商业银行法规定该比率不得超过 75%,如果超过这比率,表明贷款规模过大,风险较大。在这个比率范围内,比率越低,说明贷款在银行资产中占的比率越少,安全性越高。现有贷款能力越弱,新增贷款的潜力就越强。2015 年 6 月 24 日国务院常务会议通过《中华人民共和国商业银行法案修正案(草案)》,草案将存贷比由法定监管指标转为流动性监测指标。

2. 贷款与资本比率反映银行资本的盈利能力和银行对贷款损失的承受能力

该比率越高,说明银行在收回贷款本息的前提下盈利能力越强,相应承受呆账损失的能力越弱。该比率越低,说明银行的盈利能力越弱,但承受坏账损失的能力越强。我国银监会于 2012 年 6 月正式发布的商业银行资本管理办法(试行),规定从 2013 年 1 月 1 日起,商业银行须达到 5% 的核心一级资本充足率,6% 的一级资本充足率以及 8% 的总资本充足率,以及 2.5% 的储备资本缓冲,0%~2.5% 的逆周期资本缓冲和 1% 的系统重要性机构附加资本。

3. 单个企业贷款比率是指银行给一家客户或集团客户的贷款占银行资本金的比率,反映银行贷款的集中程度和风险状况

该比率越低,说明贷款集中程度越低,按照风险分散原则,贷款的风险程度也越低。我国商业银行法规定,对同一借款人的贷款余额与商业银行资本余额的比例不得超过 10%。中国人民银行的商业银行资产负债比例管理考核暂行办法规定,对最大集团客户发放的贷款总额不得超过资本净额的 50%。

4. 中长期贷款比率

中长期贷款比率是银行发放的 1 年期以上的中长期贷款余额与 1 年期以上的各项存款余额的比率,反映银行贷款的总体流动情况。该比率越高,说明

流动性越差,反之则越强。中国人民银行的商业银行资产负债比例管理考核暂行办法规定,商业银行中长期贷款比率不得高于120%。

5. 流动性比例

流动性比例是银行各项流动性资产与流动性负债比例,该比率越高,表明商业银行的流动性资产相对流动性负债越多,反之则越少。我国商业银行法规定该比率不得低于25%。

(三)贷款投向政策

贷款投向政策包括贷款种类政策、行业政策和地域政策等。银行贷款的投向一般受制于银行的负债结构、经营战略、传统业务背景以及银行的服务范围、服务对象等。

1. 贷款种类政策

贷款种类及其构成形成了商业银行的贷款结构。贷款结构对商业银行信贷资产的安全性、流动性、盈利性均具有重要的影响。因此,银行贷款政策必须明确规定本行贷款种类及结构,决定哪几种贷款对本行最为有利。银行应在充分考虑贷款的风险、客户类型和工作能力等因素后,确定企业贷款、个人贷款和农业贷款等贷款总额。

2. 贷款地域政策

贷款地域政策是根据商业银行的规模确定的。大银行规模大分支机构众多,一般不对贷款地区做出限制;中小银行因受规模、机构布局等限制往往会设定贷款业务所在城市和地区。我国的城市商业银行,其成立之初的经营活动就被限制在其所在的城市,因为银行对该地区的经济情况会比较了解,对借款人的信用分析、贷款质量跟踪检查较为方便可靠,在该地区放款对银行来说比较安全。随着城市商业银行规模的逐渐扩大,银监会根据"分类指导"的原则,逐步放宽了对资质较好的城市商业银行跨区域发展的限制的准入要求。

3. 贷款行业政策

贷款行业政策是商业银行控制贷款业务的行业范围的政策。贷款的行业选择对商业银行贷款的风险程度和盈利水平影响很大。商业银行总行每年根据国家财政、经济和金融政策,提出适合本行业务发展的贷款行业政策指导,比如对高污染企业的行业政策、房地产企业的行业政策等。商业银行贷款按行业分类,大方向可分为农业贷款、工商业贷款和个人贷款等。每家银行的行业贷款结构都存在明显差异,其所处的市场区域特征对行业贷款有着重要的影响。

（四）统一授信政策

统一授信政策是商业银行对单一法人客户、单一集团客户统一确定最高综合授信额度，并加以集中统一控制的信用风险管理制度。商业银行实施统一授信政策，要做到四个方面的统一：1. 授信主体的统一。商业银行应确定一个管理部门或委员会统一审核批准对客户的授信，不能由不同部门分别对同一或不同客户，不同部门分别对同一或不同信贷品种进行授信。2. 授信形式的统一。商业银行对同一客户不同形式的信用发放都应置于该客户的最高授信限额以内，即要做到表内业务授信与表外业务授信统一，对表内的贷款业务、打包放款、进出口押汇、贴现等业务和表外的信用证、保函、承兑等信用发放业务进行"一揽子"授信。3. 不同币种授信的统一。要做到本外币授信的统一，将对本币业务的授信和外币业务的授信置于同一授信额度之下。4. 授信对象的统一。商业银行授信的对象是法人，不允许商业银行在一个营业机构或系统内对不具备法人资格的分支公司客户授信。

以上这四个方面的统一授信政策，将贷款的管理纳入整个银行的统一管理体系，对银行实现全行范围内收益与风险的平衡至关重要。

（五）关联交易政策

关联交易指商业银行与关联方之间发生的转移资源或义务的授信、资产转移、提供服务等事项。商业银行的关联方包括关联自然人、法人或其他组织。由于交易主体在关联交易中可能会有失公允，从而损害其他利益相关者或整个银行的利益。2004年银监会颁布的《商业银行与内部人和股东关联交易管理办法》中明确规定：商业银行的关联交易应当符合诚实信用及公允原则。商业银行的关联交易应当遵守法律、行政法规、国家统一的会计制度和有关的银行业监督管理规定。商业银行的关联交易应当按照商业原则，以不优于对非关联方同类交易的条件进行。中国银行业监督管理委员会依法对商业银行的关联交易实施监督管理。

（六）贷款禁止政策

贷款的发放必须严格执行我国商业银行法的有关规定，不得向关系人发放信用贷款，向关系人发放担保贷款的条件不得优于其他借款人同类贷款条件的规定；不得向生产、经营或投资国家明文规定禁止的产品和项目发放贷款；不得向未经国家规定有关部门审批未批项目贷款；不得向未经国家环境保护部门许可的企业项目贷款；在实行承包、租赁、联营、合并、合作、分立、产权有偿转让、股份制改造等体制变更过程中，对未清偿原有贷款债务、落实原有贷款债务或提供相应担保的企业不得发放贷款。

（七）贷款档案管理政策

贷款档案是商业银行信贷管理的重要工具，是商业银行发放贷款、收回贷款以及控制和掌握新增贷款户信贷资金营运情况的主要依据，同时也是商业银行债权存在的证明。贷款档案管理政策是贷款政策的重要内容，银行应该建立科学、完整的档案管理制度。

二、贷款基本管理制度

为使贷款管理的各个环节和岗位互相制约，共同保证贷款质量，商业银行贷款应当实行审贷分离分级审批等制度。

1. 贷款三查制度

贷款三查制度即贷前调查、贷时审查、贷后检查，是银行对企业贷款实行的一种有效的分析、管理和监督的制度。

（1）贷前调查。商业银行受理借款人的贷款申请后，即对借款人的信用等级以及借款的合法性、安全性和效益性等情况进行调查，核实抵押物、质物、保证人情况，测定贷款人的风险度。贷前调查是发放贷款的前提和关键，为贷时审查和贷后检查提供必要的条件。贷前调查的目的是掌握申请贷款的借款人的资产状况、经营状况、借款原因和偿还能力。贷前调查应当做到实地查看，如实报告授信调查掌握的情况，不回避风险点，不因任何人的主观意志而影响调查结论。

（2）贷时审查。贷时审查是在贷前调查的基础上，审核每一笔贷款的发放是否合理，有无风险，这是贷款发放的必不可少的步骤，其目的是进一步确认申请贷款的借款人的偿还能力和贷款风险，通过对借款人的成本、生产和流通周转、经营状况、经营潜力及借款人个人信誉等方面的审查来决定贷款金额、贷款期限及是否同意贷款。贷时审查要做到独立审贷、客观公正、充分准确地揭示业务风险，提出降低风险的对策。

（3）贷后检查。贷后检查就是在贷款发放以后，对借款人是否按照合同认真履约，借款人的经营状况及借款人所经营的行业动向进行的关注。它是贷款发放后的延续工作和必要的补充工作。其目的是运用现场检查和报表分析，检查贷款物资保证、贷款使用效果、贷款回收程度，促进贷款对象加强经营管理，确保贷款本息的按时回收。贷后检查应当做到定期跟踪、实地查看、如实记录，及时将检查中发现的问题报告有关人员，不得隐瞒或掩饰问题。

2. 审贷分离制度

审贷分离制度是指贷款的调查评估、审查批准和检查清收分离，由不同的人员负责。信贷管理人员通常分为贷款调查评估人员、贷款审查人员和贷款检查人员。贷款调查评估人员负责贷款调查评估,承担调查失误和评估失准的责任;贷款审查人员负责贷款风险的审查,承担审查失误的责任;贷款检查人员负责贷款发放后的检查和清收,承担检查失误、清收不力的责任。

3. 贷款分级审批制

贷款分级审批制是商业银行根据业务量的大小、管理水平和贷款风险度确定各级分支机构的审批权限,超过审批权限的贷款,报上级审批。银行贷款的风险直接反映在贷款金额上,金额越大风险越大,对贷款专业知识和经验的要求也就越高。

4. 贷后管理责任制

建立贷后管理责任制是充分调动有关力量防范贷款风险的基本前提,尤其是很多贷款的贷后管理涉及银行的很多部门与人员,建立其相应的贷后管理责任制,对于做好贷后管理工作更显重要。(1)明确上下级行之间的贷后管理责任。原则上,贷款行对本级行发放的贷款负有贷后管理责任,上级行可以将其发放的贷款委托下级行进行管理。委托管理的贷款要签订委托管理协议,明确相关的责任。(2)明确相关部门的贷后管理责任。贷后管理涉及信贷、会计、风险管理、资产保全、法律等部门,必须明确相关部门在贷后管理中的分工与责任,各部门密切配合,共同做好贷后管理工作。(3)明确相关人员的贷后管理责任。信贷员(经办客户经理)负责贷后的检查和本息催收;信贷部门负责人负责督促、组织本部门贷后管理工作及部门间协调;保全部门及有关业务人员负责不良贷款的清收转化和处置;法律部门相关人员负责研究业务中的法律问题,提供法律支持;开户行会计部门协助信贷部门监督贷款的使用等。

5. 贷款档案管理制度

一套完整的贷款档案管理制度通常应包括以下内容:(1)贷款档案应包括法律文件、信贷文件和还款记录。(2)贷款档案的保管责任人。信贷管理人员应该清楚所管档案的完整程度,对所缺内容及原因须做书面记录,归入贷款档案。(3)明确贷款档案的保管地点。对法律文件要单独保管,应保存在防火、防水、防损的地方。(4)明确贷款档案存档、借阅和检查制度。

三、贷款的程序

为了保证贷款业务操作的规范化,商业银行必须明确规定贷款业务的工作程序。贷款程序通常包括三个阶段,第一阶段是贷前的调查及信用分析阶段,这是科学贷款的决策基础。第二阶段是银行接受贷款申请以后的评估、审查及贷款发放阶段,这是贷款的决策和具体发放阶段,是整个贷款过程的关键。第三阶段是贷款发放以后的监督检查、风险监测及贷款本息收回的阶段,这是关系到贷款能否及时、足值收回的重要环节。贷款程序一般可以归纳为九个环节:贷款申请、信用评级、贷款调查、贷款审批、签订借款合同、贷款发放、贷后管理、贷款收回和贷款评估。

（一）贷款申请

大多数银行的贷款都是由客户直接提出申请的。银行信贷人员对客户的贷款申请应予以积极配合,介绍银行信贷产品及性能,帮助客户了解银行贷款条件、程序以及准备贷款必需的材料和证明文件。

（二）信用评级

商业银行在受理客户的贷款申请后,首先审核客户的申请是否符合银行的贷款政策,然后评定其信用等级,确定对该客户贷款的条件。

对客户的信用评级可以由商业银行独立进行、内部掌握,也可以由外部专门评估机构进行。目前我国大多数商业银行采用内部信用评级。银行对客户的信用评级,一般会考虑借款人的领导者素质、经济实力、资金结构、履约情况、经营效益和发展前景等因素。

（三）贷款调查

商业银行在评定了信用等级以后,要进一步对借款人进行调查,核实抵押物、质押物和保证人情况,测定贷款的风险度。银行贷款调查采用5C原则,即信用、能力、资本、担保和环境。当然,现金流、内部控制和经营持续性三大要素也是银行贷款调查和分析的重要内容。

（四）贷款审批

经过银行和借款申请人双方的贷款准备和贷款谈判,一旦确认了贷款事项和条件,银行就应当及时进行审批。银行应按照"分级负责、集体审定、一人审批"的贷款审批制度和"审贷分离"制度进行审批贷款决策,逐笔、逐级签署审批意见并办理审批手续。建立健全商业银行贷款审查委员会,进行集体决策是贷款审批科学决策的有力保证。

（五）签订借款合同

商业银行的借款合同通常是标准格式,并且专门由银行法律部门人员审核把关。借款合同一般应约定借款种类、借款用途、金额、利率、期限、还款方式、借贷双方的权利与义务,违约责任和双方认为需要约定的其他事项。保证贷款应由保证人与贷款人签订保证合同,或保证人在借款合同上载明与贷款人协商一致的保证条款,加盖保证人的法人公章,并由保证人的法定代表人或其他授权代理人签署姓名。抵押贷款、质押贷款应由抵押人、出质人与贷款人签订抵押合同、质押合同,需要办理登记的,应依法办理登记。

（六）贷款发放

银行在批准贷款、草拟好借款合同文本以后,在正式发放贷款之前,还需要满足一系列条件。比如,对于担保贷款,银行要取得担保权利;对于项目贷款,项目的部分资本必须已经到位。并且项目必须已经按照有关法律、法规的规定获得了政府的正式批准;这些条件一般都由客户经理在发放贷款前确保落实。符合所有条件后,授权信贷人员将与借款人签署信贷文件,并发放贷款。

（七）贷后管理

贷后管理是从贷款发放之日起到贷款本息收回之时为止的贷款管理。主要内容包括贷后检查、贷款风险预警、贷后管理责任制、贷款风险分类、不良贷款管理等。银行贷后检查的重要环节之一,是对借款企业的资金使用进行监督。贷后管理中,最重要的是通过对所有可能影响还款的因素进行持续监测,尽可能提前发现客户潜在的风险,适时采取相应的预防和补救措施,从而减少借款人的违约风险,并使潜在风险损失最小化。因此,银行需要建立起有效的贷款风险预警机制,通过现场和非现场贷后检查,发现贷款风险的早期预警信号,运用定量与定性分析相结合的方法,尽早识别风险的类别、程度、原因及其发展变化趋势,并按规定的权限和程序对问题贷款采取针对性处理措施,及时防范、控制和化解贷款风险。

（八）贷款收回

贷款到期后,借款人应主动及时归还贷款本息,一般可由借款人开出结算凭证归还本息。贷款到期,由于客观情况发生变化,借款人经过努力仍不能还清贷款的,短期贷款必须在到期日的 10 天前、中长期贷款在到期日的 1 个月前,向银行提出展期申请。如果银行同意展期,应办理展期手续。每笔贷款只能展期一次,短期贷款展期不能超过原贷款的期限;中长期贷款的展期不得超过原贷款期限的一半。贷款展期后,如果展期期限加上原贷款期限达到新的档次利率期限,则按新的期限档次利率计息。如果银行不同意展期,或展期后仍不能到期还款,即列为逾期贷款,银行对其进行专户管理,并加大催收力度。

（九）贷款评估

商业银行贷款到期,无论是及时收回本息还是未按期收回本息,都应做出书面的贷款评估报告。贷款评估报告一般由主管该笔贷款的信贷员或客户经理撰写,然后由银行贷款审查委员会(或贷款评估委员会)进行评估审查。贷款评估报告的主要内容是确认借款合同到期时贷款所处的状况,并明确责权利关系,反馈贷款管理的经验和教训,并对未及时收回或有问题的贷款提出解决的对策和建议。

第四节　贷款风险分析

贷款是银行收益的主要来源,但也是风险较高的一项业务,由于信息不对称等因素,贷款存在不能按期收回的可能。所以,对贷款风险的分析很重要。

一、信用分析

银行信用分析主要围绕六个方面进行,分别是借款人的品德、资本、能力、担保、经营环境和事业的持续性,由于这六个方面的英文的第一个字母都为"C",故称之为"6C"评估法。

(一)品德分析

品德分析主要分析借款人是否具有偿还债务的意愿。它主要反映在借款人过去偿还债务的记录上。借款人如果是自然人,其品德表现在道德观念、个人习惯和偏好、在社会上的地位和声誉等方面;借款人如果是法人,其品德表现在经营管理水平、经营方针和政策的稳健、在同行和社会上的地位和声誉等方面。由于借款人的品德是无法计量的,因而银行根据借款人过去的偿债记录进行初步判断,对借款人现在的情况进行调查后进行综合评估。当然,银行也可以通过专门的诚信机构了解借款人的信用状况。

结合我国国情,在评估借款人还款意愿和承担义务的责任感时,必须充分考虑我国的实际情况。如果借款人存在不良的还款记录,要进一步分析其深层原因,看其是由于国家政策调整等因素造成的,还是因借款人经营管理不善、挤占挪用贷款造成的。对于前者,不能简单地归结于借款人的品德问题。

(二)能力分析

能力是指借款人运用借入资金获取利润并偿还债务的能力。主要从两个方面考察:一是借款人的预期现金流量。借款人的预期现金流量是偿还贷款的直接来源,所以银行要侧重于分析借款人的现金流量表,考察贷款项目的未来的现金流量的状况。二是借款人的生产经营能力和管理水平。这直接决定了企业获取利润的多少。当然,还需要分析企业的生产成本、产品质量、销售收入、市场竞争力及企业经营者的经验和能力。

（三）资本分析

资本是借款人的自有资金，它反映了借款人的经济实力和承担风险的能力，也是借款人能否获得银行贷款的一个决定性因素。同时，资本在一定程度上也反映了借款人的经营成就。对于银行而言，希望借款人的资本越多越好，借款人一旦发生经营损失，可以由资本弥补，以减少银行贷款的风险。在分析时，一般不使用绝对量进行衡量，而是用相对量进行，如资本与资产比率、资本与负债的比率等。同时，还应注意资本的账面价值与实际价值的区别，以及资本的稳定性和变现能力等方面。

（四）担保分析

担保分析主要分析借款人是否具有一定的担保品或有经济实力的担保人作为贷款担保，这是影响贷款风险的一个重要因素，是借款人的第二还款来源。对于担保品，一是要看企业提供的担保品是否适合于作担保品；二是担保品的整体性、变现性、价格稳定性；三是担保品是否投保；四是贷款保证人的担保资格、经济实力和信用状况；五是保证人的担保能力是否与担保贷款额度相符等。

（五）经营环境分析

借款人的经营环境包括两个方面：一是借款人自身的经营状况，具体包括经营范围、经营方向、生产规模、销售方式、市场情况、竞争能力、人力资源、经济效益、发展前景等。这些因素是借款人的可控因素。二是外部环境，如宏观经济政策、借款人所处行业的发展趋势、科技进步对该行业的影响等。这些是借款人的不可控因素，但对其经营发展影响很大，而且对不同性质、不同期限的贷款的影响程度是不同的。所以银行在发放贷款时，必须对借款人的经营环境及其变动做出分析和预测，并采取必要的措施以保证贷款的安全。

（六）事业的持续性分析

事业的持续性是指借款人能否在日益激烈的市场竞争中生存和发展。如果借款人的竞争能力弱、盈利能力差，则银行贷款就有收不回来的可能性，因此，对借款人事业的持续发展能力的评价也是信用分析的一个重要组成部分。

总之，对借款人的信用分析就是为了确定借款人的未来还款能力。影响借款人未来还款能力的因素主要有财务状况、现金流量、信用支持和非财务因素等。借款人的财务因素和现金流量构成借款人的第一还款来源，而信用支持为第二还款来源，非财务因素虽不构成直接还款来源，但会影响借款人的还款能力。

二、财务分析

财务分析是以借款人的财务报表为主要依据,采用专门的方法系统分析和评价借款人过去和现在的财务状况、经营成果,其目的在于了解过去、评价现在、预测未来,是保证贷款安全和盈利的重要手段。财务分析包括财务报表分析和财务比率分析两方面的内容。前者主要通过对借款企业的资产负债表、利润表等财务报表的分析,了解借款企业的资产负债规模、结构,以及资产负债状况、盈利能力、营运能力等情况;后者利用财务报表数据计算各项财务比率,从而对企业的财务状况和经营业绩、资金周转等情况进行全面的评估。

(一)财务报表分析

财务报表分析主要是对资产负债表、利润表和财务状况变动表进行分析。

1. 资产负债表分析

资产负债表是反映企业在一定时间上资产负债情况的会计报表。分析借款企业资产负债表的目的在于剔除其中的水分,以降低贷款风险。在资产项目中,货币资金是资产中比较明确的部分,一般不作为分析的重点,银行主要对应收账款、存货、固定资产和投资进行分析。对于负债项目,主要分析负债长短期结构情况、规模大小、偿还安排以及是否存在逾期或漏记的负债。对于资本项目,主要分析其资本规模、结构以及其中是否存在虚假成分等。

(1)资产项目银行重点分析的内容有:

①应收账款。这是企业偿还短期债务的主要资金来源,也是企业流动资产中流动性仅次于现金的资产。对应收账款的分析,着重掌握三点:一是应收账款的分布。应收账款集中在少数大户,往往坏账的风险大于应收账款分散在众多小户。二是应收账款账龄的分布。账龄太长的往往预示着不正常现象。三是应收账款的抵押。如有抵押出去的,就不作为新贷款的还款来源。

②存货。这是指企业购入的原材料以及在产品、产成品和半成品,是企业流动资产的重要组成部分,也是偿债的主要物质基础。银行评价企业的存货,应重点分析五个方面的内容:一是存货的规模是否合理。即按企业现有的生产能力和生产规模来衡量存货是否过量,其中重点看原材料储备是否过多,产成品是否积压。二是存货保留时间的长短。如果某种存货保留时间过长,往往表明这种存货已不适用,需要从流动资产中扣除。三是存货的流动性状况。即存货是否能在市场上销售变现。流动性差、变现能力低的存货会占压资金,形成还贷风险。四是存货有无陈旧变质风险。五是存货是否投保。

③固定资产。固定资产是企业资本的一部分,可用于最后的债务清偿。

当银行给企业发放中长期贷款,特别是发放以固定资产作为抵押的贷款时,就需要了解该企业固定资产的状况:一是了解企业是否按规定提足了折旧。如果没有按规定提足折旧,表明固定资产中含有虚假成分。二是了解企业固定资产是否全额保险。三是了解企业固定资产的变现能力。如果企业的固定资产变现能力弱,即适用范围窄,变现能力就差,那么,当发生风险时,银行就很难通过固定资产变现来取得还款资金。

④投资。企业除了进行生产和经营外,还进行短期投资和长期投资。比如债权投资和股权投资,债权或股权能够给企业带来投资收益但也可能带来亏损。如银行分析企业的有价证券投资,首先要注意企业所持有的各种有价证券的合法性、流动性和盈利性,以及有价证券的期限、数额、结构是否合理,同时了解有价证券发行人的信用状况,从中分析可能影响企业偿债能力的财务关系或约定义务。发放以有价证券为质押的贷款,对企业的证券投资的审查就更为重要。

(2)负债与资本项目银行重点分析的内容有:

①负债。企业的负债包括短期负债和长期负债。短期负债主要包括应付账款、应付票据、应交税金和短期借款等。对短期负债的分析,首先要了解企业短期负债的数额有否漏计,有漏记现象会造成银行对企业偿债能力的高估;其次,要了解短期负债的期限,如已过期,可能会被处以罚款。长期负债主要包括长期借款和发行的中长期债券。分析长期借款的重点是长期借款的到期日和企业偿还长期借款的安排,以正确评价企业的偿债能力。

②资本。资本的大小既能反映企业财力是否雄厚和财务状况的好坏,又能反映企业的风险承受能力大小。分析资本项目,首先要了解企业的资本是否存在虚假成分。其次要分析企业的资本结构。对股份制企业来说,普通股资本所占比例较大的企业,其资本实力也比较稳定,反之就表示比较脆弱。再次,要考察企业是否按规定补充自有资本。如果是独资企业,银行还要考虑其企业以外的收益、资产、负债和资本状况,因为,当发生经济纠纷时,这些因素都有可能影响企业的偿债能力。

2. 利润表项目的分析

利润表反映了企业一定时期的经营成果。通过利润表,可以了解企业的经营业绩、理财成果和获利能力的大小。银行分析利润表,首先应了解企业销售收入、销售成本、各项费用的真实性,包括对各种账户和原始凭证的核对。其次,可采取纵向和横向比较的方法,将利润表中各项指标与上年度、同行业、同等条件的其他企业进行比较。如发现企业某一方面的费用过高或收入过低,应进一步查原因。

3. 财务状况变动表分析

对企业财务状况变动表的分析,有助于银行了解企业在一定时期内营运资产的变动和企业资金的流动性状况。例如,一家企业年销售额大幅度上升,净收入增长较快,与此同时,企业的资产也扩大了,为了与较高的销售水平相适应,存货相应增加,应收账款也上升,固定资产投资也有所扩大。如果企业用发行股票或长期债券,或增加长期贷款的方式筹措资金,实现其资产的扩张,那么,企业可保持良好的流动性。倘若财务状况变动表显示当年的主要资金来源是应付账款和应付票据或短期借款,那么银行应认识到该企业虽然有盈利能力,但其当年的流动性已受到影响,在审查贷款时,应了解企业准备如何改善其流动性状况。

(二)财务比率分析

财务报表项目分析只能帮助银行概括地了解企业在一定时期内的财务状况及经营成果。而借款企业信用状况如何,有无充足的偿债能力,还需进一步依据一些标准的财务比率加以测定。财务比率分析是对企业财务状况进行进一步分析的量化指标。银行在分析时,利用各种财务比率与企业自身历史情况比较,与同行业的平均水平或先进水平进行比较,从而对企业做出客观公正的评价。银行用来进行财务比率分析的方法一般有以下三类。

1. 偿债能力分析

偿债能力是指借款人偿还各种到期债务的能力。评价企业偿债能力有利于银行进行正确的贷款决策,是银行对借款企业进行财务分析的核心部分。偿债能力分析常用的指标有流动比率、速动比率和现金比率。

(1)流动比率是企业流动资产与流动负债的比率,是衡量企业短期偿债能力的最常用的指标。其计算公式为:

$$流动比率=流动资产/流动负债$$

流动资产包括现金、有价证券、应收账款和存货等。流动负债包括应付账款、应付票据、短期借款、应交税金和应计费用等。流动比率表明企业的短期债务可由预期的该项债务到期前变为现金的资产来偿还的能力。流动比率因企业的经营规模和经营性质不同而不同,一般在 1.5 到 2.5 比较合适。

(2)速动比率是企业速动资产与流动负债的比率,是考核企业资产迅速变现能力的指标,用公式表示为:

$$速动比率=速动资产/流动负债$$

速动资产是指可以迅速变现用来偿付流动负债的那些流动资产,它一般由现金、有价证券和应收账款构成。其可以表示为流动资产减去存货。存货不包括在速动资产中,是因为在流动资产中,存货的流动性最差,且受残损贬值、价格涨落或不易销售等因素的影响,因此,速动比率比流动比率更能够反映企业的短期偿债能力。这一比率通常应保持在 1 以上,即每一单位的流动负债至少需要有一个单位的能迅速变现的资产作保证。

(3)现金比率是现金和现金等价物与流动负债的比率。现金比率的计算公式是:

$$现金比率=(现金+等值现金)/流动负债$$

公式中的现金是指库存现金和银行存款;等值现金是企业所持有的高流动性的有价证券。现金比率越高,说明企业即期偿债能力越强。通常这一比率应保持在 5% 以上。

2. 盈利能力比率

(1)销售利润率。这一指标反映了企业每一单位的销售额可带来的利润数。其计算公式是:

$$销售利润率=(销售额-销售成本-税金)/销售总额$$

(2)资产收益率。这是反映企业每一单位的资产的盈利能力的指标。其计算公式为:

$$资产收益率=净利润/资产总额$$

(3)普通股收益率。该指标最能反映企业实际盈利能力的指标。其计算公式是:

$$普通股收益率=(扣除税款和利息后的纯收益-优先股股息)/普通股权益额$$

(4)股票市盈率。这是权益股票的市价与股票盈利水平的比率。它反映了投资者对该权益股票的偏好和对权益前景的信心。其计算公式是:

$$市盈率=每股市价/每股盈利$$

3. 结构性比率

结构性比率包括负债比率、股东权益比率、偿债能力比率等。这些比率从不同的方面来分析企业的偿债能力。

(1)负债比率。负债比率是企业负债总额与资产总额的比率。它反映了企业负债程度。其计算公式是:

$$负债比率=负债总额/资产总额$$

(2)负债净值比率。这是企业负债总额与企业资本净值总额的比率。其计算公式是:

$$负债净值比率=负债总额/资本净值$$

　　由于资本净值是企业最后和可靠的清偿能力,所以,这一比率越高,表明企业资本净值相对应的负债越多,企业的负债程度越高,进而偿债压力或负担也就越重,最后有可能因负担过重而丧失清偿能力。

　　(3)流动负债率。这一指标反映了企业短期负债在全部负债中的比重。其计算公式是:

$$流动负债率＝流动负债/全部负债$$

　　这一比率较高也反映了企业短期负债的偿债压力相对较大,因而需要较多的流动资产来做还款保证。

　　(4)流动资产率。这是反映企业流动资产与总资产或总负债的比率。其计算公式是:

$$流动资产率＝流动资产/总资产$$

或　　　　　$$流动资产率＝流动资产/总负债$$

　　这两个指标都用来反映企业以流动资产偿还债务的能力。其中,流动资产对总资产的比率还反映企业的固定资产比率。在同行业内,这一比率越大,企业的流动性越好。流动资产的负债比率反映企业在不变卖固定资产的条件下以流动资产偿还债务的能力。

　　(5)股东权益比率。这一指标反映股东对资产的占有率。这一比率越高,说明权益实力越雄厚。计算公式是:

$$股东权益比率＝股东权益/总资产$$

　　这一比率反映一定量的资本能带动的资产数。这个比率越大,权益获得的杠杆收益就越多。但银行应注意,这个比率越大,同时说明企业的资本比率越低,其承担的风险也越大。因此,在贷款决策时,银行一般要求企业将财务杠杆比率控制在一定的范围之内。

　　(6)偿还能力比率。这是企业在扣除利息和税收之前的利润与借款利息之比,用来反映企业支付贷款利息的能力。这一比率越大,其偿还利息的能力也越大。该比率也称利息保障倍数。计算公式是:

$$偿还能力比率＝未扣除利息和税金前的利润/(利息费用＋债务本金$$
$$＋优先股股息＋租赁费用)$$

　　4. 经营能力比率

　　经营能力比率主要是通过对各种周转比率的分析,来评估企业在各种业务活动中的效率及经营管理水平。

　　(1)资产周转率。这是企业的销售净额与资产总额的比率。其计算公式是:

$$资产周转率＝销售净额/资产总额$$

销售净额是指销售收入减去销售退回和折扣的余额。资产周转率反映企业销售能力和全部资产的周转速度。这一比率越高,表明企业以一定的资产实现的销售收入越多,资产周转率速度越快。

(2)固定资产周转率。这是企业销售净额与固定资产净值之比。计算公式是:

$$固定资产周转率＝销售净额/固定资产净值$$

这是衡量企业固定资产利用效率的财务指标,它表示每一单位销售额需要使用多少固定资产。这一比率越高,固定资产的利用率也越高。但银行在具体运用这一指标时,要注意两个问题:一是即使销售额不变,由于固定资产净值减少,周转率也会呈上升趋势。而物价上涨时,销售额自然上升,周转率也随之上升。所以,固定资产使用年限越长,其周转率越高,这表明企业的设备需要更新改造。二是当对不同企业的固定资产周转率进行对比分析时,由于采用不同的折旧计算方法,两个指标也会有所差别,因而,不一定有可比性。

(3)存货周转率。这是企业销售成本与平均存货额的比率。其计算公式是:

$$存货周转率＝销售净成本/平均存货额$$
$$平均存货额＝(年初存货额＋年末存货额)/2$$

存货周转率是对企业现有存货流动性的估算,是衡量企业销售能力和存货是否过多的指标,它反映企业在一定时期内存货周转或变现的速度。存货周转率以次数来表示,次数越多,即变现速度越快,偿债能力也越强。这一指标在不同行业中是有差别的,各行业都有一个合适的存货周转率,低于行业平均周转率,表明存货流动性较差,而周转次数过多,也可能表明存货不足或断档,使企业失去销售机会。另外,在分析这一指标时,还要注意计价方法对周转率的影响。在物价上涨时期,采用后进先出法要高于先进先出法。

(4)应收账款周转率。这是企业销售净额与应收账款平均余额的比率。计算公式是:

$$应收账款周转率＝销售净额/应收账款平均余额$$

应收账款周转率反映企业应收账款的变现速度和收回赊销账的能力。这一比率越高,表明企业收账速度越快,资产流动性越高,偿债能力也越强。根据应收账款周转率,可进一步计算应收账款的账龄,即收回应收账款的平均天数,即:

$$应收账款账龄＝360 天/应收账款周转率$$

这一比率是用时间长短来衡量应收账款的周转速度和企业的收账能力。账龄越长,表明企业应收账款的周转速度越慢,企业有过多的资金滞留在应收账款上。

三、现金流量分析

在银行贷款业务实践中,通常会遇到这种情况:一家盈利的企业可能因不能偿还到期贷款而面临清算,而一家亏损企业却能偿还贷款并继续维持经营。可见,判断一家企业是否能够偿还贷款,仅看其盈利能力是不全面的。通常,利润是偿还贷款的来源,但不能直接偿还贷款。偿还贷款可靠的是现金,因此借款人最关心的也应当是企业的现金流量。所以,现金流量分析在企业信用分析中具有十分重要的地位。

（一）现金流量

现金流量是指现金的流出和流入量的总称。这里的现金包括两个部分,即现金和现金等价物。现金就是指企业的现金资产,包括库存现金、活期存款和其他货币性资金,但企业在使用中受到限制的存款和其他货币资金,如已办理质押的活期存款、不能随时支取的定期存款等不包括在内。现金等价物是指企业持有的期限短、流动性强、易于转换为已知金额现金、价值变动风险很小的投资。

现金流量分为现金流入量和现金流出量。现金流入量和现金流出量的差额,就是现金净流量。一般情况下,现金净流量为正的企业较好。

（二）现金流量表分析

现金流量表是根据企业资产负债表和损益表的有关数据来编制的,它反映了企业在一定时期内现金流量的规模、方向和结构,据此,银行可以评估企业的借款能力和财务实力。

根据我国的会计准则,现金流量表的内容为三部分,即经营活动产生的现金流量、投资活动产生的现金流量和筹资活动产生的现金流量。其中,经营活动的现金流入包括企业的销售现金收入、利息与股息的现金收入、增值税销项税款和出口退税、其他业务现金收入;经营活动的现金流出包括企业购货现金支出、营业费用现金支出、支付利息、缴纳所得税和其他业务现金支出。投资活动的现金流入包括出售证券和固定资产的现金收入及收回对外投资资本金;投资活动的现金流出包括企业购买有价证券和固定资产所产生的现金支出。融资活动的现金流入包括企业取得的短期和长期贷款以及发行股票或债券的现金收入;融资活动的现金流出则有分配股利和偿还借款本金的现金支出。

四、担保分析

银行要求借款人提供担保是为提高贷款偿还可能性和降低贷款风险的保护性措施，它为银行提供了一个可以影响或控制的潜在还款来源。担保的种类很多，常用的贷款担保方式如下。

（一）抵押

抵押是指借款人或第三者在不转移财产占有权的情况下，将财产作为债权的担保。银行持有抵押财产的担保权益（银行为抵押权人），当借款人不履行合同时，银行有权以该财产折价或者以拍卖、变卖该财产的价款优先受偿。如银行在发放房地产贷款时，抵押是最主要的担保形式。抵押也同样适用于短期周转性贷款，如以应收账款为抵押的贷款，银行就有权优先获得贷款回笼时产生的现金。

（二）质押

质押是指借款人或者第三者将其动产或权利移交银行占有，将该动产或权利作为债权的担保。当借款人不履行债务时，银行有权将该动产或权利折价出售来收回贷款，或者以拍卖、变卖该动产或权利的价款优先受偿。质押分为动产质押和权利质押。按照我国的法律规定，可以充当权利质押的质物有：票据，包括汇票、支票、本票、债券、存单、仓单、提单；依法可以转让的股份和股票；依法可以转让的商标专用权、专利权、著作权中的财产权；依法可以质押的其他权利。

（三）保证

保证是指银行、借款人和第三方签订一份协议，当借款人违约或无力归还贷款时，由保证人按照约定履行债务或承担相应的责任。因此，银行必须充分了解保证人的经济实力和信誉。在大多数情况下，银行一般会要求借款人的合伙方、股东或高级管理人员为借款人提供贷款保证，母公司为子公司提供保证，这样会增强借款人的还款责任心。

五、非财务因素分析

为了更准确地考察借款人的偿债能力，一些非财务因素对借款人的影响也是不容小觑的。非财务因素主要有借款人所处的行业、企业经营管理水平、自然社会因素、借款人还款意愿以及银行信贷管理水平等方面。

（一）行业风险分析

每个企业都处在某一特定行业中，每个行业都有其固有的风险，在同一行业中的企业都面对基本一致的风险。掌握某一行业的特征、表象和风险程度，知道借款人在该行业中所处的地位和水平，就可以从行业的基本状况和发展趋势来判断借款人的基本风险。行业风险分析中考察的因素主要有几个方面：成本结构、行业的成熟度、行业的周期性、行业的盈利性、行业的依赖性等。

（二）借款人经营管理风险分析

通过对借款人行业风险分析，对借款人所处行业整体的共性风险有所认识。但行业中的每个企业又都有其自身特点，要全面地分析借款人的偿债能力和银行贷款风险，还需在行业风险分析的基础上，深入借款人企业内部分析其经营管理风险，主要有以下几方面内容：企业规模大小，所处的发展阶段，产品的多样化、差异性，市场竞争情况，企业管理经验，企业管理的深度、广度以及董事会等。

（三）自然、社会因素分析

各种自然、社会因素均可能给借款人带来意外的风险，从而对其偿债能力产生不同程度的影响。这种影响有时是巨大的，可以决定借款人的生死存亡。如一个企业发生一场大火，首先要想到对其还款能力的影响；一个严重亏损的老工业企业可能因为城市建设或环保需要被迫拆迁，获得一大笔土地补偿，可用以偿还逾期多年的贷款等等。

（四）还款意愿分析

在现实经济生活中，有些借款人并不是没有能力偿还贷款，而是"有钱不还"或"赖账不还"，就是所谓的还款意愿差，这是影响借款人偿债能力的一项重要的非财务因素。还款意愿的高低可以从借款人的还款记录，包括对本银行、其他银行、供应商等债权人的还款记录情况进行分析判断。

（五）银行贷款管理水平分析

实践证明，一些贷款不能及时如数收回，其原因并不完全在借款人一方，银行对贷款缺乏有效的管理和控制，也是重要原因之一。所以在贷款分析时，还要考虑银行贷款管理水平对贷款偿还的影响，主要有以下因素：

1. 银行违反有关法律、法规发放贷款。这类贷款由于得不到法律保护，从而影响贷款的收回，如违反国家产业政策发放的贷款、超业务范围发放的贷款、超比例发放给关系人的贷款等。

2. 违反内部贷款政策和操作规程发放贷款。如在贷款对象、贷款期限、贷款利率、贷款担保等方面违背银行贷款政策，或未经授权、超越授权、逆程序发放贷款等,这些贷款在发放初期就已经留有隐患,往往有很高的风险。

3. 缺乏有效的贷款监督,影响贷款的及时足额收回。

4. 对到期贷款催收不力。

5. 对抵(质)押、担保等信用支持缺乏有效的控制。

6. 法律文件缺乏完整性或合法性等。

第五节 贷款的定价

贷款定价就是确定贷款的利率,是商业银行信用风险控制的基本手段之一,也是银行收益管理的核心内容之一。合理的贷款价格不仅能较为准确地反映贷款所面临的风险状况,体现银行作为风险承担者与管理者的应有补偿和收益,而且也是银行参与市场竞争、维系与扩展客户基础的重要手段。

目前我国商业银行的贷款利率由国家统一规定,由于各银行在一定幅度内能根据资金供求状况自行浮动,因此研究贷款定价也有一定的必要性。今后,随着市场利率体系的逐步完善和银行同业间规范竞争的发展,由国家统一规定存贷款利率的状况必然要改变,那时贷款定价对商业银行的经营就将具有决定性的意义。

一、贷款定价原则

贷款是商业银行主要的核心盈利性资产。银行通过贷款定价来补偿贷款的风险和其使用资金的成本,在确定贷款价格时,商业银行必须遵循以下原则。

(一)利润最大化原则

商业银行是经营货币信用业务的特殊企业,其经营目标也是追求利润最大化。存贷业务是商业银行传统的主营业务,存贷利差是商业银行利润的重要来源。因此,商业银行在对贷款定价时,应在弥补资金成本和各项费用的基础上,尽可能实现利润的最大化。

(二)风险防范原则

在商业银行贷款业务中,银行出售的是资金的使用权,利息的实现很大程度上取决于贷款安全。贷款成本除了资金成本和各项管理费用外,还包括因贷款风险带来的各项风险费用。因此,银行在给贷款定价时,银行承担风险所应该得到的风险报酬必须在贷款价格中得以反映。

（三）扩大市场份额原则

在金融业竞争日益激烈的情况下,商业银行要求生存、求发展,必须在信贷市场上不断扩大其市场份额。同时,商业银行追求利润最大化目标,也必须建立在市场份额不断扩大的基础上。在影响银行份额的因素中,贷款价格始终是影响银行市场份额的一个重要因素。

（四）维护银行形象原则

在贷款定价中,银行应严格遵循国家有关法律、法规和货币政策、利率政策的要求,不能利用贷款价格搞恶性竞争,破坏金融秩序的稳定,损害社会整体利益,要树立良好的社会形象。

二、贷款价格构成

一般来讲,贷款价格包括贷款利率、贷款承诺费、补偿余额和隐含价格。

（一）贷款利率

贷款利率是一定时期内客户向贷款人支付的贷款利息与贷款本金的比率。它是贷款价格的主体,也是贷款价格的主要内容。银行贷款利率一般有一个基本水平,它取决于中央银行的货币政策和有关的法规、资金供求状况和同业竞争状况。贷款利率的确定应以收取的利息足以弥补支出并取得合理利润为依据。银行所支付的费用包括资金成本、提供贷款的费用、今后可能发生的损失等。

（二）贷款承诺费

贷款承诺费是银行对已承诺贷给客户又没有使用的那部分资金收取的费用,即银行已经与客户签订了贷款意向协议,并为此做好了资金准备,但客户并没有从银行贷出这笔资金。银行收取贷款承诺费的理由:为了满足承诺贷款的要求,银行必须保持一定的流动性资产,这就意味着银行得放弃其他高收益的贷款或投资,这将使银行产生利益损失。为了弥补这种损失,借款人需要提供一定的费用。

（三）补偿余额

补偿余额是借款人应银行要求在银行保持一定数量的活期存款和低利率定期存款,它通常作为银行同意贷款的一个条件而写进贷款协议中。银行要求补偿余额的理由是资金的使用者,也是资金的提供者,而且只有作为资金的提供者,才能成为资金的使用者。存款是银行业务的基础,是贷款的必要条件,银行发放贷款应该成为现在和将来获得存款的手段。从另一方面讲,补偿余额也是银行变相提高贷款利率的一种方式。

（四）隐含价格

隐含价格是指贷款定价中的一些非货币性的内容。银行在决定给客户贷款后，为了保证能偿还贷款，常常在贷款协议中加上一些附加性条款。附加性条款不会直接给银行带来效益，但可以防止借款人经营状况的重大变化给银行利益造成损失，因此，它也可以视为贷款价格的一部分。

三、影响贷款价格的主要因素

按照一般的价格理论，影响贷款价格的主要因素是信贷资金的供求状况。通常，影响贷款定价的主要因素如下。

（一）资金成本

银行的资金成本分为资金平均成本和资金边际成本。

1. 资金平均成本是指每单位资金所花费的利息和费用总额

它不考虑未来利率、费用变化后的资金成本变动。如果银行的资金来源构成、利率、费用等不变，银行可以根据资金平均成本来对新贷款定价。但如果银行资金来源构成、利率和费用等都处于变动状态中，它对贷款定价的意义就不大。

2. 资金边际成本是指银行每增加一个单位的资金所花费的利息和费用总额

因为它反映的是未来新增资金来源的成本，所以，在资金来源结构变化尤其是在利率市场化的条件下，以它作为新贷款定价的基础比较合适。

资金边际成本根据资金来源的种类、性质、期限等不同而不同，每一种类的资金来源都有不同的边际成本。银行通常不能按某一种资金来确定贷款价格，因而需要计算全部新增资金来源的平均边际成本。这种平均边际成本就是新增一个单位的资金来源所平均花费的边际成本。

（二）贷款风险程度

一笔贷款的风险程度受多种复杂因素的影响，如贷款的种类、用途、期限、贷款保障、借款人信用和财务状况、客观经济环境的变化等。不同风险程度的贷款，银行为此所花费的管理费同或对可能产生的损失的补偿费用也不同。这种银行为承担贷款风险而花费的费用，称为贷款的风险费用，也是贷款的风险成本。在实践中，为了便于操作，银行通常根据历史上某类贷款的平均费用水平并在考虑未来各种新增因素后来确定贷款风险费用率。

（三）贷款费用

商业银行向客户提供贷款，需要在贷款之前和贷款过程之中做大量的工作，如进行信用调查、分析、评估，对担保品进行鉴定、估价、管理，对贷款所需的各种材料进行整理、归档、保管。所有这些工作,都需要花费人力、物力,发生各种费用。在贷款定价时,应将这些费用考虑进去,作为构成贷款价格的一个因素。

（四）借款人信用及银行的了解程度

借款人的信用状况主要是指借款人的偿还能力和偿还意愿。借款人的信用越好,贷款风险越小,贷款价格也应越低。如果借款人信用状况不好,过去的偿债记录不能令人满意,银行就应以较高的价格和较严格的约束条件限制其借款。借款人与银行的关系也是银行贷款定价时必须考虑的重要因素。这里所指的关系是指借款人与银行的正常业务关系,如借款人在银行的存款状况、借款人使用银行服务的情况等。那些在银行有大量存款、广泛使用银行提供的各种金融服务,或长期地、有规律地借用银行贷款的客户,就是与银行关系密切的客户。对于关系密切的客户,在制定贷款价格时,可以适当低于一般贷款的价格。

（五）贷款目标收益率

在贷款定价时,银行都是考虑实现银行的贷款收益率目标。当然,贷款收益率目标本身应当制定得合理,过高的收益率目标会使银行贷款价格失去竞争力。

（六）贷款资金供求状况

贷款需求是指借款人某一时期希望从银行取得贷款的数量。贷款供给是指银行在某一时期内能够提供的贷款数量。当贷款供大于求时,贷款价格应当降低;当贷款供不应求时,贷款价格应当适当提高。

四、贷款定价模型

不同的贷款定价模型所侧重的因素不相同,大体可以分为两类,一类着重从成本因素考虑,包括银行的资金成本(市场的基准利率、负债期限及结构等相关因素)、操作成本以及其贷款部门须承担的银行管理成本(包括资金损失等因素);一类着重从风险角度考虑,主要是从信用风险角度确定贷款价格。前者可以称为成本定价模型,后者则可以称为风险定价模型。

这两类定价模型并非完全对立,成本定价模型所涉及的成本中有风险损失因素,而风险定价模型同样考虑资金成本,尤其是资金的机会成本。判断一种贷款定价模型优劣的主要标准:一是所制定的贷款价格能否区分不同借款人的风险;二是能否为资本配置提供有效依据;三是制定的贷款价格能否兼顾客户的需求,能否使银行保持市场竞争力;四是贷款价格能否体现银行的业务发展倾向性,体现银行的优势领域。

(一)成本加成定价模型

成本加成定价模型是单纯从一笔孤立的贷款角度出发,在考虑该笔贷款的成本和银行的预期利润的基础上,确定该笔贷款的价格。这一模型是商业银行最早使用的贷款定价模型。该模型认为决定贷款利率的因素有四个:(1)银行筹集该笔贷款的成本;(2)银行为该笔贷款所支付的非资金性经营成本(包括放贷人员的工资,对贷款进行发放和管理所使用的用具和设备成本等);(3)银行对该笔贷款的违约风险所要求的补偿;(4)银行为达到股东要求的资本收益率目标和对该笔贷款所要求的预期利润。

成本加成贷款定价模型的优点是简单、实用,该模型中的每一项都可以很容易地计算或根据经验估算出来,但该模型的缺点也显而易见,就是在于仅从银行自身角度出发,忽略了客户需求、同业竞争、市场利率水平变化等因素,且没有考虑不同客户给银行带来的不同贡献。同时,在使用该模型时银行往往很难精确地计算其成本,尤其是违约补偿成本和非资金性经营成本,因此根据这一模型确定的贷款利率可能会严重脱离实际以至于无法实行,成本加成贷款定价模型的这一缺点导致了基准利率加点定价模型的产生。

(二)基准利率加点定价模型

基准利率加点定价模型是商业银行在中央银行所确定的基准利率的基础上,通过加价确定贷款利率的模型,是国际银行广泛采用的一种定价模型。该模型认为,一笔贷款的价格应该由三部分构成:(1)基准利率。这是由货币中心的大银行对最值得信赖的客户发放短期流动资金贷款时使用的利率。(2)贷款的违约风险溢价。(3)贷款的期限风险溢价。具体公式如下:

$$贷款利率＝基准利率＋违约风险溢价＋期限风险溢价$$

在上述公式中,基准利率已经包括了银行对优质客户发放贷款的资金成本、经营管理成本和预期利润。目前,一些国际银行的同业拆借利率也成为银行贷款基准利率,如伦敦银行间同业拆借利率 Libor、中国香港特区的银行间同业拆借利率 Hibor、新加坡银行间同业拆借利率 Sibor 等均是当地贷款的基准利率之一。

贷款的风险溢价通常称为加价。银行可通过降低或提高贷款的加价幅度,来扩充或收缩其贷款组合。但许多放款机构更倾向于改变贷款拒绝率,而不是改变其基准利率或加价。

基准利率加点定价模型中,风险溢价的确定是贷款定价中最困难的一步。一般来说,违约风险溢价根据借款人的信用评级状况来确定,信用等级越高,违约风险溢价越小,反之就越大。期限风险溢价根据贷款期限来确定,贷款期限越长,期限风险溢价越大,反之越小。单独设立贷款期限风险溢价是因为即使信用等级很高的借款人,随着贷款期限的延长,贷款遭受损失的可能性也会增大。

　　基准利率加点定价模型的优点在于:操作简单,省略了资金成本和非资金经营成本的计算,只需选择合适的基准利率,即可根据风险溢价计算贷款定价,具有较强的可操作性;以基准利率为出发点,结合贷款的风险程度来制定贷款价格,既考虑了市场利率,又考虑了贷款本身的违约概率,具有一定的市场竞争力。但这个模型也有缺点,即没有考虑商业银行真实的成本、没有考虑银行与客户的全面关系和客户的综合贡献。

　　(三)客户盈利能力分析定价模型

　　客户盈利能力分析定价模型是商业银行在对某笔贷款定价时,不是仅从该笔贷款着手考虑贷款定价问题,而是从借款人在银行所开账户的所有成本、收入和银行的预期利润出发,来考虑该笔贷款的定价,以确保该笔贷款的定价能够实现商业银行的预期利润目标。该模型认为一笔贷款的价格需要考虑以下三个方面问题。

　　1. 借款人的账户总成本

　　借款人的账户总成本包括账户的服务费和管理费、账户的资金成本以及账户的风险补偿成本。账户的服务费和管理费包括该客户的定期存款账户、活期存款账户和其他账户的管理费用。贷款的管理费用指对借款人的信用调查和分析费用,贷款的发放、管理和收回费用等。账户的资金成本指提供贷款所需资金的成本。风险补偿成本指由于贷款不能收回而给银行带来的损失所形成的成本。

　　2. 账户总收入

　　账户总收入即商业银行能从客户账户中获得收入,包括存款的投资收入、对客户账户的服务费收入和贷款的利息收入。

　　3. 商业银行的目标利润

　　目标利润是按照银行董事会确定的目标资本收益率,商业银行从某笔贷款中获得的最低收益。目标利润的计算公式:

　　　　目标利润＝资本资产比率×目标资本收益率×贷款额

　　贷款的资本资产比率根据贷款的风险程度确定,贷款风险程度越大,该项贷款所需要的资本资产比率越高,反之就越低。

　　客户盈利能力分析定价模型的优点在于:一是它不仅就一笔贷款本身来

确定其价格,而且从银行与客户的全部往来关系中寻找最优贷款价格,体现了客户为中心的经营理念;二是通过差别定价,即可吸引和保留那些为银行带来较高利润的优质客户,又能识别对银行贡献较低的客户,通过提高贷款定价来保证银行的整体盈利水平。采取这种定价方法时,要能够准确测算为每个客户提供服务的总成本和总收入,这对商业银行的成本和收益核算提出了很高的要求。

（四）风险调整资本收益模型（RAROC 模型）

风险调整资本收益模型,最早由美国信孚银行于 20 世纪 70 年代提出,目前在国际银行业和其他金融机构中已得到广泛的运用。这一定价模型充分体现了风险与收益相匹配的原则。风险调整资本收益模型的思想源自以下这些逻辑关系:

1. 银行的经营宗旨是股东利益最大化。一项业务是否可行及应如何实施,取决于这项业务能否为股东创造价值。

2. 各种业务或资产为股东所创造的价值的度量有众多指标,但均未将业务风险考虑在内。不同资产或业务的风险不同,为了保护存款人或债权人利益而需要配置的资本也不同。

3. 银行的资本有限,而银行面临的业务机会或资产选择机会众多,要将有限的资本进行最合理、最有效的配置,应将该业务或该项资产可能获取的收益与需要为该业务或资产配置的资本进行比较。如果该项资产或业务能产生的总收益还不及所需要配置的资本数量,则银行就不应该进行该项业务。

要体现出不同风险级别客户的差异,以使资本配置最优化,应该用经济资本来计算收益比率,即:

$$风险调整资本收益＝风险调整后的收益/经济资本$$

经济资本是银行的管理层经过内部评估产生的,配置给资产或某项业务用以减缓风险冲击的资本。风险调整资本收益更精确地度量了放贷活动的风险暴露数量或经济资本数量。

风险调整资本收益作为业务开展和绩效考核的基本依据,能够更好地反映资本配置的效率,确保风险控制与收益追求之间的平衡。

第六节　贷款的质量评价

世界各国的银行经过长期的实践,总结出了国际通用的贷款质量五级分类法,它是银行信贷风险管理的重要组成部分。

一、贷款质量五级分类

贷款分类是指银行的信贷分析和管理人员或监管当局的检查人员,根据获得的全部信息结合贷款的风险程度对贷款质量做出评价。五级分类法就是按照贷款的风险程度,将贷款划分为五类,即正常类、关注类、次级类、可疑类、损失类。

（一）正常类

借款人能够履行合同,有充分的把握按时足额偿还本息。

（二）关注类

尽管借款人目前有能力偿还贷款本息,但是存在一些可能对偿还产生不利影响的因素。

（三）次级类

借款人的还款能力出现了明显的问题,依靠其正常经营收入已无法保证足额偿还本息。

（四）可疑类

借款人无法足额偿还本息,即使执行抵押或担保,也肯定要造成一部分损失。

（五）损失类

在采取所有可能的措施和一切必要的法律程序之后,本息仍然无法收回,或只能收回极少部分。

二、贷款质量分类过程

对一笔贷款的质量进行分类,一般依照下列流程进行:(1)查阅贷款档案;(2)审查贷款基本情况:贷款目的、还款来源;(3)确定还款可能性:评估还款能力(财务分析、担保抵押状况分析、非财务因素分析、综合分析);(4)确定分类结果。

三、贷款质量分类特征

不同质量的贷款,都有不同的特征(根据五类进行对比,见表5-1)。

表 5-1　贷款质量分类特征

五级分类	主要特征
正常类	借款人有能力履行承诺,并对贷款的本金和利息进行全额偿还,还贷没有问题
关注类	1. 净现金流量减少; 2. 借款人销售收入、经营利润下降,或净值开始减少,或出现流动性不足的征兆; 3. 借款人的一些关键财务指标低于行业平均水平或有较大下降; 4. 借款人的还款意愿差,不与银行积极合作; 5. 贷款的抵押品、质押品价值下降; 6. 银行对抵押品失去控制; 7. 银行对贷款缺乏有效的监督等
次级类	1. 借款人支付出现困难,并难以按市场条件获得新资金; 2. 借款人不能偿还对其他债权人的债务; 3. 借款人内部管理问题没解决,妨碍债务的及时足额偿还; 4. 借款人存在隐瞒事实等不正当行为
可疑类	1. 借款人处于停产、半停产状态; 2. 固定资产贷款项目处于停缓状态; 3. 借款人已资不抵债; 4. 银行已诉诸法律来收回贷款; 5. 贷款经过重组仍然逾期,或仍然不能正常归还本息,还款状况没有改善等
损失类	1. 借款人无力还款,抵押品价值低于贷款额; 2. 抵押品价值不确定; 3. 借款人已彻底停止经营活动; 4. 固定资产贷款项目停止时间很长,复工无望等

四、贷款质量的评价指标

银行贷款质量的评价指标主要有:

(一)不良贷款率

$$不良贷款率＝不良贷款余额/全部贷款余额$$

不良贷款是次级类、可疑类、损失类三类贷款的总称。这个比例可以说明银行贷款质量的恶化程度。也可以将三类贷款分别与全部贷款的余额进行比较,可以更清楚地反映银行不良贷款的分布,以便找到问题的集中点。

（二）贷款安全率

贷款安全率＝（正常类贷款余额＋关注类贷款余额）/全部贷款余额

这一比率反映的是贷款的总体安全程度,可以反映银行贷款安全程度在下降或上升。

（三）加权不良贷款资本侵蚀率

加权不良贷款资本侵蚀率＝加权不良贷款余额/（核心资本＋准备金）

加权不良贷款余额的计算首先要确定不同种类贷款的风险权重,中国人民银行提供的参考权重指标是:正常类 1％,关注类 3％～5％,次级类 15％～25％,可疑类 50％～75％,损失类 100％。

用加权不良贷款余额与核心资本和准备金之和进行比较,能够反映银行资本可能遭受侵蚀的程度和银行消化这些损失的能力。

（四）其他比率

其他比率还有逾期贷款率、重组贷款率和停止计息贷款率。计算方法是将逾期贷款、重组贷款和停止计息贷款除以全部贷款余额。这些曾是我国长期监测银行贷款质量的指标。

第七节　不良贷款的管理

只要存在贷款业务,就会有不良贷款。任何一家银行都不可能完全避免不良贷款及由此造成的贷款损失。

一、不良贷款产生的原因及管理原则

（一）不良贷款产生的原因

不良贷款产生的原因是多方面的,具体来说,有以下几个方面。

1. 银行方面的原因

（1）贷前调查欠佳。贷前调查和信用分析不充分,获取的信息不充分,未能从整体上把握借款人的经营绩效。

（2）不恰当的贷款结构安排。银行不了解借款人经营状况、资金需求和现金流量,选择安排的贷款类型、数量和偿还条件不合理,最终导致无法及时收回贷款。

（3）抵押品设置不当。银行对抵押品的所有权、价值、试销性以及环境风险事先缺乏有效评估,仅对抵押品进行草率的观察,就有可能使贷款第二偿还来源得不到保障。

（4）不完备的贷款监督。银行所建立的内控体系不完善,仅靠借款人的书面材料监督贷款执行情况,而不深入去了解借款人对贷款的使用状况,那么不良贷款就有可能产生。

2. 借款人方面的原因

（1）缺乏管理能力。借款人缺乏管理能力这一因素在贷款得到批准时可能并不明显。为了达到一定的管理力度,借款人必须具备的基本条件是:有最终的决策者、有产品开发与营销专家以及精明的财务管理者。同类企业面对同样的市场环境,在经营方面有好有坏,其关键的因素在于管理力度不一。

（2）产品与服务退化。当借款人的产品与服务的定价不再具有竞争力或者质量出现不稳定的状况时,就可能出现没有足够的现金流量来满足贷款偿还的情况,不良贷款就会产生。如果有些借款人出于投机取巧动机,在产品质量上钻空子,结果可能很糟糕。

（3）糟糕的市场营销和财务控制。借款人要有一整套行之有效的市场营销网,才能保证销售额与利润额的上升,满足偿还贷款的现金流量要求。具备良好的财务控制的借款人有能力监控应收账款、存货、产品质量和日常费用开支。如果借款人缺乏适当的财务控制,那么,不足的存货数量可能会长期不被发现,应收账款长期不能及时清偿,这些都会对借款人的获利能力和偿债能力构成威胁,不良贷款就会发生。

3. 外部环境因素

（1）经济因素。经济不景气以及税收和利率方面的变化导致借款人偿债能力下降,不良贷款也会发生。例如,在经济衰退期,许多企业都会面临销售迟缓、成本增加以及利率上升所引起的现金流量减少的问题。

（2）市场竞争与技术水平。市场竞争加剧导致生产同类产品的借款人销售额下降,成本上升等,会影响借款人的利润增加和偿还贷款能力的下降。如在高科技行业,当一位竞争者引进一项更先进的技术设备时,其他同类企业的获利能力就会受到影响。

（3）环境因素。一些环境因素,如强制提高最低工资标准,执行更加严格的保健、安全和环境污染控制等,都会影响借款人的生产成本和偿还贷款能力。

（二）不良贷款管理原则

商业银行在不良贷款的管理中，需要遵循以下基本原则。

1. 建立不良贷款管理的常规机制

由于不良贷款是银行从事贷款业务的副产品。因此，银行不良贷款的管理就不是一次性或特例性，而是常规性的，银行必须建立一种持续的机制来管理不良贷款。

2. 尽可能减少不良贷款发生

虽然商业银行出现不良贷款是正常的，但从主观上来说，商业银行应尽可能减少不良贷款，因为不良贷款对银行来说成本是非常高的。出现了不良贷款，银行不仅要冲销该笔贷款的本息，还会影响银行在股东、客户、同行中的声誉，增加管理、回收不良贷款的直接费用，降低员工士气，丧失运用应收回资金发放贷款或进行投资的机会，并可能导致监管当局的干预。

3. 明确回收不良贷款的目标

回收不良贷款的目标是实现不良贷款回收金额净现值的最大化。净现值取决于三个因素：一是未来现金流的规模，二是未来现金流的时间，三是贴现率。因此，回收不良贷款时，应充分考虑综合分析。

4. 尽早发现问题及早采取措施

一般来说，不良贷款不是一夜之间形成的。因此，对不良贷款应该应及早发现问题的存在，尽早采取措施。如果等到病入膏肓，就可能无能为力，会产生更大的损失。

5. 设立专门机构，由专人负责

在银行内部设立专门机构，由专人负责处理不良贷款，其优势是多方面的：（1）这是建立不良贷款管理常规机制的必要措施；（2）能够集中有限的专门人才，便于采取专门的手段，发挥专业化的优势，有利于大幅度提高效率；（3）避免不良贷款的处置影响正常贷款业务的开展；（4）容易明确贷款回收管理的目标；（5）从客观的角度对不良贷款进行客观的分析，从而提出比较现实的解决方案。

二、问题贷款的预警和处置

商业银行的问题贷款是指借款人还本付息已经存在或可能存在困难的贷款。问题贷款需要预警，需要识别预警信号。

（一）贷款风险预警

贷款风险预警是根据事前设置的风险控制指标和风险预警信号，分析判断出单个借款人或单笔贷款的风险程度和风险性质,通过对贷款资产风险分类来综合评价贷款资产质量,从而监测贷款的风险状况。具体操作如下。

1. 根据各类指标情况,对借款人的经营状况、管理水平和运行环境进行静态和动态的评价分析,判断其贷款风险的分布状况和程度,为风险监测与评价提供重要依据。

2. 对有关风险指标及综合风险趋势进行动态监测和分析,及时发现风险隐患,并向有关部门和机构发出预警信号。

3. 分析预警贷款风险的性质、特征、严重程度和发展趋势,为有关管理部门提前采取适当的监控及处置措施提供客观和充分的决策依据。

(二)贷款风险预警信号

常用的贷款风险预警信号包括但不限于以下所列。

1. 借款人财务预警信号

主要包括:(1)经营活动净现金流量大幅减少;(2)反映偿债能力的指标明显低于行业平均水平或较上年同期大幅减弱;(3)反映盈利能力的指标明显低于行业平均水平或较上年同期大幅下降;(4)反映经营能力的指标明显低于行业平均水平或较上年同期大幅下降;(5)应收账款或其他应收款占流动资产比重过大,应收账款增幅超过销售收入增幅,超过一年的应收账款比例过高或有大幅上升。

2. 借款人行为预警信号

主要包括:(1)挤占挪用银行贷款,以及不按贷款合同的约定使用贷款和归还贷款的各种行为;(2)产权制度发生变化,内部治理结构存在缺陷;(3)财务制度不健全或管理混乱,财务报表不真实或对外提供多套报表,财务制度发生重大变化;(4)存在违法经营问题,受到工商、税务、环保等部门的处罚或未按期办理年检手续;(5)出现各种经济纠纷,被债权人依法起诉,拖欠、逃废银行和其他债权人债务;(6)借款人法定代表人涉嫌经济违法,被司法机关依法追究责任的;(7)关联交易频繁或有转移资金的行为。

3. 市场环境预警信号

主要包括:(1)借款人所在行业出现重大技术变革,处于成熟、衰退阶段或属于新兴行业,产品技术和服务具有很高的陈旧风险或面临着市场竞争、消费者偏好及替代品的严峻挑战等;(2)市场供求关系出现不利的变化;(3)产品价格大幅下降或下降幅度超出承受范围;(4)原材料市场价格大幅上升,导致借款人生产成本上升。

4. 操作风险预警信号

主要包括：(1)贷款管理规章制度不健全、信贷岗位责任不明确或有制度疏于执行；(2)信贷档案不规范，借款人信息等资料不全面；(3)对不符合贷款基本条件的借款人发放贷款；(4)信贷合同文本遗失或失效；(5)内部员工因道德素质或业务能力原因出现其他违规操作行为或工作失误等。

5. 政策风险预警信号

主要包括：(1)国家和区域政策、产业政策调整等对一些银行的贷款有较大负面影响；(2)财政政策、中国人民银行货币调控政策及利率汇率调整等对一些银行的贷款有较大负面影响。

6. 其他风险预警信号

主要包括：(1)向他行的信贷申请被拒绝，被央行或其他金融机构宣布为信用不良的借款人；(2)在各金融或中介机构评定的信用等级下降；(3)保证人的信用等级下降，生产经营状况恶化或经营结构发生变化，保证能力出现问题；(4)担保手续不完备，抵质押物被擅自处置或发生损伤。

三、不良贷款的控制与处理

对于已经出现了风险信号的不良贷款，银行应采取有效措施，尽可能控制风险的扩大，减少风险损失，并对已经产生的风险损失做出妥善处理。

(一)督促企业整改，积极催收到期贷款

银行一旦发现贷款出现了产生风险的信号，就应立即查明原因。如果这些信号表明企业在经营管理上确实存在问题，并有可能对贷款的安全构成威胁，银行就应当加强与企业的联系，督促企业调整经营策略，改善财务状况。如果经查实问题比较严重，银行信贷人员应及时向主管行长汇报，必要时可向上级行汇报。问题原因查清后，银行应与企业一起研究改进管理的措施，并由企业做出具体的整改计划，银行督促其实施。对于已经到期而未能偿还的贷款，银行要敦促借款人尽快归还贷款。如借款人仍未还本付息，或以种种理由为借口拖延还款，银行应主动派人上门催收。必要时，可从企业在银行的账户上扣收贷款。

(二)签订贷款处理协议，借贷双方共同努力确保贷款安全

在所有已经出现风险信号的贷款中，最终不能偿还的贷款毕竟是少量的，大多数贷款通过采取有效措施，是可以全部或大部分收回的。因此，对于已经形成的不良贷款，银行要认真地分析企业还款能力不足的原因，与企业共同探讨改善经营管理、增强企业还贷能力的途径。在借贷双方协商一致的情况下，

签订贷款处理协议,通过双方共同的努力来保证贷款的安全。处理不良贷款的措施常见的有以下几种。

1. 贷款展期

对于那些企业确因客观原因而不能按期偿还的贷款,银行可以适当延长贷款期限,办理贷款展期。但根据规定,短期贷款展期的期限不超过原贷款期限;中长期贷款的展期期限不得超过原贷款期限的一半,且最长不超过3年。

2. 借新还旧

在我国,有些贷款是作为企业铺底流动资金来使用的,这种贷款主要是依靠企业补充的资本金来偿还的。在企业没有足够的资本金补充理由的情况下,这部分贷款将较长期地被企业占用。对于这种贷款,只要企业的生产经营基本正常,银行可以通过借新还旧的方式来处理。

3. 追加新贷款

有些贷款不能按时偿还的原因是由于企业生产经营资金或项目投资资金不足,从而不能形成生产能力或不能及时生产出产品而造成的。对于这种情况,银行应在充分论证,确认其产品有销路、有较好经济效益的前提下,适当追加贷款,并最终收回旧贷款和新贷款。

4. 追加贷款担保

当银行发现风险明显增大,或企业原提供的担保已不足以补偿贷款可能产生的损失时,银行应及时要求企业提供新的追加担保。追加担保,既可以是企业的财产抵押或质押,也可以是保证人担保。

5. 对借款人的经营活动做出限制性规定

如果借款人不能按期还本付息,在银行认为有必要的时候,可以通过贷款处理协议,对借款人的经营活动做出限制性的规定,以限制企业从事有可能影响银行贷款安全的活动。如在还贷以前不准进行设备和厂房投资、不准继续生产已经积压的产品等。

6. 银行参与企业的经营管理

对于那些因经营管理不善而导致贷款风险增大的企业,银行可以在贷款处理协议中要求允许银行人员参与企业的董事会或高级管理层,参与企业重大决策的制定,要求特别派员充当审计员,甚至要求撤换或调整企业现有的管理班子。

(三)落实贷款债权债务,防止企业逃废银行债务

为防止企业改制过程中逃废银行债务,银行应区别企业重组的不同形式,明确并落实相应的债权债务:

1. 企业实行承包、租赁经营,发包方或出租方、承包方或租赁方必须在协议中明确各自的还贷责任,并办理相应的抵押、担保手续。对已设抵押或担保的财产,须经拥有抵押权或担保权的银行同意,方可承保、租赁经营。

2. 企业实行兼并时,被兼并方所欠贷款本息,由兼并企业承担;实行合并的企业的原有债务,由合并后新的企业承担。

3. 企业划小核算单位或分立时,分立各方在签订划分债权债务协议时,要经银行同意;无协议者,则由分立各方按资本或资产的划分比例承担相应的债务。

4. 企业实行股份制改造时,贷款银行要参与资产评估,核实资产负债,不准用银行贷款入股。对实行全体股份制改造的,所欠贷款债务由改造后的股份公司全部承担;对实行部分股份制改造的,所欠贷款要按改造后的股份公司占用借款企业的资本或资产的比例承担。如借款企业无力偿还贷款,该股份公司还要承担连带债务责任。

5. 企业实行合资经营时,应先评估、后合资。对用全部资产合资的合资企业要承担全部贷款债务;用部分资产合资的,合资企业要按资本或资产的划分比例承担贷款债务。如借款企业无力偿还贷款,该合资企业要承担连带债务责任。借款企业未经银行同意,不能动用已向银行设立抵押权的资产,只能按照规定以自有资金或自有资金的一定比例与其他企业合资。

6. 企业被有偿转让时,转让收入要按法定程序和比例清偿贷款债务。企业已经设定抵押权或其他担保权的财产,不得转让。

7. 企业解散时,要先清偿债务,并经有关方面批准。在贷款债务未清偿以前,不得解散。

8. 企业申请破产时,银行要及时向法院申报债权,并会同有关部门对企业资产和债权债务进行全面清理。对破产企业已设定财产抵押或担保的贷款应优先受偿;无财产担保的贷款按法定程序和比例受偿。

(四)依靠法律武器收回贷款本息

贷款人不能按期偿还贷款,或经过银行努力催收后仍不能收回贷款本息的,银行就应当依靠法律武器追偿贷款。首先,如果借款人无力还款,银行应依法处分贷款抵押(质押)物,或追究保证人的担保责任,由处分抵押(质押)物的收入或保证人的收入归还贷款本息。如果抵押(质押)物的处分收入或保证人的收入仍不足以还贷,或贷款没有设定担保责任,银行应当对借款人或贷款保证人提起诉讼,要求法院予以解决。

因为通过法庭解决债务问题需要花费一定的诉讼成本,因此,银行在诉诸法律以前,应当做出利弊权衡。如果所欠债务数量不大,或即使胜诉也不可能追回贷款,银行可主动放弃诉讼,改用其他方式追偿。另外,银行在向法院提起诉讼之前,应当对借款人和保证人的财产和收入情况进行调查。如果经调查其财产和收入的确存在,则应在胜诉以后,通过没收财产、拍卖资产、扣押收入和清算债务等方式,抵偿贷款本息。

(五)呆账冲销

经过充分的努力,最终仍然无法收回的贷款,应列入呆账,由计提的贷款呆账准备金冲销。各银行分支机构将有关呆账资料报送各商业银行总行,并经各有关总行审核、批准后,从呆账准备金中冲销。

四、贷款损失准备

贷款损失准备是银行为了弥补贷款将来可能出现的损失而预先从银行税前利润或税后利润中提取的专门准备。贷款损失准备的计提范围为承担风险和损失的资产,具体包括贷款(含抵押、质押、保证等贷款)、银行卡透支、贴现、银行承兑汇票垫款、信用证垫款、担保垫款、进出口押汇、贸易融资等。

根据中国人民银行制定的贷款损失准备计提指引,银行应当按照审慎会计原则,合理估计贷款可能发生的损失,及时计提贷款损失准备。贷款损失准备包括:一般准备、专项准备和特种准备。一般准备又称普通准备,是按照贷款余额的一定比例提取的贷款损失准备。专项准备金是根据贷款风险分类结果,对于不同类别的贷款根据其内在损失程度或历史损失概率计提的贷款损失准备。特别准备金是针对贷款组合中的特定风险,按照一定比例提取的贷款损失准备。

关键概念:信贷 信用贷款 担保贷款 抵质押贷款 贷款基本管理制度 贷款风险预警 6C 评估法 偿债能力 贷款定价 风险调整资本 不良贷款 贷款损失准备

复习思考题

1. 如何理解贷款信用分析中的"6C"原则?

2. 贷款预警制度的意义是什么? 如何在实践中真正落实不良贷款的控制与管理?

3. 为有效降低不良贷款发生率,该如何掌握从贷款申请到收回整个程序中的主要关键点？

    4．商业银行贷款定价的原则是什么？

    5．在信用分析中如何对企业的财务报表进行分析？

    6．商业银行应建立哪些贷款管理制度？其内容是什么？

第六章　商业银行证券投资业务

本章学习目的

1. 了解商业银行证券投资的目的及意义。
2. 商业银行证券投资的基本原则以及管理的基本原则。
3. 理解商业银行证券投资的内部控制及组合管理。
4. 理解商业银行证券投资的收益与风险的关系。
5. 理解在现阶段银证融合的积极意义。

本章知识导入

券商的通道业务

2016 年 7 月 26 日,证监会副主席李超在有关培训会上就进一步加强对券商的监管发表了一番见解,其中有一条蕴藏可能对我国 A 股市场有重大影响的观点。中国证监会副主席李超强调:全面规范资产管理业务运作,强化投行业务管控,现阶段给予一定的缓冲期,不是要讲通道业务全停掉,要逐步压缩通道业务规模,通道业务早晚是要消亡的,不是资产管理业务的重点。

可能大部分人对于上面提到的券商通道业务不是很了解,那么,什么是券商的通道业务呢?

一、通道业务的定义

通道业务是指券商向银行发行资管产品,吸纳银行资金再用于购买银行票据,帮助银行曲线完成信托贷款,并将相关资产转移到表外。在这个过程中券商向银行提供通道,收取一定的"过桥费"。顾名思义,通道业务就是一个管道,方便资金进出,资金管道的提供者就是券商,资金的来源就是银行。银行为何想把资金通过券商呢? 其实很简单,银行的投资渠道有限,为了拓宽自己的投资渠道,获得更大的资金收益,就需要有更宽广的投资途径的伙伴的支持,券商就是这个伙伴。所以银行获得投资收益,将资产转移到表外,券商获得"过路费",两者皆大欢喜。

另外,原本券商帮助管理的这部分银行资产主要应该用于购买银行发行的债券,然而人类是聪明的,制度总是可以绕行的。通过复杂的产品设计,券商可以把银行的资金用于基金、险资和其他投资者对上市公司、非上市公司的股权投资。

二、为什么要压缩券商这躺着挣钱的业务?

(一)杠杆收购

2015 年的股灾,大家都记忆犹新,这很大部分原因就是场外配资。场外配资就是借钱给股民炒股。其道理其实和券商的资管管道类似,都是借助杠杆给资金需求者提供资金,只不过场外配资的资金提供者比较多元,当然券商在配置中也有掺和,和场外配置不同的是,券商通过资管管道业务的资金不是给股民炒股的,而是给投资者买公司的。

目前资本市场上有很多投资者,尤其险资,借助于层层资管计划,运用资金杠杆在 A 股市场疯狂地进行收购,万宝之争中宝能很大程度上受益于此。

(二)蛇吞象

如果说宝能这类企业还算有点理性,起码懂得控制一下杠杆的程度。那么下面这几个企业就真是贪心不足蛇吞象了。广州汇垠澳丰用区区 1 万元出资,主导了永大集团 21.5 亿元的收购案,上万倍资金杠杆令市场咋舌。浙江商人斜正刚通过有限合伙公司,罕见引入夹层基金,以 3.4 亿元出资实现了 17 亿元融资,从而拿下焦作万方控制权。

上万倍的杠杆,不知道这个产品是怎么设计的,也不知道参与的相关方怎么会这么有自信能够安稳地进行运作,但是一旦中间一个环节有一点疏漏,就可能让有关方面的资金雪崩。

(三)炒作风潮

就是由于存在这种高得夸张的杠杆资金,让原本不具备收购上市公司能力的投资者,绝大多数是投机者,有可能进行上市公司的收购。这就引发了一股买壳、炒作风潮。这股风潮对于资本市场正常的健康发展绝对不是什么好事儿。这让一些上市公司无心于公司的经营,想着如何把上市公司卖个好价钱;也让上市公司的估值发生扭曲,好公司还不如卖壳的公司估值高;还让真正想通过借壳融资的有关企业加重了企业负担。

(四)股权纷争

股权纷争是资管通道业务的又一弊病。首先,如我们上述所言,一些胆子够肥的投机者或者野蛮人真的敢于借助资管资金强买优秀的上市公司,这会造成上市公司原股东和这些野蛮人之间的对立,会对企业的经营有不利的影响;再次,资管的资金来源归根到底是银行,所以就算野蛮人取得了一定的股权,究竟谁是代表这部分股权说话呢,这就造成了表决权的尴尬。

(五)金融风险

如果大家都是利用来源正规、杠杆率合理的自由资金竞购上市公司,那么没什么可说的。可一旦采用的是券商资管资金下的杠杆资金,那么其风险就很大了。

以万宝之争为例,目前已经知道的情况是:至少有一家券商资管作为通道深陷其中,面临目前尚无法预计的风险,包括产品平仓、优先资金受损无法偿还等,相对于不足千分之一的通道费,这样的不确定性远远超出了合理的风险收益比。

要知道,券商作为金融体系的核心部分之一,其对于整个金融体系有着重要的作用。从2015年股灾就可见一斑。券商的资管通道业务同时连接券商和银行,一旦发生上面股价下跌等风险情况,不但券商内部有传导效应,还会和资金源头的银行发生牵连,造成一系列的多米诺骨牌反应。

(六)监管困难

1. 券商资管通道的监管问题有几个方面

(1)影子银行。金融体系现在太过复杂,很多金融产品连产品设计者自己都搞不清楚。借助于券商的资管通道可以将银行的资金导入银行体系外部,那么究竟资金的去向是何处,就实际情况来说就很难进行监管了。资金游移在银行体系之外,这就成了传说中的影子银行。要知道,影子银行一样提供融资,一样对资金有放大效应,但是却没有了监管。这一旦出现了什么资金偿付问题,其作用和银行没什么本质区别。2008年的美国金融危机就有影子银行的身影。

(2)监管空白。由于券商的资管通道既牵涉银行又包括券商,有时还常常会有保险类公司的加入,这等于集齐了主要的金融机构。而就目前中国一行二会各自监管的情况来看,很难把银行、券商、保险公司这三者共有的复杂业务进行实时的监管,这是目前我国金融监管的难处所在。全程借助通道挣钱容易,但是实在是风险太大,监管层不得不下重手。

2. 监管层目前采取的办法

(1)提高业务成本。让赚钱的买卖变得不再那么容易挣钱是一个比较好的方法。这次新修订的《证券公司风险控制指标管理办法》里边就有一则提高券商开展业务成本的办法：

根据 10 月起执行的新规,定向理财通道业务所需计提的风险资本准备比例将全面攀升。与目前根据各档券商分类评级结果执行的风险准备金计算表相比,连续三年 A 类券商通道业务所需计提的风险资本准备比例从 0.2% 提高到 0.63%、A 类券商从 0.3% 提高到 0.72%、B 类券商从 0.4% 提高到 0.81%。

这则管理办法结合之前刚刚出炉的对券商的全面重新评级,实际上让大部分券商都会承受可利用资金减少、开展业务的成本提高的压力。

(2)控制业务需求。保护动物里有句话叫没有买卖就没有杀害。券商资管通道业务也是一样,没有需求自然业务量就下来了。目前主要的业务需求方是上市公司股东。证监会也对这部分人采取了专门的措施：

近日证监会组织券商保荐机构业务负责人和内核人负责人召开保荐机构专题培训。再融资相关政策新增两大窗口指导：一是上市公司的控股股东或持有公司 5% 以上的股东,通过非公开发行股票获得上市公司股份的,应直接认购取得,不得通过资管产品或有限合伙等形式参与认购；二是募集资金不得用于非资本性支出。

除了上面所说,其实本次李超副主席的讲话,还有一个有意思的地方:指出过去以呵护为主,现在要从严监管券商。为什么说有意思呢,确实如领导所说证监会对券商管道业务的态度是有一个变化过程的。之前的态度是这样的——

2013 年的一则新闻:证监会有关部门负责人 26 日向《中国证券报》记者表示,截至 2012 年底,证券公司资产管理业务中的通道业务,达 1.5 万亿元,约占券商资管业务总规模的 80%。这些业务不对券商构成实质性风险,目前也没有发生这方面的风险事件,证监会将持续关注券商通道业务。

这则消息的背景是 2013 年 A 股是全亚洲表现最差的股市,券商的经营自然十分惨淡。为了提高收益,2013 年券商有了一场创新大会,而资管通道业务就是在创新大会之后水涨船高的,作为当时的开源之举,资管通道业务是券商和银行双赢。这才有了李超所说的呵护为主。那么既然现在券商很多业务已经到了不控制、不加强监管就可能引发局部甚至整体的金融风险的地步,那么和监管相比,券商赚点小钱就显得微不足道了。

摘自:期股飞阳. http://mp. weixin. qq. com/s/MskyqNja70i7N7Gvzctrzw. 2016.7.

第一节　商业银行证券投资概述

一、商业银行证券投资的概念

证券投资是商业银行的一项重要资产业务,指商业银行以其资金在金融市场上购买各种有价证券(如股票、债券)的业务活动,其买卖对象主要是信用可靠、风险小、流动性强的政府及其所属机构的债券,目的是增加收益和提高资产流动性。在商业银行总资产中,证券资产所占比重仅次于放款。在实现安全性、流动性、盈利性均衡的过程中,证券投资实际上已成为商业银行唯一的调节型资产,但商业银行在证券投资方面也发生过许多不安全事件,所以证券投资又是商业银行受管制最多的资产业务。

二、商业银行证券投资的特点

商业银行证券投资是一种证券的买卖活动,与贷款业务相比,尽管两者都是对资金的运用,有很多相同之处,但又有其特点。

（一）主动性

商业银行可据市场行情的变化和自己的资金实力,自主决定购买与否,处于主动地位。而贷款业务通常是客户向商业银行申请,商业银行根据客户的资信状况和用途决定贷与不贷,贷多贷少,资金最终能否运用出去,主要取决于客户的情况,商业银行处于被动地位。有时商业银行为了留住信用好的客户,在资金紧张时仍需满足客户的资金需求。但银行急需资金时,一般不能随时收回贷款。

（二）独立性

商业银行进行证券投资的唯一标准是根据市场测算出的预期收益率,不会被人际关系所左右。而办理贷款业务商业银行不仅要关心贷款利率的高低,而且要考虑与客户的业务关系和人际关系。

（三）参与性

在证券投资业务中,商业银行只是众多投资人中的一个,对被投企业的控制和影响非常有限,不能起到决定性的作用。但贷款业务中,银行是企业的主要债权人,或是少数几个债权人中的一个,对企业的影响相对较大,能起到决定性作用。

（四）低成本

银行证券投资成本较低，主要原因是证券投资是一种标准化的金融工具。而银行贷款业务属于非标准化金融工具，每一笔贷款都要根据借款人的具体需要进行设计。从贷款申请、银行贷前调查、贷款发放程序、贷款发放管理直至贷款收回，每一个过程都需要银行工作人员参与，贷款成本相对高些。

（五）流动性

证券市场已经具备完善的二级市场，从而具有很强的流动性。银行贷款并不具有二级市场，即使能够转让，条件也是很苛刻的。

三、商业银行证券投资的目的

证券投资在商业银行业务中属于资产业务，商业银行通过证券投资来获得利润，或者是保持短期流动性。比如商业银行购买国债就是为了保持资金的流动性，随时可以变现，以应付存款人取款和贷款人贷款的需求。商业银行进行证券投资业务的目的有以下几个。

（一）赚取利润

这是商业银行从事证券投资的首要目标。商业银行证券投资是在放款收益较低或风险较高时为保持或提高银行利润所做的一种选择。

（二）分散风险

商业银行的证券投资和放款一样，都有遭受损失的风险。资产分散化是商业银行减少风险的基本办法，商业银行证券投资在分散风险方面有独特的作用。与放款业务相比，证券投资选择面广、投资规模可大可小、买进卖出灵活方便。

（三）增强流动性

在银行资产中，贷款和固定资产的流动性都比较差，只有现金的流动性最强，其次是证券。库存现金是用来应付顾客的提存，为银行的第一储备，除此以外，银行还要保持二级储备即银行的短期证券投资。如在通货膨胀时期，银行存款减少，但借款和取款需求却在增加。此时，商业银行就有可能需要出售一部分资产来换取现金。短期证券可以迅速变现，维持和增强流动性。

（四）合理避税

商业银行投资的证券大都集中在国债和政府债券上，政府债券往往具有税收优惠，银行可以利用证券组合达到合理避税的目的，使收益进一步提高。

第二节　商业银行证券投资的原则

一、收益与风险最佳组合原则

在证券投资活动中,收益与风险相伴而生,形影相随。高风险高收益,低风险低收益,如何正确处理投资效益与风险之间的关系非常重要。

银行投资政策一向以稳健和保守著称,在处理收益与风险的关系中,坚持的基本准则是:在风险既定的条件下,尽可能地使投资收益最大化;或者,在收益已定的情况下,尽力将风险降到最低限度。在这一原则指导下,银行进行证券投资时,要根据银行的资金实力和要达到的目标,正确评估所能承受的风险,力求实现收益与风险组合的最佳化。

二、分散投资原则

分散投资原则是指银行将资金适时地按不同比例,投资于若干种类、风险程度不同的有价证券,通过建立合理的资产组合,将投资风险降到最低。尽管投资分散化并不能消除所有投资风险,但它可以起到降低风险的作用。

根据现代证券组合理论和资产结构选择理论,银行有选择地把资金投资于不同品种、不同质量、不同期限和收益的有价证券,形成有效组合,就可以达到和实现收益相同而风险最低,或风险相同而收益最高的投资政策目标。

三、理性投资原则

理性投资原则是指在对证券本身正确认识的基础上,经过认真的分析和比较后,做出投资决策。坚持这一原则,要求银行在决定进行证券投资前,必须根据自己对风险的承受能力,以及所要达到的目标,制定切合实际的投资计划和政策。

各商业银行投资目标有一定区别,但决定银行进行投资的内在因素是相同的,那就是尽可能地实现银行资产收益性和流动性需要。但由于各家银行在自身经营条件和资本实力上的差异,在确定各自的投资计划和目标时,所采取的政策也不尽相同:有的银行可能愿意以放弃流动性去换取更大的收益机会,有的银行则可能愿意以放弃收益换取较大的流动性。每一家银行在选择投资目标计划时也会由于当时经营状况的变化而选择不同的计划目标。

坚持理性投资原则还在于进行投资操作时，要保持冷静、慎重的态度，要善于控制自己的情绪，不轻信谣言，不抱侥幸心理，应根据自己的思维和判断，善于把握时机，当机立断。

第三节　商业银行证券投资的主要对象

一、政府债券

政府债券是由政府或政府机构发行的债务凭证，它证明债券持有者有权从政府或政府机构取得利息，并到期收回本金。从发行主体看，政府债券通常有两种类型：中央政府债券、政府机构债券。

（一）中央政府债券

中央政府债券又称国家债券，是由中央政府财政部发行的借款凭证。可分为公开销售债券和指定销售债券。商业银行投资的政府债券一般是公开销售债券。

国家债券可分短期和中长期债券。短期债券通常为一年以内，弥补国家中央财政预算临时性收支不平衡，其期限短、风险低、流动性高，是商业银行流动性管理的重要工具。一般 2 年到 10 年期为中期国债，10 年以上为长期国债，所筹集资金用于弥补中央财政预算赤字，含息票证券。银行进行证券投资时一般首选国家债券，因其具有安全性高、流动性强、抵押代用率高的特点，素有"金边证券"之称。

（二）政府机构债券

政府机构债券是除中央财政部以外的其他政府机构所发行的债券，如中央银行发行的融资债券、国家政策性银行发行的债券等。特点：违约风险小，二级市场交易十分活跃。它流动性不如国库券，但收益率较高。虽然不是政府的直接债务，但通常也会受到政府担保，因此信誉较高，风险较低。

二、公司债券

公司债券是企业对外筹集资金而发行的一种债务凭证，发行债券的公司向债券持有者做出承诺，在指定的时间按票面金融还本付息。公司债券可分为两类:一类是抵押债券,公司以不动产或动产作为抵押而发行的债券;另一类是信用债券,公司仅凭其信用发行,通常只有信誉卓著的大公司才有资格发行此类债券。

商业银行投资公司债券较为有限,一是风险因为公司债券的收益需要交税,税后收益有时比其他债券低;二是公司债券违约风险较大;三是二级市场上流通性不如政府债券。

三、股票

股票是股份公司发行的证明股东在公司中投资入股并能据此获得股息的所有权证书,它表明投资者拥有公司一定份额的资产和权利。商业银行购买股票有两个目的:第一,参与和控制公司的经营活动,但要实现这个目的,持有量必须达到一定的份额,且要受到金融法律法规的限制,如购进的股票不能超过银行资本金的一定比例等。

第二,通过股票的买卖获取利润。但目前许多国家禁止商业银行购买公司股票,只有德国、奥地利、瑞士等少数国家允许,目的是在银行信贷市场与证券市场之间构筑一道"防火墙",即使是法律允许的国家,基于风险的考虑,商业银行也很少购买股票。

四、大额可转让定期存单

大额可转让定期存单是金融机构所发行的一种债务凭证,是银行为筹集资金的一项业务创新产品。银行经常买入其他银行发行的这类存款单,以作为低风险投资的一部分。这类存单风险小,流动性很强,而且具有一定的收益率,也是银行重要的证券投资对象。

五、票据

目前,商业银行投资的票据主要有:商业票据、银行承兑票据、中央票据。

(一)商业票据

商业票据是公司发行的短期债务凭证,期限一般在3个月以内,大部分没有承诺的收益率,以折价发行。如果发行者是大公司,则票据通常没有担保;如果是小公司,则一般需要有提供的不可撤销的担保。

(二)银行承兑票据

银行承兑票据是银行对从事贸易及进出口等业务的客户提供的一种信用

担保,银行承诺在任何条件下都会偿付其客户的债务,银行从中收取费用。由银行承兑的票据是一种安全的投资工具,有较大的市场规模,信誉好的银行承兑票据还可以申请获得中央银行的贴现。银行承兑票据的交易可以增加银行的流动性资产和获得投资收益。

（三）央行票据

央行票据即中央银行票据,是中央银行为调节商业银行超额准备金而向商业银行发行的短期债务凭证,其实质是中央银行债务。商业银行认购央行票据后其直接结果就是可贷资金量的减少。

六、证券投资基金

证券投资基金是一种利益共享、风险共担的集合证券投资方式,即基金公司通过发行基金单位,集中投资者的资金,由托管人托管、基金管理人管理并运用资金,从事股票、债券等金融工具投资,并将投资收益按投资者的投资比例进行分配的一种投资方式。

七、金融衍生工具

金融衍生工具又称金融衍生产品,是与基础金融产品相对应的一个概念,指建立在基础产品或基础变量之上,其价格随基础金融产品的价格变动的派生金融产品。这里所说的基础产品是一个相对的概念,不仅包括现货金融产品(债券、股票、银行定期存单等),也包括金融衍生工具。作为金融衍生工具基础的变量包括利率、汇率、各类价格指数甚至天气指数等。金融创新的兴起,导致金融市场出现很多衍生金融产品,它们也逐渐成为商业银行的新的投资对象。

第四节　商业银行证券投资的方法与步骤

一、商业银行证券投资的方法

银行证券投资的主要方法有证券套利、证券包销和代理证券发行。

（一）证券套利

证券套利就是利用证券的现货价格与期货价格的差价获取差额收益的活

动。买进现货、卖出期货称之为顺套;卖出现货、买入期货则称之为逆套。

（二）证券包销

证券包销就是银行对于发行者新发行的证券,按一定的价格全部予以承销,即在证券发行前先按全价付给筹资者,再由银行向市场公开出售;发行者按规定付给银行一定包销费用。在发售期间,证券的价格涨跌风险由银行承担,因而银行应抓住有利时机,及时售出,获取收益。证券包销一般步骤:首先与发行者洽谈协商发行证券的有关事宜,如筹资的数额、证券类型、包销的条件等。其次是确定证券包销价格,这是从事证券包销业务最关键的工作,证券的价格确定应该对双方都有吸引力,一经协商,应载入合同。再次是组织证券包销银行集团。对于筹集金额巨大、风险较大的证券,发行者应组织包销银行集团,共同承担该证券的包销,即联合认购。联合认购的管理,一般是由参加银团的各包销银行推选一家"主办银行",根据各银行自报包销数额,进行协调分配,然后各自向社会出售;最后在银行承购证券之后,拟定出售时间、价格、方法和地址并组织力量进行售完。

（三）代理证券发行

代理证券发行就是指银行利用本身的机构网点和人员等优势,代理发行证券的单位在证券市场上以较为有利的条件发行股票、债券及其他证券,从中收取代理发行手续费的行为。

银行在经营代理证券发行业务时,必须注意以下四点:第一,银行只是代理发行,对证券认购者不负担任何的经济责任,对证券发行者只负合同规定的责任;第二,银行代理发行的证券必须是经过国家有关部门批准发行的合法和规范化的证券;第三,证券的出售价格,根据市场行情,采取溢价、平价或跌价发行;第四,要监督购买者不能用银行贷款和流动资金购买。

二、商业银行证券投资的基本步骤

（一）确定投资政策

传统的证券投资管理一般按投资是收入型、增长型还是混合型来对投资政策进行分类。收入型投资政策将重点反映在基本收益的最大化上,不太注重资本收益和增长。增长型投资政策强调投资的资本升值,其目的在于通过推迟获得基本收入而增加证券投资的价值,通过未来收入的增长获得足够的收益。混合型投资政策的目的是既获得基本收入又获得资本收益,并保持二者的均衡。

（二）实施证券投资分析

证券投资分析方法有基本分析和技术分析两种。基本分析方法以价值决定价格为理论基础，以证券价值为研究对象，认为证券的价格以价值为中心上下波动；技术分析方法以供求决定价格为理论依据，以证券的价格为研究对象，认为供求由各种理性和非理性的因素决定，任何因素只要引起供求的变化，就迟早会在市场价格的变化中被发现。

（三）确定证券投资资产组合

银行根据投资政策和一定的分析方法选择证券后，确定如何将资金进行分配以使证券投资组合具有理想的风险和收益特征。下列基本原则是确定任何类型的证券投资组合都应考虑的。

1. 本金的安全性原则

本金的安全无损是银行进行证券投资时应首先考虑的，这是未来获得基本收益和资本增值的基础。本金的安全不仅仅指保持本金原值，而且包括保持本金的购买力。

2. 基本收益的稳定性原则

基本收益的稳定是银行得以健康发展的基础，银行作为典型的负债经营企业，没有稳定的收益也无所谓本金的安全性和资产的流动性。稳定的收益可以使银行更准确、更合理地进行再投资和消费。

3. 资本增长原则

资本增长对改善银行头寸状况、维持其支付能力和增强管理的灵活性方面都有好处。

4. 良好市场性原则

良好市场性原则是指证券组合中的任何一种证券应该易于迅速买卖。这取决于具体证券的市场价格和市场规模。

5. 流动性原则

流动性原则作为商业银行经营管理的"黄金法则"，银行进行证券投资时，要充分考虑所投资证券的流动性。不同期限、不同发行主体的证券在不同的金融市场环境下流动性存在较大的差异，银行应谨慎选择所投资的证券。

6. 多元化原则

多元化证券投资是银行分散投资风险的重要保证。在多元化投资过程中，应根据市场上各类证券收益的相关关系来构建银行的证券投资组合；要考虑收益的波动并有效降低证券投资组合的标准差；进行证券投资组合时一般至少要有 10 种证券。

7. 有利的税收地位

银行的投资决策受所得税的影响,承担高税赋就难以实现理想的收益目标。在需要避税时,可考虑投资免税的政府债券或较少分红的股票。

(四)修正证券投资组合

尽管证券投资组合的目标是相对稳定的,但个别证券的价格及收益风险特征则是可变的。随着时间的推移、市场条件的变化,证券投资组合中的一些证券的市场情况与市场前景可能发生变化,如某一企业可能出现并购事件,导致生产和经营策略发生变化等。当某种证券收益和风险特征的变化足以对整体发生不利的变动时,应进行修订、删除或增加有抵消作用的证券。

(五)对证券投资组合资产的经济效果进行评价

对证券投资组合资产的经济效果进行评价既关系到过去一个时期业绩的评价,又关系到下一个时期的管理方向。在评价过程中不仅仅要比较收益率,还要比较承担的风险大小。风险不同,收益率也不同,只有在同一风险水平的收益率才具有可比性。

第五节　商业银行证券投资收益与风险

一、商业银行证券投资的收益

商业银行的证券投资收益不同于放款收益。放款收益仅仅来自放款利息,而证券投资收益包括有价证券的利息收入和买卖价差。商业银行应考虑两个方面因素,用实际收益来计算证券收益的大小。

(一)投资收益率的计算方法

投资收益率的计算方法主要有以下几种。

1. 票面的收益率(也叫名义收益率)

这是指证券票面收益与票面额的比率。附有息票的债券,其名义收益率也是息票率。

$$息票率=(息票利息额/债券面值)\times 100\%$$

例如,一张面值为 1000 元的债券,息票上的利息额为 50 元,其名义收益率或息票率为 5%。

由于债券的出售价格受市场一般利率的影响而经常变动,具有很大的浮动弹性,债券的实际收益率会随之变化,因而票面收益率只能作为参考指标。

2. 当期收益率

当期收益率是指债券票面收益除以当期市场价格的收益率。它体现出债券市场价格对债券收益率的影响。

$$当期收益率＝（票面利息额／市场价格）×100\%$$

例如：一张面值为 1000 元的债券，票面利息额为 50 元，如果按 1050 元的市价购买，当期收益率则为 4.7%，低于名义收益率（5%）；如果按 950 元的市价购买，其当期收益率则为 5.3%，高于名义收益率。

3. 到期收益率

到期收益率是指持券人一直将债券持有到最终期限的实际收益率，是票面收益率、市场利率、票面价格、购买价格及购买成本等因素综合作用而得到的收益率。计算方式是：

$$到期收益率＝\frac{面值×票面收益率＋（收回金额－市场价格）／期限}{（面值＋市场价格）／2}×100\%$$

例如：一张面值为 1000 元的债券，票面收益率为 10%，期限为 10 年，购买价格为 900 元，当债券到期时，投资者收回面值 1000 元，其到期收益率应该是 11.58%，即：

$$收益率＝\frac{1000×10\%＋（1000－900）／10}{（1000＋900）／2}×100\%$$

$$＝[（100＋10）／950]×100\%＝11.58\%$$

计算到期收益率比较复杂，难以十分精确地计算。

4. 到期税后收益率

在有些国家，根据税法规定，投资者购买债券的利息收入要缴纳所得税，那税后的收益才是净收益或实际收益。因此，在计算到期收益率时应把资本盈利的差别税率考虑进去。不同的债券采用不同的税率，有的只缴中央政府所得税，免缴地方所得税，或者相反。因此，投资者在购买债券时还应考虑税率因素，要计算净收益率。

（二）证券投资收益曲线

证券投资收益曲线是指证券收益率随投资量变化而变动的轨迹。了解证券投资收益曲线的变动趋势或规律，对于深入把握证券收益的内容，进行正确合理的投资选择十分重要。

发行证券的人都愿意以最低的利率发行更多证券，而证券购买者即投资者则愿意购入的任何证券都有较高的收益率。在证券发行量一定时证券利率可以定多少，或当证券利率一定时能够发行多少证券，就要看供求双方的情况。当供大于求时，一般利率水平较低；当供不应求时，一般利率水平会较高。随着供求数量的变化，收益率曲线也会随之变化。

有的证券如国库券，有相当广阔的市场，信用很好，任何人都不可能通过购买数量影响其利率，这种证券可保持最低利率水平，同时这种利率往往不受证券发行规模的影响，它的收益曲线就是水平趋势。比如美国政府发行的国库券就是如此。

证券投资收益曲线可以为投资选择提供依据，由于不同证券有不同的曲线，投资者有阶段性投资偏好，投资决策时需要将不同证券的收益曲线综合起来考虑。

二、商业银行证券投资的风险

商业银行要获得投资收益，就必须承担相应的投资风险。一般来说，证券投资的收益与风险之间存在某种函数关系，即证券投资的风险越大，其收益就越高，而风险越小，收益也越小。商业银行投资面临的风险主要有以下五种：

（一）信用风险

信用风险是指由于证券发行人到期不能付息而使投资人遭受损失的可能性。这种风险主要受证券发行人的经营能力、资本额、产业的前途和产业的稳定性等影响。一般来说，政府债券信用风险小，特别是中央政府债券，无信用风险可言。

对公司债券和股票，国外有专门的资信评级机构，对公司发行的证券进行评判并分为不同的级别：一类是投资级证券，即信誉较可靠、信用风险不高的证券；另一类是投机级证券，指那些信誉较差、存在信用风险的证券，以供投资人选择。

（二）市场风险

市场风险是指由于金融市场证券价格波动而引起的投资总收益的变动。当金融市场指数从某个较低点（波谷）持续稳定上升时，这种上升趋势称为多头市场（牛市）。多头市场在指数达到某个较高点（波峰）并开始下降结束。空头市场（熊市）则是金融市场指数从较高点一直呈下降趋势至某个较低点。从这个点开始，证券市场又进入了多头市场。

多空交替导致证券投资收益发生变动，进而引起市场风险。需要指出的是多头市场的涨势和空头市场的跌势是就市场总趋势而言的。实际上，在多头市场上，有些证券也可能出现跌势；在空头市场上，有些证券却呈现涨势。

引起多空交替的重要因素是经济周期，它是整个国民经济活动的一种波动：多头市场是从萧条开始，经复苏到高涨；空头市场则是从高涨开始，经衰退到萧条。

（三）利率风险

利率风险是指市场利率的变动影响证券的市场价格，从而给投资者带来损失的风险。市场利率与证券价格呈反方向变化：当市场利率上涨时，证券价格必然下跌；当市场利率下跌时，证券价格必然上升。

利率风险对持有不同期限的投资者有不同的影响。一般来说，长期债券对利率变动的敏感性要大于短期债券。利率上升，长期债券持有者遭受的损失大于短期债券；利率下降时，长期债券获得的利益高于短期债券。

（四）通货膨胀风险

通货膨胀风险是指因为物价水平发生变化而导致证券投资的损失。物价水平连续上涨后，货币购买力随之下降，致使货币持有者无形中受损。在进行购买力风险分析时，应将名义收益率与通货膨胀率进行比较。如果名义收益率大于通货膨胀率，则为正实际收益率，可以避免或减小通货膨胀带来的风险；如果名义收益率小于通货膨胀率，则为负实际收益率，就要承担通货膨胀带来的损失。

（五）流动性风险

流动性风险又称流动能力风险或变现能力风险，是指将持有证券变卖为现款的速度快慢。变现越快越容易则流动能力风险越小；反之，流动能力风险越大。在进行流动能力风险的分析时，应注意上市股票有热门股与冷门股之分。前者交易频繁，极易变现，可谓无流动性风险；后者在几个月内难以流动一次，流动性风险较大。

三、商业银行证券投资的收益与风险的关系

证券投资的收益与风险同在，收益是风险的补偿，风险是收益的代价。明确风险与收益之间的关系，主要是为了处理好二者的关系。

因为证券的收益与风险是不断交替的，随着收益与风险的变化，银行需要不断调整证券头寸。

在调整过程中，应当坚持以下原则：在既定风险条件下使收益最大化，或者在既定的收益下尽可能使风险最小化，这是证券投资中的最佳组合原则。

（一）证券投资收益与风险的同增关系

一般来说，证券投资的预期收益高，承受投资的风险也就大，反之，风险程度低，其投资收益也小。

（二）证券投资收益与风险的交替原理

收益与风险存在着一种相互替代的关系，也就是说，风险增加可造成收益减少，而风险减少会带来收益增加。但要注意上述风险增加或减少所带来的收益减少或增加并非指实际的收益变化，而只是指风险变动引起的投资者主观估计上的收益变动。

（三）处理收益与风险关系的一般原则

现实生活中，证券的收益和风险都会经常变化，为避免银行处于不利局面，需要随时调整证券头寸。根据最佳组合原则，调整头寸，通常可以从两个方面进行比较：一是横比，即与银行同业中条件相同或类似的其他银行进行比较；二是纵比，即与本行以前的历史情况进行比较。

比较结果不外乎以下三种情况：(1)风险不变，收益变动。这时收益有增加和减少两种可能，银行应设法避免后者，争取前者。(2)收益不变，风险变动。此时风险有增加和减少两种可能，银行应尽量设法避免前者，争取后者。(3)收益和风险同时变动。现实生活中大量存在的是收益与风险的同时变动。这种变动可分为四种情况：

①收益和风险同时增加。这里因两者增加幅度不同可分为两种情形：风险增加快于收益增加和风险增加慢于收益增加。银行要极力争取后者，尽量避免前者。

②风险与收益同时减少。这也分为两种情况，风险减少快于收益减少和收益减少快于风险减少。银行应力争前者，避免后者。

③风险减少，收益增加。这种情况对投资者十分有利，银行应极力促成这种情况。

④风险增加，收益减少。这是投资者最忌讳的情况，银行应尽量避免这种情况产生。

第六节　商业银行证券投资的管理与策略

一、商业银行证券投资的管理

（一）商业银行证券投资管理的基本原则

1. 统一授信

根据商业银行的规定，证券投资属于其授信业务之一，因此对商业银行证券投资的管理应该纳入统一授信的管理中。商业银行总行授信管理部门应严格按照本行的相关规定对总行及其分支机构的证券投资进行管理,根据证券发行人的信用状况制定统一的授信额度,并对于同一证券的购买数量规定最大额度,同时要求总行与分支机构之间购买的证券不能相互之间进行对倒。

2. 统一授权

按照中国人民银行 1996 年颁布实施的《商业银行授权、授信管理暂行办法》规定,商业银行实行一级法人体制,必须建立法人授权管理制度。商业银行应该在法定经营范围内对有关业务职能部门、分支机构以及相关岗位进行授权。商业银行业务职能部门及分支机构以及关键岗位应在授予的权限内进行业务活动,严禁越权从事业务活动。

商业银行的授权可分为基本授权和特别授权两种方式,以及直接授权和转授权两个层次。基本授权是指对法定经营范围内常规业务经营所规定的权限。特别授权是指对法定经营范围内的特殊业务,包括特殊项目融资、创新业务以及超过基本授权范围的业务规定权限。直接授权是指商业银行总行对有关业务职能部门和管辖分行的授权。转授权是指管辖分行在总行授权权限内对本行有关业务职能处室和所辖分支行的授权。

商业银行的授权不得超越中国人民银行核准的业务经营范围,转授权不得大于原授权。同意授权的原则要求商业银行在进行证券投资时必须遵循统一授权经营的基本原则。具体在商业银行的证券投资业务中,商业银行通常采用分级授权方式,下级资金运营部门的负责人必须在取得上级的授权后才能通过转授权对下级交易员进行授权。各个职能部门之间在总行统一管理的基础上相互协调配合,防范风险管理疏漏。

3. "三性"平衡

商业银行在经营与管理中始终遵循的三个原则是安全性、流动性和盈利性,一切业务活动都是以增强安全性、提高流动性、提升盈利性为目的。因此,证券投资过程中,商业银行需要在安全性、流动性和盈利性三者之间取得平衡。

安全性要求商业银行须按照审慎原则计算证券投资业务的风险权重,保证资本充足率适当有效。流动性要求商业银行进行证券投资时要对证券发行人、币种、期限、利率类型等方面进行合理配置,尤其是要充分重视证券投资在极端情形下可能无法变现的风险。盈利性要求商业银行必须对所投资的证券的投资收益有一个明确的预期,并且要考虑在市场环境恶化时,实现预期收益的可能性。商业银行在严格按照上述要求的前提下,通过证券投资组合来达到"三性"的平衡。

（二）商业银行证券投资的内部控制

内部控制是风险管理制度的核心内容。让控制活动寓于管理活动之中是银行日常工作不可分割的一部分，而不是对经营管理的额外补充。商业银行证券投资的内部控制主要是在本系统内通过合理设置风险的控制环节，使得各个部门岗位权责清晰、责任明确，以实现安全性、流动性和盈利性这三者之间的平衡。

商业银行证券投资的岗位设置通常包括前台交易、中台风险控制、后台审核与清算。银行前台交易员负责在上级授权的范围内运用银行自营资金进行证券头寸管理，在确保风险可控的前提下，实现收益的最大化。银行证券投资的中台人员主要负责定期与不定期地对本行持有的证券投资交易记录进行核查，检查投资授信额度的使用情况和风险控制，核实证券交易的合法性，并对目前的证券投资的风险给予评估。银行证券投资的后台人员主要负责检查交易的程序是否完备，有无异常以及进行资金的划拨与清算，做好证券投资审批单、交易确认书等有关交易记录的归档和妥善保管。

（三）商业银行证券投资的组合管理

银行的证券投资管理围绕安全性、流动性和盈利性展开，制定符合商业银行管理总目标的证券业务目标是搞好证券投资管理的首要任务。证券投资的目的是取得收益，提高资产组合质量，发挥资金效用的最大化，并保证商业银行资金的流动性。

然而，不同的银行对待风险承受的能力以及盈利的要求是不同的，并且不同证券投资品种的风险与收益状况也是不同的，这就要求商业银行根据自身的资产规模、借款能力、贷款需求制定出适合自己的组合投资策略。一般情况下，规模较小的银行的借款能力弱，因此证券组合管理中，满足其流动性目标就是首要的，盈利性需要则是次要的。

证券投资组合管理要求商业银行对投资进行计划、分析、调整和控制，从而将投资资金分配给若干不同的证券资产，如国债、地方债以及企业债，形成合理的资产组合，是一种以实现资产收益最大化和风险最小化为目标的经济行为。

商业银行通过运用现代证券投资组合理论，构建投资组合，形成与银行所能接受的收益和风险水平相匹配的最合适的、最有效的投资组合。

商业银行证券投资的组合管理主要包括以下几个步骤：

1. 制订银行的证券投资组合目标

银行必须协调证券投资安排和流动性计划，考虑银行的抵押担保要求以及银行的整体风险状况、投资品种的税收优惠等具体问题。

2. 确定证券投资组合决策

银行在投资组合目标的基础上，通过对具体证券投资品种的分析，充分考虑市场环境变化以及各种可能出现的情况，制订出证券投资组合的规模、证券类型和质量以及证券组合期限等，以实现在一定风险水平下的收益最大化。

3. 证券投资组合的质量评价

通过对构建的证券投资组合的业绩进行定期或不定期的评估，并根据市场环境的变化而给予修正，来提高商业银行的证券投资管理水平。

二、商业银行证券投资的策略

商业银行证券投资的策略目标是在控制利率风险的条件下，实现证券投资流动性和收益的有效结合。现阶段投资策略主要分为传统投资策略和现代证券投资组合策略。

传统证券投资策略始终以"尽量减少风险损失和增加收益"为核心，在此基础上，传统证券投资策略主要分为以下几种：

（一）分散化投资策略

分散化投资策略是指银行不应该把资金全部用来购买一种证券，而应当根据证券的收益与风险程度以及到期期限的不同来加以选择、搭配，构建一个证券投资组合，从而达到降低风险的目的。

分散化投资策略具体包括行业分散、发行者分散、投资期限分散、投资地域分散。分散化投资的有效性主要取决于证券之间的相关性和证券组合的数量，证券之间的相关性越低，证券组合的数量越多，分散效果越好，反之则会加剧风险。

（二）梯形投资策略

梯形投资策略是指银行将全部投资资金平均地投放在各种期限的证券上，以使自己持有各种等额的证券。其具体做法：用所有的证券投资资金等额地购买证券，当期限最短的证券到期，资金收回后，银行再把资金投放出去，购买期限最长的证券，如此循环往复。这样就能使银行持有的各种期限的证券总是保持相等的数量，从而可以获得各种证券的平均收益。由于投资分散，违约风险较小，各种证券价格上升和下跌可以相互对冲，因而可以减小风险。

优点是管理方便、易于掌握。银行不必对市场走势进行预测，不需要进行频繁交易,投资获利至少是平均回报。

缺点是过于僵硬、缺少灵活性,当短期利率提高较快的时候,变现能力有局限性,否则会出现投资损失。

(三)杠铃投资策略

杠铃投资策略是指银行将证券投资资金集中在短期证券和长期证券上,而对中期证券则基本不投资的一种保持证券头寸的方法。在这种证券投资战略中,长短期证券的期限选择以及长短期证券在组合中的比重由银行自己灵活决定。通常情况下如果判断银行短期利率可能下降,短期证券价格上涨,就会减少长期证券的比重,增大短期证券的投资比重;相反,如果银行判断短期利率可能上升,则短期证券价格下跌,银行就会减少短期证券的持有,增加长期证券的持有。

杠铃投资策略比其他投资策略更接近银行流动性、安全性、盈利性原则所要求的综合效率边界,但这对银行证券转换能力、交易能力和投资经验要求较高。

(四)计划投资策略

计划投资策略是指商业银行根据证券价格变动趋势的把握,按预先设定的计划进行投资。其主要遵循的原则就是低价进、高价出。这种方法包括分级投资计划、固定金额计划、固定比率计划、变动比率计划等方法。其主要的优点在于比较灵活,同时能保持较高的收益。

第七节 银行业与证券业的融合

银行业和证券业融合,在狭义上看,是银行、证券两个行业的业务融合;从广义上看,银证合作是货币市场和资本市场在一定程度上的融合。在目前金融分业经营、分业管理的框架下,银证融合更多是指银行、证券两个行业互动的一种方式,主要指两个行业的个体(一家商业银行与一家证券公司)或群体(货币市场与资本市场)因银证双方具有共同的目标、相近的认识、协调的互动和一定的信用而进行协调运作的一种信用活动。

一、我国银行业与证券业融合现状

随着我国经济的发展,市场经济建设和法治建设的逐步完善及国际竞争的加剧,银证分业经营的模式严重阻碍了我国资本市场的发展,基于此,中央政府对严格的分业经营政策进行了适当的调整。这些政策为银行业和证券业相互渗透、交叉和合作创造了必要的条件。

（一）我国银行业与证券业融合现状

现阶段，我国银证融合的主要方式有以下两大类：

1. 外部的一般性合作

这是最基本的合作方式。建立适当的资金渠道，在建立风险防火墙的前提下，为上市公司提供融资服务，实现银行资金与资本市场资金的互动。

2. 外部分工型业务合作

双方利用各自的专业优势，进行业务的分拆、组合和相互代理，通过发展新业务或将现有业务进行交叉，形成新的分工合作关系。具体如下。

（1）银证资金结算。银行和证券公司共同开发银证转账系统；利用电话委托、电话银行、网上银行、手机银行等实现资金在银行和证券公司之间的实时清算，既防范了资金风险，又提高了资金的使用效率。特别是银行可以为证券公司和股民提供 A 股、港股和 B 股的资金清算业务；可为上市公司提供募股和配股资金的收款、结算等业务。

（2）中介代理业务。证券公司委托商业银行各网点代办开户业务，利用银行发达的网络优势吸引更多的投资者。银行可提供各种证券代理业务，特别是两者共同合作开发"银证通系统"，对银行和证券公司来讲是一个双赢的结局，也是对社会资源合理的、有效的使用。

（3）银行为基金提供资产管理业务。出于信用和资金安全的考虑，国家规定商业银行是基金的法定托管人和基金运作的监督人，并由商业银行具体办理证券、现金管理以及派发红利等核算业务。

（二）银行业与证券业的监管融合

由于我国一直以来金融分业经营，监管方式也是分业监管，对于多元化金融机构的监管，我国还未建立相关的法律法规。在金融国际化趋势下，银证合作是金融业的必然趋势。对于我国来说，银证合作不再是过去简单的混业模式，而是需要具备金融主体产权清晰、自律能力强、金融法制完善和金融监管有力等一系列前提条件。2018 年银行业与保险业监管已经融合，为金融业的混业经营迈出了一大步。

（三）银行业与证券业融合中存在的问题

1. 我国现行的分业经营和监管制约着银证融合的广度

我国金融领域仍属于分业经营，这在制度上对银证融合会有很大程度的限制，从而阻碍了金融综合化的大趋势。

2. 银行与证券公司之间的矛盾制约着银证融合的深度

银行与证券公司往往从自身利益出发，进行讨价还价。双方实际上是利益冲突的两个角色，双方都想着在合作中涉足对方的领域，而不想丧失自己的阵地。

3. 金融技术上的障碍阻碍了银证融合的速度

由于我国一直分业经营，银行业与证券业在很多金融服务方面没有统一的技术平台，这种分离的状态使其在给客户提供金融服务的时候，不能实现高效、便利、快捷。

二、银行业与证券业融合发展的动力与策略

（一）银行业与证券业融合发展的动力

1. 银证合作的内部推动力

从银行业来看，中国的商业银行无论在体制、运行机制，还是在业务模式、金融工具上仍然是比较传统的，创新能力明显不足，远远跟不上经济体制改革的步伐，也无法满足居民金融服务的多样化、个性化需求。从证券业来看，证券市场的发展离不开资金的推动，银证合作为证券公司自营业务提供了新的资金来源。

2. 银证合作的外部推动力

随着中国允许外资银行为中国企业办理人民币业务，外资银行向国内居民提供人民币业务，外资银行从事投资业务，全能型外资银行或金融集团将同时向中国人民银行、中国证监会、中国银保监会申请银行业务、证券业务、保险业务牌照，这些"金融百货公司"之称的外资银行将与中资银行在优质人才和优质客户等多方面展开激烈竞争，并在中国批发与零售市场业务方面占据大量市场份额；而中资银行本身竞争力先天不足，已处于明显的劣势地位，如果再不为其松绑，加快银证合作步伐，无疑只会使中资银行在残酷的市场竞争中处于更加不利的境地。

（二）银行业与证券业融合发展的策略

审视我国现阶段的银证融合方式，大多只停留在表面，要从根本上实现中国金融体系的升级，全面提升中国金融体系的竞争力，需要深入推进银证融合，积极创新，进行深层次的内部组织和股权合作，发挥规模效应和协同效应。

1. 采用金融控股公司模式进行组织与股权合作将是我国银证融合的现实选择

金融控股公司就是在同一个金融集团下属的不同金融机构分别经营相应

的金融业务,通过对外部设立子公司或控股公司的形式兼营各种金融业务,各子公司在法律上和经营上是相对独立的法人,即在同一利益主体或金融控股公司下的商业银行、投资银行、投资公司、保险公司、财务公司、基金管理公司、金融租赁公司等金融机构之间实现人员、业务交叉融合的混业局面,但又不妨碍实行有效的金融监管。与此同时,实施相应的、有限制的全能银行制监管模式。

2. 通过资本市场的平台推进商业银行信贷资产的证券化

银证融合应考虑在资本市场寻找一个新的连接点,在这个连接点上如果资产证券化能够有所突破,银证融合的范围将会更加广泛,对资本市场的发育和商业银行的改革也会更加有利。

资产证券化是指资产原始权益人把缺乏流动性,但具有未来稳定现金收入流的资产汇集起来,通过结构性重组,将其转变成可以在金融市场上出售和流动的证券,以实现资金融通的过程。资产证券化正在进入我国的经济生活,并具有不影响资产原始权益人的股权结构、不分散原始权益人的经营管理权的特点,对我国经济体制改革、资源配置效率的提高、促进经济社会的发展具有重要的意义。

关键概念:证券投资　政府债券　公司债券　证券投资基金　名义收益率　到期收益率　当期收益率　分散化投资策略　梯形投资策略　杠铃投资策略

复习思考题

1. 试述商业银行证券投资的意义。
2. 试述商业银行证券投资与贷款业务的区别。
3. 确定证券投资资产组合应考虑哪些因素?
4. 试述商业银行证券投资的收益与风险的关系问题。
5. 试述商业银行证券投资管理的基本原则。
6. 试述我国商业银行证券投资中主要以投资债券为主的原因。

第七章　商业银行中间业务管理

本章学习目的

本章学习目的

1. 了解中间业务的基本概念和特点。

2. 了解商业银行开展中间业务的积极意义,以及中间业务的特性。

3. 了解我国商业银行积极开展中间业务所面临的困难,以及世界性商业银行中间业务现状和发展趋势。

4. 了解西方主要国家对表外业务的管理方法,理解我国在发展中间业务时必须借鉴的管理思想和措施。

本章知识导入

解码亚太地区银行数字化未来

一、数字化浪潮已经到来

数字化浪潮正在颠覆亚洲及太平洋地区(亚太区)的银行业务模式、产品、服务和客户体验。受数字和科技的推动,金融机构的数字化转型正在重新界定银行业务,强调客户体验,同时弱化忠诚度。不断外延的行业边界和来自更加灵活的非传统竞争对手的新型创新也不断威胁着现今的银行业机构。

金融机构的数字化举措目前正在关注前沿移动技术领域:使用大数据分析和物联网增加灵活性;利用社交媒体与客户互动;并通过将流程转移至云端来提高效率。即便在这些领域,我们对颠覆性数字化科技的潜在影响也只是略知皮毛。

数字化颠覆将持续影响业务领域的多个层面,从战略和创新,一直到人才和变革管理。银行是否做好管理这些发展变化的准备?

数字化技术日新月异,新趋势层出不穷,导致竞争格局不断变化,行业界限趋于模糊。尽管金融机构高管们乐于实施数字化转型,但执行时却面临重重挑战。因此,亚太区银行,特别是亚洲新兴市场的银行,几乎无法成功地将数字化融入整个机构并利用数字化增强竞争优势。大部分银行刚刚着手开发数字化程序,但尚未从投资中获得显著价值。

二、组建跨职能的数字化领导团队

打造灵活的创新文化需要获得信念坚定且行动积极的高级管理层的全力支持,只有这样数字化转型才能有所建树。各委员会应定期会晤,提出观点,优先解决、设计并迅速实施数字化发展。

最理想的情况是任命首席数字官(Chief Digital Officer,CDO)或首席创新官(Chief Innovation Officer,CINO),负责银行的数字化愿景,凝聚领导团队力量。CDO的职责是监督数字化技术,从宏观角度了解如何将科技融入业务和客户战略,从而驱动整个机构的变革。需为CDO提供支持的人才包括面向客户的(对快速变化的数字化格局具有清晰认识的)业务主管、优化架构的IT架构师、解读整个企业数据的数据专家、科技策略师、调用其他技术性专业知识的外部合作方,以及分析不断变化的客户行为的社会学家。由多个领域的人才组成的跨职能高层数字化委员会至关重要,它可避免各部门在推出数字化项目时闭门造车。

三、在根本上设计数字化战略

在亚太区,"人云亦云"的数字化项目随处可见,一些银行只在个别领域里集中进行数字化工作,例如,零售银行重点开发处理交易的移动应用程序,与整体数字化转型相比,实施局部的数字化相对快捷、简单,而整体数字化转型涉及产品和服务的重新设计,协调定价和渠道策略,以及重新思考一线员工的聘用培训和发展策略等工作。遗憾的是,缺乏稳健、仔细考量的孤立的数字化策略常常会增加和实际改进效果不符的技术支出。

正确的方法是,银行需要采取数字化的思维模式,在设计上实现数字化。数字化流程必须是端与端的,客户无论是通过数字化还是线下渠道办理银行业务,都能够顺利获得同等质量的体验。这意味着不局限于仅仅实现现有线下产品和机制的数字化,同时还应为数字化客户群体创建全新的商业价值主张和用户体验。

数字化的深化需要使用改进的运营模式和标准应用架构,连接各组成部分并利用物联网获得全面、实时的运营和资产数据,创建支持创新的企业文化,凭借相关工具和技能组合授予员工管理数字化转型的权力。在亚洲新兴市场,银行还必须应对数字化技能人才短缺的问题,以及数字化转型带来的管理变革的挑战。

四、开发数字化商业案例

数字化项目需要三管齐下的方法：

（一）受数字化驱动的现有客户接触点——这是最基本的要求，用来满足客户日益上升的期望值，同时让技术能力与可比较同行水平保持一致。

（二）改善现有产品和服务、客户体验、运营和劳动力的关键数字化维度——通过有选择地投资于分析、社交媒体、移动能力、云技术和物联网技术，增加客户的生命周期价值。

（三）除了从以客户为本的方法或增加在第一点和第二点涉及的现有产品中获得增值收入，还可以进一步利用数字化技术创建新的收入流——通过新业务，或提供用来开发创意和孵化新产品与服务的联动生态系统。

金融机构不应为了数字化而数字化，并非所有组成部分（如客户关系管理、交易管理和风险管理与合规等职能）都需要数字化，也不是所有项目都能带来足够的投资回报率。机构应在这些想法的基础上制定数字化战略，设计合适的产品、服务或体验，从而改善业绩。为了降低风险，可以通过设计原型孵化数字化解决方案，在大范围商业推广前可通过小范围试验进行测试和验证。实施后进行持续监督，使用反馈机制驱动不断改进。

五、像风险投资家一样思考，而非只关注数字

数字化项目需要多年才能实现盈利，按照净现值计算则很难满足投资回报率标准，大部分甚至无法从首席技术官或首席信息官处得到足够的资金。相反，高管们应该明白，尽管数字化有赖于科技，但其并非 IT 战略，因此应以不同的方式进行评估。这意味着需要借鉴风险投资家的操作模式，不局限于一两个传统项目，而是进行由若干规模较小但前景好的投资组成的数字化投资组合，从而建立创新渠道。因为数字化转型通常不会立即体现为季度收益，变革管理所需资金不应占用正常经营资金。为了保护这类项目不受到短期投资回报率的压力，管理层必须隔离创新性技术投资和实现数字化战略所需的风险资金、人才和公司资源。

六、采用灵活创新：迅速执行，允许犯错，吸取经验用于未来项目

成为数字化先驱需承担风险，但先于同行发布产品和服务的金融机构可以先声夺人。尽管欣然接受较快的技术节奏有悖于银行以往的保守文化，但延迟创新的银行将大幅落后于创新先行者，并逐渐在竞争中被淘汰。

日新月异的数字化趋势层出不穷，重塑竞争格局，模糊行业界线，银行不再有充裕的时间慢慢设计、开发产品和服务，在造势发布之前奠定好基础。银行需要从用时多年的瀑布式科技架构转为不断接受测试和改良的灵活周期。

只有这样做,银行才能快速应对市场,吸引终端客户参与验证和反馈,实施更多有增值效用的功能迭代,并根据不断变化的主观认识和竞争情况持续改良产品。

七、增强数字化能力:由内而外,由外而内

第一,由内而外(构建内部能力)。亚太区各银行通常重点实施内部驱动的有机计划,以实现传统产品和解决方案的数字化,提升客户体验。部分银行正试图通过聘用专家或调派员工加入其创新团队提升内部能力。采用这一由内而外的方法困难重重,不仅因为在内部确立新理念需要强大的创新能力方可与金融科技公司的优势相抗衡,而且孵化技术办公室还可能很难跟上快速的科技步伐。

如果出现上述情况,银行可能需要考虑采用双模式 IT 方法。这一方法涉及一家核心传统 IT 办公室,以维护对组织的技术支柱意义重大的日常业务活动,与其同时运作的是一个 IT 创新创业团队,由不同人员和流程组成,甚至可以在现有技术之外的其他平台上运行,关注于激发创新理念并让财务上可行的理念产生成果。

第二,由外而内(投入外部专业知识)。区域性银行(尤其在印度尼西亚、菲律宾和印度等国,该类银行在当地的金融服务渗透率低,且有大量人口没有银行账户,银行服务亦不到位)不断与金融科技公司交锋。非银行金融机构恰好可以填补这些国家和地区在该领域的空白。

鉴于这些传统银行不足以跃升为下一个金融界的亚马逊,无机投资可能是由外而内提升数字化能力的最佳途径。某些金融机构捷足先登,正在通过孵化基地、合作、赞助、合伙或直接收购金融科技公司对优质的初创企业进行投资,并进行有效整合,以提高尖端数字化服务。

八、实现实体业务和数字化业务的均衡发展

不足 20% 的安永"全球零售银行调查"的亚洲受访者每周前往银行分支机构办理业务,我们预计 30% 的亚太区银行正在减少其实体网点。但是,随着实体网点的减少,需要优化剩余的分行,提高网络的整体效率。

这需要将分支机构按中心和辐射带重新布局,其中:

中心指位于人流密集的高档商业区的旗舰分行,作为产品展示间和为客户提供有关复杂交易的专业意见和帮助的场所。

辐射带指围绕中心分行的卫星网点,作为提供简易产品的日常交易的场所。这些网点的职能有限,且现场员工较少。其可能是配备带有视频呼叫中心的全自动化自助机,实现客户与旗舰分行的咨询人员的远程连线。

由于分支机构的服务成本要远远超过在线渠道涉及的成本,选择重新设计模式的领先银行应识别旗舰分行所在地是否有足够多善于运用数字化科技的本地客户。之后其需要对分行进行投资,进行大规模的技术改造(分行内配备平板电脑、智能自动取款机和视频柜员机)以提升无缝全渠道的自助体验。另外需要投入资金,以对核心"中心"网点的专业人员和高素质的财务顾问进行培训。

九、网点数字化需谨慎

众多市场创新者彻底改变了其传统的分行模式,由于偏向于更具成本效益的数字化技术,这些创新者很容易走极端并快速关闭所有提供全面服务分行。了解客户动态是实现线下、线上业务适当平衡的关键。必须确保客户随时可登录网站和移动应用程序,或自动取款机和全自动自主机;否则,客户可能不愿意开展复杂性更高、价值更高的业务。

目前,业务融资或退资以及投资计划最好在实体网点内进行面对面的讨论。银行分支机构仍对产品品牌意义重大,并能够展示银行对社区的承诺。减少实体渠道并迫使不善技术的消费者使用数字化平台可造成此类消费者被边缘化,从而导致其转向分支机构普及率更高的竞争对手。确定线下、线上渠道的最佳比例确实是一项复杂的任务,但这样才能完全满足不同客户和银行的业务需求,另外,还可实现实体和数字化网络之间的密切、无缝整合。

十、持续创新

银行必须将数字化融入其DNA,才能重新设计自我,以迎合数字化未来。亚太区步伐不断加快的数字化变革正不断颠覆价值链并改变开展银行业务的传统方式。尽管让区域性机构一夜之间成为新的数字化巨头并不现实,但是这些机构仍需要进行改革,以成为更强大的数字化实体。

摘自:安永(EY).全球智库观点,2017(3).

第一节　商业银行中间业务概述

一、中间业务概念与特点

(一)中间业务概念

中间业务是指商业银行不运用或较少运用自身资金,不占用或较少占用客户资金,利用技术、信息、资金等优势以中间人或代理人的身份为客户办理收付或其他委托事项,以收取手续费的形式获得收益,不构成商业银行表内资产、表内负债,但形成银行非利息收入的业务。在资产负债传统业务中,银行是作为信用活动中的一方参与其中的;而中间业务则不同,银行不再直接作为信用活动的一方,它扮演的只是中介或代理的角色,通常实行有偿服务。

(二)中间业务与表外业务的区别

表外业务是指不会引起资产负债表变动,却又能为商业银行带来收入的业务活动。狭义的表外业务通常指不纳入资产负债表的核算,并会形成或有资产和或有负债的业务,但这些业务与资产业务、负债业务密切联系,在一定条件下能够转化为表内的资产、负债业务。大多数国家要求在资产负债表的附注中记载或有项目。广义的表外业务包括所有资产负债表以外的业务。在各国实践中西方商业银行习惯将其称为表外业务,我国通称其为中间业务。

事实上商业银行的中间业务和表外业务之间既有联系又有区别。联系是两者都不在商业银行的资产负债表中反映,两者有的业务都不占用银行的资金,银行在当中充当代理人、受托人的身份;收入来源主要是服务费、手续费、管理费等。区别在于中间业务更多地表现为传统业务,而且风险较小;表外业务则更多地表现为创新业务,风险较大,这些业务与表内业务一般有密切的联系,在一定条件下还可以转化为表内业务。

(三)中间业务的特点及演变

1. 传统的中间业务,即狭义的中间业务,具有以下几个特点

(1)不运用或不直接运用自己的资金。商业银行在办理中间业务时主要依赖所拥有的金融信息、人力、物力等资源,承担一定的经济责任,通过收取手续费的方式影响当期损益(如信用证业务等)。

(2)不占用或不直接占用客户资金。商业银行在办理中间业务时通常不占用或不直接占用客户资金,但在实践中由于清算技术等问题的存在,仍然有部分占用客户资金的情况(如银行承兑汇票业务等)。

(3)以接受客户委托的方式开展业务。商业银行在办理中间业务时,以中间人的身份接受客户委托开展业务如办理汇票等。

(4)收取手续费或佣金。中间业务与资产业务和负债业务不同,不以利差形式获得收益,而是通过收取手续费或佣金获得收益。

(5)不需承担或不直接承担经营风险。由于商业银行在办理中间业务的过程中不运用或不直接运用自己的资金,不占用或不直接占用客户资金,不形成或不直接形成自己的资产负债,因此不承担或不直接承担经营风险。

2. 随着社会经济的变化与发展,金融监管制度的完善与开放,互联网技术的进步与应用,商业银行中间业务也在不断丰富、变化,主要反映如下

(1)由不运用或不直接运用自己的资金向垫付资金转变。现代商业银行在提供中间业务时常常以某种形式垫付资金,使得商业银行中间业务带有了更多的信用业务的特征,向信用业务转变。如信用证业务,当申请人违约时,银行就需代替申请人向受益人支付约定的金额,形成了新的信贷关系,银行与原表外业务申请人关系由表外转入表内;对于承担一定风险的表外业务,如贷款承诺、保函担保等,是为支持申请人而承担的或有责任,这些责任在申请人违约时就转为银行与申请人之间的资金借贷关系。

(2)由不占用或不直接占用客户资金向占用客户资金转变。创新中间业务明显带有信用业务的特征,商业银行在办理这些业务时通过暂时占用客户资金来扩大自身经营资金来源,并在经营管理中充分利用这些资金来源,导致资产负债表的数值发生变化。如衍生工具是需缴纳大量保证金的业务工具。

(3)由接受客户委托向银行出售信用转变。商业银行接受客户委托办理信用证、承兑、押汇等业务,实际上是银行出售自身的信用的过程。一旦客户在一定时期内无法履约,银行就可能代垫资金,此时该项业务就从中间业务转变为资产业务。

(4)金融衍生品交易实现了传统中间业务的突破。金融衍生产品交易所形成的权利、义务关系并不像传统信用业务所形成的债权、债务关系那样明确,而是间接反映,甚至不反映在商业银行的资产负债表上。所以,金融衍生产品被纳入中间业务范畴,从而极大地扩充了传统中间业务的概念。

(5)表外业务透明度低,不易监管。根据相关会计制度规定,除了一部分表外业务会在资产负债表中以附注的形式体现外,表外业务通常不反映在资产负债表上,这就使得许多业务不能在财务报表上得到真实的、充分的体现,从而使外部使用者如监管者、股东、债权人等很难据此了解银行的整体经营水平和经营状况,这样银行的经营透明度大大降低,银行表外业务信息透露不充分,因而可能会隐藏重要的风险信息。

(6)表外业务金融杠杆性高、盈亏波动剧烈。表外业务的杠杆作用力度强,具有“以小博大”的特征,盈亏波动巨大,尤其是对于金融衍生工具类业务,杆杠性相当高,可能诱发较高的投机性。相对于传统的表内业务,衍生金融工具的交易具有以较少的资金支持相对较大金额的交易特点。如果预测与行情一致,则可以用小数目资金获得大收益;相反,如果预测失误,则亏损的数目成倍放大,而形成巨额亏损。因此,从事金融衍生工具交易,既存在着获取巨额

利润的可能性,也潜藏着巨额亏损的危险。

(7)衍生工具类表外业务结构非常复杂,交易高度集中。衍生产品是一种金融合约,其价值取决于一种或多种标的资产或指数的价值。其种类繁多,包括远期、期货、期权等。由于金融工程技术的大量运用及金融交易的多元化,衍生产品的结构越来越复杂。由美国次贷危机引发的金融海啸中,很多金融衍生产品过于复杂,因此绝大多数金融机构和投资者实际上对于其购买的衍生产品缺乏可靠认知,盲目购买导致了风险在系统内的积累和传递,进而导致危机大面积爆发。由于表外业务尤其是衍生产品的复杂性和高杆杠性,每笔交易金额巨大,动辄上千万甚至上亿元,因此衍生品的交易者通常是资金实力雄厚、经验老道的国际大型活跃银行和券商,所以全球范围内衍生产品的表外业务出现了高度集中趋势。

二、商业银行发展中间业务的动因

中间业务的产生与发展是内部原因的驱使与外部原因的影响共同作用的结果。商业银行中间业务的发展与技术、管制、利率风险、客户竞争、资本充足率这些外部因素是密切相关的,主要因素有:

1. 科技发展进步的推动

科技进步使得金融业出现了数据自动化、信息传递网络化和资金转账电子化的潮流,许多过去被认为无法做到、无利可图的中间业务变得有利可行。高科技的应用也提升了中间业务的发展价值,使银行能够在更广阔的市场上开展多种服务性业务和金融衍生交易,使得银行能够通过低风险业务获得手续费收入。

2. 银行监管的加强和资本充足率的限制

按照《巴塞尔协议Ⅰ》的规定,商业银行资本充足率最低应达到8%,商业银行为了提高资本充足率,通过扩大资本或者调整风险资产配置来缩减风险资产。相比增资扩股、行业兼并的方式,减少传统资产负债业务,将盈利重点转向中间业务,可以在不改变银行现有资产负债结构的情况下为银行带来丰厚的手续费收入,补充资本金。表外业务相对于表内业务,风险转化系数较低,占用的风险资产更少,因此中间业务的发展必然成为商业银行的主动选择。

3. 转移和分散风险

20世纪70年代,布雷顿森林体系解体后,利率、汇率波动频繁,浮动汇率制度给各国商业银行的国际业务和外汇头寸管理带来困难,国际金融形势动荡,微观经济主体迫切需要银行提供相关能够规避利率汇率风险的金融工具,由于利率、汇率相关的金融衍生工具具有保值及转嫁风险的功能,所以促使西方商业银行中间业务种类迅速增加和规模快速扩大。

4. 行业竞争的刺激

在经济全球化趋势下,商业银行的经营突破了国界的限制,一些非银行金融机构也开始经营银行业务,行业竞争更加激烈。商业银行不得不开拓新业务以打造竞争优势,谋求更多利润。竞争促进了西方商业银行在利润最大化原则下拓展多元化业务。

5. 融资方式的变化

传统商业银行是资金盈余方和资金短缺方的重要媒介,商业银行主要通过存贷利差获取收益。一方面,随着商业票据、债权等证券化融资方式的兴起,资产证券化相对高的收益使大量社会资金脱离银行系统,出现所谓的"脱媒现象",融资方式由间接融资逐渐转向直接融资,使得商业银行不再成为经济活动中唯一的融资中介,银行资金来源大幅减少,生存发展受到威胁。另一方面,随着资本市场的证券化,投资风险相应地由银行逐渐转移到投资者身上,投资者为了减少金融市场上的信用风险,向银行提出咨询和担保要求,银行便顺势推出相关的资讯、担保、代理、理财等中间业务。

6. 适应客户对银行服务的多样化的需要

表外中间业务经营比较灵活,只要交易双方同意,便可达成交易协议。随着金融监管的放松和金融自由化,金融创新层出不穷,各种非银行金融机构相继推出许多集融资与服务于一体的金融服务。随着资金来源越来越广泛,客户对银行需求不再仅仅局限于借款,对银行的服务提出了更多、更高的要求,他们往往在去银行办理存款或借款的同时,要求银行能够为他们提供各种防范和转移风险的方法,使他们能避免或减少因利率、汇率波动而造成的损失。

7. 银行自身拥有的有利条件促使银行发展表外中间业务

和其他金融机构相比,银行的优势在于信誉高、具有规模经济效益、拥有大量优秀的专业人才,这些优势使得银行在从事业务时,成本较低,风险较小,并容易取得客户的信任。如担保业务中,银行一般只为已经了解和掌握的客户提供担保,这样提供担保前的信用评估成本明显较低,而客户也较喜欢银行提供的担保,一是成本较低,二是信誉较高,颇受欢迎。

我国商业银行中间业务的发展的原因与西方商业银行基本相同,由于社会经济环境与西方社会有所不同。主要区别在于我国监管比较严,商业银行的中间业务发展受到的限制比较多。

三、中间业务发展现状与趋势

（一）商业银行中间业务的现状

在国际金融业由分业经营转向混业经营的过程中，商业银行中间业务的地位日益提高。商业银行中间业务的现状发展有以下特点。

1. 业务种类全面、系统化

西方商业银行业务范围涵盖领域极广，包括传统的银行业务、信托业务、投资银行业务、共同基金业务和保险业务等。

2. 业务增长迅速，收入比重攀升

如 2003 年到 2005 年三年间，美国银行业中间业务额从 9120 亿美元猛增到 121880 亿美元，年平均递增 137%。美国银行是世界领先的中间业务提供者，2011 年第二季度，该行通过中间业务获得 166.88 亿美元的收入。在西方，中间业务收入已成为商业银行利润来源的主渠道。

3. 由于具备发达的金融科技和结算支付体系，西方各国信用卡市场已十分发达，人们习惯用信用卡消费，这就为商业银行带来了包括信用卡年费、商户结算手续费、透支利息等收入。

（二）商业银行中间业务的发展趋势

1. 业务经营混业化。由于金融创新的发展和金融体系的变革，商业银行与非银行金融机构的界限逐渐模糊，中间业务的发展逐渐延伸至证券、保险、信托等领域，中间业务的发展方向由分业经营向混业经营转变。

2. 产品结构多元化。随着金融创新能力不断提高，西方商业银行中间业务产品呈现出多元化趋势。如保险、证券、信托、基金等相关业务产品和金融衍生产品的开发，极大地扩展了中间业务的种类。

3. 客户服务个性化。西方商业银行对个性化服务要求很高，银行必须细分市场和客户，全面了解客户的个性化需求，对每个客户的具体情况进行分析，提供量身定做的产品方案，以此来提高客户服务的质量，实现竞争力的提升。

4. 业务处理集中化。商业银行开展中间业务需要投入一定的人力、技术等成本，集中化业务处理，实现规模经济，可以降低经营成本，增加利润。

5. 服务渠道多元化、自动化、网络化。随着科技的发展和互联网技术的深入应用，手机银行、网上银行等新的服务渠道延伸了传统网点柜台服务功能，既节省了人力、物力成本，又便利了客户，实现随时随地为客户服务的功能。

（三）我国商业银行中间业务现状与发展趋势

1. 中间业务增长速度加快。自 2007 年开始，随着我国利率市场化的不断推进、互联网技术在金融领域的逐渐深入，我国商业银行中间业务有了极大发展。我国商业银行的总体业绩保持稳定增长，中间业务收入比重不断上升，利息收入比重呈下降趋势。

到 2013 年，我国上市银行利息净收入增长率总体在 15％左右，平均增幅为 11.42％；中间业务手续费及佣金净收入增长速度加快，平均增长率为 47.57％，其中有些银行的增长超过 50％。

2. 中间业务收入还没有成为银行的主要收入来源。目前我国商业银行的收入构成主要以存贷款利差收入为主，利息收入占我国商业银行收入的 70％～90％。其主要原因：我国商业银行采用分业经营模式，限制了中间业务的发展；银行偏重资产、负债业务并将其作为绩效考核的主要指标。

3. 中间业务种类仍然较少。我国商业银行的中间业务种类与外资银行相比仍然有较大差距，面对市场需求仍有不足。在利用商业银行信息、技术、人才等为客户提供高质量、高层次服务方面还比较欠缺；咨询服务类、投资融资类及金融衍生产品交易类等高技术含量、高附加值的中间业务发展明显不足，覆盖面窄，未能形成规模效应。

4. 中间业务未来发展趋势是逐步走向混业经营。能够拓展业务领域、增加业务品种，提高效率，降低成本，大大提高收入份额。目前银监会特别是 2018 年银保监会正式合并，允许商业银行从事投资银行业务和部分保险业务，国家政策也在逐渐放宽混业经营的限制，开始尝试混业经营模式乃是大势所趋。

第二节　商业银行中间业务类别

一、按照巴塞尔银行监管委员会的分类

根据巴塞尔银行监管委员会对表外业务广义概念和狭义概念的论述，按照是否构成银行或有资产和或有负债，可以将表外业务分为两类（本章以此划分为主要介绍中间业务的分类情况）。

（一）或有债权（债务类）表外业务

或有债权/债务类表外业务在一定条件下可转化为表内资产或负债业务。

这类表外业务主要包括贷款承诺、担保和金融衍生工具类业务。

（二）金融服务类表外业务

银行通过这类业务向客户提供金融服务，以收取手续费为目的，不承担任何资金损失的风险，因此不构成银行的或有债权/债务。这类业务是以商业银行传统的中间业务为基础，在适应市场变化、满足客户要求的过程中逐步发展起来的。商业银行提供的金融服务不断推陈出新，涉及的业务范围不断扩大，这不仅为银行带来可观的手续费收入，更重要的是，使银行能够以全方位的服务满足客户的需求。这类业务主要包括代理类、信托类、信息咨询类、结算支付类以及贷款和进出口有关的服务等。

二、按照中国人民银行的分类

从商业银行开展中间业务的功能和形式角度，我国《商业银行中间业务暂行规定》将中间业务分为九大类：

（一）支付结算类中间业务。是指由商业银行为客户办理因债权债务关系引起的与货币支付、资金划拨有关的收费业务。

（二）银行卡业务。银行卡是经授权的金融机构向社会发行的具有消费信用、转账结算、存取现金等全部或部分功能的信用支付工具，包括商业银行开展的借记卡、贷记卡和联名卡业务。

（三）代理类中间业务。是指商业银行接受客户委托，代为办理客户指定的经济事务，提供金融服务并收取一定费用的业务。

（四）担保类中间业务。是指商业银行为客户的债务清偿能力提供担保、承担客户违约风险的业务，主要包括银行承兑汇票、备用信用证、各类保函等。

（五）承诺类中间业务。是指商业银行在未来某一日期按照事前约定的条件向客户提供约定信用的业务，主要是指借款承诺，包括可撤销承诺和不可撤销承诺两种。前者附有客户在取得借款前必须履行的特定条款，在银行承诺期内，客户如果没有履行条款，银行可撤销该项承诺；后者是银行不经客户允许不得随意取消的借款承诺，具有法律约束力，包括备用信用额度、回购协议、票据发行便利等。

（六）交易类中间业务。是指商业银行为满足客户保值或自身风险管理等方面的需要，利用各种金融工具进行的资金交易活动，主要包括金融衍生业务。

（七）基金托管业务。是指有托管资格的商业银行接受基金管理公司委托，安全保管所托管基金的全部资产，为所托管的基金办理基金资金清算款项划拨、会计核算、基金估值并监督管理人投资运作。银行作为基金托管人,为基金开设独立的银行存款账户,负责账户的管理,收取托管费。

(八)咨询顾问类业务。是指商业银行依靠自身在信息、人才、信誉等方面的优势,收集和整理有关信息,并通过对这些信息以及银行和客户资金运动的记录及分析形成系统的资料和方案,然后提供给客户,以满足其业务经营管理和发展需要的服务活动。

(九)其他类中间业务。包括保管箱业务、鉴证业务等其他不能归入以上八项的业务。

三、按风险大小和是否含有期权、期货性质中间业务的分类

从产品定价和商业银行经营管理需要出发,按照风险大小和是否含有期权、期货性质中间业务,可将其分为三大类:

(一)无风险(低风险类)中间业务。包括咨询顾问类中间业务、代理类中间业务、保管类中间业务和基金类中间业务。

(二)不含期权、期货性质风险类中间业务。包括交易类中间业务、支付结算类中间业务、银行卡业务。

(三)含期权、期货性质风险类中间业务。包括担保类中间业务(信用证、保函、福费廷等)、承诺类中间业务(不可撤销承诺)、金融衍生产品、租赁类中间业务。

第三节 商业银行服务类中间业务

商业银行办理中间业务一般不运用或较少运用自己的资金,以中间人的身份为客户提供代理收付、委托、保管、咨询等金融服务,并收取手续费。此类中间业务真正体现了中间业务的最基本性质,即中介、代理业务,风险低、成本低、收入稳定又安全。

一、支付结算类中间业务

支付结算类中间业务是指银行为单位、个人客户采用票据、汇款、托收、信用证、信用卡等结算方式进行货币支付及资金清算提供的服务,主要收入来源是手续费收入。

传统的结算方式是指"三票一汇",即汇票、本票、支票、汇款。在银行为国际贸易提供的支付结算及带有贸易融资功能的支付结算方式中,通常是采用汇款、信用证及托收三种结算方式。从信用证和托收又派生出许多带有融资功能的服务,如打包贷款、出口押汇、出口托收融资、出口票据贴现、进口押汇、提货担保等。近年来,又出现了电子汇兑、网上支付等结算方式。

（一）汇票

汇票是出票人签发的,委托付款人在见票时或者在指定日期无条件支付确定的金额给收款人或者持票人的票据。汇票可分为银行汇票和商业汇票。其中,银行汇票是由出票银行签发的;商业汇票是由出票人签发的,出票人一般是企业。商业汇票又分为商业承兑汇票（由银行以外的付款人承兑）和银行承兑汇票（由银行承兑）两种。

（二）本票

银行本票是由银行签发的,承诺在见票时无条件支付确定金额给收款人或者持票人的票据,用于单位和个人在同一交换区域支付各种款项。银行本票分为定额银行本票和不定额银行本票。银行本票提示付款期限为两个月。实践中,没有银行支票账户的客户一般采用银行本票。如携带大量现金风险很大,可以请银行开出本票,用来购买房产、汽车等;或者用来过户,将款项从一个账户转到另一个账户,而不用提取现金再存入。

（三）支票

支票是出票人签发的,委托出票人支票账户所在的银行在见票时无条件支付确定的金额给收款人或持票人的票据,可用于单位和个人的各种款项结算。分为现金支票、转账支票、普通支票等。

1. 现金支票。支票上印有"现金"字样,用来支取现金。收款人或持票人在支票账户所在银行可以当场兑现支票,提取现金。

2. 转账支票。支票上印有"转账"字样,只能用于转账,不能支取现金。转账是指收票银行向支票账户所在的银行要求兑付后,将款项转入收款人的账户,收款人只能在支票转入自己账户后才能使用。

3. 普通支票。支票上未注明"现金"或"转账"字样的为普通支票。普通支票可以支取现金,也可以转账。在普通支票左上角划两条平行线的为划线支票。划线支票只能转账,不能取现。

（四）汇款

汇款业务是指银行接受客户的委托,通过银行间的资金划拨、清算、通汇网络,将款项汇往收款方的一种结算方式,主要有电汇、票汇、信汇三种方式。

（五）信用证

信用是指银行根据申请人的要求，向受益人（收款人）开立的载有一定金额，在一定期限内凭规定的单据在指定地点付款的书面保证文件，是一种有条件的银行支付承诺。信用证是一项独立与贸易合同之外的契约。信用证业务处理的是单据，而不是与单据有关的货物。

（六）托收

托收是指委托人（收款人）向其账户所在银行（托收行）提交凭证以收取款项的金融票据或商业票据，要求托收行通过其联行或代理行向付款人收取款项。根据所附单据的不同，托收分为光票托收和跟单托收，光票托收仅附金融单据，不附带发票、运输单据等；跟单托收则附有金融单据和发票等商业票据。

二、代理类中间业务

代理类中间业务是指商业银行接受客户委托，代为办理客户指定的经济事务，提供金融服务并收取一定费用，是典型的中间业务。

（一）代理收付业务

代理收付业务是指商业银行利用自身的结算便利，接受客户委托代为办理指定款项收付事宜的业务。主要包括代理各项公用事业收费、代理行政事业性收费和财政性收费、代发工资、代扣住房按揭贷款和消费贷款等。

（二）代理证券业务

商业银行利用自己的资金、网络、技术的专长接受委托，代理发行国家债券、企业债券、金融债券；代发股票红利；代理证券资金的转账清算业务；在债券到期或应付利息时代理兑付等业务。

（三）代理保险业务

商业银行接受保险公司的委托，代其办理保险业务的经营活动。商业银行代理保险业务，可以受托与个人或法人投保险种的保险事宜，也可以作为保险公司的代表，与保险公司签订代理协议，是保险人委托代理银行办理保险业务的代理行为。代理银行依托自身的结算、网络等优势，结合所拥有的客户群体资源，为保险公司提供代理保险业务的服务。

（四）代理政策性银行业务

商业银行受政策性银行的委托，代为办理政策性银行因服务网点设置的限制而无法办理的业务。如代理贷款项目的管理等。代理政策性银行业务风险较低，同时又为商业银行带来较为丰厚的手续费收入，并可以借助代理业务拓展和巩固银行客户。目前我国商业银行主要代理进出口银行和国家开发银行业务。

（五）代理商业银行业务

商业银行之间签订委托代理协议，主要是代理资金清算、代理外币清算业务、代理外币现钞业务等。其中主要是代理结算业务，具体包括代理银行汇票业务和汇兑、委托收款、托收承付业务等其他结算业务。代理汇票业务最具典型性，可分为代理签发银行汇票和代理承兑银行汇票业务。

（六）代理中央银行业务

代理中央银行业务是指根据政策、法规应由中央银行承担，但由于机构设置、专业优势等方面的原因，由中央银行指定或委托商业银行承担的业务。主要包括代理财政性存款、代理国库、代理金银等。

三、咨询顾问类中间业务

咨询顾问类中间业务指商业银行依靠自身在信息、人才、信誉等方面的优势，收集和整理有关信息，并通过对这些信息以及银行和客户资金运动的记录和分析，形成系统的资料和方案提供给客户，以满足其业务经营管理或发展需要的服务活动。

商业银行的咨询顾问类中间业务根据业务性质的不同，大致分为三种：评估型咨询业务，主要包括投资项目评估、企业信用评估和验证企业注册资金等；中介型咨询业务，主要包括资信调查、专项调查等咨询业务；综合型咨询业务，主要包括企业管理咨询、资产证券化、财务顾问、投资银行等。

四、基金类中间业务

基金类中间业务包括基金管理、基金托管、基金代销业务。

（一）基金管理业务是指商业银行设立基金管理公司，负责投资操作和日常管理并获取佣金收入。目前，我国商业银行只可以设立货币市场投资基金和债券投资基金。

（二）基金托管业务是指有资格的商业银行接受基金管理公司委托，为其办理基金资金清算、款项划拨、会计核算、基金估值、监督管理人投资运作等，安全保管所托管的基金资产。

基金托管人是依据基金运行中"管理与保管分开"的原则对基金管理人进行监督和对基金资产进行保管的机构。基金托管人与基金管理人签订托管协议，在托管协议规定的范围内履行自己的职责并收取一定的报酬。

（三）基金代销业务是指商业银行利用资金、网络、技术、客户等便利条件，代基金管理人销售基金并收取一定的销售佣金和服务费的业务。

五、保管类中间业务

保管类中间业务是商业银行利用自身的设施（保管箱、保管库）接受客户的委托，代为保管各种贵金属、珠宝、古玩字画、有价证券、契约文件、保密档案资料、设计图纸等，并收取一定手续费。

我国保管箱收费分租金与保证金。租金按年计收，保证金通常在申请租箱时一次性交付，主要用于扣除逾期租金及银行开凿箱费用。目前，我国保管箱业务规定，保管箱禁止存放液体、气体、枪支弹药、易燃易爆品、违禁品以及其他有损他人利益的物品。

六、银行卡业务

银行卡业务主要是商业银行向社会公众发行具有消费信用、转账结算、存取现金等全部或部分功能的信用支付工具业务。银行卡主要包括信用卡、借记卡、联名卡等。按照银行结算货币不同，可以分为外币卡和本币卡；按照银行卡信息存储媒介划分，可以分为磁条卡和芯片卡；按照清偿方式的不同，可以划分为贷记卡、准贷记卡、借记卡；按照银行卡账户币种数目，可以分为单币种卡和双币种卡；按照银行发卡对象不同，可以分为单位卡和个人卡。

七、理财业务

理财业务是商业银行将客户关系管理、资金管理和投资组合管理等业务融合在一起，向公司、个人客户提供综合性的定制化金融产品和服务。与传统中间业务相比，理财业务涉及信托、基金、证券、保险等领域，需要综合运用境内外货币市场及资本市场金融工具，是一项技术含量高的综合性金融服务。按照银行的客户划分为对公理财业务和个人理财业务。

（一）对公理财业务

对公理财业务是指商业银行在传统的资产业务和负债业务的基础上，利用技术、信息、服务网络、信用等方面的优势，为机构客户提供财务分析、财务规划、投资顾问、资产管理等专业化服务。对公理财业务主要包括金融资信服务、企业咨询服务、财务顾问服务、现金管理服务和投资理财服务等。

（二）个人理财业务

个人理财业务是指商业银行为个人客户提供的财务分析、财务规划、投资顾问、资产管理等专业化服务。按照管理运作方式不同，个人理财业务可分为理财顾问服务和综合理财服务。

1. 理财顾问服务

理财顾问服务是指商业银行在向客户提供财务分析与规划、投资建议、个人投资产品推介等专业化服务。

2. 综合理财服务

综合理财服务是指商业银行在向客户提供理财顾问服务的基础上，接受客户委托和授权，按照与客户事先约定的投资计划和方式进行投资和资产管理的业务活动。综合理财服务又可分私人银行业务和理财计划两类。

（1）私人银行业务

私人银行业务是指向富裕阶层提供的理财业务，它并不限于为客户提供投资理财产品，还包括利用信托、保险、基金等一切金融工具为客户进行个人理财，维护客户资产在收益性、风险性和流动性之间的平衡，同时还包括与个人理财相关的一系列法律、财务、税务、财产继承等专业顾问服务。

（2）理财计划

理财计划是指商业银行在对潜在目标客户群分析研究的基础上，针对特定目标客户群开发设计并销售的资金投资和管理计划。理财计划的产品组合中，可以包括储蓄存款产品和结构性存款产品。按照客户获得收益的不同，理财计划可以分为保证收益理财计划和非保证收益理财计划。

银行在提供个人理财服务时，往往需要广泛利用各种金融产品和投资工具，综合分析和权衡各种产品和工具的风险性、收益性和流动性，实现客户资产的保值增值。具体来说，个人理财工具包括银行产品、证券产品、证券投资基金、金融衍生品、保险产品、信托产品和其他产品。银行将根据客户的经济状况、风险偏好、消费计划及其生命周期特点，为客户选择合适的金融产品和投资工具。

八、电子银行业务

电子银行业务是指商业银行等银行业金融机构利用面向社会公众开放的通信通道或开放型公众网络，以及银行的特定自助服务设施或客户专用网络，向客户提供离柜式银行服务。电子银行渠道主要包括网上银行、电话银行、手机银行、自助终端等。

（一）网上银行

网上银行是指银行通过互联网及其相关技术向客户提供的金融服务。包括企业网上银行业务和个人网上银行业务。

（二）电话银行

电话银行是银行通过电话自动语音及人工服务应答方式为客户提供的银行服务。电话银行的服务功能包括业务咨询、账户查询、转账汇款、投资理财、代理业务等。

（三）手机银行

手机银行是银行利用移动网络和移动技术，通过移动网络为客户提供的金融服务。手机银行提供的金融服务包括账户查询、转账、缴费、支付、外汇买卖、投资理财等。

（四）自助终端

自助终端业务是指利用银行提供的机具设备（如多媒体自助终端、自助上网机等），由客户自主操作，获取银行提供的存取款、转账、账户查询等金融服务。

九、租赁业务

租赁业务是一种集融资与融物职能于一身的一种特殊信用活动。租赁是指承租人在不拥有物品所有权的情况下，通过向物品所有者支付费用，在一定期限内获得物品使用权的行为。金融租赁又称融资性租赁，是指由出租人根据承租人的要求，向承租人选定的设备供应商购买承租人选定的设备，以承租人支付租金为条件，将该物件的使用权转让给承租人，并在一个不间断的长期租赁期间内，通过收取租金的方式，收回全部投资并获得相应的利润。金融租赁与经营性租赁的主要区别如表 7-1 所示。

表 7-1　金融租赁与经营性租赁的区别

	经营性租赁	金融租赁
租赁目的	出租设备收取租金	按要求购买并出租,收租金
租赁物的选择	出租人	承租人
租赁物的维修保养保险	出租人	承租人
租赁期限	短（一般在一年内）	长（至少 3 年）
租赁折旧的计提	出租人	承租人

续表

	经营性租赁	金融租赁
会计处理	租赁物可不纳入承租人的资产负债表	租赁物要纳入承租人的资产负债表
租期结束时处理	退回、续租或留购	留购（价格一般是象征性的）
中途解约	可以	不可以

十、信托业务

对信托概念的理解可以从两个角度来看：从委托人的角度来看，信托是指财产所有者在对受托人（银行或者金融机构）信任的基础上，委托或者授权受托人按事先约定的要求经营管理其财产并为指定人（受益人）谋取利益的经济行为。从受托人角度来看，信托是指受托人（银行或金融机构）凭借自身的信用与经营管理资财的能力，受他人委托或者授权而代为经营管理其资财并为指定人（受益人）谋取利益的经济行为。由于银行在信托业务经营中通常是作为受托人而出现的，因此银行一般是从受托人的角度来为信托定性的。

银行信托业务的基本类型有：按照委托人的不同身份划分，一般划分为个人信托业务、公司信托业务与社会公共团体信托业务；按照委托人委托的不同资财划分，一般划分为货币信托业务与非货币信托业务；按照委托人所选择的不同信托方式划分，一般划分为公益信托业务、财产信托业务、职工福利信托业务、投资信托业务与融资信托业务。

第四节　或有债权、债务类中间业务

或有债权、债务类中间业务，是指不在资产负债表内反映，但在一定条件下会转化为资产或负债业务的中间业务。

一、银行保函业务

（一）银行保函的含义

银行保函又称保证书，是指商业银行应申请人的请求，向受益人开立的一种书面信用担保凭证，保证在申请人未能按双方约定履行其责任或义务时，由担保人代其履行一定金额、一定时限范围内的某种支付或经济赔偿责任。银行保函是由银行开立的承担付款责任的一种担保凭证,银行根据保函的规定承担付款责任。

(二)银行保函的种类

银行保函的种类很多,不同国家根据不同的用途有各种形式。

1. 我国一般按保函的作用分为信用保函和融资保函。融资保函是指银行利用其资信为申请人取得某种资金融通的便利,避免其垫付资金而开立的一种保证书。信用保函是为保证客户履行因其违约或损害行为可能产生的赔偿支付责任而出具的保函。

2. 国际工程承包、投招标业务中常用银行保函有以下几种:①投标保函是银行应投标人申请向招标人做出的保证承诺,保证在投标人报价的有效期内投标人将遵守其诺言,不撤标、不改标,不更改原报价条件,并且在其一旦中标后,将按照招标文件的规定在一定的时间内与招标人签订合同。②履约保函是银行应供货方或劳务承包方的请求而向买方或业主方做出的一种履约保证承诺。③预付款保函(又称还款保函或定金保函),是指银行应供货方或劳务承包方申请向买方或业主方保证,如申请人未能履约或未能全部按合同规定使用预付款时,则银行负责返还保函规定金额的预付款。

3. 用于进出口贸易的履约保函,可分为进口履约保函和出口履约保函。进口履约保函是指银行(保证人)应进口商(委托人)的申请,开给出口商的信用文件。如出口商按合同交货后,进口商未能按期付款,由银行负责偿付一定金额的款项。出口履约保函是指银行(保证人)应出口商(委托人)的申请,开给进口商(受益人)的信用文件。如出口商未能按期交货,银行负责赔偿进口商的损失。付款保函是指外国贷款人要求借款人提供的到期一定还款的保证书,或在凭货物付款而不是凭单付款的交易中,进口方向出口方提供的银行担保,保证在出口方交货后或货到后或货到目的地经买方检验与合同相符后,进口方一定付款,若进口方不付则由担保行履行付款义务。特殊贸易保函是指担保人为特殊形式的贸易活动出具的保证书。如补偿贸易保函、融资租赁保函以及用于进出口成套设备用的保留款保函。这些贸易的特点主要在于合同的一方获得对方商品形式的融资,而偿还大多不以现金支付的形式,比如来料加工、来件装配、来样加工和补偿贸易的偿还,均是以产品或加工品等实物形式实现。

二、备用信用证

（一）备用信用证的含义

备用信用证是开证行应借款人的要求，以放款人作为信用证的受益人而开具的一种特殊信用证。其实质是对借款人的一种担保行为，保证在借款人破产或不能及时履行义务的情况下，由开证行向受益人及时支付本利。

（二）备用信用证的种类

备用信用证主要分为可撤销的备用信用证和不可撤销的备用信用证两种。可撤销的备用信用证是指附有申请人财务状况，出现某种变化时可撤销或修改条款的信用证。这种信用证旨在保护开证行的利益，开证行是根据申请人的请求和指示开证的，如果没有申请人的指示，开证行是不会随意撤销信用证的。不可撤销的备用信用证是指开证行不可以单方面撤销或修改信用证。对受益人来说开证行不可撤销的付款承诺使其有可靠的收款保证。

三、贷款承诺

（一）贷款承诺的含义

贷款承诺是指银行承诺客户在未来一定的时期内，按照双方事先约定的条件（期限、利率、金额、贷款用途等），随时应客户要求向其提供不超过一定限额的贷款。贷款承诺是具有期权性质的中间业务，客户拥有是否选择履行贷款承诺的权利。

（二）贷款承诺的类型

1. 定期贷款承诺是指借款人可以全部或部分提用承诺金额，但仅能提用一次。

2. 备用贷款承诺，主要分为以下几种：

（1）直接的备用承诺是指借款人可以多次提用承诺。

（2）递减的备用承诺是指在直接备用承诺的基础上，附加承诺额度将定期递减的规定。

（3）可转换的备用承诺是指在直接备用承诺基础上，附加一个承诺转换日期规定。

3. 循环贷款承诺是指借款人在承诺有效期内可以多次提用，并且可以反复使用已偿还的贷款。只要借款人在某一时点上使用的贷款不超过全部承诺额即可。

（三）我国商业银行的贷款承诺类型

我国商业银行开办的贷款承诺业务主要有项目贷款承诺、开立信贷证明和客户授信额度。

1. 项目贷款承诺主要是为客户报批项目可行性研究报告时，向国家有关部门表明银行同意贷款支持项目建设的文件。

2. 开立信贷证明是应投标人和招标人或项目业主的要求，在项目投标人资格预审阶段开出的用以证明投标人在中标后可在承诺行获得针对该项目的一定额度信贷支持的授信文件。信贷证明根据银行承诺性质的不同，分为有条件的信贷证明和无条件的信贷证明两类。

3. 客户授信额度是银行确定的在一定期限内对某客户提供短期授信支持的量化控制指标，银行一般要与客户签订授信协议。按照授信形式的不同可分为贷款额度、开证额度、开立保函额度、开立银行承兑汇票额度、承兑汇票贴现额度、进口保理额度、出口保理额度、进口押汇额度、出口押汇额度等业务品种分项额度。

四、票据发行便利

（一）票据发行便利的含义

票据发行便利又称票据发行融资安排，是商业银行与借款人之间签订的、在未来一定时期内由银行以承购连续性短期票据的形式向借款人提供信贷资金的协议。票据发行便利是银行对票据发行者的一种承诺，如票据发行者未能按计划卖出应发行的票据，银行将负责买下剩余的部分，或以贷款方式予以融通。它是一种具有法律约束力的中期授信承诺，是1981年在欧洲货币市场上基于传统的欧洲银行信贷风险分散的要求而产生的一种金融创新工具。

（二）票据发行便利的种类

1. 循环包销的便利

循环包销的便利是最早形式的票据发行便利。在这种形式下，包销的商业银行有责任承包摊销当期发行的短期票据。如果借款人的某期短期票据摊销不出去，承包银行就有责任自行提供给借款人所需资金（其金额等于未如期售出部分的金额）。

2. 可转让的循环包销便利

可转让的循环包销便利是指包销人在协议有效期内，随时可以将其包销承诺的所有权利和义务转让给另一家机构。这种转让，有的需要经借款人同意，有的则无须经借款人同意，完全是根据所签的协议而定。可转让的循环包销便利的出现增加了商业银行在经营上的灵活性和流动性,便于相机抉择,更加符合商业银行的经营原则。

3. 多元票据发行便利

多元票据发行便利是允许借款人以更多的、更灵活的方式提取资金,它集中了短期预支条款、摆动信贷、银行承兑票据等提款方式于一身,使借款人无论在选择提取资金的期限上,还是在选择提取何种货币方面都获得了更大的灵活性。

4. 无包销的票据发行便利

无包销的票据发行便利是指没有"包销不能售出的票据"承诺的票据发行便利。这是于 1984 年下半年开始出现的一种票据发行便利形式,采取这种形式的客户一般具有很高的信用等级,他们完全有信心凭借自身的实力和信誉就能够售出全部票据,无需银行的包销承诺。

五、交易业务

交易业务是指银行为满足客户保值或自身风险管理等方面的需要,利用各种金融工具进行的资金交易活动,主要包括外汇交易业务和金融衍生品交易业务。

(一)外汇交易业务

外汇交易业务既包括各种外国货币之间的交易,也包括本国货币与外国货币的兑换买卖。外汇交易即可满足企业贸易往来的结汇、售汇需求,也可供市场参与者进行投资或投机的交易活动。根据外汇交易方式的不同,外汇交易可分为即期外汇交易和远期外汇交易。

1. 即期外汇交易(又称现汇交易或外汇现货交易),是指在交易日后的第二个营业日或成交当日办理实际货币交割的外汇交易。

2. 远期外汇交易又称期汇交易,是指交易双方在成交后并不立即办理交割,而是事先约定币种、金额、汇率、交割时间等交易条件,到期才进行实际交割的外汇交易。远期外汇交易是在即期外汇交易的基础上发展起来的,其最大的优点在于能够对冲汇率在未来上升或者下降的风险,因而可以用来进行套期保值或投机。

(二)金融衍生品交易业务

金融衍生品交易是指商业银行进行的各类金融衍生品的交易,金融衍生品包括远期、期货、掉期(互换)和期权。

1. 远期是指交易双方约定在未来某个特定时间以约定价格买卖约定数

量的资产,包括利率远期合约和远期外汇合约。

2. 期货是由期货交易所统一制定的、规定在将来某一特定的时间和地点交割一定数量标的物的标准化合约。期货按照标的物的不同可分为商品期货和金融期货。外汇、利率、债券、股票指数属于金融期货。

3. 互换是指交易双方基于自己的比较利益,对各自的现金流量进行交换,一般可分为利率互换和货币互换。利率互换一般是指固定利率与浮动利率之间进行转换。

4. 期权是指期权的买方支付给卖方一笔权利金,获得一种权利,可于期权的存续期内或到期日当天,以执行价格与期权卖方进行约定数量的特定标的的交易。为了取得这一权利,期权买方需要向期权卖方支付一定的期权费。与远期、期货不同,期权的买方只有权利而没有义务。

六、资产证券化

资产证券化是将具有共同特性的、缺乏流动性、但能够产生可预见的稳定的现金流量的资产,通过一定的结构安排,对资产中风险与收益要素进行分离与重组,进而转换成为在金融市场上可以出售和流通的证券的过程。资产证券化基本运作原理就是集合可证券化的资产,对其现金流进行重组并转给投资者。一般会通过信用增级来保证该运作的成功。从资产证券化的基础资产来看,其涵盖的范围特别广泛,包括住房抵押贷款、商业房地产抵押贷款、消费贷款及其他任何具有可回收现金流的金融工具。

第五节　商业银行中间业务的风险及管理

中间业务既可以给银行带来可观的收益,也可能使银行陷入较大的困境,尤其是具有投机性的中间业务产品,经营风险难以估算,所以自20世纪80年代后期开始,商业银行开始加强了对中间业务的管理,各国金融监管当局和巴塞尔银行监管委员会也都制定和颁布了一些对中间表外业务的监管措施。从目前情况来看,中间业务的管理实际上已成为商业银行内部管理的重要内容,也是金融监管当局实行宏观金融监控的一个重要方面。

一、中间业务面临的风险

商业银行中间业务与传统业务相比,具有灵活性强、交易集中、杠杆率高、盈亏巨大和透明度低等特点,所以它隐含的风险也多。巴塞尔银行监管委员会对此有专门的规定,特别指出中间业务尤其是表外业务主要有以下 10 种风险。

（一）信用风险

信用风险是指因借款人还款能力发生问题而使债权人遭受损失的风险。中间业务不直接涉及债权债务关系,但由于中间业务都是或有债权和或有负债,当潜在的债务人出于各种原因而不能偿付给债权人时,银行就有可能变成债务人,也称为或有负债。例如,在场外期权交易中,常会发生期权卖方因破产或故意违约而使买方避险目的落空的情况。当场外期权交易规模远超过场内交易规模时,银行面临的问题更为突出。

（二）市场风险

市场风险是指市场价格波动而使债权人蒙受损失的风险。由于利率和汇率多变,经常会因利率和汇率变化而使银行预测失误,遭到资产损失,特别是金融衍生产品互换、期货、期权等交易中,往往会由于利率汇率的突然变化,有悖于银行参与互换等交易的初衷,非但没有能达到避险、控制成本的目的,反而使银行蒙受巨大损失。如 2020 年 4 月发生的中国银行原油宝事件。

（三）国家风险

国家风险是指银行的外币供给国外债务人的资产遭受损失的可能性,它主要由债务人所在国政治、经济、军事等各种因素造成的。在银行的中间业务活动中,国家风险遭受的概率是比较高的,尤其是一些小国债务人,往往会因一个政治事件或自然灾害等,使债务人无法如期履约。国家风险会引发出三个派生风险:一是转移风险,是债务人所在国限制外汇出境使债务人不能按期履约而引起的风险。例如,在跨国互换交易中,如果交易对手不是以本币支付,那么一旦该国实行外汇管制,限制外汇流出,就有可能使另一方遭到资金结算困难的损失,发生转移风险。二是部门风险,是债务人所在国经济政策调整而使债务人所在行业或部门受到影响,从而使债务人不能按期履约引起的风险。三是主权风险,是债务人所在国的信用等级变动（主要指信用等级下降）而给债权人带来的风险。

（四）流动性风险

流动性风险是指在中间业务活动中,特别是在进行金融衍生产品的交易中,交易一方想进行对冲,轧平其交易标的头寸,却找不到合适的对手,无法以合适的价格在短时间内完成抛补而出现资金短缺所带来的风险。这种风险经常发生在银行提供过多的贷款承诺和备用信用证时,此时就已隐含着银行有可能无法满足客户随时提取资金要求的风险。一旦出现大范围金融动荡,大家都会急于平仓和收回资金,结果导致在最需要流动性时,银行面临的流动性风险最大。

（五）筹资风险

筹资风险是指银行因自有资金不足,又无其他可动用的资金,在交易到期日无法履约的风险。筹资风险往往发生在那些过度从事杠杆率较高的中间业务活动的银行身上。它和前述流动性风险有密切关系,在银行流动性不足时,其信用等级也会受到影响,相应的筹资难度便会加大。

（六）结算风险

结算风险是在从事中间业务后,到交割期不能及时履约而产生的风险。结算风险发生的原因较为复杂,有可能是会计技术操作上的原因造成,也有可能是债务人或付款人偿还能力不足造成的。结算风险会使银行面临信用风险、市场风险和流动性风险。

（七）操作风险

操作风险是由于银行内部控制不力,对操作人员的授权管理失误,或者业务人员工作失误,内部工作人员利用电脑犯罪作案等给银行带来的损失。由于中间业务透明度较差,其运作中存在的问题不易被及时发现,因此,操作风险存在的可能性较大,而且一旦发生运作风险,银行损失惨重。

（八）定价风险

定价风险是由于中间业务内在风险尚未被人们完全掌握,无法对其做出正确的定价而丧失或部分丧失弥补风险能力的损失。中间业务能否正确定价关系到银行能否从或有交易的总收入中积累足以保护银行交易利益的储备金,从而有能力在风险初露端倪时及时抑制对银行的连锁影响,或使银行能够在事发后弥补部分损失。但是中间业务自由度大,交易灵活,人们至今仍未能准确识别其内在风险状况,也就难以对其做出正确的定价。

（九）经营风险

经营风险是指银行经营决策失误,导致在中间业务特别是在金融衍生品交易中搭配不当,银行在交易中处于不利地位,或在资金流量时间上不对应,而在一段时间内面临风险头寸敞口所带来的损失。

（十）信息风险

信息风险是指中间业务给银行会计处理带来诸多困难,而无法真实地反映银行财务状况,使银行管理层和客户不能及时得到准确的信息,从而做出不适当的投资决策所遭到的损失。由于现行会计制度无法及时、准确地反映中间业务给银行带来的盈亏,使整个银行账目产生虚假变化,进而使管理层据此做出不适当的投资决策。

二、西方商业银行对表外业务的管理

(一)建立有关表外业务管理的制度

1. 信用评估制度

加强对交易对手的信用调查和信用评估,避免与信用等级较低的交易对手进行交易(一般要求信用等级 BB 以上的企业)。在交易谈判中,坚持按交易对手的信用等级确定交易规模、交割日期和交易价格。有的银行对一些期限较长的表外业务,还要求定期重新协商合同条款,避免风险转嫁。

2. 业务风险评估制度

对表外业务的风险建立一整套机制和测量方法,在定性分析的基础上进行定量分析,确定每笔业务的风险系数,并按业务的风险系数收取佣金。例如,美国银行对期限短、风险系数较小的备用信用证所收的佣金率为担保金额的 2.5‰～5‰,而对期限长、风险系数大的备用信用证则按 1.2%～1.5% 的佣金率收取。

3. 双重审核制度

表外业务潜在风险大,为了能做到防患于未然,商业银行吸取了巴林银行的教训,实行双重审核制度,即前台交易员和后台管理人员严格分开,各负其责,以便于对交易进行有效监管。前台交易员要根据市场变化,及时调整风险敞口额度,后台管理人员则做好跟踪结算,发现问题及时提出建议或向上级部门报告,以便及时采取补救措施。

4. 合理定价制度

坚持高风险高价格,低风险低价格。

(二)采取切实可行的管理办法

尽管各商业银行实行风险管理的方法是不对外公开的,但是,经过几十年的实践还是总结出一些行之有效的表外业务风险管理办法。

1. 注重成本收益率

表外业务的业务收费率不高,但每笔业务的成本支出并不和业务量成正比,因此,银行从事表外业务就有成本收益率问题。只有每笔业务成交量达到一定规模,才能给银行带来较大的业务收入,使银行在弥补成本开支后,能获得较多的净收益,进而提高银行的资产利润率,增强银行抗风险的能力。当然,这是以每笔表外业务既定风险系数为前提的,倘若风险系数过大,银行就应当谨慎行事,甚至放弃这笔业务。

2. 注重杠杆比率管理

表外业务可以小博大,其财务杠杆率较高。如果说按原有杠杆率从事表外业务,在市场波动较大的情况下,一旦失误,可能会导致银行赔光全部资本。所以,为避免因表外业务工具价格(如股指、期指、汇率等)急剧下跌而遭到惨重损失,许多商业银行在从事表外业务时,都不按照传统业务的杠杆率行事,而是根据银行本身的财务状况及每笔业务的风险系数,运用较小的财务杠杆率,以防预测失误,使银行陷入危险的境地。

3. 注重流动性比例管理

为了避免因从事表外业务失败而使银行陷入清偿力不足的困境,许多商业银行针对贷款承诺、备用信用证等业务量较大、风险系数也较高的特点,适当提高流动性比例要求。有的还在贷款承诺中要求客户提供补偿余额,在备用信用证项下要求客户提供押金,以减少风险,保证银行拥有一定的清偿能力。

三、中间业务管理的国际合作

(一)完善报告制度,加强信息披露

巴塞尔银行监管委员会要求商业银行建立专门的表外业务报表,定期向金融监管当局报告交易的协议总额、交易头寸,反映对手的详细情况,使金融监管机构尽可能及时掌握全面、准确的市场信息,以便采取适当的补救措施。不少国家金融监管机构还要求银行对表外业务的场外交易状况作详细说明,包括报告某些表外业务(如期权)交易的经营收入、建立期权交易报告制度。

(二)依据资信认证,严格市场准入

一些国家金融监管当局为了规范表外业务,抑制过度投机,规定从事某些表外业务的商业银行和其他机构,必须达到政府认可的权威资信评级的某个资信等级。其目的是使这些表外业务的交易能被限制在一些资金实力雄厚、信誉卓著的交易者之间,以降低信用风险。

(三)严格资本管制,避免风险集中

1988年的巴塞尔协议对商业银行从事表外业务提出了严格的资本要求。考虑到对某些表外业务的风险估测经验是有限的,而且对某些国家来说,当这类表外业务的金额很小,尤其是以新的多种创新工具的形式出现时,即使是复杂的分析方法和详细频繁的报告制度,也很难做出正确的统计,因此,巴塞尔银行监管委员会采用了一种实用性较强的综合方法来处理,即首先通过信用转换系数把各类表外业务折算成表内业务金额,其次根据表外业务涉及的交易对手方或资产的性质确定风险权数,再次用这些权数将上述对等金额进行加总,汇总到风险资产总额中,最后按照标准资本比率对这些项目分配适宜的资本。

（四）调整会计揭示方法

国际会计准则委员会针对传统会计制度的缺陷,特别对表外业务的会计揭示问题作了明确的规定。首先,在对表外业务进行会计揭示时,一般仍要坚持标准会计的"权责发生制原则"和"审慎原则"。当权责发生制原则与审慎原则不一致时,应适用审慎原则,即只有当收入和利润已经以现金或其他资产形式实现,而其他资产也可合理地、确定地变为现金时,才能计入损益。其次,表外业务各项目应在会计报表附注中反映出来。其中,或有负债应通过"承诺和背书""担保""保证"和作为附属抵押品的资产等来反映;承诺应通过"销售和回购产生的承诺""其他承诺"来反映;利率合约、汇率合约的估计也要反映。最后,对表外业务中的避险交易和非避险交易有不同处理方法。避险交易是为减少现有资产、负债、表外头寸的利率、汇率价格风险而进行的交易。在对属避险交易的业务进行确认后,应按市场价格转移。非避险交易是指一般买卖或投机交易,这类交易应按市价估价并应计入完成交易的全部成本。

国际会计准则委员会还规定,所有会计主体,还应提供有关利率、比率、价格或其他市场风险的数量信息。

四、我国对中间业务的管理

（一）中间业务的基本制度

1. 中间业务资本保证制度

按照巴塞尔协议规定,表外业务通过一定的转换系数计算确定资本占用额。

2. 信息披露制度

主要包括以下内容:

（1）建立或有负债的有关信息披露制度。对办理信用证开证业务、票据承兑业务、信用担保业务、贷款承诺、买卖外汇期权业务、买卖金融合约等业务所可能形成的债务,即或有负债,必须进行会计核算及时反映有关信息。在会计报表附注中应当披露或有负债形成的原因、预计产生的财务影响,以及获得补偿的可能性。

（2）建立或有资产的有关信息披露制度。或有资产一般情况下不需在会计报表附注中披露。但或有资产很可能会带来经济利益时,应当在会计报表附注中披露其形成的原因,如果能够预计其产生的财务影响,还应当作相应披露。

3. 建立和完善表外业务的授权和准入制度

对表外业务经营活动按风险大小确定授权标准,并严格按授权规定执行,杜绝违规操作。及时跟踪客户经营活动变化情况,建立风险预警机制。对形成的垫款要进行分析,纳入五级分类实时监控,并制定催收计划,落实清收措施,将表外业务可能带来的风险降到最低限度。早在 2001 年我国监管当局就将中间业务划分为审批制和报备制两种类型,并设立安全风险管理机制。

(二)我国中间业务的发展

1. 实施策略联盟创造多盈利局面

策略联盟在欧洲的银行业比较普遍。欧洲的商业银行在中间业务的发展过程中十分注重在保险、证券、投资银行、资产管理等非利差产品销售方面的策略联盟。由于金融竞争和金融自由化等,金融业的三大支柱——银行、证券、保险策略合作、联手营销的态势引人注目。在欧洲,交叉销售的比例已经达到了 10%～20%,意味着非利息收入对于银行的综合贡献潜力巨大。

2. 积极运用科技进步成果挖掘运用支付结算系统功能

美洲银行支付网络有 45 万个间接自动转账账户,具有多种账户服务;美国大通曼哈顿银行在银行卡方面获得巨额的服务费收入,仅凭借其强大的支付系统和市场推销能力;加拿大皇家银行 90%的日常业务都是通过电子化手段完成的,银行网点已经将工作重点放在与客户的关系处理及建议提供上,而非传统的交易。德意志银行每年投入巨额资金用于电脑系统和面向客户的各种网络平台,该行 IT 部门员工占全行员工总数的四分之一以上。

充分挖掘支付系统功能,能提供诸如金融信息增值服务。金融信息增值服务建立在包括数据库在内的各类数据库和信息提取技术基础上。

3. 转变经营观念

具体表现在:

(1)从以交易为中心向以服务为中心的方向转变。抢夺优质客户是中外银行必走的一步棋,抢夺的关键就是服务,突破点就是中间业务,这将成为主要的业务增长点。

(2)从规模效益到深度效益转变。一个好客户创造的利润是客户平均利润的 100 多倍,而这类客户应该是年收入在 3 万元以上的城市中"中、高收入群体"。

第六节　我国商业银行中间业务发展现状分析

随着外资银行在我国金融市场经营范围的扩大,中间业务将成为中外商业银行比拼的新战场。目前,我国商业银行中间业务发展呈现以下几个态势。

一、进一步开展综合经营试点工作

我国商业银行业综合经营试点工作稳步开展,对新形势下商业银行业满足公司多元化和综合性金融服务的需求做出了有意的探索和尝试。银行业金融机构认真吸取国际金融危机的深刻教训,坚持以风险可控为前提,审慎开展综合经营试点工作,探索开展商业银行投资保险公司、信托公司股权、投资设立金融租赁公司和消费金融公司试点工作。

机构范围方面,以综合实力和竞争力较强的大型商业银行为主,也包括部分中小商业银行;风险管理方面,各试点银行均注重建立与非银行金融机构之间的防火墙;业务经营方面,坚持独立运作、自主管理的原则,严格实行与控股股东的人员、资金、办公场地分离,实行独立经营,加强授信管理和并表管理;客户推介方面,试点机构与控股股东可进行客户的相互推介,但需独立自主地进行尽职调查和审议,客户资源不可共享,并建立防止利益冲突的良好隔离制度和机制;退出要求方面,试点银行所投资对象的资本回报率和净资产回报率在达到一定宽限期时,应高于或至少达到商业银行良好经营平均水平,并高于其母行(即试点银行)及其所在具体行业良好经营平均水平,否则主动退出相关投资行业。

二、理财业务呈爆发式发展态势

银行理财产品是商业银行创新和竞争力的重要标志,是商业银行新业务的重要增长点,商业银行普遍重视该业务的发展。近年来,无论是发行量和全行业的规模都呈现出爆发式增长的态势,显示了其旺盛的生命力。其主要原因:一是作为理财产品供应方的商业银行拥有较强的销售动力。自 2011 年以来,我国基本实行了稳健的货币政策,商业银行资产与负债两方面都面临较大的压力,贷存比普遍上升,为增强竞争力,调整资产负债结构,商业银行普遍积极发展理财产品。

二是作为产品需求方的投资者购买意愿强烈。商业银行理财产品可以获得更高的利息收益,且本金通常得到很好的保障,因而成为通胀高企和其他投资渠道匮乏情况下比较理想的投资工具。

三、重视表外业务创新

表外业务能够给商业银行带来高额的服务收入,改变商业银行现有的收入结构。在我国实施巴塞尔协议的条件下,还可以降低权重风险资产,提高负债利用率,增加商业银行收入。

四、中美中间业务比较

(一)中美商业银行中间业务收入规模比较

1980年后,西方发达国家商业银行中间业务的发展速度十分惊人,尤其是以美国最具代表性,无论是在业务量还是在利润贡献率方面,均为商业银行注入了巨大的活力,成为商业银行新的利润增长点。中间业务也逐渐成为了商业银行现代化的重要标志之一。

美国商业银行中间业务收入一般占营业收入的40%以上,甚至接近50%,2011年美国银行(原美洲银行)的中间业务收入占比则超过了50%,高达51.72%,这也意味着其中间业务收入超过了传统的资产、负债业务收入。

与美国不同的是,我国商业银行中间业务起步较晚,经营意识较为落后。长期以来,商业银行都比较重视资产、负债业务的开展,对中间业务的重视程度远远不够,仅将中间业务作为商业银行经营的副业。自20世纪90年代中后期以来,我国的资本市场得到了快速发展,市场投资工具逐步增加,资金的流动性不断增强,商业银行业务范围有序拓宽,中间业务收入占比也得到了大幅度的提升。虽然,我国商业银行中间业务有了一定的发展,但与美国相比,仍然存在着很大的差距。根据五大国有商业银行公布的2018年年报显示,中间业务收入占比仅为20%左右。

(二)中美商业银行中间业务经营内容与产品创新比较

与美国的商业银行中间业务的经营范围相比,我国商业银行中间业务的经营范围仍十分狭隘,尚有很大的业务延伸空间(见表7-2)。

出于规避风险,满足客户对服务日趋多样化的需求,提高竞争力和盈利水平等目的,美国商业银行不断推出新的中间业务产品。据统计,美国商业银行中间业务品种高达2万多种,以满足不同客户的多样化需求。同时为了扩大营业范围,赚取更多的利润,美国商业银行坚持创新,给客户提供了无所不包的服务,以"量身定做"的方式为客户开发需要的产品,这使得美国的商业银行成为真正的"金融超级市场"。

表 7-2　中美商业银行中间业务经营业务对比

经营业务	美国	中国
传统业务	所有业务	绝大多数业务
信托业务	所有业务	曾经有过(目前没有)
基金业务	所有业务	基金托管、代销
保险业务	所有业务	代销、代收保费
投资银行业务	所有业务	部分业务
证券经纪业务	所有业务	代发证券、银证转账等

　　我国商业银行中间业务种类只有 700 种左右,能真正运用到的品种更是有限,功能也不够完善,且同质化现象十分严重,品牌产品和特色产品匮乏,单个产品的竞争力和创利能力不强。各商业银行开展的中间业务仍然为劳动密集型的传统业务,即主要集中在传统的支付结算、银行卡类、代理类业务上;新的中间业务如信用卡、代收代付虽然发展势头较好,但从广度和深度上来说还远远不够,业务覆盖面也很窄;其他中间业务也呈现出品种少、发展慢、规模小的状态;诸如租赁、金融衍生工具等技术密集型的新兴业务还是很少,尤其是针对的业务领域远远不能满足社会经济发展的需要。

　　通过上述比较分析,我们可以看到,近年来我国商业银行以手续费收入和佣金为主的中间业务收入占营业收入的比重有所提高,我国商业银行正在逐步弱化过度依赖存贷利差盈利的状况,多元盈利格局正在逐步形成。同时,我国商业银行在中间业务收入的规模、市场集中度、经营范围、软硬件设施等诸多方面与美国商业银行之间仍然存在着很大差距:中间业务收入占营业收入的比重仍然偏低;市场集中度则长时间徘徊于高位;市场竞争程度不够,效率缺失;经营产品范围过于狭隘,有待进一步拓展;产品同质严重,创新力不足;专业人才缺口较大,软硬件设备落后;发展水平极不均衡。

关键概念:中间业务　表外业务　租赁业务　信托业务　理财业务
保函　备用信用证　贷款承诺　票据发行便利　交易业务　操作风险　筹资
风险　结算风险　定价风险　经营风险

复习思考题

1. 试述现代商业银行中间业务的特点及基本种类。

2. 思考中间业务呈现出不断发展趋势的原因。

3. 分析我国商业银行积极开展中间业务所面临的困难,结合现状探讨我国商业银行发展中间业务的策略。

4. 在大力推进商业银行中间业务发展的同时,如何有效地加强风险控制?

5. 中美中间业务的主要区别在哪里?

第八章 商业银行的国际业务

本章学习目的

1. 了解商业银行国际化经营的动因。
2. 掌握商业银行国际业务的含义和主要类型。
3. 了解中国银行业开展国际业务的必要性及发展现状。
4. 了解中国银行业开展国际业务的不足之处和未来挑战。
5. 了解国际结算业务、贸易融资业务的风险管理。

本章知识导入

英国脱欧为何英镑独憔悴

英国自 2016 年 6 月公投决定脱欧以来,其重要的进展有:保守党迅速易帅,由同为保守党、公投中支持留欧的 Theresa May 接替首相一职;10 月初 May 终于宣布将在 2017 年 3 月底之前引用《里斯本条约》第 50 条启动脱欧程序;惟其脱欧方案的细节至今尚未形成或披露,其言论给市场留下英国欲不惜硬脱欧的印象,即英国不惜放弃欧洲单一市场准入也要收回对移民政策的控制权,并将不再遵守欧盟的法律等;欧盟对英国的态度也转趋强硬,温和声音明显减弱;英国议会与保守党政府也出现争拗,议会要求政府的脱欧方案要得到议会的背书。与此同时,英国经济未见明显转弱,楼市亦保持升势,英国股市再创新高,债市亦曾创新高,唯独英镑跌至 31 年新低,更曾出现闪跌,这又如何解释呢?

首先,英国脱欧肯定有利有弊,有利之处主要在于政治和主权,不利之处主要在于经济。换言之,为了换取重拾移民、司法、贸易协定等方面的自主权,英国要付出一定的经济代价,有争议的只是代价的轻重。如果成员国可以无痛脱欧的话,就轮到欧盟岌岌可危了。

英国脱欧的经济影响会从几个方面体现：一是至少长达两年的谈判充斥着不确定性，脱欧后英国和欧盟的经贸关系如何重新定位目前无人能知，这会影响企业（内资和外资）的投资决定，轻则推迟，重则取消。二是脱欧后英国如果不再是单一市场的一员，它与欧盟之间货物、服务和资金流皆不能像现在一般自由流动，这会影响其商品和服务贸易。三是金融业。passporting 如果丧失会对英国最具竞争力的金融业带来影响，以伦敦为总部服务欧盟的金融服务将不可避免要迁移和重组。

但从 6 月份公投至今，量度企业情绪的指标如 PMI 等仅在在 7 月大幅下降，后迅速反弹，领先指标则无明显变化。其他实体经济数据不多，第三季 GDP 与上半年平均的 2％不会相差太远。月度数据如工业生产在 7 月份的增长率与上半年水平相同。零售在 7、8 月份分别按年 5.8％和 5.9％增长，增幅甚至是今年以来最快。对外贸易继续增长，惟进依然大于出，继续维持较大的贸易赤字。

英国消费者的表现是可以理解的，因为脱欧是他们的集体决定（52：48），他们不大可能用即时减少消费来自我否定。英国经济有 65％为私人消费开支，只要消费不跌，GDP 也就有其支持。另外，政府消费开支占经济的 19％，脱欧后保守党政府放弃了 2020 年平衡预算的计划，转为加大开支，并考虑大幅削减利得税率来留住外资，因此政府开支会不跌反升，支持经济增长。受脱欧影响较为显著的主要是占经济 18％的私人投资以及 2％的净出口，前者将会放缓甚至倒退，后者对经济增长的拖累将加大，惟有关影响应该是逐渐浮现的，当投资和商品与服务贸易所受到的影响最终传递到私人消费上，英国经济增长步伐才会从目前约 2％显著放缓。

在这样的背景下，英镑汇率必挫，且调整效率最高，甚至可以一步到位。在脱欧公投后次日，英镑兑美元最大跌幅达 12.5％，之后在一个 3％的区间窄幅波动了三个月，后至英国政府明确提出了启动脱欧时间表和摆出硬脱欧姿态后，再挫 5.7％，期间在 10 月 7 日亚洲交易时段早期曾出现两分钟内急跌 6％的闪崩，结果英镑兑美元汇率自脱欧公投以来累计下跌 18％，一度创 31 年新低，而英伦银行所编制的英镑有效汇率指数亦跌穿金融海啸低位，创 168 年来新低。究其原因，脱欧后英国相当于其 GDP 的 5.7％的经常账赤字将继续恶化，因为其商品出口和服务出口都会因为失去欧盟单一市场而受到负面影响。其财政赤字（相当于 GDP 的 4.1％，政府净债务相当于 GDP 的 98.4％）也会因为重走赤字预算而重新恶化。英伦银行一度被市场认为会是继美国联储局后第 2 个加息的主要央行，但 8 月份它反而决定减息 0.25％，宽松政策重新上路。这还未计脱欧连累英镑资产可能被抛售的后果。据此,英镑汇率必挫几乎即无悬念。

英镑汇率的这种有效调整部分解释了其他主要资产的表现。英国股市在脱欧公投次日最大曾下挫8.7%,但之后仅用了3个交易日即全面收复失地并持续攀升,至10月11日FTSE100指数更创下了7129.83的历史新高,目前水平较投欧公投前高出10.8%。这主要是因为FTSE100指数成分股里面约有三分之二的盈利来自海外英镑贬值,会带来汇兑收益。相比之下,FT-SE250指数约有55%的盈利来自英国国内,它需时逾一个月才收复脱欧公投导致的失地,目前水平仅较公投前高出3.5%。除汇率因素之外,英伦银行8月份时减息0.25%至新低的0.25%,重启资产购买计划,计划买入总值700亿英镑的债券(600亿英镑国债,100亿英镑公司债券),并推出Term Funding Scheme。金融海啸之后发达经济体的经验都是量化宽松,在经济增长乏力的情况下依然能够推动股市创新高,这次英国股市也不例外,英伦银行的政策足够抵消脱欧对英国股市带来的沽压有余。

英国债市脱欧公投至今整体告升,10年期国债收益率累计下跌30bp,已经算是小的,因为中短期和长期国债收益率的跌幅更大。然而,其走势已在逆转当中。公投后英国国债避险情绪驱动下立即飙升,10年期收益率在8月12日(即英伦银行重推宽松政策一周之后)从1.37%跌至0.52%的新低,之后反复回升至1.07%,从低位翻了一倍。影响英国国债走势的因素众多,其中避险和新一轮量宽等的影响可能比英镑贬值、英镑国债还要大。当前两者被一定程度消化后,英镑贬值会刺激通胀以及对硬脱欧要付出的经济代价的忧虑便主导了市场。英国9月份的CPI、核心CPI、PPI产出价同比分别升1%、1.5%、1.2%,均是今年以来最高,硬脱欧或会导致滞涨,应是不利于英国国债市场的。

脱欧对英国楼市肯定不利,惟英镑汇率已先行有效贬值,楼市这一资产价格面对的贬值压力就会相应减轻。英国全国楼价指数在7、8、9月同比升幅分别为5.2%、5.6%、5.3%,非常接近当年最高的5.7的水平,而其他的量度楼价指数就显示英国楼市整体仍然告升,惟其上升动力明显弱于公投前。据此,英镑汇率贬值是可以缓解脱欧带来的种种冲击,惟当这一避震器被消耗光以后,脱欧对英国经济和英镑资产的负面影响相信还是会陆续浮现出来。

摘自:戴道华.中银财经速评,2016(10).

第一节　商业银行国际经营主要业务概述

近年来,很多跨国银行的国际业务收入已超过了国内收入,部分跨国银行甚至依靠国际业务的收入来填补国内业务的亏损。银行国际化经营已成为当前银行业发展的大趋势之一。

一、商业银行国际化经营的内涵

商业银行国际化经营是指商业银行按照国际规则,在国际金融市场上直接或间接加入全球化金融服务,且商业银行经营要素可以进行国际流动和国际组合的一种经营状态。这些要素包括客户、产品、资本、人员、技术等。客户跨国选择、产品跨国销售、资本跨国配置、员工多籍构成、技术高度集成等,都是商业银行经营要素国际化的表现形式。商业银行实施国际化经营的基础就是国际业务,商业银行的国际业务是指所有涉及非本国货币或外国客户的业务活动,主要包括如下几方面。

(一)商业银行在国外的业务活动。包括代理行业务、海外分支机构业务、国际投资等业务。

(二)本国银行在国内所从事的有关国际业务,主要包括外汇存贷款业务、国际融资业务、国际结算业务、国际贸易融资业务、外汇买卖业务和离岸金融市场业务等。

(三)需要了解的几个基本概念:

1. 跨国银行按联合国的定义是指至少在 5 个及以上国家和地区拥有分行或拥有股权的分支行的存款机构。英国银行家杂志的标准是核心资本必须在 10 亿美元以上,至少在伦敦、东京和纽约三大国际金融中心设有分支机构,其境外业务在其全部业务中占较大比重,境外人员占总人数达到一定比例。

2. 多国银行是指业务管理全球化,不以母国为中心的银行。

3. 国际银行是指银行、货币和客户三方之一不属于同一国家的银行。

4. 国际银行业务是指国际银行所有的业务,包括这家银行的国内业务和国际业务。

5. 银行国际业务是指商业银行的各项涉外业务。

二、商业银行国际化经营的动因

商业银行国际化经营源于国际贸易的产生和发展,国际贸易融资是银行传统的国际业务,随着国际贸易和经济全球一体化进程的发展,开展国际业务已经成为商业银行参与国际金融市场,提高自身国际竞争力的重要手段。同时,商业银行作为现代金融中介的核心,积极开展和扩大国际业务的经营范围已经成为历史的必然。具体来讲,商业银行国际化经营的原因有以下几方面。

1. 银行经营国际化是经济全球化的必然产物

随着新技术革命的不断发展,国际分工规模进一步扩大,经济全球化已经成为当今世界经济发展的主流,生产与销售的全球化要求金融服务的国际化。银行势必要从封闭走向开放,纷纷到海外设立分支机构开展业务,同时在管理体制、方法、手段和技术上努力实现与国际惯例接轨。

2. 银行经营国际化是国际资本流动的必然结果

在经济全球化背景下,国际资本以对外直接投资、银行信贷和证券投资等形式在全球范围内流动,国际资本的流动与银行的经营密不可分。资本在全球范围内流动引起资本在全球范围内追逐利润,必然导致商业银行业务国际化。

3. 银行经营国际化是银行降低经营风险的需要

依据资产的风险管理规律,银行资产的国际化能够分散风险、降低风险,使银行的经营更加稳健。

4. 各国金融市场的开放加速了银行经营国际化进程

世界金融自由化趋势推动了各国金融活动逐步自由化,各国纷纷开放金融市场,这为商业银行的国际化发展创造了良好的环境,加速了商业银行业务国际化的进程。

5. 科学技术的发展促进了银行经营国际化

科技进步改变了传统的金融市场运作方式,使银行业成为集信息、网络、技术和金融服务于一体的综合性服务行业。通过科技手段,银行可以迅速了解国际金融市场动态、分支机构的财务状况、客户需求等信息,从而大规模地开展国际业务。

此外,国际游资大量过剩、生产资本的国际化、跨国银行的发展以及现代电信网络及交通设施的发展,为商业银行国际业务发展提供了有利条件。

三、商业银行国际业务的种类

1. 外汇存款业务

这是指银行依法吸收境内机构、团体、个人的外汇资金的业务，包括活期存款、定期存款、居民外币储蓄存款等。

2. 外汇贷款业务

包括出口买方信贷、出口卖方信贷、国际银团贷款等。

3. 国际结算业务

包括信用证业务、国际托收业务、国际汇款结算等。信用证业务是指开证银行应申请人的要求并按其指示向第三方开立的载有一定金额的、在一定时期内凭符合规定的单据付款的书面保证文件。具体有出口信用证和进口信用证两种。汇款结算业务根据使用的信用工具不同，可分为电汇、信汇和票汇三种。国际托收业务是出口商在货物装运后，开具以进口商为付款人的汇票（附随或不附随货运单据），委托出口地银行通过它在进口地的分行或代理行代出口商收取货款的一种结算方式。

4. 国际贸易融资业务

这是指银行对进口商或出口商提供的与进出口贸易结算相关的短期贸易融资或中长期贸易融资。包括出口打包、出口押汇、进口押汇、保理业务、卖方信贷、福费廷等。

5. 外汇交易业务

包括外汇头寸、即期外汇买卖、远期外汇买卖、期权交易、套汇与套利等。

6. 离岸金融业务

这是指设在某国境内但与该国金融制度无甚联系，且不受该国金融法规管制的金融机构所进行的资金融通活动。银行吸收非居民的资金，为非居民服务。离岸金融业务的主要特点是"两头在外"，即资金来源于海外、境外，同时资金又使用于海外、境外。离岸金融业务与传统的国际金融市场业务不同。其特点为：

第一，由于离岸金融市场的幅度与深度超过国际金融市场，因此，离岸金融业务具有币种多、规模大等特征。

第二，离岸金融业务仅限于外国借贷双方间，借贷关系单一。

第三，离岸金融业务一般不受业务交易所在地金融当局政策、法令和外汇管制的约束。

四、商业银行国际化经营的组织机构

商业银行进行国际化经营需要建立一套健全的组织系统,以保证国际业务的顺利开展。商业银行国际业务的组织系统包括三个方面:国外代理行系统、分支机构系统和参与国际银团。这三种组织系统又可以进一步划分为以下几种形式:国际业务部、海外分行、海外子银行、海外代理行、联属行、国际联合银行、海外代表处等。

大的跨国银行除在总行设立国际业务部外,还会在全球各地设立各种分支机构,并在国际业务部的具体指导和管理下使它们形成一个完整的全球网络。跨国银行海外分支机构的形式是多种多样的,主要有以下几种:

1. 国际业务部

一般在总行、分行设有国际业务部,办理的国际业务主要包括国际信贷、国际结算、外汇买卖等。

2. 海外分行

海外分行不是独立的法人实体,其资产负债表是母行资产负债表的一部分。其资产业务多是对大型企业或银行的贷款。在负债业务方面,虽然分行一般允许吸收东道国居民的零售存款,但因为这么做需要较完善的机构网络,投资巨大,且需接受东道国更为严格的管理,故一般通过母行或银行同业市场解决资金来源问题。

3. 海外子银行

海外子银行是银行在海外设立的独立法人实体,自负盈亏。只要一家银行直接或间接地拥有另一家银行的股票达到一定比例,使其能够绝对控制后者的经营决策,则后者可视为前者的子银行。子银行一般被视为东道国的银行,子银行的优点在于母行对其只承担有限的连带责任,被准许的业务范围更广泛,甚至可以从事母行本身不能从事的银行业务。

4. 联属行

联属行是银行在其中拥有股份,但持有的比例尚不足以绝对控制其经营管理的银行机构,此时银行仅是该机构的一个普通参与者。

5. 国际联合银行

它是由多个(两个以上)不同国家的银行合资建立的国际银行,其中任何一个银行都不持有具有绝对控制权的股份比例(即 50% 以上)。建立联合银行的目的在于联合多家银行的资金、技术,以满足大客户对巨额资金的需求。从某种意义上讲,只有国际联合银行才称得上真正的多国银行。

6. 海外代理行

代理行同分行一样,也是银行设立的一种海外非法人实体,只是职能更简单些。在负债业务方面,它通常无权吸收东道国国内的存款,但可吸收东道国以外的存款并持有信用余额(从海外的借款),在资产业务方面,它自身可以像分支银行那样作为母行在当地的代理处开展所有的贷款业务。

7. 海外代表处

代表处较之代理行职能更简单。它仅代表母行从事信息收集、信息传递、公共关系、业务招揽等活动。它常常是银行在海外设立分支机构的最初形式。

第二节 商业银行外汇存贷款业务

商业银行外汇存贷款业务由于各国对银行业的监管不同略有差异,这里以中国为例介绍相关业务。

一、外汇存款业务

外汇存款是在我国境内办理的以外国货币作为计量单位的存款,其存取和计息均是用外国货币来计算和办理的。外汇存款业务按照不同的标准可以分为不同的种类:按照开户对象可划分为单位外汇存款和个人外汇存款;按照管理要求可划分为现钞户和现汇户;按照存款期限可划分为活期存款和定期存款;按照支取方式可划分为支票户和存折户。下面重点介绍单位外汇存款和个人外汇存款。

(一)单位外汇存款

单位外汇存款是国家外汇管理局规定允许开立现汇户的国内外机构企业办理的外币存款。

1. 存款对象

符合国家外汇管理局规定的境内机构及驻华机构;外资、合资、侨资经营企业;在中国境内的机关、团体、学校、企事业单位、部队,以及经中国人民银行、国家外汇管理局批准可以经营外汇业务的金融机构等。存款人可以持国家外汇管理局核发的"外汇账户使用证""开户通知书",或"外商投资企业外汇登记证""外债登记证"等开户资料到开户银行,开立可自由兑换货币的外汇现汇存款账户,办理存款及结算业务。

2. 存款种类

按存取期限不同,单位外汇存款可分为活期和定期两种。活期存款是指在符合外汇管理规定的情况下,可以随时存取、按结息期计算利息的存款。按支取方法不同,活期存款账户又可分为支票户和存折户两种。定期存款是约定存款期限,到期支取本息的一种存款。

3. 存款货币

银行吸收外币存款一般有美元、英镑、欧元、日元、港币等,是经由国家外汇管理局批准的可以自由兑换的外币种类。若存入其他货币,则必须按当日外汇牌价折合成上述货币之一。

4. 存款利率

按照各商业银行对外公布的外汇存款利率执行。

5. 存款适用范围及规定

单位外汇存款使用必须符合国家外汇管理当局规定的当期外汇管理条例,分别列入经常贸易项下业务和资本项下业务,经审核相关证明资料,通过银行汇入汇出。账户不得出租、出借或者串用账户。

(二)个人外汇存款

凡居住在国内外或港澳台地区的外国人、港澳台同胞、侨民以及国内居民均可以将外汇资金存入银行,开立个人外汇存款账户。

1. 账户种类

个人外汇存款账户一般分现汇账户和现钞账户。外汇储蓄存款账户又可分为活期和定期。

2. 账户币种

外币存款的货币目前有美元、英镑、港币、欧元、日元和澳元等。

3. 外汇账户存取金额限制

外汇存款人必须严格遵守国家外汇管理当局的规定,限制每人每天最高存取款额要求,每人每年最高外币兑换金额控制,具体由各商业银行监督执行。目前的限额是每人每年五万美元。

二、外汇贷款业务

外汇贷款是银行以外币为计算单位向企业发放的贷款。外汇贷款有广义和狭义之分。狭义的外汇贷款仅指我国商业银行运用吸收的外汇资金,贷给国内需要外汇资金的企业;广义的外汇贷款还包括国际融资转贷款,即包括我国从国外借入,通过国内外汇指定银行转贷给境内企业的贷款。外汇贷款是商业银行经营的一项重要资产业务,是商业银行运用外汇资金,强化经营机制,提高经济效益的主要手段,也是银行联系客户的一条主要途径。

(一)外汇贷款的种类

按照外汇贷款的投向划分,可分为固定资产和流动资金贷款;按照外汇贷款的融资目的划分,可分为对外贸易贷款和出口信贷,出口信贷又可分为出口买方信贷、出口卖方信贷;从参加银行的数量上划分,可分为单边银行贷款和银团贷款。

(二)外汇贷款的利率和期限

外汇贷款利率有浮动利率和固定利率之分,具体按照贷款日当天商业银行挂牌公布的执行。利率选择权基本由客户自主选择。

外汇贷款期限从贷款合同签订的起息日起至合同规定的全部债务清偿日为止,期限有长期和短期之分。

第三节　商业银行国际结算业务

一、国际结算概述

国际结算是指国家间以货币表示的债权债务的清偿行为。国家间的各种经济交易如国际贸易往来、劳务的提供与接受、资本和利润的转移、资金借贷交易、政府间的政治、外交及民间的非贸易往来等,是形成国家间债权债务的主要原因。

随着国际贸易的各个环节向电子化方向发展,传统的国际结算方式也将发生一场深刻的革命,电子数据交换将最终替代纸质单据成为国际结算的主要形式。

对商业银行而言,国际贸易结算虽然比其他结算业务复杂,但其成本低、收益高、风险小,一般也不需要占用银行的信贷资金,属于非常重要的中间业务。

(一)国际贸易结算主要内容

1. 有形贸易结算,即商品进出口贸易引起的货币收付活动。

2. 记账贸易结算,也称协定贸易结算,是在两国政府签订的贸易协定项下的商品进出口结算。

3. 因国际资本流动引起的商品贸易或资本性货物贸易的结算,如国际直接投资中的结算等。

4. 综合类经济交易,既包含了商品交易,又包含了非商品贸易的经济交易中的商品贸易结算,如国际工程承包中的结算等。

(二)非国际贸易结算内容

1. 无形贸易结算,即由无形贸易引起的货币收付活动,如保险、运输等活动的收支。

2. 金融交易类结算,主要指国家间各种金融工具买卖的结算。

3. 国家间资金单方面转移结算。

4. 银行提供的以信用担保为代表的一系列服务的结算。

5. 其他非贸易结算,如外币兑换、旅行支票业务等引起的结算业务。

二、国际结算工具和国际结算方式

(一)国际结算工具

现代国际结算主要是银行的非现金结算,而非现金结算的主要工具是票据。票据在结算中起着流通手段和支付手段的作用,远期票据还能发挥信用工具的作用。这种结算工具主要包括汇票、本票和支票。

(二)国际结算方式

在国际贸易中,进出口商要将商定采用的结算方式列入合同的支付条款中并予以执行。经办银行应客户的要求,在某种结算方式下以票据和各种单据作为结算的重要凭证,最终实现客户委办的国际债权债务的清偿。

国际结算方式主要包括汇款、托收、信用证、保付代理、保函业务、包买票据等类型。其中汇款业务简单便捷,可用于寄售、售定、贸易从属费用及非贸易项目结算。跟单托收则主要用于国际贸易结算,由于其程序简单,费用较低,受到贸易商尤其是进口商的青睐。但是,由于银行在跟单托收运作中未承担任何付款责任,托收效果主要取决于商业信用,因此出口商承担了进口商拒付托收贷款的风险。

为了有效地保障出口商的利益,由银行担负第一付款责任的信用证结算方式已成为应用最为广泛的国际结算方式。

此外,为了满足客户除结算货款以外的诸如融资、风险保障、账务管理、信息咨询等需要,又相继出现了保函、保付代理、包买票据等综合性业务。

在国际贸易中,既有货物的转移,也有单据的传递。但除了出口商外,其他当事人在进口商最后见到货物之前,一般只能从各类单据上了解货物的情况。因此,为了使交易得以实现,各当事人之间必然要发生单据的交付转让,从而体现了当代国际贸易中的货物单据化和凭单而非凭货付款的基本特征。单据对于国际贸易债务的清偿具有至关重要的影响,特别是以跟单信用证结算货款时,出口商提交单据合格与否,成为其能否收回货款的决定性因素。

第四节　商业银行外汇买卖业务

一、基本概念

(一)外汇市场

外汇市场是指有外汇需求和外汇供给双方以及外汇交易中介机构所构成的外汇买卖场所和网络。当今的外汇市场由有形和无形的市场组成,且以无形市场为主。按照活动范围,可分为国内外汇市场和国际外汇市场;按外汇交易的类型,可分为现货市场和包括期货、期权、远期、互换的外汇市场;按交易对象,可分为批发性市场和零售性市场。不同的外汇市场在结构、作用及运作等方面存在差异。

(二)汇率及报价方法

汇率是一种货币与另一种货币的价格之比,它实际上是以一国货币用另一国货币表示的价格。它使各国货币能够直接进行比较。

根据两种货币在汇率表示中所起的作用不同,其可分为基准货币和标价货币。汇率的报价方式有直接标价和间接标价之分。直接标价法是以外币为基准货币,本币为报价货币,即以一定单位的外国货币作为基准折算成一定数额的本国货币;间接标价法是指以一定单位的本国货币为基准,折算成若干数额的外国货币来表示汇率的报价方法。世界上大多数国家采用直接标价法。

(三)汇率的种类

1. 按现汇与现钞分为现汇汇率和现钞汇率

(1)现汇汇率是指银行买卖现汇时使用的汇率,与现钞汇率相对应。从外汇角度而言,外汇包括外币现钞。但从银行结算角度而言,现汇是指可以直接通过账面划拨进行国际结算的支付手段,不包括外币现钞。

现汇汇率分为买入汇率和卖出汇率。买入汇率是银行向客户买入即期外汇时使用的汇率;卖出汇率是银行向客户出售即期外汇时使用的汇率。买入和卖出现汇的平均价称为中间价。

(2)现钞汇率是指银行买卖外币现钞时使用的汇率。根据国际惯例,外币现钞在发行国本国外不能作为国际支付手段,只有将其运到发行国或国际金融中心出售后才能转换成作为国际支付手段的现汇。其间会发生运费、保费等费用,以及运送期间产生的外汇汇率的变动因素,这些费用应从外汇汇率中扣除,因此各国的现钞汇率均低于现汇汇率。现钞买入汇率是指银行买入现钞时使用的汇率。我国目前对外币现钞的即期卖出汇率一般使用现汇卖出汇率。

2. 按制定汇率的方法划分为基本汇率和套算汇率

(1)基本汇率是指本国货币与基准货币的汇率。这一汇率是套算本币对其他货币的汇率基础。目前,作为基准汇率的货币通常是美元,因而把本国货币对美元的汇率作为基本汇率。

(2)套算汇率是指在基本汇率制定出来后,通过各种货币对关键货币的汇率套算出来的本币对其他货币的汇率。比如,若 1 美元＝6.75 元人民币,1 美元＝0.91 瑞士法郎,则 1 瑞士法郎＝7.42 元人民币。可见,1 美元＝6.75 元人民币为基本汇率,而人民币与瑞士法郎的汇率为套算汇率。

3. 按外汇交易交割期限划分为即期汇率和远期汇率

(1)即期汇率是指当前的汇率,用于外汇的现货买卖。

(2)远期汇率是指将来某一时刻的汇率,比如 3 个月后的汇率,用于外汇的远期买卖。

即期汇率与远期汇率通常是不一样的。以某种外汇汇率为例,在直接标价法下,远期汇率高于即期汇率时,我们称该种外汇的即期汇率与远期汇率之差为升水;反之,则称该外汇即期汇率与远期汇率之差为贴水。

4. 人民币汇率制度演变

现行人民币汇率制度的基本框架形成于 1994 年。1994 年 1 月 1 日,我国对外汇管理体制进行了改革开放以来最重大的一次改革,与一系列外汇管理体制改革措施相配合,人民币汇率制度被设计为"以市场为基础、单一的、有管理的浮动汇率制度"。这一汇率安排开始实施头 3 年,伴随着国际收支"双顺差"的不断增加和中国人民银行的适度干预,人民币汇率呈现稳步上升的势头,对美元的比价从 1 美元合 8.7 元人民币升至 8.3 元人民币,从而成功地体现了"有管理浮动汇率制度"的基本特点。1996 年 12 月 1 日起,我国实现了人民币经常项目下的可兑换。2001 年以后,在持续增大的国际收支"双顺差"环境下,人民币再次经历升值压力。为了保持有竞争力的汇率水平,以便通过扩大出口来弥补相对不足的国内需求,加上国内金融体系的脆弱性问题比较严重和企业抗风险能力较差等原因,中国人民银行改变了 1994—1996 年期间的做法,加大了对外汇市场的干预,继续将人民币汇率保持在高度稳定的状态。2005 年我国汇率形成机制进行了重大改革,7 月 21 日起开始实行"以市场供求为基础,参考一篮子货币进行调节、有管理的浮动汇率制度"。

二、外汇买卖交易的概念和特点

外汇买卖交易是指一国货币与另一国货币进行交换的行为。外汇买卖交易主要是通过外汇市场完成的。

(一)在外汇市场上,外汇买卖主要有两种类型

一是本币与外币之间的相互买卖,即外汇需求者按汇率用本币购买外汇,外汇供给者按汇率卖出外汇换回本币;二是不同币种外币间的相互买卖,如中国居民以美元购买日元或售出欧元兑换澳元等。

目前,在国际外汇市场上,交易的货币不但有美元、日元、欧元、英镑等发达国家的货币,而且近年来某些新兴工业国家也进入国际外汇市场。但外汇市场交易的币种集中化程度仍很高,美元、欧元和日元始终保持中心地位,而美元更是占据绝对主导优势,自 20 世纪 90 年代以来以美元为单位货币的交易额占全部交易额的比重一直维持在 80% 以上。

(二)外汇市场的组织形态主要分为有形和无形两种

有形市场有固定场所和设施,以外汇交易所为代表;无形市场是电话、电传和计算机终端等各种远程通信工具所构成的交易网络,联系着无数的外汇供给者和需求者,是无形的、抽象的市场。

(三)外汇交易主要通过询价、报价、成交、交割等步骤来完成

市场参与者在通过各种通信设施获得合适的报价后,与做市商银行达成口头成交,确定买卖价格和数量,随后发出书面确认书。外汇交易成交后,双方根据是即期交易还是远期交易,立即或在未来一定日期办理交割手续,付给某种货币,买进另一种货币。事实上,外汇交易买卖的是以外币活期存款形式存在的外汇,由于银行一般会将所持的外汇存放在外国银行的活期存款账户上,因此外汇交割通常采取在银行的国外往来行的活期存款账户进行划拨处理的方式。当银行从顾客或其他银行手中购入外汇时,该活期存款账户的金额就会增加;反之,当银行卖出时,该活期存款账户的金额就会减少。例如,澳大利亚的一家银行卖出一笔美元给本国的进口商来支付货款,这笔交易就表现为澳大利亚银行借记进口商的本币存款账户,同时通知国外往来行借记自己的美元存款账户,并贷记出口方银行或其代理行的美元存款账户。

（四）外汇市场是个 24 小时不间断的市场

不同时区包括北美洲、欧洲,尤其是亚洲国际金融中心的出现,使得 24 小时不间断的外汇交易成为可能。另外,现代通信设施的发展,已形成庞大网络,使全球各地区外汇市场按世界时区的差异相互衔接成为现实。从而实现了全球性的、星期一至星期五无间断的外汇交易。目前世界知名的国际金融中心主要包括北美的纽约、旧金山,欧洲的伦敦、法兰克福、苏黎世、巴黎、米兰、阿姆斯特丹,大洋洲的悉尼,亚洲的东京、新加坡、中国香港等,都有大规模的外汇市场。外汇交易每天从悉尼开始,并且随着地球的转动,全球每个金融中心的营业日将依次开始,首先是东京,然后是伦敦和纽约。伦敦市场与纽约市场同时营业的几个小时是一天中外汇交易的高峰期。

三、外汇买卖交易的种类和方式

（一）即期外汇交易

即期外汇交易是指买卖双方成交后在两个营业日内办理交割的外汇买卖,又称现汇交易。双方成交的汇率就是成交当天银行在市场上报出的即期汇率。交割日为成交当天,称当日交割;交割日为成交日第一个营业日,称翌日或明日交割;交割日为成交后的第二个营业日,称即期交割。

营业日是指两个清算国银行都开门营业的日期。一国若遇节假日,交割日按节假日天数顺延。

一笔完整的即期外汇交易一般包括四个步骤,即询价、报价、成交及确认。在交易过程中,外汇交易双方均应明确表示出买卖的金额、买入价和卖出价、买卖的方向、起息日及付汇结算指示等。外汇交易的过程为:第一步,银行确定当天的开盘汇率。确定开盘汇率主要参考的因素包括:前一时区外汇市场的收盘汇率、世界政治和经济领域内的新变化和银行持有的外汇头寸情况。第二步,银行对外报价。银行确定当日开盘汇率后,银行的交易员就可以对外报价。一方面通过发达的计算机通讯设备对其他银行、客户直接报出;另一方面通过屏幕、终端等设备显示给各外汇经纪人。在外汇市场上可供交易者利用的交易工具主要有路透社终端、美联社终端、德励财政终端。银行交易员在对外报出某种外汇汇率的同时,也承担了以这种汇率买进或卖出一定数额外汇的义务。第三步,银行调整原报价。银行开盘进行交易后,交易员要随着买卖中外汇头寸的变化情况,不断修订报出的即期汇率和买卖的币种,避免产生"多头"或"空头"现象。报价完成后,银行就可能接到别的银行的询价,如果询价行对报价行的报价答复满意,这笔交易就会迅速成交。然后,银行再报新价,再接受询价,再成交。即期外汇交易就是在这种询价、报价、买卖成交、再询价、再报价循环不断的过程中进行的。

（二）远期外汇交易

远期外汇交易是指买卖双方成交后,并不立即办理交割,而是按照所签订的远期合同规定,在未来的约定日期办理交割的外汇交易,又称期汇交易。

远期交易与即期交易的主要区别在于交割日的不同。凡是交割日在两个营业日以后的外汇交易均属于远期交易,时间从几天到 3 个月、6 个月、9 个月,甚至长达 1 年不等,远期交易所适用的汇率就是银行在市场报出的各种不同交割期限的远期汇率。

远期汇率可以高于或低于即期汇率。在直接标价法下,如果某货币在外汇市场上的远期汇率高于即期汇率,称为升水;如果远期汇率低于即期汇率,称为贴水。例如,即期外汇交易市场上美元兑人民币的比率为 1∶6.85,3 个月期限的美元兑人民币的比率是 1∶6.75,此时美元贴水,人民币升水。

远期交易根据未来交割日是否固定,又可分为固定交割日的远期外汇买卖和选择交割日的远期外汇买卖。固定交割日的远期交易,是指双方约定的交割日期是确定的。进出口商从订立贸易契约到支付货款,通常都要经过一段时间,才能获得外汇收入或支付外汇款项。为了确定该外汇兑换本国货币不受损失,它们一般都选择固定交割日的远期交易。选择交割日的远期交易,是指没有固定的交割日,客户可以在成交日的第三天起至约定期限内的任何一个营业日要求银行按双方约定的远期汇率进行交割,但必须提前两天通知报价行,又称择期交易。这种交易与固定交割日的远期交易相比,在交割日期上有灵活性,适用于收付款因故不能确定的对外贸易。

远期交易的主要目的是避免汇率的过度波动,进行套期保值降低风险。但是,还有一些人会利用远期交易进行投机,获取利润。所谓套期保值,是指卖出或买入金额等于一笔外币资产或负债的外汇,使这笔外币资产或负债以本币表示的价值避免遭受汇率变动的影响。而投机则是指根据汇率变动的预期,有意持有外汇的多头或空头,希望利用汇率变动来从中赚取利润。

（三）外汇期货交易

外汇期货交易是指买卖双方在交易所内,依据标准化合约,按照规定到期日以约定的汇率进行交割的外汇交易方式。由于外汇期货是在场内进行交易的,因此双方都要依照场内制定的交易规则、标准化成交单位、交割期限等进行交易。外汇期货交易与远期外汇交易都是载明在将来某一特定日期,以事先约定的价格付款和交割某种特定标准数量外币的交易。但是,在具体运作上、外汇期货交易较之于外汇远期交易,有着以下显著的特点。

第一,外汇期货交易有固定的交易场所,比如芝加哥国际货币市场和伦敦国际金融期货交易所等。其中芝加哥国际货币市场的交易额占世界外汇期货交易总额的 50%。

第二,外汇期货交易是一种固定的、标准化的形式,具体体现在合同履约价格、到期日均标准化,而非通过协商确定,或者说非量身定做。比如,以芝加哥国际货币市场为例,一份日元期货合约的履约价为 12.5 百万日元,一份英镑期货合约的履约价为 6.25 万英镑等。一年有四个到期日,它们分别是 3 月、6 月、9 月、12 月的第三个星期三。

第三,外汇期货交易的买方只报买价,卖方只报卖价,并由交易所确定每日限价。

第四,外汇期货交易的远期合约大多很少交割,交割率甚至低于 1%。

第五,外汇期货交易的买卖双方无直接合同责任关系,买卖双方分别与清算所有合同责任关系。

外汇期货交易是一种采取按一定比例的保证金进行交易的方式。因此,它也是商业银行进行保值、防范汇率风险的手段之一。因此,当信用风险是银行面临的主要问题时,外汇期货交易是外汇远期交易的最好替代。

(四)外汇期权交易

外汇期权交易是指期权买方在向出售方支付一定期权费后所获得的在未来约定日期或一定时间内,按照规定汇率买进或卖出一定数量外汇资产的选择权。外汇期权交易是在 20 世纪 80 年代发展起来的一项金融衍生业务,布雷顿森林体系崩溃后,各国汇率波动加剧,而国际贸易的快速发展使得越来越多的交易商寻求避免外汇风险的有效途径,外汇期权交易应运而生。

1982 年 12 月,外汇期权交易在美国费城股票交易所首先进行,其后芝加哥商品交易所、阿姆斯特丹的欧洲期权交易所、加拿大的蒙特利尔交易所、伦敦国际金融期货交易所等都先后开办了外汇期权交易。目前,美国费城股票交易所和芝加哥期权交易所是世界上具有代表性的外汇期权市场。

外汇期权交易对买方而言,它在期权有效期内无须按预定价格履行合同交割义务。因此,它所承担的代价仅限于其所支付的期权费。此外,外汇期权的买方无需履行合同的义务,这种状况有利于买方为外汇资产和收益进行保值。

与外汇期货有两点不同:一是风险的不对称性。外汇期权的买入方在支付了期权费后,可以享受外汇价格上涨所带来的好处,或可以获得外汇市场价格下跌所带来的所有收益。二是交易更具灵活性。外汇期权可在场内,也可在场外进行交易。

外汇期权交易的本意是提供一种风险抵补的金融工具。银行在外汇期权交易中既是买方,也充当卖方。银行作为期权买方时,它承担了卖方可能违约的信用风险,因此,它倾向于从同业批发市场或交易所场内购买期权来消除信用风险,而非其客户处。银行作为卖方时,其承担期权合约下金融标的价格变化的市场风险。

(五)外汇掉期交易

外汇掉期交易是指将货币相同、金额相同,而方向相反、交割期限不同的两笔或两笔以上的外汇交易结合起来进行,也就是在买进某种外汇时,同时卖出金额相同的这种货币,但买进和卖出的交割日期不同。进行掉期交易的目的也在于避免汇率变动的风险。

掉期交易通常是为抵补已购入或售出的某种外汇所可能发生的风险而进行的,它通常与套利交易配合进行。例如,美国某银行因为业务经营的需要,购买1亿欧元存放于瑞士的银行,存期为3个月。为防止3个月后欧元汇率可能下降造成损失的风险,该美国银行即可利用掉期业务,在买进1亿欧元即期的同时,卖出3个月欧元的远期,从而规避此期间因欧元汇率下跌而承担的风险。

一般而言,外汇掉期交易可以分为三种:一是即期对远期,即买进或卖出一笔现汇的同时卖出或买进一笔期汇。期汇的交割期限大都为1星期、1个月、2个月、3个月、6个月,这是掉期交易常见的形式。在短期资本输出入中,如果将一种货币调换成另一种货币,通常需要做这种形式的调期交易,即在期汇市场上抛售或补进,以避免外币资产到期时外币汇率下跌或外币负债到期时外币汇率上涨。

二是即期对即期,也就是明日对次日,即在成交后的第二个营业日交割,在第三个营业日再作反方向交割的一种交易。这种调期交易用于银行同业的隔夜资金拆借。

三是远期对远期,是指对不同交割期限的期汇双方作货币、金额相同而方向相反的两个交易。

掉期交易实质上也是一种套期保值的做法,但与一般的套期保值不同。调期的第二笔交易需与第一笔交易同时进行,而一般的套期保值发生于第一笔交易之后;调期的两笔交易金额完全相同,而一般的套期保值交易金额却可以小于第一笔,即作不完全的套期保值。

（六）外汇互换交易

外汇互换交易是指互换双方在预定的时间内交换货币与利率的一种金融交易。双方在期初按固定汇率交换两种不同货币的本金，然后在预定的日期内进行利息和本金的互换。

由于外汇互换的条件反映了合约双方对所交换的两种货币的汇率走势的判断及各自对利率变动的看法，因此，外汇互换交易主要包括货币互换和利率互换。

银行在外汇互换交易中，充当交易一方，或充当中介人。银行通过互换可以降低筹资成本；通过互换工具消除其敞口风险，尽量避免汇率风险和利率风险；外汇互换属表外业务，可以规避外汇管制、利率管制和税收方面的限制。因此，这种交易在国际金融市场上发展迅速。银行作为中介方参与互换的安排时，它运用公开或非公开介绍的方式进行：

1. 公开方式下，银行将互换双方安排成面对面直接谈判

银行在这过程中充当咨询和中介，因此，不承担风险，仅收取包含介绍费和咨询费等在内的手续费。

2. 在非公开方式下，互换双方分别与银行签合约

银行在这过程中承担了交易双方的违约风险，这种风险是双重的。另外，银行为撮合这类交易，向交易双方或一方出售灵活性和适应性，这将导致互换双方在期限或利息支付等方面承受不完全匹配的差额风险。因此，在非公开方式下，银行必须加强对风险的管理和控制，否则，将与运用这种金融工具的本义相悖。

（七）套汇和套利交易

1. 套汇

套汇是指利用同一时刻不同外汇市场上的汇率差异，通过买进和卖出外汇而赚取利润的行为。它分为直接套汇和间接套汇两种。

直接套汇又称双边或两角套汇，是最简单的套汇方式，是指利用两个外汇市场上某种货币的汇率差异，同时在两个外汇市场上一边买进一边卖出这种货币。

间接套汇也称三角套汇，是利用三个不同地点的外汇市场上的汇率差异，同时在三地市场上高卖低买从中赚取汇率差价的行为。

2. 套利交易

套利交易是指套利者利用不同国家或地区短期利率的差异，将资金从利率较低的国家或地区转移到利率较高的国家或地区进行投资，以获取利差的

外汇交易活动。当不同国家或地区之间的短期利率存在差异时,就可能引起套利活动。具体形式包括抛补套利和非抛补套利。抛补套利是指套利者在套利的同时做一笔远期外汇交易进行保值的套利交易,它常常是在汇率不是很稳定的情况下进行的套利活动,套利者在赚取套利利润的同时,做远期外汇交易,以规避汇率风险。非抛补套利是指套利者在套利的同时没有做远期外汇交易进行保值的套利交易,是通常在汇率相对稳定的情况下进行的套利活动。

套利与套汇一样,都是外汇市场重要的交易活动,都具有一定的投机性。套汇活动利用不同外汇市场上汇率的差异赚取汇差利润,套利活动利用不同货币市场上利率的差异赚取利差利润。在汇率波动过小而利率差别很大的情况下,套利的收益较高;反之,在汇率波动过大而利率差别很小的情况下,套利的收益相对较低。

由于目前各国外汇市场联系十分密切,一有套利机会,大银行或大公司迅速投入大量的资金到汇率较低或利率较高的国家。套利活动将外汇市场与货币市场紧密联系在一起。

四、商业银行经营外汇交易的管理

(一)银行参与外汇买卖原因

作为外汇市场的主要参与者,银行不仅是外汇供求的中介,而且是外汇供求的最大客户,它是外汇市场的主体。应该说,银行参与或进行外汇买卖的深度和广度不同,因此,它们参与外汇买卖的原因也各有差异。通常银行参与外汇买卖是为了规避外汇风险、调节货币结构、调剂外汇头寸等。

1. 规避外汇风险

作为中介,银行按客户的要求,代客户在国内和国际外汇市场上完成客户委托的各种外汇交易。从传统意义来讲,银行的这类业务不会引发太大的外汇风险,但是,随着外汇买卖工具和手段的不断创新,银行在充当中介时,其越来越像是扮演了一个风险中介转嫁机构的角色。新的外汇买卖工具为银行摆脱汇率风险提供了可能及手段,银行由此承受的从客户转来的外汇风险加大。为此,银行必然加大参与外汇买卖的深度与广度,通过外汇买卖及创新工具将外汇风险转嫁出去。

银行持有一定数量和规模的外汇资产和负债,除了通过各类交易增加银行的收益外,还要通过各类外汇交易降低银行自身的外汇资产与负债的外汇风险。银行作为交易一方,它们必须不断调整资产和负债的币种结构、利率和期限结构,通过远期交易规避汇率风险,或通过外汇期货交易使银行实现保值,减少汇率风险,或通过货币互换等工具消除其敞口风险。外汇交易手段的创新,从某种意义上讲,是银行避险冲动所致。

2. 调节货币结构

银行外汇资产和负债在汇率波动的情况下存在风险,因此,银行经营者必然考虑这些外汇资产和负债的货币结构。在外汇资产和负债一定的情况下,这种资产和负债的货币结构不一,银行以本币表示的收益就会有差异。另外,调节货币结构还有调整银行外汇资产和负债暴露头寸的需要,目的是降低外汇风险。

3. 调剂外汇头寸

在银行外汇交易的客户中,有许多客户为进出口商和外汇存款人等。由这些客户引发的外汇交易活动多数为货币兑换以及源于贸易结算的套汇业务的汇入和汇出款业务。银行进行货币兑换是为了满足客户调剂外汇头寸的需要;贸易结算中的套汇业务要求银行在其中充当货币供应者与另一种货币买入者的角色,这一过程是银行进行外汇头寸调剂的过程。在银行所受理的包括汇入、汇出、非贸易托收等非贸易业务中,客户也会要求银行替其调剂外汇头寸。在传统的银行业务中,银行的功能主要是替客户调剂外汇头寸,方便客户进行贸易与非贸易结算。

(二)银行经营外汇交易的策略

经营外汇交易能给银行带来巨大的收益,但银行也招致了对应的风险。因此,银行在外汇交易中,除了贯彻安全性、流动性和盈利性原则之外,还应在其他三方面有所考虑,在总的经营原则下制定经营策略。

1. 在汇率预测基础上进行外汇交易决策

汇率的波动受制于经济和非经济因素的影响,这些因素涉及宏观与微观两个层面。银行应采用基本分析法和技术分析法对外汇市场进行分析,考察汇率的中长期趋势,并据此判断是否进行交易,以及以何种方式进行交易。建立在短期波动预测上的过度短期投机行为对银行外汇业务的拓展并不利。

2. 选择合适的交易方

在外汇交易中,选择资信良好、作风正派的交易方,这是外汇交易安全、顺畅实现的前提。选择交易方应考虑以下四个方面:第一,交易方的服务。交易方的服务应包括及时向对手提供有关交易信息、市场动态以及它们对经济指标或未来汇率波动产生影响的程度预测等。第二,交易方的资信度。资信度与交易方的实力、信誉与形象及其有关。交易方资信度的高低直接影响交易风险,如果交易方资信不佳,银行在外汇交易过程中承担信用转移风险的概率加大。第三,交易方的报价速度。报价速度的快慢也是一个衡量指标。优质的交易方,其报价速度快,方便银行抓住机会,尽快促成外汇交易。第四,交易方报价的水平。好的交易方应该在报价上显示出很强的能力,它们的报价能基本反映市场汇率的动向和走势,具有竞争性和代表性。

3. 建立和完善外汇交易程序及规则

外汇交易是银行具有高风险的一种国际业务,建立和完善外汇交易程序起到了控制风险的功能。稳健原则应贯穿于整个外汇交易过程。在外汇交易前,银行应详细了解和掌握外汇交易的程序和规则,特别是初入一个新市场或初试一种新的金融工具时应在对交易环境及对方有了充分认识后才能开始交易。在外汇交易时,应遵循各项交易规则,保证外汇交易正常进行。

4. 选择和培养高素质的交易员

交易员是一把双刃剑,既能给银行带来丰厚的利润,也能使一家大银行遭受损失甚至灭顶之灾。因此,应当选择心理素质好、专业能力强,且恪守职业操守的交易员。

第五节　商业银行国际贸易融资

一、国际贸易融资方式

目前,国际贸易融资的主要方式有如下几种。

(一)授信开证:是指银行为客户在授信额度内减免保证金对外开立信用证。

(二)进口押汇:是指开证行在收到信用证项下全套相符单据时,向开证申请人提供的,用以支付该信用证款项的短期资金融通。进口押汇通常是与信托收据配套操作的,即开证行凭开证申请人签发给银行的信托收据释放信用证项下单据给申请人,申请人在未付款的情况下先行办理提货、报关、存仓、保险和销售,并以货物销售后回笼的资金支付银行为其垫付的信用证金额和相关利息。开证行与开证申请人由于信托收据形成信托关系,银行保留单证项下货物销售收入的受益权,开证申请人拥有单证法律上的所有权,能够处分单证项下的货物。

(三)提货担保:是指在信用证结算的进口贸易中,当货物先于货运单据到达目的地时,开证行应进口商的申请,为其向承运人或其代理人出具的承担由于先行放货引起的赔偿责任的保证性文件。

（四）出口押汇业务：是指信用证的受益人在货物装运后，将全套货运单据质押给所在地银行，该行扣除利息及有关费用后，将货款预先支付给受益人，而后向开证人索偿以收回货款的一种贸易融资业务。

（五）打包放款：是指出口商收到进口商所在地银行开立的未议付的有效信用证后，以信用证正本向银行申请，从而取得信用证项下出口商品生产、采购、装运所需的短期人民币周转资金融通。

（六）外汇票据贴现：是银行为外汇票据持票人办理的票据融资行为，银行在外汇票据到期前，从票面金额中扣除贴现利息后，将余额支付给外汇票据持票人。

（七）国际保理融资业务：是指在国际贸易中承兑交单（D/A）、赊销方式（O/A）下，银行（或出口保理商）通过代理行（或进口保理商）以有条件放弃追索权的方式对出口商的应收账款进行核准和购买，从而使出口商获得出口后收回货款的保证。

（八）福费廷：也称票据包买或票据买断，是指银行（或包买人）对国际贸易延期付款方式中出口商持有的远期承兑汇票或本票进行无追索权的贴现（即买断）。

（九）出口买方信贷：是向国外借款人发放的中长期信贷，用于进口商支付中国出口商货款，促进中国货物和技术服务的出口。贷款对象为中国商业银行认可的从中国进口商品的进口方银行，在特殊情况下也可以是进口商，贷款支持的出口设备应以我国制造的设备为主。

二、国际贸易融资的风险

（一）信用风险。无论是表内国际贸易融资还是表外业务，进出口企业都要占用银行信用，因此企业的违约风险是商业银行的致命伤。企业违约的原因是多方面的，有的出于欺诈目的编造虚假的贸易背景骗取银行资金，尤其是借助关联企业的运作，从银行获取融资；有的是资金链断裂，企业规模越做越大，资金链越拉越长，一旦某一环节发生问题，就容易导致整个企业的资金链断裂，给银行融资造成威胁。

（二）汇率风险。不同币种之间汇率的形成有复杂因素，而各国汇率政策取向中既有完全浮动的市场决定汇率机制，又有管理的浮动汇率制度，也有的国家执行盯住特定货币的挂钩汇率制度，当然还有实行严格外汇管制的国家。汇率的波动对国际贸易融资的影响是多方面的，一是放款日与还款日之间的贷款存续期内发生大幅度的汇率波动,直接影响银行的资金价值;二是汇率风险直接导致客户风险,由于汇率波动,客户收汇的资金可能不足以偿还银行的国际贸易融资款项,给银行资金造成损失;三是汇率波动影响客户正常业务的开展,造成国际贸易的萎缩,有些客户为规避汇率风险压缩了进出口业务量,最终抑制了国际贸易融资业务的发展空间。

(三)代理行风险。商业银行在国际贸易融资中所面临的代理行风险是指由于代理行(开证行、议付行、代收行)经营管理不善、不能恪守代理行职责或无视国际惯例等原因导致商业银行承担的金融风险。

(四)融资产品风险。商业银行针对信用证、托收、汇款三种结算方式分别于发货前、发货后提供了全流程的贸易融资产品。由于产品众多,难免在产品的选择上出现失误,而产品流程的设计本身也难免挂一漏万,为客户提供不适当的融资产品,加大银行的融资风险。

三、我国商业银行贸易融资业务管理方法

随着国际贸易越来越呈现跳跃式发展,由于国际业务的特殊性,国内商业银行就如何加快内部国际结算管理,控制和降低经营风险采取了一系列的措施,并在实践中不断完善。具体做法如下。

(一)调整机构设置,遵循审贷分离原则

为满足业务发展的需要,银行根据业务规模和业务发展预测,对内部机构进行调整,重新设置国际融资业务的运作模式,审贷分离,实行授信额度管理,达到既有效控制风险又积极服务客户的目的。应明确贸易融资业务属于信贷业务,必须纳入全行信贷业务管理范畴。对融资客户必须进行资信评估,据此初步确立客户信用额度。通过建立审贷分离制度,做到对信贷风险和国际结算风险在统一综合授信管理体系下的集中管理。

(二)建立科学的贸易融资风险管理体系

各家商业银行制订出符合国际贸易融资特点的客户评价标准,选择从事国际贸易时间较长、信用较好的客户,成立专门的审批中心和贸易融资业务部门。影响国际贸易融资风险的因素较多,防范风险就要求商业银行的工作人员具有信贷业务知识,以分析评价客户的信用,从而利用人才优势,事前防范和事后化解各种业务风险。

(三)完善制度,实施全过程的风险监管

1. 做好融资前的贷前准备。建立贷前风险分析制度,严格审查和核定融资授信额度,控制操作风险;通过对信用风险、市场风险、自然风险、社会风险、

国家宏观经济政策风险、汇率风险等进行分析，以及对申请企业、开证人和开证银行的资信等方面进行严格审查，及时发现不利因素，采取防范措施。

2. 严格信用证业务管理。审核信用证是银行和进出口企业的首要责任。首先，必须认真审核信用证的真实性、有效性，确定信用证的种类、用途、性质、流动方式是否可行；其次，审查开证银行的资信、资本结构、资本实力、经营作风，了解真实的授信额度；再次，及时了解产品价格、交货的运输方式、航运单证等情况，从而对开证申请人的业务运作有一个综合评价，对其预期还款能力及是否有欺诈目的形成客观判断；最后，认真审核可转让信用证，严格审查开证银行和转让行的资信，并对信用证条款进行审核。

3. 建立健全完善的法律保障机制，严格依法行事。对现有的相关立法进行研究，结合实际工作和未来发展趋势，找出不适应的地方，通过有关途径呼吁尽快完善相关法律，利用法律武器，最大限度地保障银行利益，减少风险。

（四）加强和国外银行的合作

在众多国外投资者看好中国市场、对外贸易发展良好的形势下，商业银行应该抓住这一有利时机，基于共同的利益和兴趣，与国外有关银行联手开拓和占领中国的外汇业务市场，共同争取一些在中国落户的、利用外资的大项目，多方面、多层次地拓展中国商业银行的贸易融资业务。

第六节　商业银行国际业务风险管理

一、银行国际业务风险概述

银行在开展国际业务时，不仅要面对不同的政治经济制度、贸易金融政策、法律文化环境，还要善于运用各种不同的货币与利率之间的差异性。因此，跨国银行的风险通常远远高于国内业务的风险。总体来说，银行国际业务中的风险包括信用风险、外汇风险、结算风险、国家风险等。

二、国际结算业务风险管理

（一）国际结算业务风险的特点

由于商业银行的国际结算业务本身具有国际性、科学性、融资性、知识性、业务惯例较多、业务发展较快等特点，商业银行国际结算过程中产生的风险具有以下特点：1. 风险涉及范围的国际性；2. 风险与结算方式和结算工具的相关性；3. 风险与融资活动的相伴性；4. 风险形成原因的多样性；5. 风险表现手段的欺诈性；6. 风险防范过程的复杂性。

（二）国际结算业务风险的防范

1. 提高国际结算业务专业人员的思想素质。除了存在不可抗力因素外，业务风险的产生大多来自业务人员的思想道德。商业银行要从根本上防范风险，铲除风险毒苗，就必须时刻将提高从业人员的职业操守放在首位。

2. 提高国际结算业务专业人员的业务能力。特别是对进出口商和进出口银行资信状况以及有关国家和地区的外贸体制、外汇管制等情况的调查研究和判断能力，提高国际结算业务专业人员处理票据、单据的能力，即能高速度、高质量地审查票据和单据。

3. 提高信用证专业人员开证和审证的能力。即开证时适当掌握信用证条款的宽松程度，审证时明晰信用证各项条款能否接受。

4. 提高国际结算人员熟练、准确运用外语的能力。定期组织各项专业外语培训，提升国际结算人员的外语阅读和写作水平。

三、银行外汇业务风险管理

（一）吸收国际先进的管理经验，健全和完善外汇业务规章制度

健全和完善商业银行外汇业务制度，以《中华人民共和国商业银行法》《中华人民共和国担保法》《中华人民共和国票据法》等法律以及各项外汇管理法规为依据，符合国际银行业务惯例，吸取国外商业银行的先进管理经验。

（二）商业银行特别是国有控股商业银行外汇业务制度应该包含的主要内容

以整体风险控制为目标的资产负债比例管理制度；以局部风险控制为内涵的内部授权管理制度；以具体风险评估和控制为核心的外汇信贷风险管理和外汇资金业务管理制度。具体防范措施：

1. 加强稽核和检查力度，做到有法必依，执法必严，违章必究。商业银行要明确职责，对上逐级负责，对下逐级督导。对各项外汇业务要坚持进行定期和不定期的稽核和检查。对违反规定制度的责任人要按制度条款给予处分，对于造成经济损失的要依法、依纪追究责任。

2. 强化账户集中管理，防范同业风险。商业银行应定期组织力量认真深入地调查研究，清理和适当集中境外外币账户。

（1）要随时通过各种渠道了解和掌握各家代理行的资信状况和经营情况。

（2）日常要对代理行根据其国别风险和自身资信状况实行区别对待，对某些代理行可以限制办理风险较大的业务。

（3）对可能出现信用问题的银行及时采取暂停或调低授信额度、抽回存放资金、对议付信用证要求其保兑等防范措施。

（4）外汇资金的同业拆放和其他资金业务要分散在多家银行进行，根据各家银行的资信状况以及所在国的国别风险，确定不同的授权额度，达到分散风险、预防风险的目的。

3. 培养大批外汇专业人才。提高从事外汇业务的人员素质。商业银行要通过岗位培训、在职学习、专题研讨、院校进修、海外实习和深造等途径，培养外汇专业的实干家和管理人才。

四、国际信贷业务风险管理

国际信贷业务是一种跨国界的经济行为，其风险与国内信贷业务存在的风险相比更大更复杂，而且更难预测。在风险管理的策略上虽然两者有相同之处，但是也不完全相同。

防范国际信贷业务风险的重心是加强对客户信用的分析，这是商业银行国际信贷业务工作的基础，也是做出国际信贷决策的主要依据，分析的重点一般集中在贷款对象的偿还能力和贷款项目的经济可行性上。西方商业银行根据不同的贷款对象相应采取了不同的信用分析方法。

（一）若借款主体为个人，采用"5C"信用分析法

"5C"法是商业银行进行信用分析常用的一种分析方式，主要从五个方面进行分析，因其英文字母开头都是"C"，故称为"5C"法。即品质（Character）、资本（Capital）、能力（Capacity）、担保（Collateral）和条件（Condition）。

（二）若借款主体为国家，要进行宏观经济总体评估

在借款主体为国家时，通常要对其进行经济政策、产业结构、国际收支状况等政治、经济方面的分析，同时可以通过一系列的经济指标对该国的偿债能力和具体的贷款项目所面临的宏观经济形势进行总体评估。

（三）慎重选择币种和计息方式

商业银行在防范汇率风险方面，可以要求以"硬货币"作为借贷货币，以及采取外汇保值条款、物价指数保值条款，或者是外汇交易保值等形式来防范汇率波动带来的风险。在制定出合理的利率水平的条件下，可采取浮动利率，或者利用期货利率协定和欧洲货币期货合同的方式来消除将来市场利率变动带来的风险。

（四）加快贷款证券化的步伐，转移信贷业务带来的风险

贷款证券化是指商业银行将那些流动性较低或可靠性较差的贷款，按照一定的折扣率出售给专门的中介机构，中介机构再把购来的贷款组合起来，以此为担保发行证券，然后利用发行证券的收入购入新的贷款。这种做法有利于银行贷款的风险转移，提高了资产质量，同时能及时回笼资金，加速资金周转。

此外可以引进保险公司的贷款风险保险制度，分散信贷业务带来的风险；中央银行适当调高商业银行贷款损失准备金比例，增强商业银行抵御风险的能力。

关键概念：外汇存款　外汇贷款　国际结算　信用证　托收　汇款　国际贸易融资　外汇交易业务　离岸金融业务　出口信用证　进口信用证　保理业务　福费廷

复习思考题

1. 简述商业银行业务国际化的发展趋势。
2. 试述商业银行国际业务的风险及控制方法。
3. 简述商业银行参与外汇买卖的原因。
4. 简述我国商业银行贸易融资业务的主要管理方法。
5. 思考商业银行的福费廷和票据贴现业务有何不同。

第九章 商业银行营销管理

本章学习目的

1. 了解市场营销功能表现，特别是商业银行引入营销理念的特殊意义。

2. 理解商业银行营销思维方式的六大转变。

3. 掌握商业银行营销环境的特点以及商业银行营销管理应注意哪些因素。

4. 理解商业银行客户、产品、促销、营销、推销和公共关系等基本概念及在实践中应如何把握与运用。

本章知识导入

中国建设银行的市场细分

中国建设银行深圳市分行接连推出——女子银行、科技银行、汽车银行、住房银行、口岸银行、建筑银行、企业理财银行等一系列建立在市场细分基础上的特色银行，在当地乃至全国曾引起强烈反响。深圳经过 20 多年的开放发展，已形成了门类齐全、服务网点密集、从业人员比例高的开放型银行体系，目前有政策性银行、国有商业银行、股份制商业银行、农村信用社联社、邮政储蓄机构，网点 1200 多个，外资银行 52 家，金融竞争十分激烈，但金融产品日渐趋同的情况与其他地区并无二致，走专业化、特色化经营之路成为必然。

1999 年年底，建行深圳市分行在全国率先创办了第一家特色银行——女子银行，引起社会各界的广泛关注，建行深圳市分行也由此拉开了市场细分的序幕。女子银行的正式名称为建行深圳嘉华支行，在这里从行警到员工，到行长全是清一色女性，办公区的布置也处处散发着女性的柔美，她们把已有的服务品种整理成理财、个人卡、个人贷款、代收费、女子沙龙五个服务组合，专门为女性提供金融服务。女子银行开办的女士理财沙龙，此活动计划原计划

120人参加,结果来了160多人,甚至有上海的女子乘飞机前往深圳参加沙龙。

女子银行的成功推出,使建行深圳市分行认识到,客户的需求是有差别的,提供更加个性化、差别化的理财服务,将是未来金融业务发展的必然趋势。于是,建行深圳市分行一口气又相继推出了8个特色银行。

2000年10月8号开业的口岸银行的李行长介绍说:"香港人买菜都到深圳,而每天从罗湖口岸过境的香港人有六万,我们把罗湖商业城支行办成口岸银行,来办业务的香港人比以前增加了三成,每天新开户的客户中香港人有四成,我们推出的外币业务和一揽子个人理财服务业务,香港人来这里办业务,直把深圳当成了香港!"

建行深圳市分行科苑支行,作为全国首家科技银行于2003年3月1日在深圳市高新技术产业园区宣布成立,他为高科技企业提供创业贷款、厂房专项贷款、投融资顾问、高新技术论坛等金融服务,投资咨询网顾问更是包括了中国工程院院士等知名专家。

与此同时,建行深圳市分行还相继推出了住房银行、建筑银行、企业理财银行等特色银行,不管是哪种特色银行的推出,无不引起市民的广泛好评。

特色银行特色在哪? 特在服务对象上,几乎每家特色银行都有着自己独特的服务群体;特在服务项目上,所有的特色银行都有专门针对各自客户群体的特色服务;特在人员配备上,特色银行员工都经过一定的挑选,比如,科技银行的客户经理大多为电子计算机专业本科以上学历的员工,而汽车银行和建筑银行的客户经理都在该行业服务多年;特在服务环境和服务设施上,如科技银行布置了各种最新的项目服务设备和咨询信息终端,住房银行和汽车银行都配置了专门办理按揭业务的个人理财师等。特色银行的推出,首先实现了以客户为中心的理论,强化了以市场为导向的理念;其次是树立了品牌;再次是特色产品、特色服务、特色营销成功的结合,结合出了效益;最后是造就了一批素质高、业务强的金融人才。

摘自:侯宇振.新华网.http://www.xinhuaret.com.2010.1

第一节　商业银行营销管理导论

一、商业银行营销的产生与发展

（一）商业银行营销管理的起源

商业银行是市场经济的产物，是随着商品经济和信用制度的发展而发展的。商业银行的产生适应了社会化大生产的市场经济发展的需要。商业银行市场营销行为的出现，比一般工商企业营销行为要晚很多，它是营销理念及营销策略随着环境的变化而逐步向金融领域的延伸，它反映了金融企业发展对营销的需要。传统的商业银行由于长期以来金融市场产品的供不应求，缺乏服务意识，没有营销的需求。美国营销大师菲利普·科特勒曾描述如此景象："主管贷款的银行高级员工，面无笑容地把借款人安排在大写字台前比自己低得多的凳子上，居高临下，阳光透过窗子照在了孤立无援的客户身上，他正努力地诉说着借款的理由，而冰冷的银行大楼则宛如希腊的神殿。"

20 世纪 50 年代后，随着金融市场环境的变化，银行之间争夺客户的现象越来越激烈，面临经营困境的银行逐步地意识到商业银行也需要借助营销理念及营销策略为银行开拓市场，争取客户服务。

营销概念应用于商业银行最早可以追溯至 1958 年美国银行学会年会。在这次会议上，提出了"银行营销"的概念，但仅仅把银行营销简单地认为是"广告与公共关系"的代名词。直到 20 世纪 70 年代，银行界人士才真正认识到了营销在商业银行发展中的重要性。

（二）商业银行营销管理概念

商业银行营销管理是以金融市场客户需求为导向，利用银行自身的资源优势，通过营销组合手段，把银行产品和服务提供给客户，以满足客户的需求并实现商业银行盈利目标的一种社会管理过程。

正确理解商业银行营销管理概念，需注意如下几点：一是商业银行营销不等于银行推销、广告、公共关系；二是商业银行营销随着环境变化不断发展；三是商业银行营销的中心是客户开发和维护；四是商业银行营销管理是一项综合性的管理活动。

二、商业银行营销观念的演变

（一）商业银行营销观念及其发展

商业银行营销活动自从产生以后，其发展的每个阶段都与商业银行营销观念的转变存在着密切的关系。商业银行营销观念是指商业银行建立的以市场为导向，以客户需求为中心的营销活动的指导思想。这种以客户为中心的营销观念把创造客户关系作为商业银行营销的基本使命，一方面，要求商业银行营销活动要以满足客户需求为重点，最大限度地提高客户的满意度；另一方面，商业银行通过有效的客户关系策略来提升客户关系价值。

商业银行以客户需求为中心的营销观念的基本内涵表现为：

1. 充分尊重客户。通过扩展与客户的关系，建立稳定互动的关系，稳定客户资源，以实现商业银行的营销效益为目标，全面提高竞争能力。

2. 发现与研究客户需求。这是商业银行营销的重要任务，发现不了客户需求，营销就会失去方向，不全面分析研究客户需求，营销就会缺乏针对性，商业银行对反映客户需求的信息资料，应进行全面、系统而深入的分析与研究，对客户的需求、欲望及各种市场信息保持高度的敏感性。

3. 全面满足并超越客户需求。促使客户价值最大化，能够不断为客户提供超值服务和享受，不断提升客户关系价值。

4. 建立高效的组织机构。商业银行营销需要内部各职能部门的通力协作、和谐配合，以建立一个"面向客户"的高效的组织机构，保证银行营销目标的实现。

5. 设立资源配置机构。建立以客户需求为中心的商业银行的资源配置机构，使资金计划、人员配置和机构设置，都能根据客户需求的变化而进行调整，优化资源配置，降低营销成本，提高营销绩效。

6. 凝炼服务营销文化。构建一流商业银行的服务营销文化，激励银行员工自觉接受，并推行商业银行的管理哲学和营销理念。

（二）商业银行营销的基本理论框架

商业银行营销的基本理论框架，是以工商企业长期营销从实践经验总结与升华的 10P 理论为基础。

1. 商业银行营销的 P 理论

（1）商业银行营销战略的 4P 理论

商业银行营销战略的 4P 理论是指探查（Probing）、分割（Partilioning）、优先（Prioritizing）和定位（Positioning）。探查主要指商业银行应重视市场调研与预测,全面了解市场客户,掌握市场总体态势,这是一切营销的前提;分割指商业银行能够在市场客户需求分析的基础上,选择最适合于本行业务拓展、具有发展潜力和吸引力的市场,即能够进行科学的市场细分;优先是指在市场细分的基础上,综合分析本行的总体实力,确定对本行发展最具有价值的可优先进入的细分市场,即选择有利的目标市场;定位是指在目标市场选择后,在目标客户心目中为本行的金融产品和服务塑造某一特定形象的过程。

(2)商业银行营销战术的 4P 策略

商业银行营销战术的 4P 策略是指将产品(Product)策略、价格(Price)策略、渠道分销(Place)策略和促销(Promotion)策略加以综合应用的营销组合,即"合适的产品、合适的价格、合适的分销渠道、合适的促销策略"等有效配合,实现整体功能优化,就能为银行营销成功奠定良好的基础。这四种营销策略是麦卡锡在 20 世纪 50 年代末提出来的,是一种对全球营销理论和实践产生了革命性影响的营销理论,属于经典营销学的理论基础。

目前 4P 策略尽管受到新理论的挑战,但依然是营销学内容体系的主体内容。

(3)大市场营销理论中的 2P 理论

大市场营销是指企业(包括各种类型金融机构)为了成功地进入某一特定市场从事业务活动,在策略上协调地运用经济的、心理的、政治的和公关的手段,以博得外国或当地有关方面的合作与支持,从而打开市场之门,以便顺利地进入目标市场。这一理论是 1986 年由全球著名营销权威美国西北大学教授科特勒在《哈佛商业评论》第 2 期发表的《大市场营销》一文中提出,文中系统地论述了大市场营销理论,使之成为 20 世纪 80 年代市场营销战略思想的新发展。

在 4P 策略的基础上,增加政治权力(Power)和公共关系(Public),形成大市场营销理论。大市场营销理论的意义表现为:发展的市场营销组合理论;突破了营销组合中不可控因素和可控因素的分界线;强化了营销功能扩大营销范围活动的范畴。

(4)商业银行营销的 4C 理论

1990 年,美国营销学家 R. 劳特伯恩从顾客的角度提出了新的营销观念与理论,即 4C 营销理论。4C 理论指出在买方市场条件下,市场营销应从买方的观点或立场出发,将营销组合变数从 4P 转向 4C 即从卖方的产品转向买方的需求和欲望,从卖方的价格转向买方的成本,从卖方的地点转向买方的便利,从卖方的促销转向买卖双方间的沟通。商业银行以提供金融服务产品为主,4C 理论对商业银行的营销具有重要的指导作用。

（三）全方位的商业银行营销观念

人类进入数字时代后,商业银行要获得竞争优势,取得营销的成功,就必须在业务发展和营销思维上实现重大转变,即从资讯的不对称性转变为资讯的民主化;从为少数人制造商品转变为每个人制造商品;从先产后销转变为"先感应后回应";从本土经济转变为全球经济;从报酬递减的经济转变为报酬递增的经济;从拥有资产转变为有拥有渠道;从公司治理转变为由市场控制一切;从大众市场转变为专属个人的市场;从"及时生产"转变为"即时生产"。在这样的环境下,一方面,消费者的购买能力出现了新的变化,例如,购买方购买能力的大幅增加,网上可以为消费者提供更多的可供选择的商品和服务,消费者可以随时随地获得所需的信息,买方可以和销售方进行互动沟通,买方之间可以通过网络进行沟通交流。另一方面,网络给商业银行的营销也带来了新的能力,例如,网络成为商业银行不受时空限制的重要信息传播渠道,商业银行与客户及潜在客户的双向沟通更加便捷,商业银行可以利用网络客户数据库为客户进行量身打造定制产品和服务,网络能够改善商业银行内外部沟通的流程。

客户价值、核心能力及合作网络的发展,带来了商业银行营销范式质的变革,它已经超越了销售观念和市场营销观念,而进入了全方位营销观念阶段。全方位的营销观念是数字革命的结果,它代表了新经济环境下商业银行的一种全新的营销观念,将给商业银行的营销架构带来新的变化。全方位的营销也称整体营销,是指由商业银行和客户、协作同业之间通过网络进行沟通和互动而形成的一种动态的营销观念。全方位的营销观念通过整合商业银行的价值探索、价值创造和价值传递,实现在关键利害关系人之间双赢战略的长期关系,实现利益共享的目标。

全方位的营销观念重视个别客户需求的开发与管理,其营销的主要任务是满足个别客户的需求,它超越了"客户关系管理"的业务营销观念,走向商业银行营销的"全面关系管理"的营销观念,即重视建立和客户、同业、员工及相关组织的关系,并维护这种关系的长期性。

三、我国商业银行营销管理

（一）我国商业银行营销管理的演变

我国商业银行营销管理的演变过程,同我国银行体制和银行体系改革基本同步,大致可以划分为如下五个阶段。

1．无市场营销阶段(1979 年前)

主要是指计划经济的"大一统"阶段,中国人民银行仅仅是国家财政的出纳,银行功能非常单一,不存在经营问题。

2．市场分割阶段(1979—1984)

我国相继成立了中国农业银行、中国银行、中国建设银行、中国工商银行四大国有银行,对金融市场进行了行政性分割。这一阶段金融市场属于严重的"卖方市场",银行之间不存在任何形式的竞争,仅仅是划分地盘。银行还不是商业银行,实质是带有浓厚行政色彩的权力机构。此时,银行也就不存在营销问题。

3．改善服务与促销竞争阶段(1984—1992)

1984 年以后,我国银行体系和管理体制进行了突破性改革,商业银行与中国人民银行职能开始分离,四大国有银行出现了"工行下乡、农行进城、建行拖土、中行上岸"的格局,交通银行、中信银行、招商银行、广东发展银行、深圳发展银行等新型商业银行相继成立,中国银行业的竞争开始出现。商业银行开始重视服务,并进行促销活动。例如,改善经营环境,加强员工服务意识培训,印制宣传品,赠送小礼品,开展一些公共关系活动,以扩大银行的业务范围和规模。

4．商业银行创新阶段(1992—2001)

1992 年后,我国四大国有商业真正商业化,商业银行开始重视金融产品创新和服务创新,以提高商业银行的竞争能力。各商业银行都进行了营销管理理论在经营管理中的探索实践,从塑造银行形象、服务品牌的构建、业务功能的推广,到运用 CIS 战略、整合营销传播、品牌营销、直销营销、关系营销和文化营销等,都在我国商业银行开始不同程度的应用,也取得了一定的成效。

5．商业银行营销的国际化阶段(2001 年至今)

随着 2001 年中国加入 WTO,中国商业银行的国际化营销已非常迫切。一方面,面临跨国金融机构进入中国营销本土化的挑战,另一方面,我国商业银行进入国际金融市场营销。因此,商业银行必须树立全球营销观念,在国际金融市场舞台上才能获得一席之地。

(二)我国商业银行营销管理产生的原因

伴随着我国加入 WTO 和金融体制改革的深化,我国商业银行正逐步走向市场,在激烈的同业竞争面前,改变原来"朝南坐"的形象,借鉴国际经验,开展市场营销,已经成为必然的选择。

1. 金融体制改革是促使商业银行开展市场营销的根本

金融体制改革使政策性金融与商业性金融相分离,商业银行将成为"自主经营、自负盈亏、自担风险"的金融企业,因此,商业银行就必然要面对市场,按市场规律办事,从市场需要出发,树立现代"市场营销"观念,为客户提供适销对路的金融产品和服务,在满足客户金融需求的基础上,获得最大限度的利润。

2. 金融业竞争的加剧是迫使商业银行开展营销活动的外在动力

随着国有银行的转轨,非国有商业银行、非银行金融机构的发展壮大,以及外资银行的进入,我国商业银行的竞争日益激烈,银行服务正由"卖方市场"向"买方市场"转变,这无疑唤起了银行经营者的营销意识。商业银行必须运用多种营销手段,积极地去发现顾客,并采取有效策略争取顾客、占领市场,否则将在竞争中处于不利地位。

3. 科学技术的应用为商业银行的营销活动提供了有利的物质条件

现代科学技术,特别是网络、通讯、信息、技术的广泛运用,为商业银行开发、研制金融产品、推出各种深层高质的服务项目提供了物质保证。同时,电子技术的应用也改变了商业银行传统的业务范围,使商业银行更具有条件参与市场竞争,积极开拓目标市场。

4. 市场需求的多样化是推动商业银行市场营销活动的催化剂

伴随着经济的发展,金融客户对金融产品和服务的需求呈现出多样化的趋势。他们越来越不能满足于存款等传统的金融业务服务方式,而是希望商业银行能提供兼具安全性、流动性和盈利性的金融产品和形式多样的优质服务。为了适应金融客户需求的多样化,商业银行不得不以"金融百货公司""金融超市"的身份出现,积极展开同业竞争,推行以满足客户需求为中心的营销活动。

(三)商业银行营销管理体系

我国商业银行营销管理,借鉴工商企业营销的成功经验,结合商业银行自身特点,构建科学、合理的商业银行的营销管理体系,对指导商业银行营销实践具有重大的意义。

1. 商业银行管理系统

我国商业银行的管理系统主要由银行目标、可控变量、不可控变量及银行组织和控制变量四个子系统构成,它们相互联系,共同发生着作用。

2. 商业银行营销管理体系基本框架

商业银行管理的重心在于营销管理,因为营销管理过程是一个开发客户、了解客户、满足客户需求、维系巩固客户的循环过程,真正体现了商业银行"以客户为中心"的现代营销理念,客户资源的多少和优劣,关系到商业银行的生存和发展。

(四)我国商业银行营销发展趋势

在 21 世纪的发展中,我国商业银行面临两大变化:一方面,商业银行的营销由早期的自动柜员机、呼叫中心、电话银行发展到目前的网络银行、数据库营销、数据库建设及数据挖掘等;另一方面,加入 WTO 后,我国商业银行竞争主体增加,外资银行竞争实力强大,表现在体制优势、产品优势、技术优势和人才优势等方面,面对这些变化,我国商业银行要重视营销战略的制定和应用,把营销作为提高商业银行竞争能力的重要手段,应把握如下六个方面的营销趋势,实现六个转变。

1. 实现从银行本位向客户本位的转变。我国商业银行应彻底抛弃计划经济体制的传统观念,克服银行营销就是"拉存款"的庸俗做法,把银行营销的重点转移到客户,一切从客户的需求出发,坚持"客户为本"的营销理念,是保证银行营销活动有效的基本行为准则。

2. 实现从等客上门到主动访客的转变。在传统的商业银行经营中,银行营销推行以银行本位的营销观念,在营销行为中表现为"等客上门",甚至拒绝上门为客户提供服务。目前,以"客户经理制"为代表的主动访客制已经被银行所接受,真正体现了"以客户需求为中心"的现代营销理念。商业银行应为客户提供高效、优质服务,以实现开发客户、巩固客户的目标。

3. 实现从大众营销向差异营销的转变。我国商业银行早期实行的是一种大众营销,不进行市场细分,用同一种产品满足不同客户。随着市场环境变化,商业银行开始实施差异化营销战略,通过细分银行客户,发现优质客户,实施有针对性的营销策略,牢牢地占领客户。在加入 WTO 后,在传统的存贷业务差额收窄的情况下,商业银行应加大差异化中间业务产品的开发,形成自身特色,建立完善金融产品创新机制,促进银行差异化产品的开发,全面提升商业银行的竞争力。

4. 实现从产品营销向品牌营销的转变。商业银行向顾客提供的是一种服务产品,由于服务产品的无形特点,它体现的是一种银行对顾客的承诺。因此,品牌营销比产品营销更重要,商业银行更要重视品牌建设,树立银行在客户心目中的安全、稳定的良好形象,提高品牌竞争力。

5. 实现从单一渠道向多元渠道的转变。银行产品的特性,决定了银行产品服务的分销具有特殊性。银行分销渠道主要是自有的分支行、分理处这单一的垂直渠道。随着信息、通信技术的发展,银行的分销渠道将呈现出多元渠道发展的趋势。例如,电话银行、ATM 机、网上银行、手机银行等大量应用,为客户提供高效、快捷的金融服务。

6. 实现从部门营销向全员营销的转变。商业银行的营销绝不是营销部门的工作,也不是"推销""销售"某种金融产品。银行的一切工作应以营销为导向,以满足客户需求为中心,进行银行内部业务流程重组和组织机构调整,以适应商业银行营销的需要。只有完成这一转变,才能真正实现商业银行追求客户满意,提高市场核心竞争力的目标,也只有牢牢地占领了客户资源,商业银行才能获得持续增长的动力源泉。

第二节 商业银行营销调研

营销管理过程的每一步都离不开调研。营销者如何获取有关银行内外部环境的信息以便进行现状分析?如何策划制定可衡量的目标?营销者如何确定哪一个细分市场可能是目标市场以及哪些客户的需求还未得到满足等,都需要通过营销调研来解决这些问题。

一、商业银行营销调研的功能与作用

(一)商业银行营销调研的功能

1. 了解商业银行营销环境。商业银行市场营销环境是一个多因素、多层次与动态发展变化的多维结构系统。营销调研的主要内容包括经济政治走向、国民生产总值、消费者情况、科技新动向以及竞争环境等宏观环境和微观环境。准确掌握营销环境的变化是商业银行营销决策的前提。

2. 发现金融市场需求。金融市场需求调研包括现实需求和潜在需求的调研,是商业银行营销调研的核心内容。主要包括市场需求容量调研、消费结构及发展趋势调研、消费者购买动机和购买行为调研等。通过调研商业银行正在服务的市场,以及目前众多投资者关注的热点,指出消费者所需要的服务,找出目标市场,有针对性地提供更优的金融产品和服务,提出商业银行企业形象、区域划分等战略决策。

3. 评估营销方案。为了明确商业银行营销部门所制定的营销方案是否符合市场实际,在方案实施之前,需对金融产品和服务以及营销方略等进行充分评估,并根据金融市场和企业自身的具体情况来判定营销方案的正误,以便加以调整或修改,从而确定最终营销方案。这样可以使商业银行及早发现问题,采取有效措施,减少或避免风险。

4. 测评营销效果。通过营销调研,可衡量商业银行营销计划的成果,它包含三部分任务:

(1)追踪各种使用内部数据的账目,如账号、开户名、清户及资产负债情况等,通过分析这些数据,可知现有产品和服务的效果究竟如何。

(2)最终外部表现因素,如银行知名度、广告渗透力、账户转换、银行的优先权等,通过这些信息可以确定市场与所有因素之间的关系,以确定最佳的营销组合。例如,广告策划是应当针对整个市场,还是只瞄准其中特殊部分。

(3)定期对市场形象和市场份额进行研究,对确定市场结构是否已经改变,以及市场份额是否还继续保持具有深远意义。同时也可以通过这一方法了解商业银行是否在按照自己的长期目标进行安全运营。

5. 提供营销决策指导。通过分析市场结构、产品生生命周期、消费者习惯和宏观经济环境等,对未来发展趋势进行预测,为商业银行的营销决策提出建议。

(二)商业银行营销调研的作用

营销调研可收集到更多的与企业经营相关的信息,通过这些信息,商业银行才能有的放矢,制订更好的营销计划,提供相应的产品和服务,达到吸引顾客的目的。营销调研的具体作用体现在:

1. 营销调研是商业银行认识环境、降低风险的重要手段

银行营销是一个"认识环境—进行决策—实行反馈"的循环往复的过程。营销调研可以帮助商业银行比较全面地取得与其营销活动直接或间接相关的、真实的、系统的信息资料,通过对这些信息资料的比较、分析和研究,商业银行可以迅速、客观地认识环境状况,更好地适应环境,更好地把握营销机会,从而减少决策的盲目性,降低经营风险。

2. 营销调研是商业银行营销管理的基础

通过营销调研,可以使商业银行认知营销环境,了解目标市场,发现市场机会,测试营销组合方案。营销调研是商业银行评估和控制营销计划执行情况的重要手段,通过营销调研,还可对商业银行未来的市场发展趋势进行分析、研究,进而做出科学的预测。可见,营销调研为商业银行正确进行各种经营决策奠定了基础。

3. 营销调研是提高商业银行现代化营销水平的重要工具

作为货币这种特殊商品的经营者,商业银行必须考虑如何使自己的营销

活动适应市场变化的需要并争取引导市场需求的变化。通过市场调研,商业银行可以运用大量的信息资料,分析与研究其营销状况、优势与劣势,对比竞争对手的营销经验与教训,及时调整、改进自身的经营管理水平,为提高效益、增强竞争能力创造良好的条件。

4. 营销调研是调整和矫正计划的重要依据

通过营销调研收集市场营销信息,了解商业银行产品和服务的供求情况,可以检查企业的战略计划是否正确,在哪些方面存在不足甚至失误,认识客观环境是否发生了变化,出现了哪些新情况和新问题等,为商业银行提供修改或矫正计划的依据。

三、商业银行营销调研方法

(一)商业银行营销调研目标

商业银行营销调研的第一步要求确立营销调研目标。营销调研目标是由确定的营销问题决定的,即"解决问题需要什么信息",调研目标即是获得这些信息。

商业银行应根据本银行当前面临的重要问题或将会面临的问题来确立营销调研的目标。例如,某银行想了解其各项服务是否符合客户的需要,则合理的调研目标应包括:确定银行的每一项服务对客户是否重要;评估客户对银行每一项服务的满意程度。因此该银行的调研目标应为:确定银行每项服务的平均重要程度,确立银行每项服务的平均满意程度。

(二)商业银行营销调研程序

营销调研是一个复杂而细致的工作过程,建立一套系统科学的程序,是保证营销调研工作顺利进行,提高调研效率和质量的重要保证。通常情况下,商业银行实施营销调研有五个步骤:确定调研问题、设计调研方案、搜集信息、分析数据、报告调研结果。

1. 确定调研问题

确定调研问题是营销调研流程中首要的一步。对问题清晰、简洁的陈述是营销调研成功的关键。如果不能准确清晰地表达要调研的问题,就无法确定营销调研目标。营销调研问题受许多因素影响,因时因地而不同。当银行营销者感到某个环节出现问题时,就会对引起该问题的原因进行非正式研究,即通过经验调查、案例分析和座谈会等方式对银行出现的问题和打算解决的问题进行初步的情况分析,确立征兆,并详细列出征兆的各种可能原因,再经过排序、筛选,使调研问题逐步明朗化,并得到最终确定。下面以 A 银行为例分析"确定调研问题"这一步骤。

A银行连续五个经营季度存款储蓄额下降,银行管理者对此情况十分担忧,想通过实行有效的营销战略摆脱这一局面,于是决定首先进行一次市场调研。该银行通过有效渠道收集了相应的五个季度内该区域总的存款储蓄额,并制成图表。如果银行业都以同样的趋势下降,那么该银行储蓄额的下降可能是经济原因。但实际情况是该区域整个银行的储蓄额基本保持稳定,说明问题出在该银行自身。因此,A银行进一步分析了其内部有关客户储蓄的数据,发现机构客户尤其是几家主要机构客户的储蓄存款基本保持稳定,没有较大变动。显然,是由于个人客户的储蓄情况发生了较大变化才导致银行储蓄连续下降,这也同时表明该银行失去了或正在逐年失去一部分个人客户。为此,A银行召集了一个由内部相关人员和老客户参加的座谈会,了解到该银行由于经营管理不善,企业形象已在个人客户心中大打折扣。于是,A银行确立了调研问题,即银行的既有形象是怎样的,如何重塑银行形象以吸引个人客户。

2．设计调研方案

清楚地界定了需要调研的问题之后,下一步是策划如何搜集信息。基础工作有以下几项:

(1)确定调研内容。即根据调研问题来确定本次调研的具体内容。例如,上述A银行的案例中,对银行个人客户进行的"银行形象"概念研究,将帮助A银行确定该银行在个人客户心中是否具有吸引力。根据调研问题,该项调研的主要内容包括:客户对银行地理位置的便利性是否满意、贷款的有效性如何、客户对银行员工服务态度和亲切度的评价如何、营业区内环境如何等等。

(2)决定资料类型。即为了达到调研目标选择第一手资料还是第二手资料。第二手资料收集简便,且成本低、耗时少,有些还非常可靠,如国家统计局提供的资料。一手资料针对性强,能随市场环境、时间等因素变化而变化,但耗时长,费用高。因此,商业银行营销者在搜集原始资料之前应彻底搜集现有资料。

(3)选择调研方法。根据调研目的、经费和时间,选择合适的调研方式和方法。

(4)设计样本。营销调研者必须在调研对象整体(如所有的支票存款客户、60岁以上客户和销售额在0.2亿～1.25亿元的企业)中选择一定比例的客户进行调查,这一比例的客户称为样本。样本设计包括样本容量、样本结构和样本抽取方法等,它决定了调查误差的大小和调查结果的可靠性。科学合理地设计样本要求有扎实的概率数理统计知识。

(5)确定调查时间和调查期限。调查时间是指调查资料所属时点或时期。调查期限是指调查工作进行的起止时间,包括搜集资料和报送资料的整个工作所需的时间。为了保证资料的及时性,必须尽可能缩短调查期限。

(6)制定营销调研的组织实施计划。严密细致的组织工作,是营销调研顺利进行的保证。营销调研的组织计划包括:调研机构、人员及培训、经营预算、进度安排等。

3. 搜集资料

搜集资料是指商业银行组织调查人员,按照调研方案的具体要求,深入现场,全面、系统收集有关资料的过程,这是营销调研工作的重点,也是正式调查阶段。搜集资料有很多要素,但最重要的有设计调查问卷和实地调查。搜集的资料力求准确、及时和完整。

4. 分析数据

分析数据是商业银行根据营销调研的目标,运用统计技术和方法,对搜集到的大量的原始资料进行加工汇总,使其系统化、条理化、科学化,以得出反映商业银行某一特定问题的资料。

5. 编制调研报告

营销调研的最后一步是根据调查资料和分析结果,写出调研报告,提出问题的解决方案和建设性意见,为制定营销计划提供参考。调研报告一般包括以下内容:调研目的、调研方法、调研结果及资料分析、对策建议和附录,附录包括整理后的有关资料、技术分析图表等,以备决策者查用。

(三)商业银行营销调研方法

银行营销调研按照是否与调查对象发生信息交流可分为访问调查法、观察调查法和实验调查法。

1. 访问调查法

访问调查法,就是将拟调查的事项,以当面、电话、网络或书面形式向被调查者提出询问,以获得所需资料的调查方法。这是银行营销调查中最常见的方法,其优点是可以调查许多有关银行内外在的问题,银行与客户或社会公众可以直接或间接进行信息交流和沟通,并且耗时较短。缺点是易产生主观偏差。

访问调查按问题传递方式不同分为面谈调查、电话调查、邮送调查、留置调查及网上调查五种。效果最好的访问调查法是直接面谈。访问调查的效果在很大程度上取决于调查的技术处理,如访问的方式、调查人员和调查对象的选择、问卷表的设计等。不过在通常情况下,调查对象面对匿名的问卷往往能做出较真实的回答。

2. 观察调查法

观察调查法是通过对调查对象的言行进行观察与记录从而得到信息的方式。调查人员对观察到的信息情况要以一种事先确定的格式做出记录,且不能试图对观察对象的行为加以修正、改变或引导,以保证观察结果的客观性和可靠性。例如通过观察记录银行柜台上每个柜员向客户提供服务的平均时间、顾客动作、表情变化等,以判断业务是否令客户满意。

观察调查由于只观察、记录调查对象的言行,所以不受调查人员的主观影响,结果比较客观。其缺点是只能观察被调查人外在行为,无法测知调查对象内在的反应和变化,如态度、偏好等,也无法知道调查对象的社会经济地位和家庭状况及其表现出某种特定行为时是否受到情感因素影响等。此外,观察调查耗时较长,有些须做长时间的观察才能求得结果。观察调查法的使用场合有:对研究结果的准确性要求较高;核对已有信息的准确性;有些信息的性质决定了只能采用观察法,如营业厅客户的流量调查。

3. 实验调查法

实验调查法,是指先进行某项服务方法的小规模实验,再通过市场调研分析这种实验性的服务方法是否值得大规模推行。实验调查法的应用范围甚广,凡是某一商品或服务在改变品质、设计、价格、广告、陈列方式等因素时,都可用本调查法,先做一小规模实验性改变,以调查客户的反应。

实验调查的优点是使用的方法比较科学,具有客观性价值。但实验的时间过长,成本高,实施困难多一些。

上述营销调研方法各有其不同的特点和作用,但同时也各有局限性和不足之处。在实际工作中,我们应根据不同的调研对象和营销调研任务,灵活运用,也可以把各种调研方法结合使用,取长补短,这样才能搜集到准确、全面的资料。

第三节　商业银行产品

金融产品是商业银行赖以生存的基础,也是商业银行间竞争的核心。商业银行的市场营销效果如何,取决于它所生产的和向市场提供的产品是否能够满足购买者的需求。因此,开发出适销对路的金融产品,就成为商业银行在市场竞争中取胜的关键。产品因素是市场营销组合因素中的首要因素,而产品策略则是整个营销组合策略的基石,占有十分重要的地位。

一、商业银行产品分析

(一)商业银行产品的特性

商业银行是经营货币的特殊企业,向市场提供的产品实际上主要是一种信用服务,即满足社会经济资金流通需要的服务。因此,商业银行的产品具有其特殊的性质。这种特殊性表现在:

1. 商业银行产品具有无形性。银行业属于服务业的范畴,其产品具有服务业的一般特性,即产品具有无形的特质,其很多元素是看不见摸不着,无形无质的。将无形产品有形化是商业银行产品营销的重要策略之一。商业银行可通过环境、设备和诸如金融工具这类手段来实现银行产品生产与包装的实体性内容,使产品有形化。

2. 商业银行产品具有相互关联性。商业银行的特殊性质导致了其各类产品(服务)之间的特殊关系和相互派生的特质,如贷款可以产生存款、开立信用证要求开设保证金账户等,由于银行产品存在着非常密切的"链条"关系,客观上一种产品可以成为另一种产品的市场资源,能够有效地启动另一种产品的销售。

3. 商业银行产品具有可分性和组合性。银行产品功能往往有较大的同质性。这决定了其产品具有可分性,如某个品种的贷款,往往多家银行都在经营,客户可以分别到不同的银行获得贷款;而客户的多样化需求,又促使银行想方设法尽量为一个客户提供满足特定的多种需求的产品组合。

4. 商业银行产品具有易模仿性。银行产品很容易被同业模仿,同业稍作变动,或另起一个产品名称就能推出市场,特别是传统业务品种情况更是如此。例如,就信用卡和各种名目的存款而言,甲银行可以提供,乙银行也可以提供,即使是技术含量比较高的品种,其功能差异也不会太大,也不需要有较大的前期投入,其他同业因而也就可以很快地推出,而且会附加更多的功能,这是因为科技的进步已不可能为一家银行专用。产品进入市场的时间较短是一个比较明显的特点。

(二)商业银行产品组合

1. 商业银行产品组合及其相关概念

商业银行产品组合,是指商业银行经营的全部金融产品和服务的结合方式。产品组合是由多条产品线组成,每条产品线又由许多产品项目构成,在现代金融市场营销中,大多数的商业银行都是多产品或多品种经营者,都必须根据市场供需的变化和自身的经营目标确定产品的结合方式和经营范围。商业银行的产品组合通常包括证券类产品、中间业务类产品和信贷类产品等。

一个银行的产品组合,通常包括金融产品组合广度、产品组合深度和产品组合关联性三个度量化要素,确定产品组合就要有效地选择其广度、深度和关联性。

(1)产品组合广度是指一个银行拥有产品线的数量,即产品大类的数量或服务的种类。例如某商业银行有证券类、中间业务类和信贷类等产品类别,这些产品大类即产品线的数量就是这个银行产品组合的广度。一个银行拥有的产品线越多,其产品组合广度则越宽广,反之则越狭窄。

(2)产品组合深度是指一个银行经营的每条产品线内所包含的产品项目数量的多少。例如中间业务类产品,若包含 10 种业务,则其产品线的深度就为 10。一个银行每条产品线拥有的产品项目越多,其产品组合深度就越深,反之则越浅。

(3)产品组合关联性是指一个银行的所有产品线之间的相关程度或密集程度。一般来讲,商业银行的各类产品在产品功能、服务方式、服务对象和营销方面都有着密切的联系,故关联性大。

一个银行产品组合的广度、深度和关联性不同,可形成该银行的营销特色。假若某商业银行合理地扩大产品组合的广度,增加产品系列,就可以使其在更大的市场领域内发挥作用,分散投资风险,增强活力,提高市场份额;如果深挖产品组合的深度,围绕某一类金融产品去开发更多的品种,就可以满足客户不同的需求,占领更多的细分市场,吸引更多的客户;假若产品组合关联性大,可使企业有更强的营销力量去占领金融市场,扩大企业的影响,巩固和增强企业的市场地位。可见,产品组合的广度、深度、关联性等因素,反映了银行的经营能力、规模、市场前景和发展方向,同时也体现了企业的竞争能力和经营与管理的复杂性。

2. 商业银行产品组合策略

商业银行产品组合策略,是指商业银行根据市场需要和经营实力对产品组合的广度、深度和关联度加以合理选择的策略。由于产品组合策略与市场营销策略密切相关,会直接影响营销目标的实现,因此商业银行必须对产品组合策略进行认真的分析研究,根据主客观条件加以选择。一般来讲,商业银行的产品组合策略有以下几种:

(1)全线全面型策略,是指银行尽量向自己业务范围内的所有顾客提供所需的产品,不断扩大产品组合广度和加深产品组合深度的策略。例如近年来,国外一些商业银行不断扩大产品组合的广度和深度,向顾客提供全方位的金融业务,包括存贷、提供融资、办理保险、信托、租赁、咨询、房地产、证券及外汇买卖、信用卡、信用证、货币市场共同基金等,几乎顾客所需要的所有金融服务都能够提供。

(2)产品专业型策略,是指银行只生产经营同一种类的不同品种产品来满足市场需求的策略。例如某银行专门经营信贷业务,围绕信贷类业务提供很多种信贷产品来满足需要。

(3)特殊产品专业型策略,是指银行根据自身特长发展有竞争能力的产品,或根据顾客的特殊需要提供产品的策略。如投资银行,专门为那些新兴的、发展速度较快、被其他传统商业银行认为风险太大而不愿为之服务的行业或中小企业服务。

(4)产品线填补策略,是指银行以原有产品线为基础,增加新的产品线和产品项目的策略。这一策略主要利用银行原有技术、客户资源和市场来进一步扩大业务范围,增加盈利。例如商业银行在消费信贷产品上,增加了汽车消费贷款、个人住房抵押贷款、个人大额耐用消费品贷款、助学贷款等,从而达到扩大经营,开拓业务,充分运用资金获取盈利的目的。

(5)产品线剔除策略,是指银行根据市场环境的变化,适当剔除某些技术手段落后、获利较小且无发展前途的产品,保留并集中资源于获利较大、市场占有率较高产品的策略。例如,商业银行现今对电报电汇等技术落后的产品项目予以剔除,改用电子汇兑等技术先进的产品。

二、商业银行品牌及策略

(一)银行品牌及构成要素

1. 品牌

品牌是由文字、符号、标记、图案或设计等要素或这些要素的组合构成的,用于设别产品或服务,并使之与竞争者的产品或服务区别开来的商业标识。

品牌,就其实质来讲,是一种承诺,它代表着销售者对购买者的承诺。如"外汇宝"这一品牌实际上是一项使人得到"交易手段新、报价及时、方便快捷"的外汇交易服务的承诺。消费者通过文字、图案等组合认识某一承诺,并依据信息沟通及实际使用体验而认同了这项承诺,这就赋予了品牌真正的存在价值。

2. 品牌的构成要素

品牌通常包括品牌名称和品牌标识两部分。品牌名称,也称品牌或品名,是品牌中可以用语言称呼的部分,如牡丹卡、乐得家、奥迪等品牌标识,是品牌中可以被认记、易于记忆但不能用言语称呼的部分,通常由图案、符号或特殊的颜色等构成。

银行品牌与物质产品的品牌有所不同,一般包括银行产品的名称、式样、外形、色彩、识别暗记、金融产品提供者的名称和有关合法印章、签字、背书等要素。

（二）商业银行品牌竞争

银行业是服务性为主的行业,现代商业银行所提供的不仅仅是一种具体的金融产品和服务,而且更重要的是"客户满意"这一抽象的商品。"客户满意"能否顺利地出售,取决于客户对银行服务的认同和品牌的接受。因而商业银行品牌策略,应以建设企业整体的品牌形象为主线,使其组织形象有别于其他竞争银行。为此,商业银行所追求的是企业整体或代表其形象的银行名称、标志、行徽的高知名度、美誉度、市场份额和信誉价值,而不是个别产品或品牌。商业银行在品牌名称和标志中应注意注入自己的服务对象、服务态度和质量,以示区别,以使顾客了解相互竞争的各个商业银行之间的差异。例如中国银行的品牌强调的是外汇经营业务的优势;建设银行的品牌突出的是中长期信贷业务的优势等。

（三）商业银行品牌策略

商业银行品牌策略是指商业银行为发挥品牌的积极作用,在如何合理使用品牌方面所做出的各种决策,它体现在品牌的设计、使用、宣传和管理等工作中。

1. 品牌设计

品牌设计包括品牌定位和品牌名称设计两方面的内容。银行品牌定位包括品牌功能定位和品牌情感定位。一般来讲,一个成功的品牌名称设计应具备简洁醒目、易读易记、构思巧妙、暗示属性、独特新颖、超越地理文化边界的限制等原则。

2. 品牌使用

品牌使用是指要根据实际情况对一些问题进行决策,如使用品牌还是不使用品牌、使用群体品牌还是多边品牌等,商业银行在品牌使用时要树立全员营销的思想,使每个部门、每个员工都认识到银行品牌的重要性。

3. 品牌管理

品牌管理主要包括品牌知名度、品牌美誉度和品牌忠诚度三个层次的管理。品牌知名度是指某品牌被社会公众认识和了解的程度。品牌美誉度是消费者对该品牌持有好的观点和印象的程度。品牌忠诚度是指消费者对品牌偏爱的心理反应,反映了对该品牌的信任和依赖程度。商业银行以品牌知名度和品牌美誉度为基础,通过对品牌忠诚度的管理,可提高品牌销量,扩大品牌资产,降低营销成本,赢得竞争优势,实现品牌的长远发展。

第四节　商业银行的营销组织

商业银行的营销组织是实施营销战略、评价与控制营销活动的基础,它在现代营销管理活动中的地位十分重要。作为经营货币与信用的特殊企业,商业银行营销组织是随着现代银行营销组织的产生、发展而不断演变的。

一、商业银行营销组织含义

商业银行的营销组织是银行为了实现特定的营销战略目标,更好地发挥营销功能,通过不同营销职位及其权责的确定,并对它们之间的关系进行协调与控制,合理、迅速地传递消息,从而将营销人员所承担的任务组成一个有机整体的科学系统。利用营销组织可以把银行营销活动的各个要素、各个部门、各个环节在时间上与空间上相互联系起来,加强分工与协作,促使营销活动更加协调、有序地开展。可以说,营销组织是贯彻银行的营销方针与战略、实现营销目标的重要保证。作为现代营销活动的重要组成部分,健全而有效的营销组织是每个商业银行不可缺少的。

（一）商业银行营销组织的特征

商业银行为了实现其经营目标,在营销工作中必须以客户为核心,从客户的需求出发开展营销。作为一个有效的营销组织,应该具有以下几个基本特征。

1. 目标适应性

商业银行营销组织设立的目的是更好地开展营销活动,以实现它所制定的战略目标。营销战略目标种类繁多,如市场目标（满足市场需求、客户对产品的要求等）、销售目标（销售量、营业额及增长率等）和财务目标（投资收益率、短期利润目标等）,它们是营销活动的最终利益所在,也是一切营销工作紧紧围绕的中心。因此,银行建立的营销组织要与目标一致,与任务相统一,否则,就会浪费人力、财力和物力,达不到预期的效果。

2. 多功能性

现代营销部门是一个充满活力的多功能机构,其活动涉及许多方面,如信息处理、营销决策、市场拓展、产品开发等。为了把握不断变化的市场,营销部门必须有专门人员对市场状况进行调查,取得大量资料并进行整理分析,组建营销网络,安排分销渠道,同时要对这些机构建立控制机制,并大力开展广告宣传,通过各种媒体等不同方式将银行与银行产品推向市场。为了提高银行的竞争力,营销部门必须在调研的基础上,积极参与新产品的开发研究,以吸引更多客户。

3. 高效性

高效性主要体现在速度与数量两方面,不仅指执行计划速度要快,还体现在数量上要强调市场份额的不断扩大与利润的不断增长。营销组织要能及时开发出新的金融工具,并动员各方面力量迅速将新产品推向市场,通过广告宣传、上门推销等活动令客户了解产品的性能与特征,吸引客户,从而不断开拓市场,同时使银行实现盈利性目标。

4. 低成本

商业银行营销活动必须考虑成本,市场状况瞬息万变,竞争激烈,成本的高低对银行来说至关重要。在设计营销组织时应尽量体现低成本的原则。一方面,机构设置要尽量简化,降低成本;另一方面,要利用各种有效措施与激励机制,充分发挥各类营销工作人员的主动性和创造性。银行应不断提高员工的技术水平与专业知识,强调营销管理的系统性,加强员工之间的交流,真正实现组织合理、费用节约、关系协调、信息畅通,促进营销工作的扎实开展。

5. 畅通性

在瞬息万变的市场中,既有来自银行内部的信息,又有来自外部的信息;既有原始的信息,又有经过加工的信息,而且营销信息的时效性极强,生成速度快。因此,营销部门应该充分利用先进的通讯设施建立有效的信息网络,保证信息在不同层次之间的畅通,以便及时、准确地传递信息,将有关资料迅速送到需要这些信息的人员手中,为决策提供科学依据。另外,通过对信息的传递,银行可以对营销计划的执行情况进行控制,控制的结果又作为新的信息反馈到有关部门,再通过新的决策对计划进行调整与修正,从而体现营销活动的合理性与科学性。

6. 灵活性

因为市场是一个动态的整体,客户的需求、其他竞争对手的经营、国家的宏观环境等各个方面都处在不断的变化之中,而这些变化都会直接或间接地影响到银行的营销活动乃至整体的经营状况。因此,营销部门必须善于发现市场中的各种变化,同时应针对外部环境的变动迅速调整其营销策略,从而使营销工作能够适应市场需要。可以说,一个机动性强、灵活性大的营销组织是银行经营成功的重要保证。

(二)商业银行营销组织的控制

商业银行营销组织的控制是指银行营销部门在执行营销计划的过程中,接受内外部有关信息,对计划的执行情况进行监督,将原定的计划目标、操作过程与营销部门的实际情况进行对比,找出偏差,分析原因并采取有关措施消除偏差,防止发生类似失误的一系列管理活动。它是对营销组织进行管理的一项重要内容。

1. 商业银行营销组织控制的方法

商业银行营销组织的控制方法大体可分为现象观察法、专题报告法、预算控制法、盈亏分析法、组织审计法等多种方法,而在实际应用中为了保证其合理、灵活、有效的实施,可根据实际情况加以综合运用。

(1)现象观察法。现象观察法主要是管理人员直接到现场进行观察,了解营销组织的运行,如和营销人员直接交谈,掌握他们的思想动态,对组织机构的看法,对营销活动的意见等。现象观察是从营销领域获取原始信息的一种重要手段,经常被各种营销管理组织所采用。它的优点是可以及时掌握第一手资料,准确性极高,并可获得其他方面无法得到的信息,为进一步改善营销组织提供依据。这种通过现场收集来的信息,还可以用以验证其他方法所得到的信息的真实性。此外,在运用这种方法的过程中,营销管理人员经常与下级营销人员接触,可以加强人与人之间的交流,融洽营销部门之间的关系,使营销人员受到鼓励。当然,观察法得到的只是原始的信息,必须经过有关人员的分析才能使资料的价值得到充分体现。另外,观察法也会受到时间、地点以及观察者的知识、能力、经验等限制。

(2)专题报告法。专题报告法是指对取得的原始数据进行整理,从而形成系统的信息,作为对营销组织评价及采取改进措施的依据的方法。由于银行营销控制人员的时间、精力是有限的,如果大部分信息都是采用现象观察的方法,从大量原始数据中查找就会显得费时费力,这就要求有关部门对原始资料进行适当的分析和整理,提出能够反映偏差、揭示原因、表明发展趋势的报告,以供管理决策层参考。报告一般由下属部门或基层工作者提供,也可以在主管人员的领导下组织一些经过训练的人员成立专门小组对营销组织进行分析与调查,从而提出专题报告以改善企业的营销活动。为了使报告能够为控制活动提供有效数据,报告人员必须解决好这样几个问题:报告的目的是什么?要求是什么? 向谁报告? 什么时间进行报告? 采用什么方式进行报告?

(3)预算控制法。预算控制法是在营销组织具体开展有关活动之前即对分配给他的各项活动费用(如营销人员的推销费、广告费等)进行一定的计划限制的方法。预算可以作为衡量银行营销组织有关部门绩效的标准,对于超出预算限度所发生的费用开支,控制部门要认真查找原因。营销部门的预算可以采用弹性预算,即将费用划分为固定费用与可变费用,对后者可以体现较大灵活性,随着营销业务的数量而变化。

(4)盈亏分析法。盈亏分析被广泛地运用在计划、预测及控制中。在实际的计划实施过程中,由于各种条件的不断改变,营销费用与营销收入也处于变化之中,银行可以对照营销目标检查与评价盈亏情况以分析其偏离目标的程度,揭示应该采取什么样的矫正措施,保证营销目标的顺利实现。盈亏分析可以从以下四个方面着手:①销售额分析,即将销售组织的实际销售额与计划中制定的销售额进行对比,它又可通过计算总的销售额及按地区划分的销售额来分析营销组织的整体效能及分销组织设置是否合理;②营销费用分析,即对于营销组织的费用开支数额及营销费用率(即营销费用占销售总额的比率)进行计算分析,一般来说,营销费用率是有一定的幅度限制的,如果超过了该幅度就要寻找原因,分析营销组织哪个环节出了差错而导致费用上升;③市场占有率分析,市场占有率对企业的利润水平有较大的影响,是银行营销的一个重要目标,通过分析营销机构在特定目标市场上市场份额的变化,控制部门可以为组织的调整提供依据;④客户态度分析,客户意见、批评、建议都是对营销效果的一个重要反馈,它代表了银行在客户心目中的形象,通过对它们的分析,可以使银行采取措施更好地树立它在社会上的声望。

(5)组织审计法。组织审计是指对营销部门在特定的营销环境中实施以营销战略能力及执行情况、营销部门的组织机构、职权划分、报告制度、管理观念及与其他部门之间的关系等进行一个全面的评估。具体包括以下几个方面:检查营销主管及营销人员的职权范围及其划分程度,分析他们的日常营销操作是否按既定的原则进行组织,营销部门内部是否做到权责明确并能相互协调;检查营销部门的职工培训、监管、评价及激励等方面的活动是否正常有序地进行,从而为营销人员素质的提高、积极性的发挥提供保障;检查营销部门与其他部门之间的关系,判断各部门之间是否进行通力合作,从而为整个营销组织的协调、有效运行提供参考依据。当然,对营销组织的审计要立足于银行的目标计划,通常要有专门的审计人员定期进行。合理的组织审计无疑会大大提高银行营销组织的应变能力,使它在复杂的环境中更好地发展。

2. 商业银行营销组织控制的程序

对于商业银行营销组织的控制有着一定的程序,具体程序步骤如下:

(1)确定控制对象。营销组织的活动多种多样,如果对各个方面都进行控制,则会因内容过多、范围过广而花费大量的成本,因此,银行营销控制人员必须事先有选择地确定控制的内容与范围,如营销人员的工作绩效、销售收入、成本与利润、市场调研的效果等。在确定控制对象时尤其要注意控制成本,即要使花费在控制活动上的支出小于控制所能带来的效益,否则,控制就会丧失意义。

(2)设置控制目标。这是将营销组织的控制与营销计划连接起来的一个重要步骤。由于控制与计划是紧密相连的,控制是保证计划的实施并为下一步计划提供依据,因而计划的修正与调整是控制不可缺少的内容。控制目标一般要与整个营销计划的目标相一致。

(3)建立控制标准。控制系统在有效运行之前必须建立起一套测量营销活动效果的客观依据,这便是建立控制标准的过程。通过建立控制标准,可以将所设置的控制目标定量化与具体化。控制标准(如销售人员的工作效率、广告的效果、成本利润、计划完成期等)应是可以测定与考核的。同时,控制标准必须是客观的,要考虑到产品、地区、竞争力之间的差别,例如,不同竞争状况等等。

(4)衡量营销绩效。这是指营销组织的控制部门,运用控制标准去评定实际营销活动的成效为今后的改进活动奠定基础。衡量绩效包括对实际活动的成效评价及对未来活动成效的预测,此阶段工作是要将实际营销活动与控制标准进行对比,也就是对计划的执行进行追踪检查,并且是既要分析总体执行情况,又要考察各个分阶段的任务完成效果。当然,预测也十分重要,根据实际情况来预测未来并采取有针对性的措施,以避免将来可能出现的偏差,这将更加有助于掌握营销活动的主动权。

(5)分析偏差原因。当把营销组织的有关活动与控制标准进行比较衡量之后,我们就会发现营销活动中产生的偏差。偏差的产生会有两种情况:一种是由于实施过程中有关营销人员的失误所导致的;另一种是计划本身存在的问题,如计划制定者考虑欠周全而使营销组织机构设置不合理,或者由于环境的变化而使原来的计划不适应新的情况。在实际工作中这两种原因经常会交织在一起,使得情况更为复杂化。如果控制部门对这些问题不加以分析和分析不细致,就很容易造成控制失误。因此分析偏差产生的原因,对于健全搞好营销活动具有十分重要的意义。

（6）采取改进措施。找到产生偏差的原因后，控制部门应针对不同的原因，采取不同的改进措施。如果偏差是由局部的组织不完善所造成，可以通过改变营销组织的结构或调整有关人员的工作加以纠正；如果是由于计划制定不周造成，则必须对原计划进行补充，使其更加完善；如果是由于环境改变而导致原先的计划脱离实际，则应对计划进行修正，直至制定新的计划。通常，采取改进措施应越快越好，这样可以减少营销活动中可能出现的更大损失。

（7）再评估。采取了改进措施进行调整之后，控制系统还要进行再评估。如果这些措施不能很好地改进营销组织的活动，就需要进行再次分析，从而找到更加有效的办法，提高金融营销组织的适应性。

总之，商业银行营销组织的控制对于保证营销工作的正常开展十分重要，这是一项非常复杂的工作，银行必须从实际出发制定合适的标准，对营销组织实施有效的控制，从而使营销活动更加科学、合理。

二、商业银行营销组织模式

银行营销组织模式是随着金融营销活动的发展而不断走向完善的，根据营销组织的特征、金融产品的职能、金融活动领域的范围、地理位置及其相互关系形成了多种多样的银行营销组织模式。在实际营销工作中，由于市场的复杂性，银行可能会将这些模式相互融合、综合运用，出现混合型的组织模式。但从根本上划分，银行营销模式可分为以下几种：职能型营销组织模式、产品型营销组织模式、区域型营销组织模式与市场管理型营销组织模式。

（一）职能型商业银行营销组织模式

职能型商业银行营销组织模式是指按照营销工作的不同职能（如营销行政、市场调研、新产品开发、销售、广告与促销、客户服务等）来划分部门组织营销活动。这是最早被采用、目前应用最广的营销组织模式之一。由营销行政部门负责营销领域的日常具体行政事务，如人事管理、费用控制等；市场调研部门主要负责改善市场机会及营销活动的市场调查研究；新产品开发部门负责根据市场调研部门提供的信息设计出满足市场需求的金融产品；广告与促销部门则提供有关推广金融产品信息、广告宣传、媒体技术等服务，并与外部保持密切联系，以增加本银行及产品的知名度；营销服务部门主要负责向客户提供各项售后服务，接受客户的投诉案件。在这种模式中，营销经理是主要负责人，负责金融营销战略的制定及营销预算决定等关键性事项，协调营销各职能部门的工作，而各职能部门则要向营销经理负责，其规模大小可以根据银行的具体情况来确定。

职能型营销组织模式的优点是各职能部门分工明确,以特殊专长来处理不同的营销工作,而且管理也较简单。但它也有以下缺点:各个职能部门容易形成各自为政的局面,过分强调本部门功能的重要性,从而使得营销经理的大量精力放在了协调之上,影响营销发展的长远规划。

(二)产品型商业银行营销组织模式

产品型商业银行营销组织模式是一种为了适应竞争激烈化、产品创新多样化的现实而出现的营销组织结构,其在纵向上仍然保留了功能型的业务分配,而在横向上则设置产品经理,按照不同种类产品进行营销管理。对于规模较大或拥有较多金融产品的商业银行来说,可以采用这种营销组织模式。

这个模式中,增设了产品经理,其主要职责是制定产品的营销策略计划,分析其执行情况,评定效果并采取必要措施对其进行控制。具体的有以下几个方面:为产品制定总体长期发展战略;编制各产品的年度计划;采取一定措施实施计划,包括激发营销人员与代理商对金融产品的兴趣,配合广告促销部门制定广告方案,共同推进产品促销等;与市场调研经理密切联系,随时了解市场的动态,从而抓住时机,改善产品服务,设计出满足市场的新产品。

产品型营销组织模式中有专人负责,使各种产品都不会被忽视,产品成长较快,并可集中精力管好各个具体产品,尤其是在市场营销中占到较大比例的金融产品。同时,它也可针对市场上出现的问题迅速做出反应,为开发新产品而协调好各方面的力量。

但该模式也有以下缺点:成本较高,由于是专人负责一种或几种产品,因而对银行营销部门的人员配置以及开销的要求就较大;整体性较差,主要是各产品的负责人可能致力于其所管辖的产品而忽视了整个市场的状况;产品经理的权力有限,通常产品经理没有足够的权力去充分行使其职责,而不得不依赖于广告、推销及产品开发等其他部门的合作。

(三)区域型商业银行营销组织模式

随着对金融业务管理的不断放松,金融服务区域范围的不断扩大,许多银行的销售决不仅限于本地区,而是在整个国家乃至不同国家中开展业务。在这种情况下,区域性营销组织模式便自然而然地被一些银行所用。这种模式是按照不同的地区来设置营销力量。

在该模式中,地区经理掌握本地区的市场环境、客户及竞争对手的状况,配合企业总体的战略规划,为金融产品在本地区打开销路制定年度计划与中长期计划,并负责贯彻执行,同时要协调好上下级之间的关系,充分调动本地区的各方力量,最大限度地利用市场机会开展营销活动。区域型营销组织模式可以在一定的程度上减少营销费用,便于有关人员了解所在地区的特殊环境,加快市场拓展步伐,对于营销人员的工作绩效也容易进行衡量与评价。

(四)市场型商业银行营销组织模式

在激烈的市场竞争中,以客户为中心、以市场需求为导向调整企业的经营战略,努力为客户提供多功能、全方位的优质服务是商业银行营销活动的宗旨,因此,市场型商业银行营销组织模式便应运而生了。这种模式是以市场细分作为基础的。当然,市场细分的标准多种多样,通常金融企业是将整个市场划分为个人客户市场与企业客户市场,针对不同客户还可以继续划分。例如,企业客户按规模可以分为大型企业、中型企业和小型企业等;个人客户按不同的偏好、消费习惯、消费水平可划分不同类型。

这种模式并非着眼于营销职能、区域和产品本身,而是以市场为中心,针对不同的细分市场、不同的客户群体的需求开展营销活动,它与现代市场营销观念最为吻合。

(五)混合型商业银行营销组织模式

随着金融企业经营规模与业务范围的不断扩大,单一的组织模式已不能再适应竞争的需要。为了相互弥补各自的缺点,就出现了混合型的模式:

(1)产品—市场型模式,即银行营销部门同时设立产品经理与市场经理,前者负责产品销售及利润规划,后者致力于市场的培育开发。

(2)产品—职能型模式,它将各职能部门与不同产品相互交叉。

关键概念:商业银行营销管理　商业银行产品组合　商业银行营销组织产品组合策略　访问调查法　观察调查法　实验调查法

复习思考题

1. 简述商业银行营销的 10P 理论框架的基本内容。

2. 简述我国商业银行营销发展趋势。

3. 简述商业银行营销调查的主要功能及作用。

4. 简述商业银行营销产品的主要特点。

5. 在商业银行竞争不断加剧的背景下,商业银行营销中应主要关注哪些因素?

第十章　商业银行资产负债管理

本章学习目的

1. 了解商业银行的资产负债管理理论形成的背景及主要观点。

2. 理解在资产负债管理理论中商业银行是如何协调流动性、安全性、盈利性三者之间的矛盾。

3. 掌握资产负债综合管理的核心理论、原则和方法。

4. 了解我国商业银行资产负债综合管理现状及对策。

本章知识导入

从中美比较看中国央行"缩表"的特征、原因和前景

2017 年一季度中国央行资产负债表规模连续两个月收缩,共计 1.1 万亿元。伴随着近期美联储对 2017 年"缩表"计划基本达成共识,此次中国央行"缩表"引起了市场的广泛关注。

一、基于中美比较分析本轮中国央行"缩表"的特征

金融危机后,虽然中美央行的资产负债表都进行了扩张,但扩张的规模和方式不尽相同,美国以非常规方式进行了大规模扩张,中国则扩张规模相对温和,此外,中美央行资产负债表的项目结构有着明显差异,因此两国央行"缩表"的含义是不同的。

(一)金融危机后中国央行资产负债表扩张规模更温和

在金融危机后,美联储资产负债表的规模和结构都发生了巨大变化,总资产规模从 2007 年底的 0.9 万亿美元强势上涨到 2017 年 5 月的 4.5 万亿美元,增长了近四倍。资产端上表现为美国国债规模的大幅增加,且出现了许多新项目,如抵押贷款支持债券(MBS)、持有 TALF LLC 公司投资组合净额等;负债端上则表现为存款性机构其他存款的规模迅速扩张,这主要是由于美

联储为购买 MBS 等债券而向存款性机构支付大量资金,导致超储规模增大。与之相比,中国央行资产负债表的扩张相对缓和,总资产规模从 2007 年底的 1.7 万亿上涨到 2017 年 5 月的 3.4 万亿,增长一倍左右,主要贡献来自国外资产的大幅上涨,这是由于我国经济长期"双顺差"带来的外汇占款大量增加。

(二)中国央行资产端项目中外汇占款的比重高

从资产端来看,中国央行的国外资产占比很高,其中主要是外汇占款。虽然近年来外汇占款比重有所下降,但截至 2017 年 5 月仍占总资产的 63%。与之相比,由于美元是国际储备货币,美联储并不需要持有过多外汇,外汇资产的占比很低。美联储总资产以国内资产为主,除美国国债外,设有不同种类的证券化资产,在金融危机后抵押贷款支持债券(MBS)的占比大幅上升,达到 40%。从负债端来看,中国央行的其他存款性公司存款所占比重最大,虽然美联储的负债也以存款性机构存款为主,但占比更低。这主要是由于中国当前的法定存款准备金率比美国高。

(三)历史上中国央行"缩表"与货币政策操作的关系不明显

美联储"缩表"意味着市场流动性将收紧。对于美联储来说,资产负债表的大规模扩张是应对金融危机而实施量化宽松货币政策的结果,随着美国经济的复苏,则需要逐渐使货币政策正常化。加息和"缩表"都是货币政策收紧的工具,前者在"价"的层面影响市场资金,后者则作用于"量"的层面。与美国不同的是,中国央行"缩表"并不意味着货币政策收紧。判断货币政策取向,主要看存款准备金和货币乘数,而存款准备金仅是央行资产负债表负债端的项目之一,政府存款等其他项目的减少同样可以达到"缩表"的效果。历史上中国央行"缩表"也并不存在与货币政策收紧的直接关系,2007 年和 2010—2011 年的两轮货币紧缩时期并没有伴随央行"缩表",而 2011 年和 2015 年央行"缩表"期间银行流动性并未有收紧迹象。

(四)本轮中国央行"缩表"主要贡献来自对其他存款性公司债权的减少

从资产负债表的项目变化来看,本轮中国央行"缩表"资产端的贡献,主要来自对其他存款性公司债权和外汇占款的减少。其中,外汇占款的减少是近年来的大趋势。本轮"缩表"主要是对其他存款性公司债权的减少,从 1 月的 9.13 万亿元下降至 3 月的 8.07 万亿元,降幅为 1.06 万亿元,占总资产收缩规模的 97% 左右。负债端上,主要是储备货币和政府存款的减少。其中,储备货币从 1 月的 30.78 万亿元下降至 3 月的 30.24 万亿元,减少了 0.54 万亿元,政府存款从 3 万亿元下降至 3 月的 2.4 万亿元,减少了 0.6 万亿元。

二、挖掘本轮中国央行"缩表"的深层原因

（一）央行主动降低市场流动性

与历史上中国央行"缩表"不同的是，本轮央行"缩表"资产端的主要贡献是对其他存款性公司债权的减少，更多体现了央行的主动性，与货币政策中性偏紧的方向一致。对其他存款性公司债权反映的是央行通过公开市场投放的资金量。2016年下半年开始，央行实施中性偏紧的货币政策以配合去杠杆、抑泡沫的顺利进行，通过抛售债权、回笼货币，主动减少资金投放量、降低市场流动性。2017年第一季度末的基础货币余额为30.2万亿元，比2016年末减少0.7万亿元，金融机构超额存款准备金率为1.3%，比2016年末的2.4%下降了1.1个百分点。此外，隔夜七天SHIBOR在一季度皆上行。

（二）财政政策表现积极

本轮央行"缩表"在负债端方面，以政府存款的减少为主，这是央行无法直接控制的部分。一季度政府财政支出加快，3月份公共财政支出为2.11万亿元，同比增长25.43%。财政支出后会转化为银行体系的流动性，反映为央行资产负债表上政府存款下降，超额备付金上升，央行会相应减少市场流动性的投放，表现为其他存款性公司债权的减少，从而导致"缩表"。

（三）季节性因素不容忽视

回顾以前央行资产负债表的变化，2、3月份多次出现对其他存款性公司债权的缩减，这主要是由于春节后大量现金回笼，央行通过公开市场操作减少流动性来进行应对。此外，财政存款的投放存在周期性，每年3月份的财政投放都会导致央行财政存款的大幅减少，2017年由于财政政策表现积极使得财政存款的降幅尤为明显。

三、本轮中国央行"缩表"的前景预测

银行资产负债表的变化集中反映了货币政策工具的实施结果，而央行综合运用不同的货币政策工具是为了实现最终的货币政策目标。要判断本轮央行"缩表"的前景，根本上要看货币政策的主要目标是否改变。考虑以下因素，可以预测短期内央行进一步"缩表"的可能性不大。

（一）宏观层面，经济复苏的可持续性有待观察

从国内看当前经济仍面临较大下行压力，经济内生增长动力仍待强化，经济结构调整任重道远。从国外看全球仍存在诸多的不稳定因素，地缘政治冲突风险还在积累，因此短期内市场流动性不宜继续收紧，央行的货币政策需要在去杠杆稳增长和维护流动性之间寻找平衡点。

（二）银行业层面，商业银行难承持续"缩表"之重

从 2016 年至今去杠杆防风险，一直是金融工作的重心，2017 年以来监管力度明显升级，银监会出台多项政策，旨在整治银行业"三违反""三套利"和"四不当"等行为。在监管趋严趋严与货币偏紧的双重作用下，商业银行同业存单等业务受到影响。2017 年第一季度银行业营业收入、非息收入增速持续放缓，四月份其他存款性公司资产负债表呈现收缩趋势，总资产规模比 3 月份减少 1000 亿元，在央行"缩表"后应警惕商业银行可能出现的"缩表"。我国商业银行是实体经济的主要融资来源，如果商业银行"缩表"，则会增大企业融资难度，将影响传导至实体经济。

（三）中国扩表规模不及美国，无强烈"缩表"压力

当前美联储"缩表"的必要性主要是源于量化宽松货币政策导致美联储资产负债表迅速扩张，过于庞大的资产负债表规模会影响货币政策工具的实施效果，因此在危机过后经济复苏的背景下，美联储有强烈动机进行"缩表"。相比较而言，中国央行资产负债表的扩张并没有表现得那么跳跃，而是伴随着对经济复苏的支持而平稳展开的，因此中国央行的"缩表"压力更小。但值得注意的是，美联储"缩表"可能推动美元升值，导致我国资本流出、外汇占款下降，央行被动"缩表"。

摘自：范若溪. 中银研究，2017(15).

第一节　商业银行资产管理和负债管理理论

资产负债管理是管理企业的一种活动，用来协调企业对资产与负债所做出的决策，它是在给定的风险承受能力和约束下，为实现企业财务目标而制定、实施、监督和修正企业资产和负债的有关决策的过程。

商业银行在几百年的发展历程中，积累了丰富的资产负债管理的理论、经验和方法，并随着社会经济环境的演变而不断发展和完善。资产负债管理理论发源于 200 多年前的西方商业银行，至今已经历了资产管理理论、负债管理理论和资产负债综合管理理论三个阶段。在资产负债综合管理理论框架下，已衍生出全面、动态和前瞻的综合平衡管理理论。

一、商业银行资产管理理论

资产管理理论也称流动性管理理论。它是以商业银行的流动性和安全性为管理重点的经营管理理论。从商业银行成立直至 20 世纪 60 年代,它一直占据着商业银行管理理论的主导地位。

20 世纪 60 年代以前,金融市场不发达,融资工具单一,商业银行的资金来源渠道比较固定和狭窄,主要是活期存款;企业的资金需求也比较单一,通常都是临时性贷款。因此,资产业务成为商业银行经营管理的重点。

资产管理理论认为银行资金来源的规模和结构是银行自身无法控制的外生变量,它完全取决于客户存款的意愿和能力,银行对资金来源的控制是被动的;资金业务的规模、结构则是银行所能控制的变量,银行主要通过对资产规模、结构的恰当安排来实现其经营管理目标。

资产管理理论随着经济环境和银行业务经营的发展经历了以下几个发展阶段。

（一）商业性贷款理论

商业性贷款理论又称真实票据理论或自偿性贷款理论,是最早的资产管理理论。最先由 18 世纪英国经济学家亚当·斯密在《国富论》中提出。该理论认为:资金来源的高度流动性决定了资金运用的高度流动性。存款是银行的主要资金来源,而银行大多数的存款又是活期存款,存款人的存取是随机的,因此其资产业务的重点应放在短期自偿性贷款上,以保持资金的来源与运用之间的高度匹配。这就决定了银行发放的贷款必须满足两个条件:一是为生产流通提供融资的目的;二是提供的贷款能通过商品的出售来实现偿还。

商业性贷款理论产生于商业银行发展初期。当时商品经济不够发达,信用关系不够广泛,社会化大生产尚未普遍形成,企业规模较小。企业主要依赖于内源融资,需向银行借入的资金多属于商业周转性流动资金;那时,中央银行体制尚未产生,没有作为最后贷款人角色的中央银行在银行发生清偿危机时给予救助,银行的经营管理更强调维护自身的流动性,而不惜牺牲部分盈利性作为代价。

商业性贷款理论奠定了现代商业银行经营理论的一些重要原则。首先,该理论强调了资金运用受制于资金来源的性质和结构,这一原则已成为商业银行进行资金运用所遵循的基本准则;其次,该理论强调银行应保持资金的高度流动性以确保商业银行的安全经营,这为银行降低经营风险提供了理论依据。

虽然该理论在很长的一段时间内都为业界所推崇,但随着资本主义经济的发展,商业性贷款理论的局限性逐渐显露出来,主要体现在:第一,没有意识到银行存款会存在一个相对稳定的余额,过多地将资金贷放在盈利性较差的短期自偿性贷款上。第二,忽视了贷款清偿的外部性。贷款清偿受到外部市场状况的影响,在经济衰退时,短期性商业贷款也有可能因企业的产品无法顺利卖出,而不能得到偿还。第三,未能考虑贷款需求的多样性。商业性贷款理论不主张发放除商业短期信贷外的任何其他贷款,这样的管理必然限制和阻碍商业银行自身的经营与发展。

(二)资产转移理论

资产转移理论也被称为可转换理论。20 世纪 20 年代,随着金融市场的进一步发展和完善,尤其是金融资产的流动性增强,短期证券市场发展迅猛,商业银行对流动性有了新的认识。1918 年,美国经济学家莫尔顿最早在其发表的《商业银行及资本形成》中提出了该理论。

该理论其基本观点是银行流动性的强弱取决于资产的迅速变现能力,银行除了持有现金资产以外,还应该在金融市场上购买那些可以随时变现的可转换资产,以保持银行的流动性和盈利性。资产转移理论是在当时特定的时代背景下产生的。20 世纪 30 年代的经济大危机后,凯恩斯主义在西方各国政府间备受推崇,各国政府开始大量发行债券,这就为银行保持充足的流动性提供了新的选择范围。

当时银行业的危机表明,流动性并不取决于发放贷款的种类,而取决于银行持有资产的可转换性。商业银行资产负债组合中可以用信用级别高、流动性好、期限短的金融工具来实现应对随机的现金流出,以代替持有巨额的不能产生盈利的现金。

资产转移理论继承和发展了商业性贷款理论关于保持高度流动性的主张,使得商业银行的资产业务得到迅猛发展,贷款的对象也开始趋于多元化。这在一定程度上促进了商业银行自身的发展以及加速了证券市场的发展。但该理论也存在诸多不足之处:它过分地强调了资产通过可转换资产来保持流动性,对发达的证券市场和充足的短期证券有较强的依赖,一旦实体经济出现危机或者证券市场处于低迷,可转换证券资产的变现能力将大打折扣,从而影响商业银行的流动性和盈利性的实现。

(三)预期收入理论

预期收入理论是关于银行资产投向选择的理论。最早由美国经济学家普鲁克诺于1949年在《定期存款与银行流动性理论》一书中提出。该理论的产生是与特定的时代背景密不可分的。二战后,西方经济处于恢复和发展阶段,各国经济增长稳定,劳动生产率和人们生活水平提高较快。金融市场相应发展迅速,银行业与非银行业金融机构在资金来源渠道和数量上竞争激烈,银行业压力增大。为了扩大资产规模,提高自身实力,银行业必须拓宽资金来源渠道,增加中长期贷款发放。与此同时,凯恩斯主义在西方国家盛行,举债消费的思想已经为人们所接受,经济发展的各种需求不断增加,因此商业银行迅速调整资产结构,减少了有价证券的投资比重,加大了对各种消费性贷款的发放。

预期收入理论丰富和发展了商业银行的资产管理理论,为商业银行资产业务的进一步发展提供了更加宽广的平台。它在商业性贷款管理和资产转换管理的基础上,通过对贷款人未来预期收入的详细分析,在满足流动性的基础上,创新出消费性贷款和商业性贷款,开辟出多种资产业务。这不仅对于商业银行扩大资产规模,增强自身实力以及在与非银行金融机构的竞争中处于优势地位提供了便利,还促使银行增强参与企业经营活动的意识,密切了银行与企业间的银企关系。

同时,该理论使商业银行资产业务从传统的商业性、生产性领域扩大到消费性领域,加强了对整个国民经济的渗透。但该理论也存在一些不足:商业银行把预期收入作为其资产经营的标准,而预期收入是对未来收入的预期,在此期间受到多种因素影响,加之银行本身对预期收入的评估具有很强的主观性,因此,它并不是十分精准的评估标准。在经济环境发生变化时,借款人未来的实际收益将会与原来的预期收益产生较大的偏差,会使得商业银行的经营与管理面临更大的风险。

(四)超货币供给理论

超货币供给理论认为只有银行能够利用信贷方式提供货币的传统观念已经不符合实际,随着货币形式的多样化,非银行金融机构也可以提供货币,银行信贷市场将面临很大的竞争压力,因此,银行资产应该超出单纯提供信贷货币的界限,要提供多样化的服务,如购买证券、开展投资中介和咨询、委托代理等配套业务,使银行资产经营向深度和广度发展,提升银行在与非银行金融机构竞争中的竞争力。

现代商业银行全能化、国际化的发展趋势已经表明,银行信贷的经营管理应当与银行整体营销和风险管理结合起来,发挥更大的作用。但是,该理论也存在不足之处,它容易产生两种偏向:一种是商业银行涉足新的业务领域和扩大的规模,导致银行的集中或者垄断的失衡;另一种是银行涉足了诸多自身并不熟悉的新业务领域,增大了银行面临风险的可能性,不利于商业银行的稳健性经营。

商业性贷款理论、资产转移理论、预期收入理论和超货币供给理论依次出现,适应了商业银行不同发展阶段经营管理的特点,体现了商业银行资产管理理论的逐步成熟与完善。它们在保证银行流动性方面各有侧重,各种理论之间不是简单的否定或替代关系,而是相互补充的关系,丰富了商业银行资产管理的内容,促进了银行业资产业务的不断发展。

二、商业银行负债管理理论

(一)负债管理理论的演变和发展

银行负债是指银行在经营活动中尚未偿还的经济义务。商业银行是高负债的行业,负债提供的资金占整个商业银行资金来源的比重约为80%。负债管理理论产生于20世纪60年代中期以后,其产生的背景主要是当时通货膨胀严重,战后经济迅速发展使得对贷款的需求超过存款的自然增长,商业银行普遍缺乏可贷资金,于是纷纷把寻找新资金的来源作为业务重点,负债管理理论应运而生。

商业银行可以通过在金融市场上的主动性负债,例如发行大额可转让定期存单、发行金融债券、同业拆借、向央行申请借款等方式来扩大资金来源,以便满足客户的存取和增加贷款的需要,保持资金清偿能力和流动性,并获取最大利润。

负债管理理论的主要观点是为了保证银行的流动性,商业银行应该积极主动去市场上筹集资金,实行主动的负债管理,并不断扩大规模,在商业银行流动性和盈利性之间寻找平衡。这种主动性负债管理随着金融市场的发展而发展,按照其发展的进程,主要可以划分为存款理论、资金购买理论和销售理论。

1. 存款理论

存款理论的主要内容包括:存款是银行最重要的资金来源;存款是存款者放弃货币流动性的一种选择,银行应当支付存款利息;存款者和银行共同关注的焦点是存款的安全性问题;存款的稳定性是银行经营的客观要求,银行的资金运用必须限制在存款的稳定性额度之内;存款可分为原始存款和派生存款。

存款理论的最主要特征是其稳定性和保守性倾向。它强调依照客户的意愿组织存款,遵循安全性的原则管理存款,根据存款的稳定性安排贷款,不赞成冒险获取利润和支付代价。在这种理论的影响下，一系列银行管理制度诞生了，这些制度有助于提高存款的稳定性，比如存款保险制度、最后贷款人制度、存款利率限制制度等。同时，存款理论的盛行也反映了银行经营战略重点被定位于负债管理方面。

2. 购买理论

20 世纪 60 年代，西方主要国家面临通货膨胀和经济停滞并存的巨大压力，一种同存款理论迥然相异的负债理论获得了银行界普遍的青睐，这就是购买理论。购买理论认为，银行对于负债并非消极被动和无能为力，银行完全可以采取主动，主动负债、主动购买外界资金。购买理论的主要内容有：银行购买资金的目的是增强流动性，购买对象及资金供应者是十分广泛的；直接或间接抬高资金价格，是实现购买行为的主要手段；银行奉行购买理论的适宜环境是通货膨胀条件下的实际低利率甚至负利率；购买负债是适应银行资产规模扩张需要的积极行为。

3. 销售理论

这是 20 世纪 80 年代兴起的一种银行负债理论，其主题是银行应努力推销金融产品。销售理论的主要内容有：客户的利益和需要是银行服务的出发点和归宿；客户是各种各样的，需求也是多种多样的，因而金融产品也必须多样化；银行要善于通过服务途径，利用商品和劳务的配合，达到吸收资金的目的；金融产品的推销主要依靠信息沟通、加工和传播；从负债角度来看，应该适当地利用贷款或投资手段的配合来达到资金的吸收，做出"一揽子"安排。

销售理论是在金融工程和金融创新涌现、金融竞争和金融危机加深的形势下产生的，它同以往所有银行负债理论的显著区别在于，它不再单纯着眼于资金，而是立足于服务。银行是金融产品的制造者，银行负债管理的任务就是推销这些产品，从中既获得所需的资金，又获得应有的报酬。销售理论反映了金融业和非金融业的彼此竞争和相互渗透，标志着商业银行正朝着功能多元化和复合化的方向发展，但也潜伏着新的混乱和动荡因素。

负债管理理论依赖货币市场借入资金来维持主动性，必然会受货币市场资金供求状况的影响，外部不可预测因素的制约增大了银行的经营风险，借入资金要付出较高的利息，增加了银行的经营成本。因此单方面强调负债管理不利于银行的稳健经营。

（二）负债管理方法

商业银行运用的负债管理方法主要是储备头寸负债管理方法和全面负债管理方法。

1. 储备头寸负债管理方法

储备头寸负债管理方法是指使用借入资金满足短期流动性需求,也就是说,使用借入资金补充一级准备,以满足存款的提取和增加的贷款需求。

储备头寸负债管理方法使银行可以持有较高比例的生息资产。因此,银行的盈利能力提高,但同时也面临两大挑战:一是借入资金的成本不能确定;二是有时可能借不到资金。

2. 全面负债管理方法

全面负债管理方法也叫纯负债管理,即商业银行使用借入的资金持续扩大资产和负债规模。采用全面负债管理方法的前提是借入资金有较大供给弹性,其条件是市场有足够的资金和参与者,单个银行的活动并不会对整个市场利率水平造成影响。因此,采用全面负债管理方法的最大风险是无法获得足够的资金来源。一旦中央银行货币政策紧缩,采用全面负债管理的小型银行就可能面临较大的融资流动性风险。

第二节　商业银行资产负债综合管理理论

一、商业银行资产负债综合管理概述

(一)商业银行资产负债综合管理的内涵

资产负债综合管理是在全球金融自由化浪潮的冲击下,于 20 世纪 70 年代后期开始形成,特别是 90 年代中后期迅速发展并占据主流地位的现代商业银行经营管理理论。1997 年亚洲金融风暴之后,以市场风险管理为核心的资产负债综合管理更是得到了国际银行业的高度重视。

资产负债综合管理是商业银行为了在可接受的风险限额内实现既定经营目标,而对其资产负债组合所进行的计划、协调和控制,以及前瞻性地选择业务策略的过程,其理论内涵可以从以下几方面看:

1. 资产负债综合管理是风险限额下的一种协调式管理

在现代经济环境中,商业银行面临各种经营风险,包括信用风险、流动性风险、利率风险、汇率风险、操作风险等,要想完全规避风险是不可能的,商业银行只有通过承担和管理风险方能获取利润。各种风险限额确定以后,资产负债综合管理的主要工作就是对资产负债组合所涉及的利率结构、期限结构、币种结构进行全面的计划、匹配、协调和控制,在风险限额范围内追求经营利润的最大化和企业价值的最大化。

2. 资产负债综合管理是一种前瞻性的策略选择管理

在实践当中,没有一家银行能够占领所有的市场,任何银行都必须明确自己的经营方向和经营策略,银行经营方向和策略必须依靠资产负债综合管理来实现。科学测算每一种金融产品的风险和收益,利用必要的模型将风险量化为成本,提出资本分配的解决方案,战略性、前瞻性地引导商业银行各条业务线主动地收缩或扩张,这是资产负债综合管理的基本流程。

(二)商业银行资产负债综合管理的内容

1. 制定资产负债综合管理政策

在资产负债综合管理政策中,要阐明进行资产负债综合管理的宗旨、目标与实现目标可采取的方法、组织程序、人员配备、绩效考评和奖惩办法等内容。

2. 制订资产负债综合管理指标体系

资产负债综合管理指标体系是实施资产负债管理的依据,也是评价管理绩效的标准。资产负债综合管理指标分绝对指标和相对指标。一般而言,资产负债管理指标除了必须满足金融监管的有关规定外,还要根据本地区、本银行的具体情况制定更细致、更周密的指标。

3. 调节资产负债结构

资产负债综合管理部门为满足管理要求,达到综合管理各项指标,需要调节银行资产负债结构。如何调节取决于银行对未来的管理变量的预测和估计,对比调节成本与调节可能取得的收益孰高孰低。

4. 监控与评价资产负债综合管理

监控与评价工作涉及银行财务报表分析、市场动态监测、横向纵向比较等内容。在管理实践中,大量的资产负债调节工作是发生在各项指标符合规定的情况之下的,如果调节成本超过调节可能取得的收益,则这样的调节就不可行;反之,资产负债管理部门就要做出具体的调整方案。监控与评价专注于本期的调节是否合理,各项计划是否达到、进度如何以及可能的改进方案等内容。

(三)商业银行资产负债综合管理的范围和方法

1. 商业银行资产负债综合管理的范围

资产负债综合管理的具体范围包括:(1)资产负债总量和结构安排;(2)利率风险管理与利率定价;(3)流动性管理;(4)汇率风险管理;(5)内部资金转移定价;(6)资本管理与配置。

2.商业银行资产负债管理的一般方法

资产负债综合管理中通用的方法有缺口分析、比例分析、敏感性分析、情景分析和压力测试等。

(四)商业银行资产负债综合管理中的账户划分

为了精细化管理资产负债业务面临的风险,银行通常将其持有的金融工具划分至交易账户和银行账户,这种划分遵循的原则是以风险管理和监管要求为准,与会计准则对金融资产和负债的分类标准和口径略有不同。

1.交易账户

交易账户包括为交易目的或规避交易账户其他项目的风险持有的金融工具和商品的头寸。

2.银行账户

与交易账户相对应,银行的其他业务均归入银行账户,如银行向企业及个人客户发放的贷款、债券投资等业务。银行账户中的项目不需要盯市计价。

交易账户与银行账户划分的标准制定后,一般不会轻易变动,金融工具在交易账户与银行账户之间的划转与调整需要遵循严格的标准。

二、商业银行资产负债综合管理的原则及组织架构

(一)商业银行资产负债管理的原则

1.总量平衡原则

总量平衡原则是指商业银行的负债总量必须同资产总量平衡。这一原则要求商业银行要根据负债总量来安排资产总量,坚持负债总量制约资产总量,决不能超负荷地运用资金。从会计角度来看,银行的资产和负债始终是平衡的。但透过表面现象,可以发现有的银行法定存款准备金缴存不足,有的银行限制客户提取存款或要求客户保持存款最低限额等等。这些都是资产负债总量失衡的表现。因此,商业银行资产负债管理所要求的总量平衡是动态上的或实质上的平衡。总量平衡原则按具体内容可以分为负债总量平衡、资产总量平衡和资产负债总量平衡。

2.结构对称原则

结构对称原则是指银行资产与负债在资金运动中要保持对称状态。具体表现为:一是资产负债期限结构要对称,即资金来源的期限结构在一定程度上要制约资金运用的期限结构。二是资产负债种类结构要合理,资产负债种类结构要能满足社会各界对金融服务的需求日趋多样化。三是资产负债利率结构要一致。银行在合理确定资产负债利率水平的基础上,还要根据市场利率

的变化,加强市场预测,合理调整资产负债的利率结构,以避免利率风险。

3. 目标替代原则

目标替代原则是指商业银行在安全性、流动性、盈利性三个经营目标之间进行合理选择,相互组合,相互替代,而使银行总效用不变。目标替代原则大大深化了银行对效益的认识,为经营者提供了重要的方法论。银行在经营实践中就不应固定某一目标,单纯根据某一目标来考虑资产分配,而应将安全性、流动性和盈利性结合起来进行综合平衡,以保证银行经营目标的实现,力图使最终达到的总效用最大。

4. 资产分散化原则

资产分散化原则是指银行进行资金分配时,应当尽量将证券和贷款的种类分散,避免资金集中于某种证券或贷款上。银行应选择一些相互独立、相关系数极小甚至不相关的证券投资或放款,其目的在于分散资产风险,提高安全性。银行业务本身是一个风险性业务,银行不可能从单纯避免和防止风险的观念出发,限制业务活动范围。作为自负盈亏的企业,银行需要取得尽可能大的收益,而如果希望从经营活动中取得较大收益,就必须承担较大风险。面对风险程度不同、收益各异的经营,银行可采取转移或分散的方法,将风险控制在最小限度内。

(二)商业银行资产负债综合管理的组织架构

商业银行资产负债综合管理的组织架构中,对银行资产负债综合管理负有最终责任的是董事会。通常情况下,董事会授权银行高管层下设资产负债综合管理的专业委员会,该委员会由主席、副主席、委员组成,担负银行资产负债方面的统筹管理和决策职能。一般由银行行长担任主席;分管财务管理、风险管理、产品与营销的副行长担任副主席;委员由各产品与营销部门、风险管理部、财务管理部、战略发展部等相关部门的主要负责人及研究部门的经济学家组成。

资产负债综合管理委员会主要承担以下职能:1. 贯彻、执行董事会和高管层的决议和决定;2. 根据银行发展战略规划,审议银行资产负债年度及中长期发展规划,制定资产负债综合管理政策、策略和目标,做出资产负债总量和结构安排;3. 审议资产负债管理总量及结构变动情况、资产负债项目的成本与收益变化情况,适时调整资产负债综合管理政策,推动资产负债综合平衡和结构优化;4. 审议资本充足率状况、资本预算执行情况及经济资本占用情况,决定资本配置策略及资本筹集计划,确保有关资本指标满足监管要求和资产增长需要;5. 审议并决定银行资产负债定价目标、策略及授权,根据资产负债业务定价执行情况及时调整定价政策;6. 审议银行流动性管理的方法、量化标准、风险限额及流动性应急方案,根据本外币流动性状况决定流动性组合规模及资金安排策略;7. 审议银行利率风险和汇率风险管理的方法、量化标准及风险限额,根据利率风险和汇率风险状况及风险限额执行情况,制定利率风险和汇率风险管理政策决策。

第三节　中国商业银行资产负债综合管理实践

近年来,中国商业银行在利率市场化背景下转型发展进行了卓有成效的有益探索研究和深入实践,社会经济形势、金融行业变革等一系列因素相互交叉叠加,构建一套行之有效的现代商业银行资产负债综合管理体系,不仅是落实发展战略、增强盈利能力、提高市场竞争水平的重要保障,更是落实国家宏观调控政策、助推国民经济持续健康发展的必要条件之一。

一、以资本导向的"大资产"统筹管理的实践

"大资产"是指商业银行的表内外资产项目的集合,不仅包括商业银行资产负债上的资产项目,还包括没有在资产负债表上反映的表外项目。面对经济新常态与监管变革带来的挑战,商业银行需要围绕股东价值最大化目标,在以资本为中心的价值传导机制基础上,建立涵盖表内外的"大资产"统筹管理体系,寻找支持战略、提高效益和控制风险的契合点。

（一）经济资本与信贷配置结合的实践

当前,信贷资产仍然是我国商业银行资产结构的重要组成部分。2018年末,5家大型银行各项贷款余额58万亿元,占银行业比例38%,存贷利差仍然是我国商业银行收入结构中最重要的组成部分,占整体营业收入水平的70%以上,是商业银行最主要的盈利来源。我国商业银行仍然以传统信贷业务为主,信贷配置的效率在很大程度上决定着商业银行的运营效率和盈利能力。

1. 从信贷规模管控到宏观审慎评估体系

在计划经济时代,中国人民银行通过设定信贷总量增长目标以及各专业银行信贷限额与投向,体现货币政策目标。1998年取消了贷款限额管理方式,实施资产负债比例管理和风险管理基础上的间接调控,实行"计划指导、自求平衡、比例管理、间接调控"的新信贷计划管理方法。2011年起,中国人民银行正式引入差别准备金动态调整和合意贷款管理机制,其核心内容是金融

机构的信贷增速应取决于经济增长的合理需要以及自身资本水平。该机制在促进货币信贷平稳增长、维护金融稳定方面发挥了重要作用。但随着金融创新快速发展,金融机构资产类型越来越丰富多样,仅仅依靠盯住"贷款"进行管理和调控,难以有效实现央行宏观审慎管理的目标。同时,社会舆论认为,合意贷款管理一定程度上限制了银行经营自主权,不利于货币政策的有效传导。为进一步完善宏观审慎政策框架,更加有效防范系统性风险,发挥逆周期调节作用,并适应资产多元化的趋势,中国人民银行从 2016 年起将差别准备金动态调整和合意贷款管理机制升级为宏观审慎评估体系。

宏观审慎评估体系的核心仍然是商业银行资本充足率,继续坚持资本制约资产扩张的要求,继承了差别准备金动态调整和合意贷款管理机制的理念。该体系综合考虑商业银行资本和杠杆状况、资产负债状况、流动性状况、定价行为、资产质量、外债风险、信贷政策执行等七大方面,通过综合评估加强逆周期调节和系统性金融风险防范,实际上用事后经济调节手段取代了事前信贷规模调控,在操作上更多地发挥了商业银行自身的自律机制和自我约束作用。

2. 资本导向的信贷配置方法

商业银行内部的信贷资源配置应坚持以资本为主要导向。在资本稀缺的背景下,边际收益高于资本成本(市场平均利润水平)是商业银行业务可持续发展的基本原则,也是所有银行满足股东回报的内在要求。因此,银行信贷投放不是以会计利润作为唯一标尺,而是要充分权衡资本承受能力和资本回报水平,以便使资产边际回报和整体业绩同步优化。

具体来说,在资本约束方面,要以资本支撑能力为上限,确保信贷投放总量及结构与资本承受能力相适应,强化资本刚性约束,确保资产增长由负债推动向资本约束模式转变。在资本回报方面,则是建立以经济资本为核心的价值管理体系,通过经济资本回报率(RAROC)和经济增加值(EVA)等指标,建立风险控制和可持续发展基础上的信贷资源配置机制,优化业务结构,提高资本利用效率和价值创造水平。

商业银行信贷资源配置的约束条件。我国商业银行通常肩负了服务回报股东和服务国家战略的双重使命。改革开放以来,我国商业银行已经基本上实现了市场化运作,逐步建立起了现代企业制度框架。一方面,商业银行应把有限的信贷资源投入风险收益最高的领域,尽可能以更高的盈利回报股东;另一方面,商业银行信贷资源配置还要按照国家发展战略要求,优先满足经济重点领域和薄弱环节的信贷需求。从外部环境看,我国商业银行的国际化程度越来越高,受国际政治经济局势影响的幅度越来越深,而自身经营管理的外部性也在增强,并由此受到越来越多的国家、组织、个人等利益相关者的关注和干预。与此同时,新常态下国内经济发展也面临诸多不确定性,商业银行既面临"三期叠加"的挑战,也有利率市场化、汇率市场化和流动性趋紧化的挑战,商业银行经营管理的复杂性日益提高。从内部条件看,我国商业银行的发展面临着资本、资金和资产质量"三资约束"的挑战。在经济增长趋缓、货币政策稳中略紧、产业结构调整加快的背景下,"两高一剩"、制造业、批发及零售业务等领域的潜在信贷风险不容忽视,商业银行风险管控压力将进一步加大。

上述约束使商业银行信贷配置的决策目标必须更加多元化,决策变量更加多维度,相比以往难度明显加大。

目前国内商业银行主要的资本导向信贷配置方法主要有三类:第一类是信贷配置与经济增加值(EVA)挂钩。第二类是信贷配置与内部资本充足率挂钩。第三类信贷配置方式直接脱胎于经济资本计划,通过经济资本系数将经济资本增量计划转换为贷款增量计划。

上述三种配置方法与不同商业银行自身的管理模式和管理文化相适应。总体上看,前两类信贷配置方法与经济资本的关联度更为紧密,其中,第二类与内部资本充足率挂钩的信贷配置方法对接资本充足率目标和合意贷款调控等外部监管,对风险资产增长的刚性约束更为直接。

3. 运用 RAROC 配置信贷计划

经济资本回报率(RAROC)建立在资产组合管理框架上,是对风险收益的整体认识,有助于实现合理风险下的高效经营。基于 RAROC 最大化的配置方法被国际先进银行广泛运用于信贷配置和资产组合管理中。但是,RAROC 指标本身是当期指标,并且受数据基础和计量方法的影响,在具体运用时不能脱离管理实际,只将 RAROC 最大化作为唯一的决策目标。

商业银行资产负债综合管理人员可以结合业务发展战略,合理模拟经营计划、财务预算、成本收入、经营战略、市场竞争、营销支持、风险制约等多维度场景,通过自主设置指标限额及财务参数,实时生成产品、区域、客户、行业等各个管理维度下的 RAROC 最优配置方案,作为信贷资源各维度配置的参考依据。同时,单笔 EVA 或 RAROC 价值评估还为客户准入和业务准入提供了量化的决策依据。但是值得注意的是,RAROC 指标的准确性依赖于管理会计信息的相关性和可靠性。现阶段管理会计信息无法拓展至单一客户和单笔债项维度,这就导致计算结果的不准确,基础数据质量欠佳。基础管理能力仍然是制约我国商业银行开展资产组合管理的瓶颈,有待国内商业银行进一步努力。

（二）以资本引领资产组合管理的实践

近年来，随着多层次资本市场的发展，直接融资在社会融资规模中的占比逐渐提高。反映到商业银行资产负债表上，表现为贷款增速放缓，贷款占表内总资产的比例有所下降，而投资占比则较快上升。从更大范围看，商业银行表外业务加速创新与发展，表外资产规模迅速扩大，并且与表内业务交叉关联、互相影响。为此，商业银行经营管理的范畴逐步从信贷资产扩展到包括信贷资产、固定收益资产、现金类资产等表内生息资产及资产管理、资产证券化等表外盈利资产，形成统筹表内外的"大资产"管理格局。

1. 基于 RAROC 的资产组合管理

基于 RAROC 的资产组合管理是以 RAROC 为纽带，以资本引领表内外资产进行合理组合，使各项管理工具形成合力，实现目标、过程和结果的统一，实现资产业务与经济资本联动、表内外资产负债联动以及资产配置与价值创造联动。

基于 RAROC 在资产组合管理方面的应用需要从三方面入手：一是明确价值判断标准和依据。通过建立全行统一的 RAROC 计算模板，从产品、客户、区域等不同维度为价值管理提供判断标准，为组合管理提供决策参考和依据。二是以 RAROC 为依据动态调整资产组合。顺应利率市场化下负债产品短期化，贷款类型零售化，对公业务投行化的特点，确定 RAROC 最大的资产摆布方案，并根据经营目标和市场环境变化进行动态调整。三是提高 RAROC 在定价管理、客户管理等微观层面的应用范围。完善外部定价管理和内部资金转移价格体系，根据客户整体 RAROC 回报水平和价值贡献情况，发掘客户潜力，优化进入退出机制，为前台营销和客户维护提供支持和依据。

2. 日益重要的投资管理

传统商业银行的主要功能是向公众提供存贷款服务，但无论是因为受到信贷计划管控，还是出于流动性管理的考虑，并非所有资金都能用于贷款。为此，商业银行在平衡安全性、流动性和盈利性之后，会将其资产组合的一部分用于投资证券，从而形成了投资业务。

随着多层次资本市场建设的不断推进，直接融资在社会融资总量中的占比逐渐增大，投资业务在商业银行中的重要性日益提高，投资在银行总资产中的占比将会进一步上升。

（1）从产品维度上注重主动性和专业性管理。商业银行的主要投资工具是国债、央行票据、金融债、地方债、企业债和资产支持证券等。与贷款相比，投资工具有流动性较强、盈利性较好和市场化程度较高的特点，需要银行进行更加主动和专业的管理。

（2）央行实施的宏观审慎评估体系明确将投资纳入与信贷同等地位的类信贷业务管理。商业银行从总量控制、分类管理、权责匹配和市场调节方面进一步调整和规范投资业务的管理方式，提高资产负债管理的全面性和有效性。

3. 同业融资的定位与管理

同业融资是指经国家金融主管部门认可的境内金融机构之间相互融通资金的行为。近年来，同业融资业务掀起了国内商业银行产品创新和监管套利的浪潮，同业代付、受益权买入返售等创新产品层出不穷，通过包装、增信和过桥等投行化手段，搭建了同业业务和信贷业务、表内业务和表外业务的通道，减少了商业银行的经济资本占用。商业银行对同业融资业务的管理也经历了从被动到主动、从粗放到精细化、从存量到流量管理的转变。

4. 境内外汇资产管理

商业银行外汇业务管理既要满足外汇业务自身在资产负债管理"量""价""险"三方面的要求，又要实现本外币 RAROC 最大化的目标，统筹把握"总量平衡""息差稳定"的管理要求。

商业银行外汇业务自主性较高，因此外汇存贷款计划更多地体现出业务指导性和方向性，需要根据自身业务发展需要灵活确定，从规模和效益的统筹把握出发，根据人民币汇率变化制定不同的外汇存贷款计划，有选择地实行"以贷定存"或"以存定贷"的管理政策。

5. 境外外汇资产管理

境外市场定价自主性高，市场变化较快，若严格控制境外机构资产增速，不利于境外机构的灵活发展。为促使境外机构合理控制资产增速，兼顾规模、效益和风险，商业银行可以尝试对境外机构实行杠杆率管理。商业银行为境外机构制定杠杆率指标，选取营运资金衡量境外机构风险，未分配利润衡量境外机构效益，资产余额衡量境外机构规模。

（三）表内外统筹管理的实践

表内外资产统筹管理需要围绕提升价值回报水平目标，借助资本管理工具将表内外业务纳入统一管理框架，寻找提高资产组合效益、控制风险和支持战略的契合点。

1. 传统表外业务

传统表外业务主要是指担保和承诺类业务，主要有贷款承诺、信用证、保函、银行承诺汇票等。以往资产负债管理的重心是表内资产与负债，对表外业务在资本覆盖、量价平衡等方面的精细化管理还不够。针对上述问题，商业银行应从三个方面将表外业务纳入资产负债管理统一管理框架之中。一是通过资本限额控制表外业务总量。针对表内业务的资本约束机制同样适用于表外信贷业务。二是通过期限管理优化业务结构。在满足大型优质客户需求的前提下,通过合理核定业务期限和提款有效期条款,明确提款计划等措施,提高一年以内表外信贷承诺的占比,能够降低表外信贷业务的资本占用。三是通过合格释缓工具节约资本。银行应优先采用监管认可的现金、金融质押品、商业用房、出让方式取得的土地等合格押品办理表外信贷业务,减少以信用或保证担保方式开展业务,充分应用合格押品节约资本占用。同时,加强押品贷后重估,增强合格押品覆盖风险和节约资本能力。

2. 资产证券化

资产证券化是协调表内和表外、优化资源跨期配置的资产负债综合管理工具。从流量经营的视角看,资产证券化盘活了存量信贷资产,从表内和表外两个方向扩大了信用投放的覆盖面,提高表内外资产的周转率和收益率。

但是 2008 年金融危机爆发也充分暴露了资产证券化过度膨胀、过于复杂的负面效应,尤其是增强了信用风险和流动性风险的隐蔽性、突发性和破坏性。结构过于复杂(甚至出现了超过 10 次以上的再资产证券化)的证券化交易,降低了信息披露的透明度,导致风险监测和预警机制失灵。同时,过度迎合投资及投机需求,脱离实体经济过度膨胀,使资产证券化沦为自我循环的庞氏骗局,加剧了流动性危机和金融不稳定性。

3. 影子银行

影子银行是我国一段时期内统筹表内外资产组合管理的重要工具。我国的影子银行依然围绕传统银行体系展开,资产证券化占比很低,更像是银行的影子,它在一定程度上满足了多层次的融资需求,支持了实体经济。但由于影子银行不会出现在资产负债表上,容易脱离既有的管理框架,

二、内部资金转移价格(FTP)管理的实践

(一)内部资金转移价格管理的起源与发展

内部资金转移价格(FTP)是指商业银行内部资金中心按照一定规则,从服务于核算资金收益或成本的目的出发,对每一笔资金来源或资金运用进行内部计价。内部资金转移价格是实施资产负债精细化管理的重要工具。

20 世纪 70 年代,美国开启利率市场化进程,逐步取消存款利率的最高限制,于 1986 年完全开放存款利率管制。在这一过程中,商业银行面临两大主要挑战:一是存贷利差快速收窄,二是利率风险不断加大。20 世纪 80 年代末

期,美国开始出现银行"倒闭潮"现象。为应对挑战,美洲银行于 20 世纪 80 年代首次将内部转移计价(FTP)体系由工业生产型企业的管理领域引入银行业的管理领域,将商业银行差额资金管理模式逐步升级为全额资金管理模式,较好地发挥了内部资金转移定价体系在实现内部精细化管理和实现利率风险集中等方面的功能。随后,内部资金转移定价体系开始在银行业广泛应用,对商业银行经营模式变革的影响日益加深。

内部资金转移价格管理是在以内部资金转移价格为基础的全额资金管理模式。商业银行在总行建立内部资金中心(司库),资金中心对全行所有的资金来源和运用进行统一管理,对分行的每一笔资金来源通过 FTP 价格进行购买,对分行每一笔的资金运用也以 FTP 价格出售。该管理的目标主要是:

在利润贡献识别方面,FTP 收支两条线的核算理念弥补了财务账面核算的不足。内部资金转移定价体系通过对每一笔资金占用或资金来源进行单独的内部计价,能够从资金来源、资金运用两个方面全面评价单笔贷款、存款的业务收益。例如,某商业银行一年期贷款的内部资金转移价格为 3%,但一年期贷款面向客户的利率为 4.5% 时,分行办理一年期贷款的内部资金转移收益率为 1.5%。某商业银行一年期存款的内部资金转移价格为 3%,但一年期存款面向客户的利率为 1.5% 时,分行办理一年期存款的 FTP 收益率为 1.5%。也就是说,在商业银行资金中心从存款吸收资金向贷款提供资金的内部价格均为 3% 的情况下,外部利率为 4.5% 的贷款和外部利率为 1.5% 的存款,具有相同的内部收益贡献。

在利率风险管理方面,FTP 资金集中管理的理念能够实现利率风险剥离。在全额资金管理模式下,商业银行资金中心统一运作全行资金,分支机构吸收的资金全部上存,分支机构的资金运营全部由资金中心下借。在此模式下,分支机构的利率风险也集中于总行资金中心,且分支机构间的利率风险在银行内部形成一定对冲,有利于降低管理成本。

（二）国内商业银行 FTP 管理的实践

目前,国内商业银行普遍建立了基于内部资金转移价格的全额资金管理模式,较好地适应了利率市场化改革初期的管理升级要求。在 FTP 定价方法上,大部分银行采取内部资金收益率曲线法,具体定价流程包括产生定价基准、确定定价规则和调整定价加点三个环节。具体如下:

1. 产生定价基准

内部资金转移定价,首先需要根据业务产品体系,选择合适的市场收益率基准曲线,进而根据一定的规则生成一条评价内部收益率的 FTP 定价基准曲线,作为确定各类产品内部资金转移价格的依据。设置 FTP 定价基准曲线的关键,是选择在本行现阶段筹资水平下能充分、公允反映边际筹资成本和边际资金使用收益的收益率曲线。定价基准曲线只有具有充分的公允性,才能确保资金供应部门和资金使用部门均能获得相对公平的 FTP,使绩效评价结果能够得到广泛接受。

2. 确定定价规则

连接产品 FTP 基准价格和 FTP 定价基准曲线的映射关系,是 FTP 的定价规则。根据业务产品的属性不同,商业银行可灵活运用指定利率法、期限匹配法和现金流法等定价规则,以实现利润贡献的合理识别和利率风险的精准分离。

(1)对无固定期限的产品,如活期存款、非生息资金等,由于无法准确确定其现金流分布,适宜采用指定利率法,为其制定一个特定的关键利率。

(2)对有固定期限、定期付息、期末还本的产品,如浮动利率贷款、定期整存整取等,适宜采用期限定价法,按其定价期限对应到 FTP 定价基准曲线上,找到相关的关键利率。

(3)对有固定期限、本金分期摊还的产品,如住房按揭贷款,适宜采用现金流法,通过充分考虑产品期限特征和现金流特征,实现预期现金流与相应资金成本和收益的完全匹配,使 FTP 核算更为精准。

3. 调整定价加点

在某产品 FTP 基准价格的基础上,资金中心可考虑利率风险、流动性风险、政策引导等方面的管理需要,适当提高或降低该产品的基准利率水平,形成最终的 FTP 价格。实践中,各家银行因自身业务结构等差异各有侧重。

商业银行 FTP 管理的价值,体现在 FTP 管理对商业银行经营过程和经营成果的改进上。为了更好地发挥 FTP 在提升商业银行经营管理水平方面的作用,商业银行应不断加强 FTP 在经营管理中的运用,重点是探索发挥 FTP 在传导战略导向和优化绩效评价方面的功能。

商业银行也应加强对战略性 FTP 定价加点的设计和运用。FTP 的价格是在 FTP 基准价格上进行加点调整后最终形成的,FTP 的定价加点是资产负债管理中的重要环节。差异化的 FTP 定价加点,能够体现一家商业银行在资产负债管理方面的战略导向。FTP 定价加点方案的设计是否具有科学性和前瞻性,也将决定商业银行 FTP 价格是否能够有效地提升经营管理的成效。

商业银行还可以通过 FTP 对绩效评价体系进行优化。一方面是商业银行通过考核分行的 FTP 利润,引导分行在关注"量"的增长同时关注"质"的提高。分行在攒取 FTP 利润的过程中,首先要设法提高对客户定价的水平,尽量扩大 FTP 点差收益,从而使外部定价能力有所提升。其次也要关注内部 FTP 加点策略的变化,将资源向 FTP 点差空间较大的业务倾斜,从而使内部战略要求得以传导。

另一方面是商业银行通过 FTP 实现逐笔业务的经济资本回报率(RAROC)评价,进一步提高绩效评价的精细化水平。RAROC 是风险调整后的回报相对于风险资本的比率,它将收益和风险统一起来,是能够合理计量单位资本回报贡献的绩效评价工具,也能够较好地顺应资本监管的发展趋势。随着国内部分商业银行的 FTP 系统实现了逐笔业务的 FTP 计价,通过将 FTP 作为资金成本参数的方式,商业银行将能够计量逐笔业务的 RAROC 水平。以一笔贷款业务的 RAROC 为例:

$$(RAROC=[贷款申请利率×(1-营业税)-贷款 FTP-管理成本$$
$$-风险成本+其他收益贡献率+风险调节系数]$$
$$×(1-所得税)/经济资本系数$$

逐笔业务的 RAROC 评价,将大幅度提升商业银行绩效评价的精细化水平,有利于商业银行提高对客户的识别能力和对经营单元进行科学奖惩,因此是未来 FTP 管理发展的重要努力方向。

(三)新形势下我国商业银行资产负债综合管理的发展趋势

随着我国利率市场化步伐加快,国内商业银行现行的资产负债综合管理将面临新的要求和挑战,商业银行应适应形势变化,进一步优化管理目标、提升管理理念和完善管理模式,加快建立满足更高风险控制和价值创造要求的资产负债综合管理体系。

一是坚持"全局性"原则。在资产负债表外业务加速扩张的背景下,商业银行必须积极顺应这一趋势,建立表内外一体化的资产负债综合管理体系,科学界定资产负债综合管理内涵,有效地拓展资产负债综合管理外延。

二是坚持"协调性"原则。资产负债综合管理是一个"量、价、险"统筹协调的体系,需要对业务总量、价格、风险状况进行整体性的研判、管理与应对。

三是坚持"未来观"。资产负债综合管理的基本职能之一就是要平衡商业银行发展的当期收益与长期价值之间的关系,摒弃对短期目标、任期目标的追逐。

四是坚持"风险观"。在管理目标上,需要从利润最大化转变为经风险调整后的价值最大化,坚持效益导向,实现银行的收益与风险有机结合,实现业务发展与风险管理的内在统一,坚决摒弃不计成本的负债规模扩张来支撑不计风险的资产扩张。

五是坚持"综合约束"原则。资产负债综合管理理念应当从单一的资金管理转向"资金、资本、资产质量"约束并重。

六是坚持"动态监控"原则。"资金约束"强调的是商业银行业务规模受到未来一定时期内流动性状况的约束,需要利用技术手段对现金流期限错配情况进行动态监测、计量。

关键概念:资产管理理论　商业性贷款理论　资产转移理论　预期收入理论　超货币供给理论　负债管理理论　存款理论　资金购买理论　销售理论　资产负债综合管理

复习思考题

1. 简述商业性贷款理论的局限性。
2. 简述商业银行资产负债管理内容、方法、原则。
3. 试述利率市场化对商业银行资产负债管理能力提出的挑战分析。
4. 试述中国经济新常态特点,以及对商业银行资产负债综合管理的影响。
5. 试述金融要素市场化对商业银行带来的机遇与挑战。

第十一章　商业银行风险管理与金融监管

本章学习目的

1. 理解商业银行进行风险管理的重要意义。
2. 熟悉商业银行的主要风险类别和各自的特点。
3. 掌握商业银行各类风险管理的方法。
4. 了解金融监管的主要内容及各种政策措施。

本章知识导入

国际"监管沙箱"的异同比较

"监管沙箱"是一个测试创新产品和服务的"安全空间",在一个相对封闭的空间内对产品和服务进行测试,同时不需要担心遭受正常监管的后果。

一、异同比较

(一)国际"监管沙箱"的相同点

1. 注重创新性。英国 FCA 致力于在保障消费者利益的前提下,在受监管的金融服务中促进有效竞争。而颠覆性创新是有效竞争的关键部分。"监管沙箱"的推出旨在支持能够为消费者提供新产品和新服务并挑战现有商业模式的创新,为创新企业消除不必要的监管障碍。因此英国"监管沙箱"的适用范围很广,规定测试的产品服务要有真正的创新,或与现有方案显著不同,运用于"颠覆性创新",而不仅局限于 Fintech 领域。

澳大利亚 ASIC 致力于鼓励和促进金融服务和信贷的创新,同时承诺确保新产品和服务受到适当的监管,以提升投资者和金融消费者的信任和信心,在创新与监管当中取得平衡。"监管沙箱"大大缩短了金融科技产品和服务上市所需的时间,降低了 Fintech 企业的时间成本和财务成本。

新加坡致力于使初创企业测试金融服务的可行性,认为监管要求不清晰可能会导致一些金融机构或初创企业采取谨慎的行为而不敢创新。"监管沙箱"则降低了金融创新产品和服务的监管成本,消除了初创企业的顾虑,达到了鼓励创新的目的。

2. 注重防范风险。英国明确规定创新的产品和服务在"沙箱"测试过程中会全程处于 FCA 的监督之下,同时必须遵守相关消费者保护的要求。澳大利亚对零售客户数量以及所有客户的总敞口数额进行了严格规定。企业申请时需要向 ASIC 及零售客户提供一系列的信息,同时规定了一套诚信措施。新加坡认为,"监管沙箱"提供了一个明确的空间和时间,同时能够提供适当的保障措施,以防测试失败而造成金融系统风险。

3. 注重保护消费者权益。英国 FCA 十分重视对消费者权益的保护。FCA 要求进入"沙箱"的公司只能对同意参加测试的客户测试他们的新产品和新服务,并被告知潜在风险和获得的相应补偿。规定参与沙箱测试的消费者与普通金融消费者可以享有同样的权利,如享受英国金融服务补偿计划和金融申诉服务公司的保护等。还要求进入"监管沙箱"的公司要承诺向客户赔偿所有损失,包括投资损失。

澳大利亚 ASIC 要求测试机构提供外部争议解决方案,为消费者和投资者提供一个比正式法律制度更快、成本更低的解决投诉和争议的渠道。澳大利亚 ASIC 要求参与测试的企业应充分尊重消费者的知情权,并制定适当的赔偿安排,以充分保护消费者权益。

充分保护消费者的权益同样也是新加坡"监管沙箱"的基本要求。新加坡 MAS 规定应评估并缓解测试金融服务中产生的重大风险。若在测试中发现缺陷,对客户或金融体系造成的风险超过了收益,且沙箱实体承认缺陷在测试期间内无法解决时,则会停止"沙箱测试"。同时,新加坡规定,沙箱实体应向客户披露与金融服务相关的主要风险。

(二)国际"监管沙箱"的不同点

1. 监管主体不同。英国"监管沙箱"的监管主体是金融行为监管局,负责监管、保险、投资以及证券等业务。FCA 目前是全世界监管最完善、法律执行力最强的金融监管机构之一,对所有在英国境内注册的金融机构进行严格的监管。澳大利亚"监管沙箱"的主体为澳大利亚证券和投资委员会。它是澳大利亚金融服务市场的法定监管机构,对公司、投资行为、金融产品和服务行使监管职能。新加坡"监管沙箱"的监管主体是新加坡金管局,负责管理所有新加坡的银行体系等方面有关的事务,职能范围相对更广。

2. "监管沙箱"的适用范畴不同。英国"监管沙箱"的适用范围更加广泛。

虽然这些国家发布"监管沙箱"的目的均是支持金融创新,但澳大利亚 ASIC 明确将范围限于 Fintech 领域;英国颁布的"监管沙箱"的适用范围则更广,运用于"颠覆性创新",而不仅局限于 Fintech。所谓"颠覆性创新",主要包括如下两点内容:其一,应是能够颠覆现有流程或市场的创新;其二,其核心标准是创新是否有益于消费者。新加坡发布的《金融科技监管沙箱指南》的征求意见稿中也明确将范围局限于 Fintech 领域,与澳大利亚 ASIC 明确的范围基本相同,两者均没有英国颁布的"监管沙箱"适用范围广。

3. 就监管力度而言,新加坡相对更为宽松和灵活。新加坡对于在"监管沙箱"中 Fintech 企业的时间要求更加灵活;英国在制度上更为严谨,要求 Fintech 公司在监管沙箱中的时间为三到六个月;澳大利亚也有六个月的相似规定。

英国向非持牌机构提供"限制性授权",向持牌机构提供"无异议函"、个别指导意见以及提供一定的豁免;澳大利亚对已经持有牌照和不需要牌照的产品和服务进行了详细的规定;而新加坡在授权类型等方面未进行详细规定,"监管沙箱"框架较为宽松和灵活。

二、启示

通过对英国、澳大利亚、新加坡等国家"监管沙箱"方式的比较分析,可以提供借鉴的方面主要包括:

（一）把握监管的度,推进 Fintech 平稳、健康、快速发展

掌握平衡的艺术,要把握好监管的度,要避免过度监管。过度的监管会增加创新产品和服务上市所需的时间和成本,降低参与测试企业的积极性,反将创新的道路堵死;也要避免监管空白,监管的法律法规要求不清晰,可能会导致一些金融机构或初创企业采取谨慎的行为而不敢创新,或采取激进的行为而不顾风险。因此,金融监管机构要把握好监管的度,不能背离稳健推进 Fintech 发展的初衷。

（二）结合国别特色制定监管细则并动态调整

可能没有具体哪一种监管方式是最优的,因此需要探寻一条适合本国 Fintech 发展的道路。鉴于 Fintech 如此迅速发展的态势,还应建立一种动态调整机制。英国身为传统老牌金融中心,加之 FCA 金融监管更为严格,因此在制度设立方面更为稳健和严苛;新加坡在沿袭英国"沙箱监管"的同时又进行了一定改良,但更为宽松和灵活。不同的国家可以根据本国金融监管以及 Fintech 发展的现状,选择不同的模式发展"沙箱监管"。比如,在规定原则、申请要求、申请流程等基本规则基础上,可以后续再根据实际的情况具体分析,

来确定客户规模、服务涉及的具体金额、测试时长以及评估方式等具体细节，并动态调整。这样既能够保证得到应有的监管，又能够实现监管处于不断完善之中。

（三）保护消费者利益是重中之重

采取"监管沙箱"的国家均十分强调消费者保护。参与测试的产品服务必须按规定向消费者披露相关信息。在权益保护之外，"监管沙箱"要强调消费者能从 Fintech 中获益，例如，更加低廉的产品价格、更便捷的金融服务、更友好的消费体验等。当然，"监管沙箱"中，也注重保护参加测试的消费者权益，规避 Fintech 创新产品存在的潜在风险，并引导其向更利于消费者的方向发展。保护消费者的利益不仅是"沙箱监管"的基本要求，也是整个金融监管所要达到的一个基本要求。

（四）"沙箱监管"要注意把握传统银行业与 Fintech 公司协同共生的关系

金融与互联网科技的融合将引领未来，但对于高增长的"黄金时代"即将结束的传统金融机构来说，急需"思变"以免被金融科技造成更大的冲击，利用数字化技术回归本质，提升效率。"监管沙箱"制度则需要注意把握好传统银行业与 Fintech 协同共生的关系。

目前，银行拥有客户优势和规模优势，但新生的 Fintech 公司通常具有创新优势，特别是在"客户体验"界面。Fintech 公司的颠覆性新科技可以使金融产品更加高效、安全和用户友好。传统金融机构需要通过 Fintech 技术去提升新型客户体验，通过数字化和移动式服务为客户提供解决方案，使服务流程更加简单和快捷。

传统银行也需要通过进一步改革，改变效率低下、成本高昂的经营方式，实现业务转型和服务模式的重构，提升透明度、及时性和便利性。通过与 Fintech 融合发展，通过虚拟化的渠道来创新运营方式，并更加有效地吸引和留住客户。传统银行需要关注以下几个方面：以数字化战略应对挑战，如积极开发区块链技术，探索区块链技术在金融领域的应用；构建数字化流程精简成本；吸引和培养信息技术人才，加快现有技术队伍观念转变、技术提升；建立支持数据化变革的组织架构；风险管控技术创新，保障客户、银行信息和资金安全。

金融科技企业在变革金融服务渠道，改进金融系统的运行机制，以及推动经济增长方面有巨大的潜力。银行和金融科技企业可以通过"富有战略性和审慎"的合作获得双赢。具体而言，银行可以获得金融科技企业的创新技术，金融科技企业可以获得银行的资金来源和体量巨大的用户基础。要实现这种潜力,金融科技企业要与传统金融机构通力合作来提供产品和服务。"沙箱监管"需要做的,就是在监管的过程中,既考虑到 Fintech 企业的技术优势,又要考虑到传统银行的客户和规模优势,让两者真正相得益彰,互利共赢。

摘自:边卫红. 中银研究,2017(4).

第一节　商业银行风险的概念

经济学中的风险是指各种经济行为所带来结果的不确定性,即发生损失或获得超额收益的可能性。因此,风险是用来衡量对预期收益的背离。同样,商业银行在经营过程中,由于事先无法预料的不确定性因素的变化,使得商业银行的实际收益与预期收益相偏离,从而可能遭受经济损失或获取额外收益。当银行面临市场开放、法规解禁、产品创新等各种变化时,这些变化所带来的市场波动程度提高,连带增加经营的风险性。良好的风险管理有助于银行降低决策错误的概率,减少损失的可能性,从而相对提高银行本身的附加价值。风险管理通过研究风险发生的规律,并采用各种技术和方法对其进行有效控制,从而达到以最小成本获得最安全保障的目的。

一、商业银行风险的概念

商业银行风险是指商业银行在经营中由于各种不确定性因素而导致经济损失的可能性。商业银行风险的概念主要包括以下内涵:

1. 商业银行风险的承担者是指与其经济活动有关的经济实体,如居民、企业、银行性金融机构、非银行性金融机构以及政府等。

2. 商业银行的风险与收益是对称的,商业银行的风险越高,其遭受损失的可能性也就越大,但其获取超额利润的可能性也就越大;总之,要想获取高收益,就要承担与之相应的高风险。

3. 商业银行风险可以与经营过程中的各种复杂因素交互作用,使经济系统形成一种自我调节和自我平衡的机制。

4. 商业银行风险研究的对象不仅包括可计量的风险,还包括不可计量的风险。

二、商业银行风险的成因

（一）宏观经济影响

1. 国家经济政策

在市场经济条件下，政府通过适当的宏观经济政策对经济发展进行规划和引导，有助于克服市场经济自身存在的盲目性和滞后性。而国家经济政策的制定和实施将不可避免地引起经济活动中的投资总量、投资结构、行业分布、外汇流动等方面的变化，这些变化会直接影响到相关产业的经营状况和发展前景，进而影响银行经营安全性、流动性和盈利性目标的实现。

2. 经济运行周期

在市场经济条件下，宏观经济运行常呈现出周期性波动的特点，在经济周期的不同阶段，银行所面临的风险程度也不尽相同。在经济处于复苏和繁荣阶段时，社会投资欲望强烈，商业银行信贷规模扩大，经营利润增加，风险较小；而在经济处于萧条和危机阶段时，商业银行信贷规模缩小，经营利润减少，特别是当借款人经营条件恶化，发生亏损或倒闭时，商业银行就会面临很大的风险。

3. 金融监管力度

在现代经济社会中，以银行业为主体的金融体系日益成为国民经济的神经中枢和调节机构。金融风险的涉及面广，危害性大。这就要求金融监管当局对金融体系实施有效的监管以控制和减少风险的产生，维持经济的持续、稳定发展。如果金融监管体系健全、措施得当，就会将潜在的风险消灭在萌芽状态并减轻风险造成的损失；反之，则容易导致银行业的无序竞争和其他短期行为的发生，使银行的经营风险加大。

（二）商业银行自身的管理水平

1. 商业银行经营管理的理念

商业银行在自身的经营管理过程中如果过分强调盈利性，就会导致资产业务中的风险业务比重过大，使银行的经营风险增加。如果银行经营理念过于保守，经营方针落后于经济发展对商业银行的要求，业务品种少，业务承办不能形成足以分散风险的规模，也会加大商业银行的风险。

2. 商业银行业务结构比例状况

商业银行的业务结构比例状况主要有三种类型：一是资产业务、负债业务与中间业务三者之间及各业务内部的各种类之间的比例关系是否协调；二是资产、负债等各种业务之间的期限结构与利率结构是否协调；三是金融衍生品、表外业务发展迅猛及杠杆率使用是否合理。如果商业银行业务结构比例失调,资产、负债及表外业务期限利率不匹配,融资缺口过大,都会加大商业银行的经营风险。

（三）由于信息不对称导致

1. 借款人的道德风险与商业银行风险

在商业银行存贷款业务,银行有可能遭受到来自借款人的道德风险引发的信用风险。首先,在贷款条款谈判过程中,借款人有可能不如实申报自己的财务状况和盈利能力,造成贷款合约信息不完整。其次,在贷款发放后,银行很难对借款人的行为进行监督,借款人可能从事一些高风险的活动,从而增加了银行的经营风险。

2. 银行经营者的道德风险与商业银行风险

在所有权与经营权分离的情况下,银行的经营活动主要是由职业经理人来完成,银行经营者有可能从事一些有损于股东利益的事情,最终使银行受到潜在风险的威胁。

3. 银行自身的道德风险与商业银行风险

银行自有资本比率很低,使得它有从事高风险投资的动机,而存款人又很难对银行实行监督。此外,许多国家的政府在整个银行系统陷入困境时会以最后贷款人的身份出现援助,从而增加银行从事风险投资的动机,加剧了银行风险。

4. 逆向选择与商业银行风险

在信贷市场,银行对借款人的资金用途、投资项目的风险等信息了解很少,出于自身利益的考虑,银行往往希望通过提高利率增加利息收益来抵补此类情况可能带来的损失,结果却使得低风险项目退出市场,相反,那些从事高风险投资项目可能使得银行风险加大的借款人却留在了信贷市场中。由此可见,逆向选择的存在最终导致的是银行总体风险水平的提高,并使得银行的收益和风险处于不对称状态之中。

三、商业银行风险的特征

商业银行风险若转化成现实损失,不仅会导致银行破产,而且将对整个国民经济产生巨大的破坏力。认清商业银行风险的特征,可以帮助我们更好地管理风险,减少风险损失,获取更多利润。商业银行风险的特征主要有如下几点。

（一）普遍性

商业银行风险普遍存在于各项业务中。从严格意义上讲，商业银行所有业务都存在风险，原因有两个：一是商业银行的主要业务以信用为基础，商业银行作为融资中介，实质上是一个由多边信用共同建立的客体，信用的原始借贷关系通过这一中介互相交织联动，任何一端的风险都可以通过这个"综合器"传递给其他信用关系；二是信用发生对象具有复杂性，借款人的理论对象包括全社会成员，社会成员的复杂性导致授信对象不可能永远、绝对无风险。

（二）传导性和渗透性

商业银行风险的发生很容易造成公众的信用危机，而在高度商业化的经济体系中，单一的信用机构不可能孤立于整个信用体系而单独存在，因而对单一信用机构的信用危机很快就会直接或间接地传导到其他信用机构乃至整个信用体系。同时，单一信用风险的发生，其影响往往不仅局限于这笔业务本身的失败，它可能会影响这一类业务，乃至整个信用体系。可见，商业银行风险的作用力可以同时影响多个层次。所以，除了要对单一风险的发生直接采取措施外，还要考虑它的影响是否已渗透到其他层次和范围。

（三）隐蔽性

商业银行风险有很强的隐蔽性。隐蔽性是指由于商业银行具有创造信用能力，并且其经营活动不完全透明，在其不爆发金融危机或存款支付危机时，可能因信用特点维护、掩盖或补救已经失败的信用关系或者已经发生的损失。政府或其他有影响力外部力量发生的风险和损失也可能掩盖商业银行的风险和损失。同时，隐蔽性还可以给商业银行提供一些缓冲和弥补的机会，如果银行能够及时、有效地采取措施，对已经发生的风险加以控制，它就可以利用其隐蔽性特点创造信用，进而提高生存和发展的能力，并对发生的那部分损失进行弥补。

（四）潜伏性和突发性

商业银行风险既可能表现为突发性，也可能表现为潜伏性。一般情况下，传统的金融风险表现为潜伏性，新兴的金融风险表现为突发性。如传统贷款中的信用风险，对一个有问题的客户贷款，可能一开始这笔贷款就是有风险的，但由于贷款期限长，需要3～5年的时间这笔贷款才被提取完毕；或者还款期长，要5～10年或者更长时间才能发生还款困难的问题，这就使这笔贷款的风险能潜伏很长时间。但是，现代金融产品，如外汇交易头寸风险，可能因为一笔极大外汇交易敞口使一家银行在一夜之间由巨额盈利变为亏损；或者由于计算机等现代技术直接参与交易，发生技术故障使一家银行在几秒钟之内崩溃。

（五）双重性

在对风险进行管理时，我们更多地强调它的损失，但在实际中，风险的存在也提供了获得额外收益的可能性。这种正的效应也是经济主体所渴求的，它会激励人们去承担风险，获取收益，在竞争中不断创新，以促进经济主体的发展。风险的双重性对商业银行产生一种约束和激励并存的机制，促使其运用风险管理技术更好地配置资源，创造利润。

（六）扩散性

商业银行风险具有一定的扩散性。扩散性是指随着现代金融业的发展，金融体系内部各种主体的联系日益密切，金融机构之间时刻发生着复杂的债权债务关系，金融机构之间存在着一家机构出现支付危机而导致多家机构倒闭的效应。商业银行风险的扩散性因创造信用的机制而被不断放大，最后演变为金融体系风险，甚至引发经济危机。

（七）可管理性

商业银行风险虽然具有很大的危害，且频繁发生，但它是可以管理的。可管理性是指通过金融理论的发展、金融市场的规范、管理技术的不断发展，风险可以得到有效的预测和控制，从而把风险降低到可以承受的范围之内，并通过风险的降低提高收益水平。商业银行可以通过增加资本金、调整风险资产来增强抵御风险的能力；通过加强外部监管、行业自律，逐步规范风险管理体系。

（八）周期性

商业银行风险的产生与经济周期有密切的关系。周期性是指金融风险受经济循环周期和货币政策变化的影响，呈现规律性、周期性的特点。一般而言，在经济发展上升期和繁荣期，货币政策宽松，社会资金流动规模大，货币供需矛盾容易被掩盖，商业银行风险不易发生；而经济处于衰退期或低谷期时，货币政策紧缩，社会各种矛盾激化，货币供应缺口明显，商业银行风险容易发生。

四、商业银行风险的分类

商业银行风险主要包括信用风险、市场风险、操作风险、流动性风险、国家风险、声誉风险、法律风险、合规风险和战略风险九大类。

（一）信用风险

信用风险是指债务人或交易对手未能履行合同所规定的义务或信用质量发生变化，从而给银行带来损失的可能性。对大多数银行来说，贷款是最大、最明显的信用风险来源。但事实上，信用风险几乎存在于银行的所有业务中，既存在于传统的贷款、债券投资等表内业务中，也存在于信用担保、贷款承诺等表外业务中，还存在于场外衍生产品的交易中。信用风险是银行最为复杂的风险种类，也是银行面临的最主要的风险。

（二）市场风险

市场风险是指因市场价格（包括利率、汇率、股票价格和商品价格）的变动而使银行表内外业务发生损失的风险。市场风险就具体内容来说，基本包括外汇风险和利率风险两大类。市场风险在银行衍生产品交易活动中表现得最明显。

1. 外汇风险

外汇风险是指汇率的变动使银行持有的资产或者负债的实际价值发生变动给银行带来的损失的可能性。外汇风险存在于所有以外汇表示的银行业务和市场交易中，因为收益必须折合成一种基本货币，外汇汇率的变化对收益的多少有直接的影响。

2. 利率风险

利率风险是指银行财务状况在利率出现对银行不利的波动时面临的风险。利率风险可能给银行的盈利和资本带来巨大的威胁，尤其是当商业银行持有大量的长期贷款和债券的时候。银行资产负债表上大部分项目所形成的收入和成本都要与利率挂钩。由于利率不稳定，所以收益也不稳定。

（三）操作风险

操作风险是指由于不完善或有问题的内部程序系统、人员过失或外部事件而造成损失的可能性。操作风险主要包括：内部欺诈风险、外部欺诈风险、工作场所安全的风险、客户产品和业务操作风险、灾害和其他事件、业务中断与系统失败风险、执行交割和内部流程管理风险等。这些操作风险可以简单地归纳为人员因素引起的操作风险、流程因素引起的操作风险、系统因素引起的操作风险和外部事件引起的操作风险四类。

（四）流动性风险

流动性风险是指无法在不增加成本或资产价值不发生损失的条件下及时满足客户流动需求，从而使银行遭受损失的可能性。当银行流动性不足时，它无法以合理的成本迅速增加负债或变现资产获得足够的资金，从而影响了其盈利水平。尽管流动性风险作为一种结构性风险，并不会直接引发损失或造成资产价值的减少，但其危害却是相当严重的。在极端情况下，流动性不足会造成银行的清偿危机、信誉危机，甚至置商业银行于死地。流动性风险始终是商业银行面临的最基本风险,它是其他风险在商业银行整体经营方面的综合体现。

(五)国家风险

国家风险是指经济主体在与非本国居民进行国际经贸与金融往来中,由于别国经济、政治和社会等方面的变化而遭受损失的可能性。国家风险发生在国际经济金融活动中,在同一个国家范围内的经济金融活动不存在国家风险。国家风险可分为政治风险、社会风险和经济风险三类。政治风险是指境外商业银行受特定国家的政治原因限制,不能把在该国收回的贷款等汇回本国而遭受损失的风险,政治风险包括政权风险、政局风险、政策风险和对外关系风险等多个方面。社会风险是指经济或非经济因素造成特定国家的社会环境不稳定,从而使境外商业银行不能把在该国的贷款汇回本国而遭受的风险。经济风险是指境外商业银行仅仅受特定国家直接或间接经济因素的限制,而不能把在该国的贷款收回汇回本国而遭受的风险。

(六)声誉风险

声誉风险是指由于意外事件、银行业务调整、市场表现或日常经营活动所产生的负面结果,可能影响银行的声誉并进而为银行带来损失的风险。声誉是商业银行所有的利益持有者通过持续努力、长期信任建立起来的一种无形资产,是银行维持存款人、借款人和整个市场对其信心的关键。商业银行所面临的几乎所有因素都可能会影响商业银行的声誉。

(七)法律风险

法律风险是指银行在日常经营活动或各类交易过程中,因为无法满足或违反相关的商业准则和法律要求,导致不能履行合同、发生争议诉讼或其他法律纠纷,从而可能给银行造成经济损失的风险。法律风险主要包括以下三类风险:一是商业银行签订的合同因违反法律或行政法规可能被依法撤销或者确认无效的;二是商业银行因违约、侵权或者其他事由被提起诉讼或者申请仲裁,依法可能承担赔偿责任的;三是商业银行业务活动违反法律或行政法规,依法可能承担行政责任或者刑事责任的。

(八)合规风险

合规风险是指商业银行因没有遵循法律、规则和准则可能遭受法律制裁、监管处罚、重大财务损失和声誉损失的风险。严格来看,合规风险是法律风险的一部分,但由于其重要性和特殊性,而一般采取单独讨论。

(九)战略风险

战略风险是指银行在追求短期商业目的和长期发展目标的系统化管理过

程中,不适当的未来发展规划和战略决策可能威胁银行未来发展的潜在风险。商业银行的战略风险,主要来自以下四个方面:一是商业银行战略目标的整体兼容性;二是为实现这些战略目标所制定的经营战略的科学性和可行性;三是实施经营战略所需动用资源的可得性和充分性;四是战略执行的效率和效果。

第二节　商业银行风险管理概述

一、风险管理产生的背景

18世纪工业革命的出现,社会生产力得到了空前发展,新技术、新工艺的普遍运用使生产规模不断扩大,社会财富不断涌现,国际贸易和国际市场规模空前扩大,新的风险损害也不断增加。尤其是随着社会化生产程度的提高,原来较为松散的社会联系变得十分紧密和复杂,这又进一步促进了人们对安全需求的提高。以下原因使现代企业风险管理意识得到普遍增强。

(一)巨额损失机会增加

随着科学技术突飞猛进地发展,企业的积累和生产规模不断扩大,社会财富越来越集中,生产中任何忽视大意都可能产生不可估量的经济损失。特别是对于一些高精技术部门,一次事故所造成的损失可达到惊人的程度。

(二)损害范围扩大

由于社会化生产程度的提高,企业之间的联系变得越来越紧密。一些企业的营销范围由地区扩展到全国,由国内扩展到国外,这使得风险事故虽在某一局部范围内发生,但其影响波及的范围无论在空间上,还是在时间上都可能是很大的。如一个大型铜铁厂被毁损,可能会波及千里外的矿石供应商和铜材使用商,导致成千上万的人失业。

(三)社会福利意识增加

随着生产力的不断发展,人们在创造物质文明的同时,也要求提高社会福利水平,如社会救济、失业救济和养老保险、医疗保险等。然而风险的存在会造成人们的忧虑与恐惧,从而降低人们的满足程度。风险发生也会造成对生产的破坏和对生存的威胁。

(四)利润最大化冲动

在商品经济条件下,企业经营的直接冲动在于获得最大利润。虽然高风险的行业能获得超额利润,如新技术、新工艺、新材料的运用,以及新产品的开发都可能产生巨额利润,但也可能导致巨额损失。这就迫使人们采取各种可能的措施,尽量避免可能出现的不利结果。

（五）社会矛盾尖锐化

第二次世界大战后,国际局势总体上进入和平与发展时期。但同时局部战争连续不断,种族争端日趋激烈,劳资对立愈演愈烈,贫富差距不断加大,这些因素使得社会矛盾越来越尖锐。因此,由社会原因和政治原因导致的风险越来越多,损失也越来越大。

二、商业银行风险管理的意义

商业银行的风险管理,无论对于商业银行经营管理的微观要求,还是对于整个社会经济的宏观要求,都有十分重要的意义。

（一）商业银行风险管理能增强金融体系的安全性

商业银行是金融体系的主体,其经营管理得当,能对经济发展起到重要的促进作用,反之,则会阻碍经济的发展。个别银行经营管理不善甚至倒闭会波及其他银行,进而影响社会公众对整个金融体系的信心,严重的还会酿成金融危机。如2008年下半年,美国投资银行雷曼兄弟因次级贷款而破产引发了全球金融危机,造成世界大部分国家的经济出现了衰退,甚至个别国家出现国家破产的现象,美国的经济和美国的房地产行业遭受了百年不遇的损失。因此,各国金融监管部门对商业银行实行严格的监管,商业银行自身也积极地实行风险管理,制定相应的防范措施,增强自身经营的安全性、流动性和盈利性。

（二）商业银行风险管理能增强商业银行的竞争能力

商业银行竞争能力包括资金、人才、技术和管理优势,其中管理优势尤为重要。商业银行风险管理是银行经营管理的核心内容。商业银行通过风险管理可将由风险引起的损失降到最低点,可保证银行经营的安全性,增强银行的竞争能力。

（三）商业银行风险管理能增强商业银行的国际竞争能力

《巴塞尔协议Ⅲ》要求国际银行的资本充足率不低于12％,一级资本充足率不抵于6％,核心一级资本充足率不低于5％。资本充足率指标是任何一个国家的银行进行国际化经营所必须遵循的基本准则。商业银行要想达到或超过资本充足率,就必须加强银行资产的风险管理,通过对资产风险的识别、估价、控制和处置等,降低风险资产总额,达到提高资本充足率的目的,最终促进银行的国际化经营。

三、商业银行的风险管理体系

商业银行的风险管理体系主要由组织结构、治理结构、管理流程和风险管理技术等要素组成。从国内外银行业的实践来看,商业银行风险管理体系始终处于不断演进过程中。

(一)商业银行风险管理的组织架构和治理结构

1. 组织架构

商业银行风险管理的组织结构包括董事会及其专门委员会、高级管理层及其专业委员会、风险管理部门和内部审计部门等,各个治理主体的职责以及报告要求组成了银行风险管理体系的治理结构。董事会负责制定和审批风险管理的战略、政策和流程,并监督和确保高级管理层做好实施工作,对全行风险管理承担最终责任。高级管理层负责执行董事会批准的风险管理战略、总体政策,检查风险管理部门的执行情况,并向董事会报告。专业委员会一般按照风险类型进行组织,包括信用风险管理委员会、市场风险管理委员会、操作风险管理委员会等。

2. 治理结构

商业银行设立目标明确、结构清晰、职能完备、功能强大的风险管理部门或单位,已经成为风险管理水平的重要标志。风险管理部门应当是一个相对独立的部门,具有独立的报告路线。银行在设计风险管理组织架构时,根据自身的业务特色、组织结构、运营规模、软硬件系统状况以及风险管理人员的专业素质等,设置合适的风险管理部门。风险管理部门接受高级管理层的领导,负责组织、协调、推进风险管理政策在全行范围内的有效实施。目前,我国大型股份制商业银行建立了风险管理的"三道防线",即第一道防线前台业务管理部门、第二道防线中台风险管理相关部门(包括风险管理部门、信贷审批部门、法律合规部门等)和第三道防线后台内部审计部门。"三道防线"分工协作、相互制衡,保障了风险管理体系发挥应有的作用。

(二)商业银行风险管理的基本流程与方法

商业银行实施风险管理通常严格地遵循一定的流程,科学、合理的风险管理流程是一家银行核心竞争力的重要组成部分。从治理结构来看,风险管理的流程是由银行的高级管理层负责制定,经董事会审批通过后,由相应的风险管理部门具体负责实施和执行。风险管理流程是银行在综合考虑自身的组织架构、管理水平、可用资源等因素的基础上开发和设计而成的,需要经过多年的实践检验和改进,各家银行的管理流程并不是完全相同的,往往带有鲜明的银行特征,一般不会公开披露流程的细节信息。此外,尽管不同类型风险的来源、特征、发生范围存在显著的差异性,但总体上看,不同风险的管理流程在关键环节上具有相似性,目前,商业银行风险管理的基本流程包括风险识别和度量、风险化解和处置以及管理效果评价三个步骤。

1. 风险识别和计量

风险识别和计量是银行依据环境变化、监管要求、时间周期、风险事件等需求条件,明确评估对象,并对现有控制措施进行评估,在此基础上,采用定性与定量方法评估风险的潜在影响,如风险的发生概率、可能造成的损失规模等。风险识别是风险管理的首要任务,而风险度量是通过量化风险的大小,为银行管理者做出判断和采取措施提供支持。

(1)风险识别的主要方法。

①财务报表分析法。即根据商业银行资产负债表、利润表、财产目录等财务资料,经过实际调查研究,对商业银行财务状况进行分析,发现潜在风险。

②风险树搜寻法。即以图解的形式,将商业银行风险逐层予以分解,采取类似于"顺藤摸瓜"的方式,最终找到银行所承受的风险的具体形态。由于风险分解后的图形呈现树枝状,故称风险树搜寻法。

③专家意见法。即由商业银行风险管理人员将相关资料发给若干名专家,由专家们各自独立地提出自己的意见,然后管理人员汇集整理专家们的意见进行再次调查,经过多次反复,最终形成比较一致的结果。

④情景分析法。即通过有关的数据、曲线、图标等模拟商业银行未来发展的可能状态,以识别潜在的风险因素及后果。

⑤筛选—监测—诊断法。筛选是指将各种风险因素进行分类,确定哪些风险因素明显会引起损失,哪些因素需要进一步研究,哪些因素明显不重要应该排除出去。监测是指对筛选出来的结果进行观测、记录和分析,掌握这些结果的活动范围和变动趋势。诊断是指根据监测的结果进行分析、评价和判断,对风险进行识别。

(2)风险计量,是在风险识别的基础上,对各种风险因素进行定量分析,计算损失发生的概率,以及损失发生时的大小。目前常用的方法是开发计量不同风险的模型,但模型的准确性完全取决于所运用的数据是否具有高度的真实性、准确性和充足性。常见的模型是计量信用风险、市场风险和操作风险的模型。

2. 风险化解和处置

风险化解和处置是在识别和度量风险后,银行针对风险的类型和程度,选择抑制、规避、分散、转移、补偿等风险管理策略,提出具体的控制措施,化解和处置风险。

(1)风险抑制。风险抑制是指当风险无法转嫁出去时,则要在银行自身的经营过程中予以消除或缩小。商业银行常用的风险抑制手段是掉期交易、期货交易和期权交易。

(2)风险规避。风险规避是指银行在经营过程中拒绝或退出有风险的经营活动。商业银行常用的风险规避策略有以下几种:避重就轻的投资选择策略,"收硬付软""借软贷硬"的币种选择策略,扬长避短、趋利避害的债务互换策略和资产结构短期化策略。

(3)风险分散。风险分散是指商业银行通过实现资产结构多样化,尽可能选择多元的、彼此不相关或负相关的资产进行搭配,以降低整个资产组合的风险程度。商业银行分散风险的具体做法包括:资产状态多元化、授信对象多元化和信贷资金分量化。

(4)风险转移。风险转移是指风险分散之后仍有较大的风险存在时,就利用某些合法的交易方式和业务手段将风险转嫁出去。商业银行转嫁风险的具体做法如下:提前或推后结算结汇、多头与空头和风险转嫁给客户。

(5)风险补偿。风险补偿是指商业银行采取各种措施对风险可能造成的损失加以弥补。商业银行常用的风险补偿方法如下:合同补偿、保险补偿和法律补偿。

3. 管理绩效评价

管理绩效评价是对风险管理的效果进行评估,评估结果将作为优化和改进现有风险管理的流程的依据。在绩效评价中,风险管理活动必须坚持成本收益的原则,对风险的管理成本不能高于其可能造成的价值损失。其中,风险管理的成本既包括直接成本也包括间接成本。直接成本可以用风险管理的占用资源来衡量,间接成本是指风险管理造成的潜在的经营效益损失。商业银行常用的风险评价方法有以下几种:

(1)成本效益分析法。成本效益分析法是研究在采取某种措施的情况下需要付出多大的代价,以及可以取得多大的效果。

(2)权衡分析法。权衡分析法是将各项风险所致后果进行量化比较,从而研究各项风险的存在及发生后可能造成的影响。

(3)风险效益分析法。风险效益分析法是研究在采取某种措施后,取得一定效果需要承担多大的风险。

(4)统计评价法。统计评价法是对已知发生的概率及其损益值的各种风险进行成本及效果比较分析并加以评价的方法。

(5)综合分析法。综合分析法是利用统计分析的方法,将风险的构成要素划分为若干具体的项目,由专家对各项目进行调查统计评出分值,然后根据分值及权数计算出各要素的实际评分值与最大可能值之比,作为风险程度评价的依据。

第三节 商业银行信用风险管理

信用风险是指债务人或交易对手未能履行合同所规定的义务或信用质量发生变化,从而给银行带来损失的可能性。它直接影响着现代经济生活中的各种活动,也影响着一个国家宏观决策和经济发展,甚至影响到全球经济的稳定发展。信用风险是现代社会经济实体、投资者和消费者所面临的重大问题,只有对信用风险进行准确的度量并据以实施相应的管理,才能保证金融机构乃至整个经济社会的安全性和稳定性。

一、信用风险的内容

1. 违约风险

违约风险是指借款人、证券发行人或交易对方因种种原因,如不支付钱款、不运送货物、不提供服务、不偿还借款等,不愿或无力履行合同条件而构成违约,致使商业银行遭受损失的可能性,同时,在信用保险、不同的贸易支付方式(赊账、货到付款、预付货款、交货付款)、国际贸易、托收、汇票、合同保证书、第三方担保、对出口商的中长期融资、福费廷等业务中均存在对方当事人违约的可能性。

2. 主权风险

主权风险是指当债务人所在国采取某种政策,如外汇管制,致使债务人不能履行债务时造成的损失。这种风险的主要特点是针对国家,而不像其他违约风险那样针对的是企业或个人。

3. 结算前风险和结算风险

结算前风险是指风险在正式结算前就已经发生;结算风险则是指在结算过程中发生不可预料的情况,即当一方已经支付了合同资金,但另一方发生违约的可能性。这种情况在外汇交易中较为常见,如交易的一方早晨在欧洲支付资金而后在美国进行交割,在这个时差中,结算银行倒闭可能导致交易对手不能履行合同。

二、信用风险管理的特征

信用风险管理表现出与其他风险管理不同的特征,并且随着风险管理的迅速发展,信用风险管理也在不断深化,呈现出与传统管理不同的特点。

1. 信用风险的量化和模型管理更加困难

信用风险管理存在难以量化和衡量的问题,主要有两个原因:第一,数据匮乏,主要是由于信息不对称、不采取盯市原则计量每日损益、持有期限长、违约事件发生少等原因;第二,难以检验模型的有效性,模型有效性检验的困难很大程度上是由持有期限长、数据有限等原因造成的。

2. 信用风险管理对冲手段出现

在市场力量的推动下,以衍生产品为代表的新的信用风险对冲管理技术开始出现,并推动了整个信用风险管理体系不断向前发展。

3. 信用风险管理实践中存在悖论现象

这种信用悖论包括两个方面:一方面,理论上要求银行在管理信用风险时应遵守投资分散化、多样化的原则,防止授信集中化;另一方面,实践中的银行信贷业务往往显示该原则很难得到贯彻执行,这使得银行信贷资产分散化程度不高。

4. 信用风险管理由静态转向动态

信用风险计量模型的发展使得组合管理者可以每天根据市场和交易对手的信用状况动态地衡量信用风险水平,盯市的方法也被引入信用产品的估价和衡量中;信用衍生产品的发展使得组合管理者拥有了更加灵活、有效管理信用风险的工具,可以根据风险偏好,动态地进行调整。

5. 信用评级机构的作用凸显

独立的信用评级机构可以让投资者及时、全面地了解企业信用状况,它可以提供保护投资者利益、提高信息搜集与分析规模效益的制度保障,现代信用风险管理理论与方法对信用评级的依赖更加明显。

三、信用风险的度量

(一)传统的定性度量方法

传统的定性度量的方法包括专家制度、Z 评分模型、信用评级方法。

1. 专家制度

专家制度是指由那些经过长期训练、具有丰富经验的专业人员对风险进行度量。尽管专家制度在银行的信贷分析中发挥着积极作用,然而实践却证明它存在许多难以克服的缺点和不足,如效率低、成本高、主观性比较强等。

2. Z 评分模型

Z 评分模型是一种多变量分辨模型,采用数理统计中的辨别分析技术,对银行过去的贷款案例进行统计分析,选择一部分最能反映交易对象财务状况、最具预测或分析价值的财务比率,设计一个能够最大程度上区分信用风险度的数学模型,对交易对象进行信用风险评估。

这个模型所计算出的 Z 值可以较为清晰地反映借款人在一定时期内的信用状况(违约或不违约、破产或不破产),因此,它可以作为借款人经营前景好坏的早期预警系统。但它也有缺陷:模型依赖于财务报表的账面数据,模型预测结果的可靠性和及时性不够;模型缺乏对违约和违约风险的系统认识;模型假设变量间存在着线性关系;模型无法计量企业的表外信用风险。

3. 信用评级方法

信用评级方法是将贷款的投资组合划分为 5 个不同的等级,对每一级别分别计提相应的损失准备金,再通过加总计算,评估贷款损失准备金的充足性。信用评级方法将各类资产归为 5 类:正常、关注、次级、可疑和损失。这一方法产生后,实际操作中又根据具体的需要扩展了这一方法,创立了内部评级法,将贷款划分为 9 或 10 个级别,并对正常类别的资产也规定了一定比率的计提准备。

(二)现代信用风险度量法

伴随着金融风险的多元化,这些方法已逐渐不适应现代商业银行对于信用风险度量的要求。J. P. 摩根继 1994 年推出著名的 VAR 为基础的市场风险矩阵模型后,1997 年又推出了信贷风险量化度量和管理模型即新信贷矩阵模型,随后又产生了瑞士信用银行的 CREDITRISK＋模型、KMV 公司的以预期违约率为核心手段的模型等等,这些现代信用度量方法都在银行业产生了很大的影响。

1. 信贷矩阵模型——基于 VAR 方法

这个模型是一种信用风险管理量化模型,是以 VAR 模型为基础的信用风险度量工具。风险价值(VAR)是度量一项给定资产或负债在一定时间里和在一定的置信度下其价值最大的损失额。由于 VAR 方法以科学严谨的概率统计理论作为依托,而且能够简单清楚地表示市场风险的大小,因此得到了国际金融界的广泛支持和认可。

模型的核心观点是信贷资产的价值不仅受到借款人违约所带来的信贷风

险影响,而且也会因债务人信用等级下降而引起潜在市场价值损失。该模型将违约概率、损失率、违约相关矩阵和信用等级迁移等纳入同一框架中,全面考虑了信用风险度量问题。模型的主要输入参数是风险暴露大小、信用等级转移矩阵、违约贷款收复率、无风险收益率、信贷风险加息差和资产收益率之间相关系数等,模型的输出结果是信贷资产组合的 VAR 值,即商业银行应该准备多少经济资本来应对信用风险。

2. KMV 模型——基于期权理论

KMV 模型以期权定价理论和相应的定价公式为基础,计算出企业股权的市场价值及其波动性,进而得出企业的违约距离和预期违约率。该模型认为贷款的信用风险是在给定负债的情况下由债务人的资产市场价值决定的。

(三)巴塞尔协议的信用风险度量法

2006 年颁布的《巴塞尔协议Ⅱ》中,要求银行使用信用打分模型及其他技术建立信用评级体系。因此以现代信用分析方法为基础的《巴塞尔协议Ⅱ》中的标准法和内部评级法成为现代商业银行进行信用风险管理的重要参考方法和手段。

1. 信用风险标准法

信用风险标准法是根据银行外部评级结果,以标准化处理方式计算信用风险。该方法对《巴塞尔协议Ⅰ》中有关银行账户风险敞口的风险权重计算方法进行了修改,其余则进行保留。

2. 信用风险内部评级法(IRB)

内部评级法是以银行内部风险评级为基础的资本充足率计算及监管方法。内部评级是指银行专门的风险评估部门和人员运用一定的评级方法对借款人或交易方履行合约能力进行综合评价。应用该方法主要考虑四个因素:风险敞口类别、风险因素、初级法和高级法及风险权重。

三、我国商业银行信用风险管理实务

我国商业银行遵循监管部门的要求进行信用风险的管理。信用风险管理的目标是建立与业务的性质、规模和复杂程度相适应的信用风险管理流程,从而有效地识别、计量、控制和监测信用风险,将信用风险控制在可以承受的范围内,并最终实现风险可控下的收益最大化。为实现这一目标,我国商业银行明确了各部门间相互监督,形成了独立、集中、垂直的信用风险管理模式。其中,董事会主要负责监控信用风险管理是否有效,并承担最终责任;高级管理层主要负责执行董事会批准的信用风险管理战略、政策和体系;信用风险管理委员会作为信用风险管理的审议决策机构,负责审议信用风险管理的重大事项;信贷管理部门负责牵头本级的信用风险管理工作;各业务部门按照职能分工,具体执行与其业务对应的信用风险管理政策。

我国实践中的商业银行信用风险管理流程主要包括全面及时的风险识别、风险计量、风险监测、风险缓释与控制、风险报告等一系列风险管理活动。风险识别是指对银行各项产品与业务中潜在的信用风险进行识别,同时也关注信用风险与其他类型风险之间的相关性;风险计量是指利用监管机构规定的方法对信用风险的程度进行计量与评估,以掌握风险的暴露状况;风险监测是指对债务人或交易对手的合同执行情况进行监测,动态了解信用风险状况的变动,并整体监测投资组合,防止风险的过度集中;风险缓释与控制是指运用抵押质押品和保证等风险缓释工具转移或降低信用风险;风险报告是指编制不同层次和种类的信用风险报告,提供给各风险层级和职能部门。

在信用风险管理流程中,对信用风险的定量分析是非常重要的环节。目前,我国商业银行对信用风险的定量分析主要包括信用风险暴露、信用风险缓释、贷款质量管理三个方面。

第四节　商业银行市场风险管理

一、市场风险的特点

相对于其他风险来说,市场风险具有系统性和易于计量的特点。

（一）系统性

市场风险主要来自整个经济体系而不是交易对手和内部体系,因而具有系统性风险的特征,尤其是利率风险和汇率风险,其系统性风险的特征更为明显。市场风险的这种系统性特点,使得商业银行无法通过分散化来管理,一般主要运用套期保值或保险的方法来进行管理。

（二）易于计量

相对于信用风险和操作风险来说,市场风险的计量所需的数据虽然数量巨大但容易获得且质量高。例如,利率或汇率数据,每天甚至每时每刻都会产生新的数据,大部分可以通过互联网或其他方式免费或仅支付很低费用即可获得,而且数据的标准明确、一致。

二、市场风险的控制方法

商业银行市场风险的控制方法主要包括三类：一是运用衍生金融产品进行风险对冲和风险转移；二是运用利率敏感性缺口和久期缺口管理；三是采取限额管理。第一类方法本书已有阐述，下面简要介绍后两类方法。

（一）利率敏感性缺口（IRSG）

利率敏感性缺口是指在一定时期（如距分析日一个月或 3 个月）以内将要到期或重新确定利率的资产和负债之间的差额，如果资产大于负债，为正缺口，反之，则为负缺口。当市场利率处于上升通道时，正缺口对商业银行有正面影响，因为资产收益的增长要快于资金成本的增长，若利率处于下降通道，正缺口对商业银行的影响是负面的。负缺口的情况正好与此相反。

如果一家银行的利率敏感性缺口为正值，说明它的利率敏感性资产大于利率敏感性负债。当市场利率上升时，该银行一方面需要对利率敏感性负债支付更高的利息，另一方面又可以从利率敏感性资产中获取更多的收益。由于利率敏感性资产大于利率敏感性负债，当所有利率同时以同等幅度上升时，利息收入的增长快于利息支出的增长，净利差收入就会增加。同理，当利率下降时，银行的净利差收入就会下降。如果银行的利率敏感性资产小于利率敏感性负债，利率敏感性缺口为负，那么当利率上升时，利息收入的增长慢于利息支出的增长，银行的净利差收入会下降；反之若利率下降，银行的净利差收入就会增加。

（二）久期缺口

（1）久期也称持续期，是指以未来现金流按照目前的收益率折算成现值，再用每笔现值乘以现在距离该笔现金流发生时间点的时间年限，然后进行求和，以这个总和除以债券各期现金流折现之和得到的数值就是久期。金融学上的概念上就是加权现金流与未加权现金流之比。久期是 1938 年由 F. R. Macaulay 提出的。

（2）久期缺口是指资产加权平均久期与负债加权平均久期和资产负债率乘积的差额。银行可以使用久期缺口来测量其资产负债的利率风险。

久期缺口＝资产加权平均久期－（总负债/总资产）×负债加权平均久期

当久期缺口为正值时，资产的加权平均久期大于负债的加权平均久期与资产负债率的乘积。当久期缺口为负值时，市场利率上升，银行净值将增加；市场利率下降，银行净值将减少。当缺口为零时，银行净值的市场价值不受利率风险影响。

总之,久期缺口的绝对值越大,银行对利率的变化就越敏感,银行的利率风险暴露量也就越大,因而,银行最终面临的利率风险也越高。

（三）限额管理

限额管理是指通过对银行所承担的市场风险设定不同的限额,确保将所承担的市场风险控制在可以承受的合理范围内,使市场风险水平与其风险管理能力和资本实力相匹配。

市场风险限额的设定,主要取决于银行所采用的市场风险计量方法。市场风险限额可以分配到不同的地区、业务单元和交易员,还可以按资本组合、金融工具和风险类别进行分解。常用的市场风险限额包括交易限额、风险限额和止损限额等。交易限额是指对总交易头寸或净交易头寸设定的限额。总头寸限额对特定交易工具的多头头寸或空头头寸给予限制,净头寸限额对多头头寸和空头头寸相抵后的净额加以限制。在实践中,银行通常将这两种交易限额结合使用。风险限额是指对按照一定的计量方法所计量的市场风险设定的限额,如对内部模型计量的风险价值设定的限额和对期权性头寸设定的期权性头寸限额等。止损限额是允许的最大损失额。通常,当某项头寸的累计损失达到或接近止损限额时,就必须对该头寸进行对冲交易或将其变现。

第五节　商业银行操作风险管理

伴随金融监管的放松、金融服务的不断丰富,以及金融技术的日趋复杂,由操作风险引发的各种损失事件频繁发生,逐渐让人们认识到操作风险在商业银行风险管理中的重要性,操作风险已成为继信用风险市场风险之后商业银行面临的又一种重要风险。

一、操作风险的分类

出于研究和管理操作风险的需要,金融监管机构对操作风险按照既定标准进行细分。本书介绍巴塞尔委员会对操作风险的分类。

（一）按照损失事件类型划分,操作风险可分为七类

1. 内部欺诈

有机构内部人员参与的诈骗、盗用资产、违反法律以及公司的规章制度的行为。例如内部人员虚报头寸、内部人员偷盗、在职员的账户上进行内部交易等。

2. 外部欺诈

是指第三方的诈骗、盗用资产、违反法律的行为。例如抢劫、伪造、开具空头支票以及黑客行为对计算机系统的损坏。

3. 雇佣合同以及工作状况带来的风险事件

由于不履行合同或者不符合劳动健康、安全法规所引起的赔偿要求。例如,工人赔偿要求、违反雇员的健康安全规定、有组织的罢工以及各种应对客户负有的责任。

4. 客户、产品以及商业行为引起的风险事件

有意或无意造成的无法满足某一客户的特定需求,或者是由于产品的性质、设计问题造成的失误。例如,受托人违约滥用客户银行账户上的资金进行不正确的交易行为、洗钱、销售未授权产品等。

5. 有形资产的损失

由于灾难性事件或其他事件引起的有形资产的损坏或损失。例如恐怖事件、地震、火灾,洪灾等。

6. 经营中断和系统出错

例如,软件或硬件错误、通信问题以及设备老化造成的损失。

7. 涉及执行、交割以及交易过程管理的风险事件

主要指由于交易失败或对交易过程的管理失效造成的损失。例如交易数据输入错误、间接的管理失误、不完备的法律文件、未经批准访问客户账户、合作伙伴的不当操作以及卖方纠纷等。

(二)按照操作风险的业务部门或业务流程环节,操作风险分为八类

1. 公司金融风险:合并与收购、股份承销、资产证券化、首次公开上市发行、政府债券和高收益债券等引发的风险。

2. 交易与销售风险:因固定收益债券、股权、商品期货、信用产品、自有头寸证券、租赁赎回、经纪、债务等引发的风险。

3. 零售银行业务风险:因零售的存贷款业务、私人的存贷款业务、委托理财、投资建议等引发的风险。

4. 商业银行业务风险:项目融资、房地产、出口融资、交易融资、代收账款、租赁、担保、贷款等引发的风险。

5. 支付与清算风险:因支付、转账、清算等引发的风险。

6. 代理业务风险:因契约、存款收据、证券借贷、发行和支付代理等引发的风险。

7. 资产管理风险:因可自由支配的资金管理和不可自由支配的资金管理

等引发的风险。

8. 零售经纪风险：因零售的经纪执行以及其他服务等引发的风险。

金融服务的管制放松和全球化，加上日益先进的金融技术，正在使商业银行业务及其风险组合更为复杂。自 20 世纪 90 年代以来，各类由于未能妥善管理操作风险而导致重大损失的事件不胜枚举。

二、操作风险的特点

操作风险与信用风险、市场风险一起并称为商业银行所面临的三大风险。但与信用风险和市场风险相比，操作风险的特点主要表现在如下方面：

1. 损失特殊性。银行在大多数情况下操作风险损失与收益的产生没有必然的联系。操作风险称为"沉默的杀手"，其所带来的损失可能对银行造成致命的打击。

2. 形式多样性。操作风险几乎无处不在，随时随地都有可能发生，既有可能源于人为或自然因素造成的大规模干扰，也可能源于银行经营场所及其附近可能发生的风险。操作风险的表现形式更是多种多样，可能是由于蓄意或疏忽导致的正常经营活动的中断，也可能是机构员工的不当行为所导致的重大损失或危机，甚至可能是机构与客户、普通员工与管理层之间的争议和不当行为，还可能是一个机构忽然发现自己卷入诸如会计丑闻、欺诈、不当竞争、恐怖活动、内部破坏、系统攻击、违背法律或者地震、风暴等事件中。

3. 管理差异性。操作风险直接与人员、系统、外部事件息息相关，因此每个机构所面临的操作风险各不相同，甚至相差甚远。同时，操作风险的管理水平、发展状况在各机构也并非完全统一，有的机构由于遭受过某种损失，从而在某方面的管理上已经比较成熟，而有的则刚刚开始。

4. 计量更困难。操作风险难于计量，主要原因在于：(1)操作风险因为记录历史短、概率小而数据较少；(2)操作风险在计量时，除考虑直接损失以外，还要考虑诸如经营中断、法律成本等间接损失，有时甚至是无法计量的损失，比如信誉损失。

5. 重视程度较弱。操作风险在 20 世纪 90 年代才开始被重视，2004 年新资本协议将操作风险纳入资本监管框架后，操作风险才获得了与信用风险、市场风险近似的重视程度。

三、操作风险的控制措施

控制操作风险的措施，主要包括加强相应内部控制措施、制定业务连续方案、保险和业务外包等。

（一）内部控制措施

适当的内部控制措施是商业银行有效设别和防范操作风险的重要手段，这些措施主要包括：（1）部门之间具有明确的职责分工以及相关职能的适当分离，以避免潜在的利益冲突；（2）密切监测遵守指定风险限额或权限的情况；（3）对接触和使用银行资产的记录进行安全监控；（4）员工具有与其从事业务相适应的业务能力，并接受相关训练培训；（5）设别与合理预期收益不符及存在隐患的业务或产品；（6）定期对交易和账户进行复核和对账；（7）主管及相关岗位轮岗轮调、强制性休假制度和离岗审计制度；（8）重要岗位或敏感环节员工八小时内外行为规范；（9）建立基层员工署名揭发违法违规问题的激励和保护制度；（10）查案、破案与处分适时、到位的双重考核制度；（11）案件查处和相应的信息披露制度；（12）对基层操作风险管控奖惩兼顾的激励约束机制。

（二）业务连续方案

由于存在银行不可控制的因素，当银行的物资、电信或信息技术基础设施严重受损或不可用时，可能导致银行无力履行部分或全部业务职责，结果给银行带来重大经济损失，甚至通过诸如支付系统等渠道不畅而造成金融系统瘫痪。银行应该识别那些对迅速恢复服务至关重要的关键业务程序，明确在中断事件中恢复服务的备用机制。银行还应定期检查其灾难恢复和业务连续方案，保证与其目前的经营和业务战略吻合，并对这些方案进行定期测试，确保商业银行在低概率的严重业务中断事件发生时能够执行这些方案。

（三）保险

保险通过将操作风险转移给保险公司，从而减少操作风险事件对商业银行的影响，是商业银行操作风险管理的重要手段。虽然目前还没有一种保险产品能够覆盖商业银行所有的操作风险，但很多操作风险能够被特定的保险产品所转移，比如，经理与高级职员责任险、财产保险、营业中断保险、计算机犯罪保险等。保险虽然能使银行在风险事件发生时得到补偿，但其成本也很高，需要支付金额不菲的保险费。因此，银行在决定投保前，要充分评估操作风险的暴露程度、自身风险管理能力及财务承受能力，通过风险决策确定是风险自留还是投保。同时，需要注意的是保险只是操作风险管理的补充手段之一，预防和减少操作风险的发生，最终还要靠银行自身的管理。

（四）业务外包

业务外包是指将相关业务转交给具有较高技能和较大规模的其他机构来管理。银行业务外包通常有以下几类：（1）技术外包，如呼叫中心、计算机中心、网络中心、IT 策划中心等;(2)处理程序外包,如消费信贷业务有关客户身份及亲笔签名的核对、信用卡客户资料的输入与装封等;(3)业务营销外包,如汽车贷款业务的推销、住房贷款推销、银行卡营销等;(4)某些专业性服务外包,如法律事务、不动产评估、安全保卫等;(5)后勤性事务外包,如贸易金融服务的后勤处理作业、凭证保管等。

业务外包使银行将重点放到核心业务上,从而能提高银行的经营管理效率并节约成本。但是,操作或服务虽然可以外包,其最终责任未被"包"出去,所有业务的最终责任人还是银行,银行对客户仍承担着保证服务质量、安全、透明度和管理汇报的义务。因此,业务外包必须有严谨的合同或服务协议,以确保外部服务提供者和银行之间责任划分明确。同时,银行应了解和管理任何与外包有关的后续风险,如营业中断、潜在的业务失败或外包方违约等。

四、操作风险的计量

操作风险的计量基本是三种方法,即基本指标法、标准法、高级计量法。

(一)基本指标法

在基本指标法下,银行的操作风险资本要求等于前三年中各年正的总收入乘上一个固定比例(用 α 表示)并加总后的平均值。其中,总收入等于净利息收入加上净非利息收入,同时,在计算时不包括总收入为负值或零的年份。巴塞尔协议最新规定的 α 值是 15%。

基本指标法的核心原理是操作风险会对银行的经营产生影响。因此,银行的操作风险状况就会间接地反映在某些经营指标上。在难以直接测量银行风险暴露的情况下,就可以通过容易获得的经营指标数据来测算监管资本要求。这种方法最大的优点就是非常简便,易于操作和监管,但也有缺陷,如总收入指标与风险暴露的相关程度值得怀疑,银行的操作风险资本与操作风险管理政策、制度、技术、人员素质等没有直接关系等。

(二)标准法

在标准法中,银行的业务被划分为 8 个产品线,并对每个产品线规定了一个操作风险系数(用 β 值表示),每个产品线的监管资本要求,等于该产品线的总收入乘以该产品线对应的 β 值。然后加总就得到银行总的操作风险监管资本要求。

标准法的核心原理与基本指标法在本质上是相同的,都是通过经营指标来间接计算操作风险的资本要求。所不同的是,标准法考虑到银行不同类别业务所面临的操作风险不同,并对不同业务分配了不同的操作风险系数 β。

因此，从理论上来说，标准法比基本指标法的风险敏感度更高。

（三）高级计量法

高级计量法是指银行通过内部风险计量系统来计算操作风险监管资本要求的方法。高级计量法是最复杂的操作风险计量方法，据以计算出来的资本要求也最少，对银行的操作风险管理能力以及损失数据都有较高的要求。因此，只有具有良好风险管理系统并有可靠风险计量模型的国际活跃银行，才能使用高级计量法。

第六节　金融监管

一、金融监管概述

（一）金融监管的含义

金融监管是指政府通过特定的机构对金融交易主体进行的某种限制或规定。金融监管本质上是一种具有特定内涵和特征的政府行为。金融监管有广义和狭义之分。狭义的金融监管是指中央银行或其他金融监管当局依据国家法律规定对整个金融业实施的监督管理。广义的金融监管还包括金融机构内部控制和稽核、同业自律性组织的监管、社会中介组织的监管等内容。

金融监管制度的建立与中央银行业务发展有着密切的联系。20 世纪 30 年代经济大萧条引起严重的金融危机，使各国中央银行深刻认识到商业银行不同于一般的实体经济，具有极其广泛深刻的渗透性、扩散性功能，它的经营活动对国民经济影响极大，中央银行要实现经济增长、稳定物价等货币政策目标，就必须将商业银行的活动置于中央银行的监督管理之下。

（二）金融监管的必要性

纵观世界各国金融领域广泛存在的金融监管，它具有以下深层次的原因和意义。

1. "市场失灵"需要金融监管

一个完全竞争的市场在现实世界中是不存在的，市场在某些情况下会失去其优化资源配置的功能，降低经济运行的效率，即出现"市场失灵"。具体表现如下。

（1）负外部性效应：相对于其他行业来说，金融行业的负外部性效应尤为严重，主要体现在：由于金融机构之间的债权债务关系复杂，一家金融机构即使经营非常正常,也会因与之有较强债权债务关系的金融机构的倒闭而蒙受损失,损失严重时甚至可能步入倒闭之列。

(2)金融业具有传染性,当某一家金融机构经营不善致使公众失去信心而发生挤兑时,由于大部分公众对该金融机构的了解不可能很充分,这种情形会波及其他金融机构。

金融机构经营中的负外部性对经营机构的负面影响极大,有时甚至是破坏性的,个别金融机构经营出现问题有可能波及整个金融业,酿成金融危机。全球一体化可以使第二种负外部性跨越国界。

2.垄断的存在需要金融监管

金融市场具有一定程度的自然垄断倾向。许多研究表明,银行规模越大,各项服务设施齐全,机构分布广,越可能为客户提供便捷安全的服务,越能吸引更多的客户,在市场中竞争地位就越加巩固,一旦少数几家金融机构占据了相当的市场份额,其他类似的金融机构的进入障碍就会加大,竞争就会减少,继而形成垄断市场价格的市场势力。最典型的例子是银行间的清算,所有的交易都通过一家清算机构处理,则会极大地便利交易的进行。垄断会产生价格上升,资源配置效率下降,影响整个经济运行效率。

3.信息不对称和信息不完全需要金融监管

金融机构面对公众的资产、负债、表外业务都存在信息不对称。

(1)在资产业务方面,如果授信对象资信条件不好,金融机构并没有充分了解而与之发生了授信业务,就有可能产生呆账,大批呆账的发生就会危及金融机构自身的安全。

(2)在负债业务方面,由于现代金融机构越来越庞大,金融业务越来越复杂,一旦金融机构经营不善亏损甚至于倒闭,就影响到不知情的公众投资者包括存款人。

(3)表外业务方面,尤其是金融衍生产品业务的不断发展,因杠杆作用会直接加大银行及所有债权人的风险。

当然,金融市场参与者的信息不完全也会导致金融交易的风险,进而造成金融市场的不稳定,甚至可能引起金融危机。这就要求政府对金融机构的信息披露进行管制,并提供信息共享平台。

4.金融行业的特殊性需要金融监管

金融行业不同于其他行业,存在着多方面的特殊性,如:

(1)高负债性。金融机构尤其是银行具有比工商企业更高的负债比率。而且,金融机构的资产和负债收益不对称,其负债成本是相对确定的,但其资产收益是相对不确定的。

(2)内在脆弱性。金融体系具有内在脆弱性。内在脆弱性是指一切融资领域的风险积聚。根据信息统计,金融机构的存在一定程度上可以减少借贷双方信息不对称的矛盾,但其解决信息不对称的成效受到两个前提条件的制约:一是所有的存款人对金融机构保持信心并不同时取款;二是金融机构对借款人的筛选和监督是高效率、低成本并且是获利的。

(3)金融风险和金融危机对宏观经济具有极大的破坏性。金融业是一个高风险行业,当金融风险积聚起来以后,一旦在某些因素触发下暴露出来就很容易酿成金融危机;而且一旦危机爆发,不仅冲击金融体系,还将动摇整个经济体系,对宏观经济造成极大的甚至是破坏性的影响。在金融全球化的背景下,一国金融危机还会波及其他国家,最终可能酿成世界性的金融危机。因此,为避免金融机构经营不当积聚金融风险和引发金融危机而造成对整个宏观经济的破坏,政府有必要对金融机构实施监管,限制其盲目扩张,抑制其过度投机,为国民经济的正常运行提供稳定的货币信用环境。

二、金融监管内容

商业银行是现代金融体系的基础,因而银行监管在金融监管中占据核心地位。银行监管的内容主要包括市场准入监管、日常运营监管和危机处理及市场退出监管。

(一)银行市场准入监管

银行市场准入监管的目的是保证新设立的银行具有良好的品质,保证银行机构的数量、结构、规模和分布符合国家经济发展规划的要求和市场的需求,促进银行业的适度竞争。注册资本金、高级管理人员任职资格和业务范围是银行准入监管的核心内容。具体监管内容包括:

(1)设立商业银行必须达到最低注册资本金要求,以保护债权人的利益并维持银行体系稳健运行。例如,美国规定国民银行的注册资本不得少于100万美元,日本商业银行的最低开业资本为10亿日元,我国设立全国性商业银行的注册资本最低限额为10亿元人民币,设立城市商业银行注册资本最低限额为1亿元人民币,设立农村商业银行的注册资本最低限额为5000万元人民币。

(2)高级管理人员任职资格必须符合相关规定要求。银行高级管理人员是指董事长、副董事长、行长(总经理)和副行长(副总经理),对于这些高级管理人员,各国都有具体的任职资格规定。我国2000年发布的《金融机构高级管理人员任职资格管理办法》,对金融机构高级管理人员的任职资格、资格审核和管理等方面做出了明确具体的规定。

（3）审批机构对设立银行的业务经营范围的规定。对银行是否可以从事非银行业务,多数国家都有一定程度的限制,只是限制的范围、程度和方式不同,有的国家则严格禁止。目前,世界上不少国家对银行业务范围的限制呈逐渐放松的趋势。

（二）银行日常运营监管

虽然银行准入监管进行了严格的条件审核与准入控制,但并不能保证银行机构在进入市场后能够依法稳健地经营。事实上,银行机构的大量风险是在日常业务经营过程中逐步形成的。因此,银行市场运营监管任务更重,责任更大。各国对银行日常运营监管的重点主要在以下几个方面:

1. 对资本充足率的监管。资本是银行赖以生存和从事一切业务活动的基础,对银行资本充足率做出规定,可以限制银行资产总量的扩张,降低风险。

2. 对流动性监管。流动性不足是导致银行危机的最直接原因,因而流动性监管广泛重视。评估流动性状况要考虑的因素主要有:存款的变动情况、可随时变现的流动资产的数量、对自身资产负债的管理能力和紧急筹措资金的能力等。

3. 贷款集中度监管。对贷款集中度和关系贷款人加以限制,可避免风险过于集中。我国规定商业银行对同一借款人的贷款余额与银行资本的比率不能超过 10%,对最大的 10 家客户的贷款总额不能超过银行资本净额的 50%。

4. 资产质量监管。资产质量是衡量银行经营状况的重要依据。美国银行机构根据风险程度将银行资产分为正常、关注、次级、可疑、损失五类。

5. 呆账准备金监管。呆账准备金一般包括按当年贷款余额固定比例提取的普通呆账准备金和按贷款实际风险程度提取的特别呆账准备金两部分。

6. 内部控制监管。由于没有专门的客观数据、指标作依据,内部控制监管的难度相对较大。监管当局通常会发布指导性原则,要求银行建立科学、严密、完备的内控机制。银行内部控制主要包括管理控制、业务运营控制和会计控制三方面。

（三）银行危机处理及市场退出监管

无论怎样完善的银行监管体制,也不能完全避免银行危机的出现。为保护公共利益,维护公众信心,保持银行体系稳定,银行监管当局通过建立一系列银行危机处理制度,以便在银行出现支付危机、倒闭或破产等危机时,将银行危机可能导致的损失降到最低限度。银行危机处理的方式主要有三种:

1. 紧急救助。对于面临暂时流动性困难的银行可以采取紧急救助措施，当局既可以给予直接的资金借贷，也可以出面担保来帮助银行渡过难关。

2. 接管。当面临财务困难的银行继续经营的价值大于立即破产清算的价值时，为保护债权人利益，避免因银行倒闭造成震荡，监管当局可予以接管。在一定的接管期限内，被接管银行可能恢复正常经营能力，或被其他金融机构兼并或收购，也可能无法恢复正常经营或找到新买家而最终破产。

3. 并购。监管当局可以组织健全银行兼并或收购危机银行。并购分援助性和非援助性两种。援助性并购下，监管当局会提供资金援助，并购者只承担部分债务。非援助性并购下，并购者要承担全部债务，不过可以享受到开办新业务、扩大分支机构等方面的优惠。

当监管当局对危机银行的各种挽救性措施均告失败之后，那么法院将依法宣布该银行破产。破产并不是银行退出的唯一方式。若银行在经营中违法违规，监管机构会令其限期整改，情节特别严重或逾期不加改正者，监管机构将吊销其营业执照，关闭该银行。此外，银行也可能由于合并、分立或是银行章程规定的解散事由而自行解散。

三、我国金融监管体制

（一）我国金融监管体制

目前，我国金融业是实行分业经营、分业监管。现行分业监管体制是我国金融发展过程中的必然选择。这主要是因为，我国目前仍处于较低的金融发展水平阶段，金融法律法规还不健全，商业银行发展还不规范，有效的风险控制机制尚未建立起来，金融监管的经验不足、人才缺乏，实行分业监管体制有利于在各自特定领域内进行专业化管理。

（二）我国金融监管体制的改革

1. 我国现行分业监管体制面临的问题

（1）金融业务创新对分业监管形成冲击

我国加入WTO后，大量深层次的金融业务创新，既会促进我国金融业向现代成熟金融业发展，也会对我国分业监管体制提出严峻挑战。首先，在国内金融机构不良资产比率居高不下，而依靠金融机构自身又难以在短期内迅速化解的情况下，金融监管机构必须把握创新与发展的关系，避免国内金融机构盲目创新所带来的新的金融风险。其次，需要处理好国内金融机构与外资金融机构业务创新的关系。如果片面遏制国内金融机构的创新业务，譬如当前内资金融机构的业务创新需要审批，而对外资金融机构的创新没有任何限制，就会使内资金融机构在与外资金融机构的市场竞争中处于劣势。

（2）混业经营苗头使分业监管面临挑战

目前国内银行、证券、保险机构业务合作已日趋加强，银、证、保之间已初步形成了三者之间业务渗透、优势互补、互惠互利、共同利用现有市场资源、共同发展的新格局，这对现行分业经营监管体制提出了挑战。而且部分企业集团公司控股下的银行、证券、保险、信托之间的业务往来，已经形成了事实上的混业经营。这种通过集团公司运作的混业经营使得以机构性监管为主的分业监管面临新的挑战。

（3）现行金融监管的组织体系不健全

从国际金融监管的普遍经验分析，有效金融监管的实施应建立金融当局的行政监管、金融机构的内控机制、金融行业自律组织和社会外部监督相结合的金融监管组织体系，其中，金融当局的行政监管和金融机构的内控机制在金融监管中起主导作用，金融行业自律组织和社会外部监督起重要补充作用。目前，我国的银行、证券、保险尽管在政府的参与下都分别建立了各自的地方性和全国性的同业自律组织，但这些自律组织不健全，会员发展缓慢，行业自律功能不强。我国社会性的监督组织也没有起到应有的作用，注册会计师和会计师事务所弄虚作假行为屡屡出现，这些都使我国监管的效果不能尽如人意。

（4）金融监管成本较高，效率低下

这主要表现在一是监管机构庞大，人数众多，人力成本较高。我国监管机构的职工总数大大超过了其他国家，机构庞大，费用居高不下，而且很容易发生寻租和道德风险，加大了监管人员的再监督成本。二是监管制度设计重复，成本增加。一些相同的、近似的经常性监管项目没有一个统一的制度安排，每开展一次监管活动几乎都要重新进行监管制度的设计，监管成本很高。三是现场检查的实施效果差，监督成本高。我国金融监管当局的现场检查的实施没有统一的工作规范，也缺乏恰当的定期检查，结果每一次检查都需要大量的人力、物力，但效果很差，还可能会影响金融机构的正常经营。

（5）在分业监管中缺乏一套合理有效的协调机制

我国分业监管模式是与金融机构分业经营格局相适应，这样做有利于监管部门集中精力对各自负责的监管对象实施监管，有利于提高金融监管效率和监管水平。但是，分业监管使得各监管部门自成体系，缺乏一套监管联动协调机制，金融监管支持系统薄弱，使被监管对象有可乘之机，产生分业监管与跨行业违规经营的矛盾，出现业务交叉中的监管真空。

同时,分业监管还可以导致对新的交叉性金融业务的监管重叠与监管缺位,因为现行分业监管大都采取机构性监管,实行业务审批制方式进行,一项新的金融业务的推出通常需要多个部门长时间的协调才能完成。

2.我国金融监管体制的改革

(1)更新金融监管理念

在世界金融全球化、集团化趋势日益明显的背景下,我国的金融监管理念应该从严格限制金融机构的经营业务和经营行为向促进金融业竞争、促进金融混业经营的方向转变;从限制金融机构的合并转向鼓励金融机构之间的联合。

(2)转移监管重点

我国金融监管的重点应从合规性监管向合规性监管和风险性监管并重转变。目前的金融监管主要是对金融机构执行有关政策、法律、法规情况实施监管,而对金融机构的资本充足程度、资产质量、流动性、盈利性和管理水平等所进行的监管力度不大。应推行全面风险管理的理念。

(3)改进金融监管方式

这方面的重点是要实现由静态监管向动态监管的转变,时刻关注、控制、防范和化解金融机构的风险。金融机构内部改善其内部控制体系,加强信息披露,强化对金融机构的市场约束力。

(4)完善金融监管体系

一方面要进一步加强"一行二会"的独立性,加大对违规机构及时发现、查处的力度,另一方面在当前分业经营分业监管的背景下,进一步强化监管机构之间已建立的高层定期会晤制度,经常就一些重大问题进行磋商、协调,同时,对业务交叉领域和从事混业经营的金融集团,实施联合监管,建立监管机构之间的信息交流和共享机制。

(5)加强跨境金融监管的合作

当今世界金融监管发展的一个趋势是实施跨境监管,以加强对跨国金融机构的监管,防止出现金融监管的真空,这就要求加强金融监管的国际合作。在金融全球化条件下,为了有效监管本国商业银行的境外业务以及外国银行在本国的金融业务,进一步加强跨国间的监管合作已经变得越来越迫切和越来越重要。

关键概念:信用风险 市场风险 操作风险 流动性风险 国家风险声誉风险 法律风险 合规风险 战略风险 利率敏感性缺口 久期缺口

限额管理　金融监管

复习思考题

1. 商业银行的主要风险有哪些？
2. 商业银行风险的形成原因是什么？
3. 简述商业银行风险的主要特征。
4. 简述商业银行风险管理的主要意义。
5. 试述金融监管的必要性。
6. 谈谈我国商业银行金融监管的发展趋势。
7. 试述信用风险、市场风险和操作风险防范措施。

第十二章 商业银行内部控制
与合规风险管理

1. 了解商业银行内部控制的意义和目标,充分认识内部控制设计原则及特征。

2. 充分理解巴塞尔银行监管委员会提出的银行内部控制的十三条原则,了解内部控制管理的程序和方法。

3. 充分认识我国商业银行内部控制的设计原则。

4. 了解内部控制与合规风险管理的区别与特点。

法国兴业银行的内部控制案

法国兴业银行创建于 1864 年 5 月,是有着近 150 年历史的老牌欧洲银行和世界上最大的银行集团之一,分别在巴黎、东京、纽约的证券市场挂牌上市,拥有雇员 55000 名,国内网点 2600 个,世界上多达 80 个国家的分支机构 500 家,以及 500 万私人和企业客户。法国兴业银行提供从传统商业银行到投资银行的全面、专业的金融服务,建立起世界上最大衍生交易市场领导者的地位,也一度被认为是世界上风险控制最出色的银行之一。但 2008 年 1 月,法国兴业银行因期货交易员吉罗姆·凯维埃尔在未经授权情况下大量购买欧洲股指期货,形成 49 亿欧元的巨额亏空,创下世界银行业迄今为止因员工违规操作而蒙受的单笔最大金额损失的记录。这桩惊天欺诈案还触发了法国乃至整个欧洲的金融震荡,并波及全球股市暴跌,无论是从性质还是规模来说,都堪称史上最大的金融悲剧。

在 2007 年至 2008 年年初长达一年多的时间里,凯维埃尔在欧洲各大股市上投资股指期货的头寸高达 500 亿欧元,超过法国兴业银行 359 亿欧元的市值。其中,道琼斯欧洲 STOXX 指数期货头寸 300 亿欧元,德国法兰克福股市 DAX 指数期货头寸 180 亿欧元,英国伦敦股市金融时报 100 种股票平均价格指数期货头寸 20 亿欧元。法国兴业银行作为一家"百年老店",享有丰富的金融风险管理经验,监控系统发达,工作权限级别森严,一个普通的交易员为何能够长期调遣高额资金进行虚假交易,这是我们关心的首要问题。

　　凯维埃尔 2000 年进入法国兴业银行,在监管交易的中台部门工作五年,负责信贷分析、审批、风险管理、计算交易盈亏,积累了关于控制流程的丰富经验。2005 年调入前台,供职于全球股权衍生品方案部,所做的是与客户非直接相关、用银行自有资金进行套利的业务。凯维埃尔负责最基本的对冲欧洲股市的股指期货交易,即在购买一种股指期货产品的同时卖出一个设计相近的股指期货产品,实现套利或对冲目的。由于这是一种短线交易,且相似金融工具的价值相差无几,体现出来的仅是非常低的余值风险。但有着"电脑天才"名号的凯维埃尔进行了一系列精心策划的虚拟交易,采用真买假卖的手法,把短线交易做成了长线交易。在银行的风险经理看来,买入金融产品的风险已经通过卖出得到对冲,但实际上那些头寸成了长期的投机。

　　纵观凯维埃尔的作案手法,可以概括为侵入数据信息系统、滥用信用、伪造及使用虚假文书等多种欺诈手段联合实施的立体作案。为了确保虚假的操作不被及时发现,凯维埃尔利用多年处理和控制市场交易的经验,连续地屏蔽了法国兴银行对交易操作的性质进行的检验、监控,其中包括是否真实存在这些交易的监控。在买入金融产品时,凯维埃尔特别刻意选择那些没有保证金补充警示、不带有现金流动和保证金追加要求,以及不需要得到及时确认的操作行为,巧妙地规避了资金需求和账面不符的问题,大大限制了虚假交易被监测到的可能性。尽管风险经理曾数次注意到凯维埃尔投资组合的异常操作,但每次凯维埃尔称这只是交易中常见的一个"失误",随即取消了这笔投资,而实际上他只是换了一种金融工具,以另一笔交易替代了这笔,以规避相关审查。此外,凯维埃尔还盗用他人账号,编造来自法国兴业银行内部和交易对手的虚假邮件,对交易进行授权,确认或者发出具体指令,以掩盖其越权、违规行为。这一系列的行为最终导致法国兴业银行高达 49 亿欧元的巨额亏损。

摘自刘华.财政监督,2008(8).

第一节　商业银行内部控制概述

随着金融自由化的不断加剧,金融业的风险问题日益突出,商业银行由于其从事的经营活动的特殊性,问题尤为严重。商业银行内部控制作为现代企业管理的重要组成部分,是商业银行的自律行为,是商业银行内部为完成既定目标和防范风险,通过制定和实施一系列制度、程序和方法,对风险进行事前防范、事中控制、事后监督和纠正的动态过程和机制。

商业银行要实现资金营运的"安全性、流动性、盈利性"相统一,就必须不断推进和完善商业银行内部控制管理,建立和健全商业银行内部控制是防范商业银行经营风险,保障银行体系安全、稳健运行的关键。

一、商业银行内部控制的定义和目标

内部控制随着社会经济的发展而建立,并不断完善更新,是现代企业管理不可缺少的一个部分。内部控制比较权威的定义是由美国联邦反舞弊性财务报告委员下属的 COSO 委员会,于 1992 年在专题报告《内部控制——整体框架》中提出来的:内部控制是一个由企业的董事会、经理层和其他员工实施的过程,是为了提高经营绩效、增强企业财务报告的可靠性和遵守适用的法规等目标提供合理保证而实施的程序,是一种自行检查、制约和调整内部业务活动的自律系统。

商业银行内部控制是在企业内部控制的基础上发展起来的,巴塞尔银行监管委员会 1998 年公布了《银行内部控制系统的框架》认为:"商业银行内部控制是一个受银行董事会、高级管理层和各级管理人员影响的程序。它不仅仅只是一个特定时间执行的程序或政策,它一直在银行内部的各级部门连续运作。"

中国人民银行借鉴了美国 COSO 委员会关于国际内部控制的最新理论,于 2002 年 9 月公布了《商业银行内部控制指引》,其中规定"内部控制是商业银行为实现经营目标,通过制定和实施一系列制度、程序和方法,对风险进行事前防范、事中控制、事后监督和纠正的动态过程和机制"。这一定义表明商业银行内部控制的核心应该是为了降低商业银行的经营风险而进行的一系列操作程序、管理方法和控制制度的总称。

根据中国人民银行《商业银行内部控制指引》的规定,商业银行实行内部控制的目标主要可以概括为四个方面：一是确保国家法律规定和商业银行内部规章制度的贯彻执行；二是确保商业银行发展战略和经营目标的全面实施和充分实现；三是保证风险管理体系的有效性；四是保证业务记录、财务信息和其他管理信息的及时、真实和完整。

二、商业银行内部控制种类

（一）按控制时间先后进行划分

1. 事前控制

事前控制是指商业银行在发生损失等行为前，就已经开始采取相关防范措施予以预防。商业银行进行事前控制管理的要求较高，需要管理者能对管理过程和各种行为后果的可能性进行比较准确的估计和预判，从而做出相应的预防策略。

2. 事中控制

事中控制是指商业银行在业务或行为发生的同时，采取自控措施进行控制的方法。事中控制是一种较难进行操作的方法，因为商业银行在采用同步控制时，要实行双向对流程序，及时调整和修正相关行为。

3. 事后控制

事后控制是指商业银行在业务或行为发生后，采取补救和修正的措施来降低或减少因风险造成的损失。商业银行进行事后控制时，要注意策略的及时有效性，以最快的速度控制银行的损失状况，防止损失进一步扩大。

（二）按照功能划分

1. 业务控制

业务控制是指商业银行按照不同种类的业务，设置不同的内部控制流程，具体包括业务的研发、推销、实施、风险管理等内容。由于商业银行业务种类较多，具体采用业务控制的内容较广，且难度较大。

2. 会计控制

会计控制是指银行根据一般公认的会计制度和原则，设立银行会计制度，以会计制度为准则来控制银行的会计流程，使商业银行的会计资料能准确真实地反映银行的现金流量、盈利和财务状况。

3. 人事控制

人事控制是指商业银行对人事任用相关的内容和程序进行控制和管理，具体包括员工的编制、任用、工资、奖惩、调动、培养和提拔等方面。

4. 组织控制

组织控制是指商业银行对组织机构设置、组织职责、组织职能、组织层级等内容进行控制,设计合理有效的组织体系,保证商业银行业务运营的效率。

除了以上四种类型,商业银行还可以进行物品控制、财务控制和审计控制等方面进行分别管理,从而提高内部控制的有效性。

三、商业银行内部控制的设计原则

商业银行内部控制是一项与实践紧密联系的管理手段,通过构建完善的内部控制机制来实现商业银行经营的既定目标。各银行应当具体问题具体分析,真正建立一套适合现代商业银行的内部控制制度,这是进行内部控制制度设计的最为基本的出发点,具体的内部控制设计应遵循以下原则:

1. 全面性原则。内部控制应当渗透到商业银行的各项业务过程和各个操作环节中,覆盖所有的部门和岗位,并由全体人员参与,任何决策或操作均应当有规章可查。内控体系的各个环节是相互联系、相互制约的,只有坚持全面性原则,才能使内控体系完整地发挥作用。

2. 独立性原则。内部控制应当以审慎经营、防范风险为出发点,通过内部控制降低商业银行的经营风险是根本目标,所以商业银行的经营管理应体现"内控优先"的要求。

3. 成本收益原则。严格的内部控制有利于提高银行的安全度,但是过于严苛的内控机制又会降低银行的经营效率。所以商业银行在控制制度足以影响效率的提高,或者实际上已使效率下降的情况下,要及时调整控制强度,做到兼顾安全与效率。

4. 有效性原则。内部控制必须通过健全的组织结构予以保证,具有高度的权威性,任何人不得拥有不受内部控制约束的权力。内部控制应当适应内外部环境的变化,及时反馈和纠正存在的问题。

四、商业银行内部控制的特征

商业银行内部控制从全面性、有效性、前瞻性和对风险的注重性等方面都较其他企业更为突出,因此对商业银行内部控制的研究在整个内部控制理论体系中更具有代表性,其特征表现如下。

(一)商业银行内部控制的核心是风险防范

商业银行是经营风险的企业,由于高杠杆率的经营方式使得商业银行的风险远大于一般企业,对于商业银行来说,内部控制的最大意义在于减少风险因素对银行造成的损失,所以良好完善的内部控制制度对于银行来说非常重要。商业银行经营风险的多发性、连带性与易于扩散性的特点,决定了商业银行的内部控制必须努力做到事前防范,所以制度体系和控制程序的设计必须建立在前馈控制的基础之上,并广泛运用信息管理技术和预测技术。

（二）商业银行内部控制具有系统性和全面性

商业银行内部控制不仅仅是内部某些单独的管理制度和办法,也不是内部各种管理制度的综合,而是商业银行经营管理活动自我协调和制约的一种机制,是存在于各种管理制度中的一种有机控制的体系。关键之处在于:一是内控制度本身的全面、科学、完整;二是内部控制要素的齐备;三是内控制度运作的环境有利于系统的正常运行,从而让内部控制的功能得以有效发挥。

（三）商业银行内部控制具有较强的灵活性

商业银行内部控制既针对经常性的、预期的事项,也能对突发性事件做一些原则性的规定,进行基本控制。商业银行内部控制的设计既是基于对经营管理现状特别是问题与风险的认识与处理,更是为了防止问题的发生,所以它不仅具有常规性和预期性特点,还要具有灵活性特点,即使在计划发生了变化,出现了未预见的情况或计划全盘错误的情况下,也能发挥作用。一个真正有效的控制系统,不仅能够预测未来,及时发现可能出现的偏差,预先采取措施,而对于突发性的全局性事件,还要能够提供原则性规定,并配合有关手段进行特殊处理。

五、商业银行内部控制的重要性

在世界各地金融业竞争日趋激烈的今天,经济全球化已是不可避免的趋势。银行的跨境业务不断增长,并购活动不断增多,多样化和专业化趋势日益明显,金融创新的步伐不断推进。这些都使商业银行发生金融风险的可能性急剧增加,后果也更加严重。内部控制问题已经成为关系到商业银行稳定和发展的核心要素。因此,建立和健全适应市场经济要求的并兼顾本国国情的内部控制制度非常重要,具体表现如下。

（一）保证国家政策和法律法规的贯彻实施

在现代市场经济条件下,严格遵守国家的各项政策、法律规章制度是商业银行得以持续、稳定发展的先决条件。如果违反国家或金融机构的政策和法规,银行不仅可能损害整个社会的利益,而且损害自己在政府和社会公众中的形象与信誉,从而降低自身无形资产的价值,导致商业机会得到限制,扩张潜力变小,妨碍日后的经营和竞争能力的提高。健全完善的内部控制,可以对商业银行内部的任何部门、任何流转环节进行有效的监督和控制,对所发生的各类问题都能及时反映、及时纠正,从而有利于保证国家方针政策和法规得到有效的执行。

(二)有效防范风险

由于商业银行在社会支付体系和资金体系中的特殊地位,是金融信息的主要提供者之一,其提供的信息不仅是银行内部决策的重要依据,而且也是政府部门、投资者、债权人和其他利益关系人,乃至社会公众进行决策的重要依据。健全的内部控制,可以保证信息的采集、归类、记录和汇总过程的真实可靠、完整迅速,并及时发现和纠正各种错漏,从而保证了信息的真实性和准确性。

(三)提高商业银行的经营效率

健全有效的内部控制,可以利用会计、统计、业务等各部门的制度规范及有关报告,把商业银行的各部门及其业务结合在一起,从而使各部门密切配合,充分发挥整体的作用,以顺利达到商业银行的经营目标。同时,由于严密的监督与考核,能真实地反映工作实绩,再配合合理的奖惩制度,便能激发员工的工作热情及潜能,提高工作效率,从而促进整个银行经营效率的提高。

第二节　商业银行内部控制的管理

一、内部控制理论的发展历程

(一)内部牵制理论

内部牵制理论起源于 18 世纪末期,美国铁路公司为了考核和管理遍布各地的客货运业务,采用了内部稽核制度,由于效果显著,各大企业纷纷效仿。20 世纪初期,美国一些企业在非常激烈的竞争中,逐步摸索出一些管理、调解和检查企业生产活动的方法,为了降低错误发生的概率和风险,依据人们的主观设想,建立了"内部牵制制度",其基本内容是企业进行经济业务活动,处理经济事项都要有两个或两个以上的人或部门经手的会计工作制度,这就是内部控制制度的雏形。到了 20 世纪 40 年代,美国著名审计学家蒙哥马利在其所著的《审计学》一书中首次正式提出了"内部牵制制度"的理论,即凡涉及财产和货币资金的收付、结算及其登记的任何一项工作,规定须由两个或两个以上人员来分工掌管,即"四眼"原则,以起到相互制约、内部牵制的作用。

内部牵制理论主要强调了不相容岗位要加以分离和内部分工牵制的思想,以避免由于管理制度上的漏洞,使一个员工行使两个或两个以上不相容岗位职责,由此导致该员工利用不适当的职权配置而进行舞弊和非法侵占公司利益的行为,使公司利益发生损失。实践证明,内部牵制机制确实能有效地减少错误和舞弊行为,因此,在现代的内部控制理论中,内部牵制仍占有相当重要的地位,是有关组织规划控制的基础。但是内部牵制理论涉及的管理手段过于简单,控制范围狭小。

(二)内部控制制度理论

20世纪40年代至70年代,内部控制理论由内部牵制发展到内部控制制度理论阶段。1949年美国会计师协会AAA的审计程序委员会发表了一份《内部控制——协调系统诸要素及其对管理层和注册会计师的必要性》的专题报告,该报告指出:内部控制是企业所制定的旨在保护资产、保证会计资料可靠性和准确性,提高经营效率,推动管理部门所制定的各项政策得以贯彻执行的组织计划和相互配套的各种方法及措施。1958年美国注册会计师协会的审计程序委员会发布第29号审计程序公告,发展了内部控制的概念,将内部控制分为会计控制和管理控制两类,又被称为"两点论"的内部控制。

内部会计控制理论由组织计划及与保护资产和保证财务资料可靠性有关的程序和记录构成,一般来说包括批准和授权系统、保管记录和会计报告的任务与经营或资产保管的任务相分离、对资产的实物控制和内部审计等控制手段。会计控制旨在保证:经济业务的执行符合管理部门的一般授权或特殊授权的要求;经济业务的记录必须有利于按照一般公认会计原则或有关标准编制财务报表,以及落实资产责任;只有在得到管理部门批准的情况下,才能接触资产;每隔一段合理的时间,记录的资产应该和实际的资产进行比较,出现任何差别都要采取适当的行动。

管理制度包括但不限于组织计划及与管理部门授权办理经济业务的决策过程有关的程序及其记录。这种授权活动是管理部门的职责,它直接与管理部门执行该组织的经营目标有关,是对经济业务进行会计控制的起点。

(三)内部控制结构理论

20世纪80年代至90年代初,内部控制进入内部控制结构阶段。1988年美国注册会计师协会发布的《审计准则公告第55号》报告中,首次将"内部控制结构"取代了"内部控制"。将内部控制结构的定义为:"企业的内部控制结构包括为提供取得企业特定目标的合理保证而建立的各种政策和程序。"在此基础上,内部控制结构由控制环境、会计制度和控制程序组成,又称为内部控制的"三点论"。

控制环境是指对建立、加强或削弱特定政策和程序效率发生影响的各种因素。例如,管理者的思想和经营作风,企业组织结构,管理者监控和检查工作时所用的控制方法,人事工作方针及其执行等因素。

会计制度规定各项经济业务的鉴定、分析、归类、登记和编报的方法,明确各项资产和负债的经营管理责任。

控制程序指管理当局所制定的用于保证达到一定目的的方针和程序。例如,经济业务和经济活动的批准权,明确各人员的职责分工,防止有关人员对正常业务进行舞弊的行为等。

(四)内部控制整体框架理论

1992年,内部控制进入整体框架理论阶段。美国反欺诈财务报告委员会所属的内部控制专门研究委员会(COSO)在《内部控制——整体架构》中重新界定了内部控制的概念及其包含的要素。内部控制整体框架理论主要包括控制环境、风险评估、控制活动、信息和沟通及监控五个要素,又称内部控制"五点论"。

第一,控制环境。控制环境是推动控制工作的引擎,是所有内控组成部分的基础,反映董事会、管理者、业主和其他人员对控制的态度和行为。主要包括以下内容:管理哲学和经营作风、组织机构、职权与责任的确认方法、董事会和审计委员会的职能设置、管理者检查监督工作所用的控制方法,还涵盖经营计划、预算、预测、利润计划、责任会计和内部审计制度、人事制度和程序等。

第二,风险评估。每个企业都面临来自内部和外部的不同风险,风险会直接或间接地影响企业的生存与发展,所以对于风险都应加以评估。风险评估首先要制定目标,然后在经营过程中不断识别和评估实现所定目标可能发生的风险,并有针对性地采取必要的措施。

第三,控制活动。控制活动是确保管理方针得以实施的一系列制度、程序和措施,它存在于企业内的各管理阶层和功能组织之间。主要包括:高层检查分析,对信息处理的控制、会计控制和绩效指标的比较,直接部门管理、审批和授权,资产保全及职责分工等。

第四,信息和沟通。企业在其经营过程中,必须按某种形式在一定时期内取得适当的信息,并及时沟通,以使员工能够更好地执行、管理和控制作业过程。信息包括企业内部所产生的信息及企业外部的事项、活动及环境等有关的信息。企业所有员工必须从管理层清晰地获得自己应承担控制责任的信息,而且必须有向上级部门沟通和传递重要信息的途径,并对外界如客户、供应商、政府主管部门和股东作有效的沟通。

第五,监督控制。监督控制是确保内部控制得以有效运作的重要措施,它是一个不断评估系统质量的过程。监督控制是经营管理部门对内部控制的管理监督和稽核部门对内部控制的再监督和再评价活动的总称。只有持续不断地、经常性地对内部控制进行监控才能维护和提高整个内部控制系统的有效性和可靠性。

(五)企业风险管理框架

20 世纪末期,以风险管理为核心的审计开始成为审计实务界的一个新方法,并逐步形成了以风险导向的模式。以美国安然、世通公司等为代表的一系列财务丑闻发生后,使得实务界和学术界认识到风险管理的重要性。2004 年9 月,在美国《萨班斯—奥克斯法案》的直接影响下,COSO 及时充实了内部控制框架,颁布了《风险管理——整体框架》,将内部控制框架扩展为"企业风险管理框架",使内部控制上升至全面风险管理的高度来认识,提出了八要素理论,即内部环境、目标设定、事项识别、风险评估、风险应对、控制活动、信息与沟通、监督控制。企业风险管理框架提出了新的风险组合观念,要求企业管理者以风险组合的观点来看待企业,为不同的利益相关者提供有效的借鉴和指导。

1998 年 9 月,巴塞尔银行监管委员会颁布了《银行内部控制系统的框架》的报告,提出了银行内部控制十三条基本原则,即从控制环境、风险评估、控制活动、信息和交流、监督与纠正四个方面提出十三项基本原则。

二、商业银行内部控制的管理

(一)商业银行内部控制管理的程序

商业银行在实行内部控制时需要制定相应的程序,从而保证内部控制能有效发挥其功能。具体的流程安排,主要包括制定控制目标、衡量实际工作绩效和调整偏差三个基本步骤。

首先,设定标准目标时要灵活多样,因为不同的业务其标准可能并不一致,如有价值标准、功能标准、数量标准等。同时,设置的目标应该具体和明确,使得控制者能够比较容易地衡量实际绩效是否符合预期目标,进而及时进行调整和纠正。

其次,衡量实际工作绩效是指采用标准对银行客观业绩做出公正客观的评价。对于两者的偏差,银行要认真分析其存在的原因,根据相关因素是否可以控制进行不同的处理。对于可控制因素,银行应该采取有效的工作方式或手段进行改进,消除偏差。对于不可控制的因素,银行可以修改原有目标。

最后,调整偏差主要是以可控因素引起的偏差为对象。一方面,银行可以从改善业务功能入手,如改进业务操作流程、采用新的技术手段、研发新的产品等方式实现;另一方面,可以从改进组织功能入手,如增设、重新委派、撤销机构,调换相关主管人员等。

(二)商业银行内部控制管理的环节

商业银行内部控制是风险管理的重要环节,按照内部控制的功能不同对控制方法进行分类,主要包括经营控制、业务控制、组织控制、人事控制和财务控制。

1. 经营控制

经营控制是指对银行组织开展的各项业务活动相关经营事项所采取的控制方法。具体包括制定计划、编制预算、设立会计和信息系统、授权、记录和存档系统、制定政策和程序。

2. 业务控制

对于商业银行来说,业务控制主要考虑两个方面:一是有效地控制和分散风险;二是在控制风险的前提下,提高业务的盈利水平。

3. 组织控制

组织控制是指通过设立合理的框架,使组织在框架内开展各项经营活动,主要包括部门设立、管理流程、职责说明、授权程序和具体工作要求等。

4. 人事控制

人事控制是有关人事方面的计划、组织、指挥、协调、信息和控制等一系列管理工作的总称。通过科学的方法、正确的用人原则和合理的管理制度,调整人与人、人与事、人与组织的关系,谋求对工作人员的体力、心力和智力作最适当的利用与最高的发挥,并保护其合法的利益。具体包括为银行招聘到合适的员工、定向培训和升职、监督。

5. 财务控制

财务控制是指在一定的整体目标下,对银行的资金来源、资金使用、资本融通、经营中现金流量和利润分配的管理。财务控制主要依据财经法规制度,按照财务管理的原则组织企业财务活动、处理财务关系的一项经济管理工作。通过有效的财务管理,提高银行控制成本收益的能力,降低经营风险。

第三节　西方商业银行内部控制的借鉴

商业银行作为一国重要的金融基础,在国民经济发展中的作用是非常巨大的,因此商业银行的内部控制受到各国的重视。西方发达国家的内部控制管理机制和管理制度经过多年的发展日臻成熟,按照巴塞尔委员会的要求,结合本国的实际情况,形成了具有不同特色的内部控制体系。当前对商业银行内部控制体系的监管已成为西方国家监管当局考核商业银行市场准入的一项重要准则。

一、美国商业银行的内部控制

美国有很多著名银行内部控制的实践案例在国际上享有很好的声誉,如花旗银行、富国银行。这不仅与银行自身的努力有关,更与美国整个银行业内部控制长期积累形成的良好大环境有关。美国各家商业银行都建立了严格、有效的内部控制制度,形成了集一套监管控制、管理控制、内部会计控制、经营控制、法规条例控制为一体的内部控制体系。

（一）外部监管者对商业银行内部控制的要求

作为美国金融业重要的监督管理机构,美国联邦储备体系十分注重银行业的内部控制工作,提出内部控制不仅仅是对人员、风险、从业范围、制度和工作程序的监督管理,而且是一个包含了预算控制、标准成本、定期经营报告、统计分析等在内的内部控制与稽核相统一的系统。

1993 年 5 月 11 日,联邦存款保险公司《1991 联邦存款保险公司改进法》第十二条要求银行就其内部控制和守法情况,以及经稽核过的财务报表档案向联邦存款保险公司和联邦储备等管理机构报告,这些银行应设立由独立的外部董事组成的稽核委员会。大银行和稽核委员会中至少有两名成员要具备商业和金融方面的管理经验,并且这些成员不能是该银行大客户中的雇主或雇员。

（二）内部控制的体系

为了强化内控,COSO 发布了专题报告《内部控制——整体架构》,这成为美国商业银行内控方面最具有指导意义的标准。该框架提出银行内部控制的基本要求:一是明确每个人、每个部门在内部控制中的职责;二是实行逐层报告制度;三是强调风险管理的重要性;四是内部控制要跟上新业务开发的要求。

二、德国商业银行的内部控制

在欧洲经济的发展中,德国是稳健发展的最佳典范,德国的金融监管更是各国效仿的对象。德国的商业银行是全能银行的最佳代表,对于全能银行来说,其风险管理和内部控制相较于分业银行更具难度,总结德国商业银行的内部控制经验如下。

(一)内部控制原则

德国金融监管在内部控制上最突出的特点是"四眼原则",也就是资产管理要双重控制和双人签字,业务要交叉核对。在德国联邦金融监管当局颁布的《对经营金融交易的信用机构业务管理的基本要求》中比较详细地展示了这一原则,其中对于操作程序的监督做出了如下规定:各项交易活动必须有明确的职能分工,需要包括四个层次:一线交易、后线结算、会计审核、监督控制。最低要求是一线交易与其他职能部门要分开,即使是交易管理人员也必须遵守这个原则。在一个职能部门中,相关但不同的工作要有不同的人员做,以确保相互的业务监督牵制。使用自动数据处理系统时,要有相应的程序来保证;实施监督数据处理系统中输入人员要与交易、后线结算分开,会计审核要与业务监控人员分开。任何数据内容的修改,由处理系统自动记录在案。为控制与交易业务相关的风险,每个业务部门必须建立一个用于测量和监控风险头寸和分析潜在亏损风险大小并对其进行控制和管理的系统。风险控制人员要与一线交易人员分开,头寸权限由管理人员授予,交易产生的风险要及时得到监控,要有一名管理人员专门负责风险控制和管理工具,并且他本人不介入每天的前线交易。

(二)内部控制的机构

长期以来,德国非常重视银行内控机制的建立,为了防范经营风险,各银行均建立健全了内部控制体系和有关制度,从内控机构建设上看,主要包括内部审计机构、风险管理机构和证券监察部。

1. 内部审计机构

内部审计部门具有相当大的独立性,一般都直接对董事会负责,向董事会报告内部监督稽核情况。银行的所有高层管理人员都有义务支持内部审计部门开展业务,而且内部审计部门不受非主管的高层管理人员干涉,在指定审计范围、内容和进行审计时完全独立。

2. 风险管理机构

银行均建立了完善的风险管理机制，董事会、市场风险管理部、各业务部门、审计部门都分别对风险负有明确的职责。董事长负责整个银行的风险管理，确定风险及其上限。市场风险管理部是银行专门负责风险管理的职能部门，负责制定衡量市场风险的指标，对各业务部门进行检查、监督，随时提供风险信息，同时建立一些数学模型来预测和计算风险并及时汇报。各业务部门要预测本部门业务范围内的风险上限，定时进行检查，发现风险及时采取措施，并向风险管理部报告。内部审计部门则通过每天计算风险情况，并将风险所处的状态报告有关部门和董事会。

3. 证券监察部

各商业银行都依法成立了证券监察部，具体负责监管本银行证券经营业务活动。具体内容包括：对于证券经营的各级权限都有明确规定，严禁越权与违规，尤其重视对衍生工具交易的审慎性与及时监督反馈；新金融工具交易必须经管理人员授权后方可进行，只有在实验阶段取得成功、人员和设备齐全、建立了风险控制系统后，才能全面开展新金融工具交易。

（三）外部监管环境

德国的银行业虽然实行全能银行制，银行除了经营传统的业务外，还兼营保险、证券、投资等其他非银行业务。然而，银行的兼营业务与银行业务是分开进行单独核算的，所以政府对其监管也分别由不同的部门进行，实行分业监管。联邦金融监管局负责监管银行和其他非银行金融机构（保险、证券除外）。联邦保险监管局和联邦证券监管委员会负责对保险业和证券业的日常监管，以上两家机构均隶属于财政部。德意志联邦银行（中央银行）和州中央银行协助联邦金融监管局实行行业监管。各监管机构既明确分工，又互相配合，构成了德国完备和多层次的金融监管体系，为商业银行内部控制机制的有效实施提供了良好的外部监管环境。

三、英国商业银行的内部控制

英国的内部控制研究起源于 20 世纪八九十年代，当时英国假账盛行，因控制失灵导致的公司经营失败层出不穷，很多公司面临着严重的信任危机。为此，英国会计界成立了多个专门委员会，进行公司内部控制和治理结构改革的专题研究，并形成了多份研究报告，其中最有影响的是 1992 年发布的《卡德伯利报告》、1998 年发布的《哈姆佩尔报告》和 1999 年发布的《特恩布尔报告》，它们被称为英国公司治理和内部控制研究史上的三大里程碑。

1992 年发布的《卡德伯利报告》主要强调董事会监督、约束公司财务会计记录的具体制度设计的问题。该报告创设了"内外双重审计"制度，用于防范董事会和董事的联合舞弊行为。该报告在许多方面开创了英国公司内部控制的先河，如强化内部审计在公司治理和内部风险控制中的作用，要求在董事会下设专门的审计委员会等。其中一些制度和原则沿用至今。因此，英国的商业银行内控模式也被称为卡德伯利模式。

1998 年发布的《哈姆佩尔报告》提出内部控制的目标在于保护资产的安全，保持正确的财务会计记录，保证公司内部使用和向外部提供的财务信息的准确性。该报告将内部控制的范围由原先的财务控制扩展到全面的业务控制，并重申了董事会和董事的风险管理职责，但不再要求董事会和董事对内部控制的有效性承担绝对的担保责任，而仅对内部控制的有效性作合理保证，即排除了在董事会和董事均恪尽职守的情况下仍不能发现的一些内控失灵问题，如操作失误、系统性风险等。

1999 年发布的《特恩布尔报告》主要为董事会和董事履行内部控制职责提供可行性操作标准。具体包括：董事会必须对公司内部控制系统的建设负总责，尤其应关注风险管理的核心问题；高级管理层是内部控制的具体执行者，应承担执行和评价内部控制机制的具体职责；公司员工有义务将内部控制与其日常业务结合起来，他们应具备必要的知识、技能、信息和授权，以参与、控制和监督公司的内部控制系统。

第四节　我国商业银行内部控制现状

一、我国商业银行内部控制的发展历程

我国商业银行内部控制发展起步较晚，其风险管理和内控机制是伴随着由国家专业银行向股份制商业银行转轨而逐步建立的，经历了从初步建立、完善提高、进一步深化的发展过程，目前已建立了与自身业务相适应的规章制度体系和内控机制，已形成了较为完善的内部控制体系。国有商业银行内控制度的建设历程大致可分为四个阶段。

（一）萌芽阶段

1984—1997 年是我国商业银行内控制度建设的萌芽阶段。在商业银行内部控制初期，采用"双人临柜、相互牵制"的基本控制手段，采取换人复核的

方法,控制的目标是达到会计的账账、账据、账款、账实、账表和内外账的"六相符"原则。1995 年,内部控制提上管理日程,主要是制定了内部控制的各项规章制度,如会计基本制度、资产风险管理、领导干部离职审计制度等,为开展内部控制工作提供了制度依据。

（二）初步建立阶段

1998—2001 年是我国商业银行内控制度的初步构建阶段。1997 年 5 月,中国人民银行颁布了《加强金融机构内部控制的指导原则》,随后各商业银行据此制定了明确的《内部控制实施细则》,初步建立了自己的内部控制制度,实施了内部控制,明确各岗位、各经营部门、各监督机构的岗位职责,建立了内部控制的各种防线。

（三）快速发展阶段

2002—2004 年是我国商业银行内部控制的快速发展阶段。2002 年,中国人民银行发布了《商业银行内部控制指引》,对商业银行加强内部控制提出了更高的要求。各金融机构先后成立了内部监督委员会,不断完善审计监督体制。按照以客户为中心、以风险管理为主线的原则,重新规范了信贷业务的决策流程,加强了对信贷风险的管理;在部分二级分行推行扁平化管理,撤并低效营业网点,精简内部机构设置,建立了专业化、集中化的管理模式,提高了对系统的内部控制力;制定了一系列中间业务、个人消费贷款贷后管理、个人理财业务、验资账户等新兴业务的管理办法,使制度的制定跟得上业务的发展,填补了内控制度空白。

（四）完善改进阶段

2005 年以后是商业银行内控制度建设的完善改进阶段。各大商业银行已全面启动内部控制体系建设,基本建立了适应业务发展的风险管理需要的内部控制整体框架。同时,积极引入国外的先进管理经验,完善创新现有的内部控制机制,运用国际化标准,对各项规章制度进行梳理,及时清理、完善各项业务运作的过程,加强全面风险管理,实行巴塞尔协议要求的高级计量法,对信用风险、市场风险和操作风险进行管理和控制,使商业银行的内部控制更加全面和高效。

二、我国商业银行内部控制存在的问题

（一）对内部控制的认识和理解存在偏差

我国许多银行普遍认为,内部控制就是各项工作制度和业务规章的汇总,有了规章制度,银行就有了内部控制,把内部控制等同于各项规章制度,没有

真正理解内部控制的内在含义,没有把内部控制当作一种机制来看。由于这种认识上的偏差,一些银行在实践上未能建立起有效的内部控制。

(二)内部管理机制不完善

虽然各大行均建立了内部管理机制,但都不够完善,体现在:一是相关的规章制度可操作性不强;二是内部组织结构不科学,分工不明确;三是缺乏严格的、经常性的检查;四是在银行业竞争激烈的情况下,银行不断推出新的业务品种,但有些制度并未随着业务发展而建立,导致了内部控制上的漏洞和操作上的失误,增大了银行经营的风险。

(三)内部控制战略目标的定位不准

从我国关于商业银行内部控制的规范性文件中可以看出,我国目前商业银行的内部控制战略目标定位主要局限于保证业务活动的有效进行,防错纠弊,保证会计资料的真实、合法和资产的安全完整方面。与国际先进的内部控制管理理论中的目标战略定位相比,关于财务报告可靠性、经营效率效果和法律法规的遵循性等方面还有较大的距离。

(四)风险防范意识薄弱,风险管理手段落后

在商业银行实践中,不少银行贷款评估流于形式,审贷分离和贷款审查制度不能有效实施,突出表现在我国的许多银行都没有设立独立的风险管理部门,客户信息档案资料不全,没有建立系统、完整的客户信用资料库;对贷款缺乏整体的动态监控和效益分析;对单个企业的贷款缺少定期评述,致使资产风险不断加大。在可以量化进行内部风险控制的信用风险控制需要进一步完善的同时,市场风险、操作风险如何进行有效地控制,任重而道远。

第五节　商业银行合规风险管理概述

一、商业银行合规

(一)商业银行合规的概念

根据中国银监会2006年的《商业银行合规风险管理指引》中的表述,商业银行合规可以定义为:商业银行为了避免可能遭受法律制裁、监管处罚、重大财务损失和声誉损失等风险的发生,使其经营活动与其所使用的法律、法规、规则、准则等规范性制度相一致。

（二）商业银行合规的依据

商业银行合规依据的法律、规则和准则既包括外部的法律法规，也包括内部的规章制度。具体可以划分为四个层次，即宏观层次、中观层次、微观层次和道德规范。宏观层次包括立法机关和其他有权机关发布的法律、规则和准则，如宪法、法律、法律解释、行政法规、地方性法规、自治条例和单行条例、规章，特别行政区的法律、法规及国际条约、国际判例和监管机构发布的各项指引和规范性文件。中观层次包括国际、国内市场惯例、银行业同业公会和国际组织制定的金融行业自律规范和准则。微观层次包括商业银行制定的规章制度、各级司法机关、仲裁机构以商业银行为义务人的生效法律文书和仲裁文书等。道德规范主要包括企业社会责任、伦理道德、职业操守等。

（三）商业银行合规的特性

1. 强制性。所有商业银行都必须实施合规风险管理，其内部各机构、员工都必须履行各自的合规风险管理职责。强制合规的主要原因是合规风险管理的成效比较慢，主动实施的积极性不高；同时遵纪守法、依法行为的意识并不深，商业银行违规的现象屡有发生。

2. 劝诫性。对合规风险管理而言，也必须使用一些劝诫性的方式，引导、激励员工的合规意识和合规行为。由此，劝诫性与强制性并不矛盾，虚虚实实、亦柔亦刚。

3. 内部约束性。合规的目的是促进商业银行内部管理水平、管理质量的提升，而不是向外宣扬，合规的对象是商业银行的内部经营管理行为和员工，合规的要求、措施、奖励、惩罚等仅在商业银行内部有效。

二、商业银行合规风险

（一）商业银行合规风险的概念

商业银行合规风险是指商业银行由于没有遵守适用的法律、规则和准则而可能遭受法律制裁、监管处罚、重大财务损失和声誉损失的风险。

（二）商业银行合规风险的种类

1. 根据与商业银行经营管理流程的关系，合规风险可分为：

（1）非流程风险。即因监管政策、管理模式等系统性原因产生的，非经营管理流程所固有的，并且是可以控制的合规风险。

（2）流程环节风险。即贯穿于经营管理流程始终，流程环节所固有的合规风险。如内外勾结等。

（3）控制派生风险。即针对流程中控制环节所派生的合规风险。如增加人工授权控制环节后所派生的内部欺诈风险等。

2. 根据违规行为人是否知情,合规风险可分为主动违规和无知违规。主动违规即行为人明知自己的行为违规,仍然实施这种行为;无知违规即行为人因对规章制度的不了解,在不知情的情况下,实施了违规行为。

(三)商业银行合规风险的特性

1. 不确定性。在我国目前间接融资占主体的金融环境下,银行信贷以及其他融资产品是稀缺资源。这就决定了商业银行的员工在行为选择时或多或少地摆脱不了外界因素的影响。这种影响致使员工的行为在有多种选择的情况下,存在一定的趋利性。可以说,除无知违规外,趋利性是合规风险产生的根源。

2. 不对称性。从流程的开始到结束的各个环节中,信息量是依次缩减的,呈现前后环节较为明显的不对称性。不对称性的存在,致使处于商业银行一线的员工,有可能利用自己的信息优势,为了自己的私利,做出一些损害商业银行利益的违规行为。

3. 内部人为性。合规风险必然是员工的行为所产生。合规风险的内部人为特性,决定了员工的行为是合规风险管理的重点对象。

(四)商业银行合规风险的产生原因

1. 业绩压力。在现行体制与传统思维定式影响下,规模扩张与业绩增长仍然是一些商业银行及其员工的首要追求。在不断扩大规模、提升业绩的压力下,"业绩论英雄""政绩出干部",部分员工为了升迁和眼前利益,不择手段、不顾后果地扩大"政绩",导致违规行为时有发生。

2. 监督滞后。商业银行的管理是定性与定量、确定与模糊的综合体,这就给一些人员留下了不按制度操作的空间。如在面对经营中可能或即将出现的风险时,少数人会尽力进行风险掩饰与推迟,如通过人为调整不良贷款分类、利用贷款展期或贷新还旧,将事实的不良贷款正常化;通过大量发放新贷款、稀释不良资产等手段,增加账面盈利,掩盖银行真实的风险状况。由于监督检查是事后性的,再加上监督成本问题,商业银行难以及时判断一线员工的业务行为是否有损于银行利益,无法及时确定员工尽职尽责的程度,这就为商业银行员工"偷懒"、不尽职责,为个人利益又有意做高收益、开展高风险业务,甚至违规经营提供了可乘空间。

3. 考核缺位。商业银行基本上都建立了自己的考核体系,但目前各商业银行的考核体系存在两个特点:一是注重业绩、忽视管理;二是量化一线部门,模糊中后台部门。这种考核体系容易带来经营行为短期化的弊端,即为了个人利益,银行员工可能运用其掌握的经营决策权力,或者是市场机会,追求个人短期利益最大化,忽视规章制度的要求,甚至不惜损害银行的长远发展。

4. 问责乏力。由于制度不完善、员工流动频繁、人情因素等原因,违规问责并不能完全落实,导致有违规不问责、违规重问责轻、问责久拖不决等情况。无论是哪种情况,问责乏力造成对于违规者其违规收益大于风险的局面,这种局面又无形中助长了违规的冲动。

三、商业银行合规风险管理

(一)合规风险管理的概念

合规风险管理是指商业银行为预防、控制、化解合规风险,实现合规经营目标,通过特定的组织机构,制定和实施一系列制度、标准和程序,促使自身的经营管理行为符合法律法规、准则和内部规章制度的动态过程。

(二)合规风险管理的定位

合规风险管理是一种独立的风险管理。这种独立体现为职能的独立和组织的独立。

1. 合规风险管理的职能具有独立性。合规风险管理与信用风险管理、市场风险管理、操作风险管理、声誉风险管理、法律风险管理等,具有不同的管理对象和范围,需要采取不同的管理方式,不能相互混淆。

2. 合规部门应具有独立性。根据巴塞尔银行监管委员会《合规与银行内部合规部门》的要求,合规风险管理部门的独立性主要体现在以下几方面:应在商业银行内部享有正式地位;应有一名集团合规官或合规部门负责人全面负责协调商业银行合规风险管理;在合规部门员工特别是合规部门负责人的职位安排上,应避免他们的合规风险管理职责与其所承担的任何其他职责之间产生可能的利益冲突;合规部门员工为履行职责,应能够获取和接触必需的信息和人员;合规风险管理人员的报酬应与银行经营绩效脱钩。

(三)合规风险管理的主要特征

1. 全面性

全面性是商业银行合规风险管理的首要特征,体现在全过程、全覆盖、全员三个方面。(1)全过程。即商业银行内部各项经营及管理活动的所有流程、所有环节都须符合法律法规、准则和制度的要求。合规风险管理的全过程特征,具体体现为事前预防、事中控制和事后整改三个环节。(2)全覆盖。即合规性目标应覆盖商业银行战略发展、公司治理、业务经营管理、信息披露、业务操作等各个方面。(3)全员。即合规人人有责,保证经营管理的合规性是商业银行上至董事会、高管层下到普通员工的共同责任；商业银行的所有员工都有责任和义务使自己的行为符合法律法规、准则和制度要求。

2．强制性

强制性意味着合规风险管理的组织体系、人员配备、制度规范、职责履行、资源保障等方面，都带有强制性的味道。让"强制成为习惯、习惯成为文化"，当合规风险管理的观念深入人心、价值逐步体现时，合规风险管理将成为商业银行及其员工的内在需要，而不再是强制性的要求了。

3．持续性

合规风险管理是一个没有终点的动态过程，因为外部法律环境在不断变化，业务产品在不断变化，内部员工在不断更新，因此合规风险管理必须根据上述变化做出及时的反应和调整，定期监察合规机制是否能够有效管理最新的合规风险。

4．有效性

商业银行合规风险管理的有效性包含以下三层内容：（1）商业银行的合规政策、合规风险管理计划、合规风险管理程序以及其他相关合规程序、制度、做法等，应与法律、规则和准则的规定相一致，确保其合法有效。（2）通过合规政策与措施的贯彻执行，合规风险管理体系在商业银行的经营管理过程中发挥作用，确保商业银行的经营管理活动与法律、规则和准则相一致的目标。（3）通过有效的合规风险管理，整体提升商业银行的经营管理质量，提高银行的品质与价值。

（四）合规风险管理的基本原则

1．合规从高层做起的原则

作为一种新型的风险管理方式，合规风险管理还处于探索阶段，因此，应从商业银行的高级管理人员做起，强力推行。合规从高层做起主要体现在商业银行高层应建立良好的公司治理机制，构建良好的风险经营决策、执行和监督环境；建立一套有效识别、监测和控制风险的制衡机制；培育良好的企业文化、合规文化和正确的风险管理理念。

2．合规人人有责的原则

合规风险管理覆盖到商业银行所有的业务领域和业务条线，并不仅仅是和合规部门或合规风险管理人员的职责，而是商业银行所有员工的责任。只有合规成为商业银行每一个员工的行为准则，人人都能有效履行自身合规风险管理职责时，商业银行的合规风险管理才会有效。主要体现在各业务条线或业务条线的员工应主动接受全面的合规培训、各业务条线或业务条线的管理者能够准确识别关键合规问题等。

3. 合规创造价值的原则

合规风险管理虽不能直接创造利润,但却能增加盈利空间和机会,避免业务活动受到限制,能为商业银行创造价值。合规创造价值体现在:可以保护员工与领导和银行利益(如提高公司治理水平、有效防范操作风险和提高银行核心竞争力等),可以赢得友好监管和社会声誉。

四、合规风险管理的发展

(一)合规风险管理的发展背景

现代意义上的合规风险管理开始于20世纪90年代,直接的原因是当时西方国家所面临的国际国内的金融环境变化。

1. 放松金融管制给商业银行带来的新风险

自20世纪50年代开始,西方国家逐渐放松了金融监管。随着西方国家金融管制的松动,金融风险日益突出。同时,在全球化的经济环境中银行风险的复杂程度和复合强化系数成几何级数增长,全球经济没有防火墙。在这种情况下,商业银行作为市场的参与者,需要借助金融市场的特殊工具来管理"新"的风险,最终内生出合规风险管理的要求。

2. 现实教训对银行业自我约束机制提出了新要求

有效的外部监管对防范银行业风险至关重要,但监管机构的监管手段毕竟有限,处理问题的及时性不能保障,特别是由监管机构事先设定监管政策和各项制度,不可能穷尽所有的风险、预防所有的风险发生。在20世纪90年代,国际上相继发生重大操作风险案件和商业银行洗钱案等银行丑闻,如轰动全球的巴林银行倒闭案。自1991年开始,许多发达国家和地区的商业银行开始了合规风险管理的探索。

(二)西方国家合规风险管理监管实践

随着国际银行业对于合规风险管理机制建设的重视,各国监管机构和一些国际性组织先后致力于促进商业银行建立有效的合规风险管理体系,倡导商业银行建设良好的合规文化,以提高合规有效性和监管有效性。

1. 美国

美国的合规风险管理起源较早,随着经济环境和金融形势的变化,其金融监管、合规监管在不断地调整变化。

(1)20世纪30—70年代的合规监管

20世纪30年代大萧条后,美国实施了非常严格的金融监管,其核心内容是合规监管,即商业银行是否忠实执行了立法机构和监管部门制定的法律、法规和规章制度。严格的监管有效地维护了商业银行的稳定。

(2)20 世纪 80—90 年代的合规监管

以《1980 年存款机构放松管制和货币控制法》为标志,美国率先启动了放宽管制的进程。但由于在放松管制的过程中,缺乏一套完整的监管制度与机制来弥补合规监管放松之后形成的真空,金融风险日益突出。在 20 世纪 80 年代,美国每年商业银行倒闭的数量上升到了三位数;20 世纪 90 年代东南亚金融危机,美国安然、世通等世界性大公司的丑闻,给美国的金融监管再次敲响了警钟。

(3)21 世纪初的合规监管

为恢复投资者因 20 世纪 90 年代金融市场丑闻而动摇的信心,美国国会和政府于 2002 年迅速出台了《公众公司会计改革与保护投资者法案》(又名"萨班斯法案"),促使美国银行业监管机构不断调整商业银行合规风险管理建设。

(4)合规监管的最新进展

次贷危机后,美国于 2009 年 6 月 17 日公布了《金融监管改革:新基础》,启动了自 1932 年以来最大规模的金融监管改革。改革的主要内容包括:加强对金融机构的有效监管,对金融市场实施全面监管,保护投资者和消费者免受欺诈,为政府提供更多的金融危机管理工具,加强国际金融监管与合作。

2. 英国

1988 年,英国开始要求金融服务机构设立合规官。1997 年,英国成立金融服务局对金融机构实施统一监管。目前,在英国的合规部门是个"受控部门",被提名为合规部门负责人的候选人必须得到金融服务局的核准才能被正式任命。

次贷危机后,2009 年 2 月,英国议会通过了《2009 年银行法案》,对其金融监管进行了改革。其主要改革内容一是设立专门机构,强化金融稳定目标,高度重视对系统性风险的监管;二是明确监管当局在危机银行处置中的权限和程序;三是改善金融监管部门之间的协调。

3. 法国

在相当长的一段时间里,法国银行业监管机构通过发布内控监管建议指导商业银行规范运营。建议主要包括以下内容:专职和独立的合规风险管理人员之任命;合规监测方案的实施与新产品准入相关具体程序的实施;在违规设别、问题升级处理过程和记录保存等方面的具体程序的实施;非强迫告密程序的实施。2005年6月30日的新建议中内部审计部门被看作"定期控制部门",内部控制部门被称为"持续控制部门",合规部门是其中一个重要持续控制部门。

次贷危机后,法国通过《经济现代化法》《消费信贷改革法草案》等改革其金融监管体系,改革的主要内容有:限制证券卖空并要求加强信息披露;合并银行业、证券业、保险业的监管机构;强化政府和监管机构的指导作用。

4. 巴塞尔银行监管委员会

银行业国际化发展推动了各国金融监管规则朝一致性发展。巴塞尔银行监管委员会顺应这个需求,作出了杰出贡献。

1998年9月,巴塞尔银行监管委员会在《银行业组织内部控制体系框架》中将"合法和合规性目标"列为银行业组织内部控制体系框架的三个目标之一。合法和合规性目标要求所有的银行业务应当与法律、法规监管要求、商业银行政策和程序相符合,以保护商业银行的权利和声誉。

2003年10月,巴塞尔银行监管委员会发布了《商业银行合规部门》,对银行业的"合法方面的目标"作了进一步阐述,即合规应作为商业银行内部应当具有的一种独立职能,其目的在于"协助商业银行管理自身的合规风险"。

2005年4月29日,巴塞尔银行监管委员会又发布了《合规与银行内部合规部门》高级文件。在该高级文件中,巴塞尔银行监管委员会提出了合规风险管理的十项原则。

(三)西方国家合规风险管理认识

1. 合规风险管理是商业银行的现实需要

在经济与金融国际化程度较低,风险较小,特别是存在政府对金融风险进行显性或隐性担保的情况下,实行严格的外部合规监管可以有效防范金融风险。但随着经济和金融国际化程度的加深,商业银行面临的风险日益复杂,且政府逐渐退出对利率、汇率等风险担保的情况下,强调商业银行强化内部合规风险管理就具有日益重要的意义。

2. 合规风险管理是一种专业化风险管理

在合规风险管理转向商业银行内部实施时,商业银行自身需要建立专业化的合规风险管理机制。合规风险管理专业化应体现在:专业的合规风险管理人员、专业的合规部门与职责、专门的合规风险管理报告与反馈路线、避免合规风险管理人员的合规风险管理职责与其所承担的其他职责之间出现利益冲突。

3. 合规风险管理是一个持续性过程

合规风险管理的主要目的是提高商业银行管理、防范和控制风险的能力。商业银行作为经营风险的企业，每时每刻都面临着风险，都需要管理风险。因此，合规风险管理是一个持续性过程。

4. 合规风险管理是全员参与的管理

商业银行的合规风险管理涉及商业银行经营管理的各个环节和所有人员，只有全员参与，才能形成良好的合规风险管理文化，建立良好的合规风险管理体系与机制。

六、中国商业银行合规风险管理的现状与展望

（一）中国商业银行合规风险管理背景

我国从专业性的风险管理角度实施合规风险管理起步较晚，最早的是2002 年中国银行总行法律事务部更名为法律合规部，增加合规风险管理职能，设立首席合规官。此后，我国商业银行陆续开展了合规风险管理。我国商业银行实施合规风险管理的主要背景如下。

1. 国际趋势引导潮流

国际上无论是商业银行还是监管机构，都将实施合规风险管理作为强化管理的重要抓手，并且取得了良好的成效，为我国的风险管理树立了榜样，提供了宝贵经验。

2. 国内同业积极探索

自中国银行增设合规风险管理后，我国商业银行陆续认识到合规风险管理的重要性，先后开展了合规风险管理。如中国建设银行于 2003 年在总行法律事务部设立合规处；2004 年，中国工商银行设立了内控合规部，中国农业银行在总行法律事务部增设合规岗等。2006 年 10 月中国银监会出台《商业银行合规风险管理指引》，要求在中国境内设立的中资银行、外资独资银行、中外合资银行和外国银行分行等银行业金融机构，都必须实施合规风险管理，并将合规风险管理状况作为分类监管的重要依据。在该指引出台后，中国银行业基本上都先后开始实施合规风险管理。

3. 经验教训形成较强的内在需求

自加入世贸组织后，商业银行的金融环境发生了翻天覆地的变化，新风险和新挑战随之而来，国内商业银行先后发生的一系列违规案件所造成的严重后果，给各商业银行的风险管理敲响了警钟，实施合规风险管理，成为商业银行参与新市场、新规则条件竞争的必然选择。

（二）中国商业银行合规风险管理的问题

1．合规管理存在的问题

（1）合规风险管理监管法规缺位

虽然中国银监会 2006 年已经发布了《商业银行合规风险管理指引》，但缺乏具有操作性的相应法规。在没有适合的"规"可依的情况下，各商业银行对合规风险管理也只能大胆规划、小心行事。

（2）监管规则不一致

目前，国内大部分商业银行都在积极朝综合化经营方向努力，但金融监管的格局还是中国银监会、中国证监会、中国保监会三足鼎立（虽然在 2018 年银监会与保监会正式合并，但磨合任重道远）。随着综合经营的全面深入发展，如不改进现有的监管机制，这将加重综合化经营商业银行合规风险管理的负担。

（3）合规风险管理与操作风险管理、内部控制管理的关系难以理清

近几年，监管机构先后推出了《商业银行内部控制指引》《商业银行合规风险管理指引》《商业银行操作风险管理指引》等文件，但这些文件没有规定所针对的风险管理之间的关系。由此，导致商业银行在实施各类风险管理时，无法准确、清晰地区分这几种风险管理各自的内涵、职能和边界，所以，内控管理、合规风险管理和操作风险管理的地位、贯彻、执行程度等都相互不同，带有较大的随意性和人治色彩。

2．商业银行自身存在的问题

（1）合规风险文化尚未成熟

目前，商业银行的合规文化尚存诸多短板；全面风险管理的理念不到位，仍以信用风险管理为主，对合规风险、操作风险等管理重视不够；不能正确处理业务发展与合规风险管理的关系，在强调业务发展时往往忽视合规风险管理，甚至错误地将两者对立起来；合规风险管理意识还没有贯彻到全体员工，还没有贯穿于业务拓展、经营管理的全过程，往往把合规风险管理看作合规部门的事情；主动合规意识不强，普遍存在"三重三轻"的错误倾向：重业务拓展，轻风险管理；重立规，轻循规、守规和主动合规；重事后的稽查检查监督，轻事前事中的合规风险控制。

（2）合规部门与操作、内控、稽核、纪检监察等部门的职责难以分清

由于合规风险管理的职能不清晰，内涵和外延也不明确，合规部门与操作、内控、稽核、纪检监察等部门的职责无法完全分清。这种状况导致在各部门履行职责时，存在一定的重叠，其结果是对于一些事情，或者是多部门共同

管理,或者是各部门相互推诿。

（3）合规风险管理体系不健全、基础薄弱

这个问题具体表现在：一是完善的、垂直的合规风险管理体系还没有完全形成,还没有形成横到边、竖到底的全面和独立的合规风险管理架构；二是没有形成完整、科学、有效的岗位职责体系,部门之间、岗位之间普遍存在界限不清、职责不明的现象；三是合规风险管理制度缺乏系统性、计划性和操作性；四是合规风险管理人员数量较少,特别是缺乏精通风险管理理论和风险计量技术的专业人才。

（4）合规风险管理的长效机制还没有完全形成

目前,各家商业银行的风险管理实际上是以风险控制为主要目标,对整个风险管理工作统筹规划和战略考虑不足,不能很好地服务于全行业务发展实际和效率最大化的经营目标。在合规风险管理中,主要以单点管理、间断管理为主,往往拘泥于对单个风险不系统、滞后、被动和偏面的管理,难以实现合规风险管理的连续性和系统化,难以在业务流程中嵌入合规风险管理环节,实现风险的源头和过程控制。

（5）合规风险管理技术工具比较落后

目前商业银行合规风险管理技术和工具还比较落后,不能对有限的信息资源进行技术处理,难以对合规风险管理形成有效的支撑。表现在：事后被动处理多,事前主动防范少；定性分析多,深度数理分析少；静态分析多,动态分析少；立足局部分析多,站在全局角度分析少。如何运用先进的风险管理技术来管理合规风险,实现风险防范和业务发展的平衡,对商业银行是一个全新的要求和严峻的考验。

（6）合规激励和问责机制缺失,问责不严

商业银行普遍偏重于对业务发展及利润指标的考核,对风险管理的考核相对薄弱,加上部分商业银行受人力配备、科技条件和管理手段的限制,检查能力和水平落后,考核和问责没有完全落到实处,对违规行为打击力度偏弱,难以有效遏制案件的发生。

4. 中国商业银行合规风险管理改进建议

（1）监管机构营造更有利的外部环境

①进一步清晰合规风险管理的定位。在监管要求上应明确规定,合规风险管理在商业银行风险管理体系中是一种独立的风险管理,是一种必须强制性开展的风险管理,以此加大督促商业银行开展合规风险管理的力度。

②进一步强化合规风险管理的监管要求。通过法规、指引和考核等提出

要求,进一步推动各商业银行开展合规管理。

③进一步推动商业银行完善公司治理结构。通过实行股权多元化和建立分工合理、相互制衡的公司治理机构,进一步完善公司治理结构,促使经营者真正关心商业银行的经营效率和经营风险。

④进一步具体合规风险管理要求。完善金融法规,健全法规体系,细化合规风险管理的要求与边界,加强风险管理对银行业务的约束和导向功能,营造合规信贷文化。同时建设征信体系,强化企业和公众的信用观念和风险意识,促进商业银行风险管理的有效实施。

2. 商业银行切实加强合规风险管理

(1)完善公司治理结构

合规风险管理是商业银行经营管理的一项核心原则,是银行业务风险战略的重要组成部分,也是公司治理的一个重要战略目标。商业银行只有以良好的公司治理机制作支撑,拥有一个良好的风险经营决策、执行和监督环境,建立起一套有效识别、监测和控制风险的制衡机制,以及良好的合规文化和正确的风险管理理念,其合规风险管理才可能有效。

(2)建立有效的合规风险管理组织架构

有效的合规风险管理组织架构,包括以下几个方面:一是董事会及其风险管理委员会负责核准和建立行之有效的合规政策;二是高级管理层对商业银行合规经营负最终责任;三是合规部门是支持、协助高级管理层开展工作的独立职能部门;四是业务条线对合规风险管理负第一责任;五是稽核部门定期对合规部门工作的深度、广度和成效进行检查,并为合规部门识别、监测和评估合规风险提供信息来源和依据。

(3)落实合规部门的管理职责

这些职责主要包括:一是落实合规文化建设职责;二是落实规章制度管理职责;三是落实合规风险检查职责;四是落实合规风险预警、整改职责。

(4)落实合规考核和合规问责

考核与问责是重要的管理资源。落实合规考核和合规问责应综合考虑三个因素:一是相关事项的重要性,二是经营管理的导向性,三是管理资源与管理职责的适应性。合规考核和合规问责均不能离开风险管理是规范发展而不是限制发展这个根本目标。

关键概念:内部控制　内部控制制度　合规　合规风险　合规风险管理

复习思考题

1. 简述商业银行设计内部控制时应遵循的原则。
2. 简述商业银行内部控制的主要特性。
3. 简述美国联邦反舞弊性财务报告委员会认为的内部控制五要素。
4. 简述我国商业银行内部控制存在的主要问题。
5. 简述商业银行合规风险产生的主要原因。
6. 试论内部控制和合规管理与商业银行追求利益最大化间如何均衡。

参考文献

[1] 庄毓敏.商业银行业务与经营(第四版)[M].4 版.北京:中国人民大学出版社,2014.

[2] 鲍静海.马丽华.商业银行经营与管理[M].北京:高等教育出版社,2013.

[3] 谭燕芝.商业银行经营与管理[M].北京:人民邮电出版社,2015.

[4] 戴国强.商业银行经营学[M].4 版.北京:高等教育出版社,2011.

[5] 何铁林.商业银行业务经营与管理[M].北京:中国金融出版社,2013.

[6] 周玮.商业银行操作风险管理[M].北京:中国金融出版社,2014.

[7] 郭福春,李敏.商业银行经营管理与案例分析[M].2 版.杭州:浙江大学出版社,2010.

[8] 彼得·S.罗斯.商业银行管理[M].北京:机械工业出版社,2016.

[9] 何自云.商业银行管理[M].2 版.北京:北京大学出版社,2014.

[10] 李志辉.商业银行管理学[M].3 版.北京:中国金融出版社,2015.

[11] 李江,洪青.金融学案例教程[M].杭州:浙江大学出版社,2011.

[12] 吉姆·德梅隆.金融学案例[M].北京:电子工业出版社,2014.

[13] 谢群,周兰.金融学案例分析[M].北京:社会科学文献出版社,2012.

[14] 曹龙骐.金融学案例与分析[M].北京:高等教育出版社,2015.

[15] 刘忠燕.商业银行经营管理学案例[M].北京:中国金融出版社,2004.

[16] 苏立峰,高晓娟.商业银行经营与管理案例分析[M].上海:立信会计出版社,2015.

图书在版编目（CIP）数据

商业银行经营管理概论／陈英，范亦萍主编. —杭州：
浙江大学出版社，2020.10
ISBN 978-7-308-20625-9

Ⅰ. ①商… Ⅱ. ①陈… ②范… Ⅲ. ①商业银行－经
营管理－高等学校－教材 Ⅳ. ①F830.33

中国版本图书馆 CIP 数据核字（2020）第 183674 号

商业银行经营管理概论

陈 英 范亦萍 主 编

责任编辑	李海燕	
责任校对	孙秀丽	李栋林
封面设计	雷建军	
出版发行	浙江大学出版社	
	（杭州市天目山路 148 号 邮政编码 310007）	
	（网址：http://www.zjupress.com）	
排 版	杭州好友排版工作室	
印 刷	杭州高腾印务有限公司	
开 本	710mm×1000mm 1/16	
印 张	24.5	
字 数	439 千	
版 印 次	2020 年 10 月第 1 版 2020 年 10 月第 1 次印刷	
书 号	ISBN 978-7-308-20625-9	
定 价	59.00 元	